U0753505

荒淫无道

隋炀帝传

宋璐璐○编著

团结出版社
UNITY PRESS

图书在版编目（CIP）数据

隋炀帝传 / 宋璐璐编著. -- 北京：团结出版社，
2015.9（2023.1重印）
ISBN 978-7-5126-2479-5

Ⅰ.①隋… Ⅱ.①宋… Ⅲ.①隋炀帝（569～618）—
传记 Ⅳ.①K827=41

中国版本图书馆CIP数据核字(2015)第185245号

出　版：团结出版社
　　　　（北京市东城区东皇城根南街84号　邮编：100006）
电　话：（010）65228880　65244790（出版社）
　　　　（010）65238766　85113874　65133603（发行部）
　　　　（010）65133603（邮购）
网　址：http://www.tjpress.com
E-mail：zb65244790@163.com（出版社）
　　　　fx65133603@163.com（发行部邮购）
经　销：全国新华书店
印　刷：唐山楠萍印务有限公司

开　本：650毫米×920毫米　16开
印　张：25
字　数：350千字
版　次：2016年1月　第1版
印　次：2023年1月　第3次印刷

书　号：978-7-5126-2479-5
定　价：68.00元

前　言

　　悠悠几千年，纵横五万里，站在中国文明辽阔而又源远流长的历史天幕下，仰望着令无数人叹为观止的帝王将相的流光溢彩的天空，尽阅朝代更迭的波澜起伏，无处不闪耀着先人用心、用生命谱写的辉煌。

　　封建帝王将相是历史的缩影，自嬴政以来，秦皇汉武，唐宗宋祖……他们或以盖世雄才称霸天下，或以绝妙文采震烁古今，或以宏韬伟略彪炳史册，或以残暴不仁毁灭帝业，铸就了一部洋洋洒洒长达两千余年的封建帝王史……

　　恍然间，我们看到了"千古一帝"秦始皇"横扫六合"的雄伟身姿；大汉朝开国皇帝刘邦从"市井无赖"到"真龙天子"的大变身；汉武帝刘彻雄赳赳地将中华带上顶峰的威风场景；光武帝刘秀吞血碎齿战八方，于乱世中成就霸业的冲天豪情；乱世枭雄曹操耍尽"奸计"，玩转三国的高超智慧；亡国之君隋炀帝的骄纵狂妄；唐高祖李渊率众起义、揭竿而起，建立唐王朝的惊天伟业；唐太宗李世民玄武门兵变的狠辣果断；一代女皇武则天勇于创造命运的步步惊心；宋太祖赵匡胤"杯酒释兵权"的聪明睿智；元世祖忽必烈以蒙古铁骑横扫欧亚大陆的英雄豪迈；一代天骄成吉思汗开创铁血王朝的钢铁毅力；"草根帝"朱元璋从"乞丐"到"皇帝"的辛酸血泪；清太祖努尔哈赤以十三副铠甲起兵，开辟锦绣前程的创业史；大清王朝第一帝皇太极夺取江山的谋略手段；少年天子顺治为爱妃做到极致的痴心情意；清军入关的第二位皇帝康熙除权臣，平叛逆，锐意改革的天才谋略；最富争议的皇帝雍正的精彩人生；乾隆皇帝钟情于香妃的风流韵事；慈禧太后将皇帝与权臣操纵于股掌之间的惊天手段；历代名相为当朝政务呕心沥血，助帝王打造繁荣盛世……

在浩瀚无边的中国历史长河之中，帝王将相始终是核心人物，或直接或间接地掌控着历史的舰舵，影响着历史的进程。虽然他们已是昨日黄花、过眼云烟，但查看他们的传奇人生，研究他们的功过是非，仍然可以让读者借鉴与警醒！

即便如此，很多人依然会"坚定"地摇着头回答："NO！"因为在他们看来，"历史、帝王将相"等于"正统、严肃"，这些东西早被当年的历史考试浇到了冰点！尽管明知"读史可以使人明智"，也再没有耐心去研读、探索那些"枯燥"的历史了。其实，历史并不是课本上那些无聊的年份表，帝王将相也不是人物事件的简单罗列。真实的帝王将相的生活要丰富得多，有趣得多。

为了解决这个问题，让读者心甘情愿地"抢读"历史，本套图书精心挑选了在历史上影响力颇大的帝王或名相，突破了枯燥无味、干巴巴的"讲授"形式，以一种幽默诙谐的语言，用一种立体的方式将一个帝王或名相的多样性与丰富性展现在广大的读者面前。

全书妙语如珠，犀利峥嵘，细述每个帝王或名相的政治生活、历史功绩、家庭生活、情感轶事等，充满了故事性、知识性与趣味性，让读者在轻松愉悦的享受中体味人生的变化莫测；在"观看历史大片"的过程中收取成功的法门秘诀。

为了保证书稿的质量，编辑工作者查阅了大量的相关资料与文献，并且专门请教了很多长期从事历史教学与研究的专家学者。不过，由于时间与精力有限，如果本套图书存在些许错误，敬请广大的读者朋友们批评指正。

"古人不见今时月，今月曾经照古人"，与浩瀚的宇宙相比，人类的生命短暂得微不足道。因此，在这有限的时光中，我们要尽一切可能多学知识，少走弯路，让我们的人生变得更加绚丽多彩！

目 录

目
录

隋炀帝传

SUIYANGDIZHUAN

第一章
天元无道威逼臣媳　众望所归杨坚辅国

公元 580 年，阴历二月初一晚，北周王朝的皇宫里面，华灯万盏，如同白昼一般。宫中的大殿之中，佳酿珍馐堆满了一排排的案几。杯觥交错间，时不时地有三五成群的靓丽佳人走出来。顿时人声、乐声、碰杯声变得沸沸扬扬，让这残忍的冬寒夜里的宫殿，竟生发出一丝丝阳春三月里的融融暖意来。这一天是周宣帝宇文赟称天元皇帝而为自己摆设的盛大庆祝宴席。

宣帝宇文赟即位时仅有二十岁，但是在位仅一年的时间就将自己的皇位传给了年仅八岁的儿子静帝宇文阐，他转身变成了所谓的天元皇帝，甚至大摆宴席和文武百官进行庆祝，这着实让王公大臣们想不明白。

宇文赟从幼时起，二十年来，父皇武帝宇文邕治理朝政、管理国家的情景还历历在目，始终难以忘怀。但是今天想来，当时自己还过于幼稚，只看到父皇做帝王威权的一面，羡慕那尽可享乐的好处。一直到前年父皇驾崩，自己即位，真真正正、实实在在地做了一阵子皇帝之后，才深深体会到，原来作为皇帝还有这样不为外人所知的一面，竟然如此的苦不堪言。

每天早起自然不要说了，还有数不尽的奏折要批，做皇帝的美妙享乐竟然还不及做太子的时候，这简直是天大的笑话！

最令他心烦恼怒的是，自古以来，人们都是将那些善于纳谏的皇帝叫作明君，否则就是昏庸无道。这简直是岂有此理！就是因为几个臣子每天都在他的面前唠叨个没完没了，才会让他变得心烦意乱，因此败坏了他的许多兴致。如此看来，做皇帝又有什么好处呢，甚至劳神愤怨。世人仰慕皇权帝位，真是知表不知里，知其一不知其二啊！

宣帝宇文赟做皇帝仅仅一年的时间，体会到了做皇帝的个中滋味。于是，他开始盘算，该怎样做才能将这太美好美妙的一面抛开，做一个既不失国家社稷，又可尽情享乐的皇帝。每天，听的是自己爱听的，看的是自己爱看的，吃的是自己想吃的，玩的是自己想玩的。这才无愧于一个皇帝的称号，这才是一个真正的皇帝！

于是，宣帝决定将自己的皇位传于儿子，大成元年继而改名为大象元年，而宣帝也摇身一变成为了天元皇帝。

　　这一刻，天元皇帝威严地坐在大殿之上，在众王公大臣的欢声笑语中，在璀璨华丽的灯光照耀下，饮美酒，听华乐，已经进入微醺的状态。只有在这时，他才真正品尝到了作为一个皇帝应该享受的快乐。从今以后，没有必要再去想那些蝗蚱成灾、贼寇出没的事情，再也不用去听那些喋喋不休的劝谏之辞。他饮了一口酒，缓缓地咽下，接着双唇猛一张开，喷出一股酒气，然后夹了一块牛肉放在嘴里，细细地嚼着，脑袋微微地摇动，两眼眯成了一条缝隙。

　　蓦地，他的头停止了摇动，两只眼睛忽然睁开。他看见，在自己左后方几乎靠近大殿门口的地方，坐着一位极其漂亮的夫人。天元皇帝定了定神，抬手把身边一位内侍叫到自己的跟前，用自己的下颌朝着那位夫人坐的方位探了探，问道："你知道她是谁的夫人吗?"

　　内侍躬身答道："回陛下，那一位就是西阳公宇文温的新婚夫人。"

　　"哦!"天元皇帝轻轻点了一下头，"这样说来，她就是杞国公宇文亮的儿媳了?"

　　"陛下，正是。"

　　杞国公宇文亮和天元皇帝宇文赟是从祖兄弟，但是，在皇宫里只有君与臣，君主就是至高无上的。不管是未出阁的少女，还是已为人妇，一旦自己被选中，那么你便是为了服侍君王而生的。天元皇帝想着想着，终于想出了一条妙计。他遣内侍唤来两名宫女，伏在耳畔如此这般地一番面授机宜。两名宫女连续点头，领旨转身走了，来到尉迟氏的桌几前面。首先在脸上表现出一片惊羡不已的神色，然后启开朱唇，称赞尉迟氏的身姿窈窕、容貌俊美、天生丽质、举世无双。然后说道："夫人的面相一定是大富大贵之人。"两宫女还端起酒杯轮番敬劝。

　　尉迟氏虽为贵妇，但是毕竟是新婚燕尔，身上免不了有几分新娘子的腼腆。再加上她又是第一次进宫，第一次参加皇帝的宴会，第一次见到这样宏大的场面，自然显得拘谨。这时候，又有两名宫女来到她的面前，又听说这二位女子竟然还是天元皇帝的贴身随侍，尉迟氏有一点受宠若惊。见到两名宫女端着酒杯，你来我往地向自己轮番进攻，只是可怜了这尉迟氏只有一杯一杯饮酒的份儿，全没了插言说话的机会。坐在一旁的西阳公宇文温也看得目瞪口呆，心下着急、愠怒，脸上却不敢有一丝一毫的恼怒之色。

　　终于，尉迟氏再也支撑不住了，趴伏在桌几上，直到宴席散去也没能抬起头来。宇文温急着带妻子回府，但是无奈尉迟氏酒醉不醒，根本走不动。这两名宫女提议先让夫人去后宫休息，等明日酒醒后再接回府中。宇文温虽然心中大不情愿，但也没有其他更好的办法，只好谢过宫女，并再三叮嘱要好好照料，自己退出大殿回家去了。

半夜时分，尉迟氏在昏睡中逐渐醒来。她只是感觉全身软绵绵的，一点力气也没有。头脑胀痛，十分口渴。她用一只胳膊勉强支撑起身体，试图坐起来找一杯水喝。但是就在这个时候，她听到了一个人带着笑意的问话："夫人，是不是要喝水啊？朕早就已经为你准备好了。"

听见这句话，尉迟氏大吃一惊，一时间酒意全无，彻底清醒了。她睁大双眼，才发现自己并没有睡在西阳公府的卧房里，身边躺着的这个男人并不是西阳公宇文温，而是天元皇帝。她知道自己已经深入虎口，但是无奈他是君王，最后几经挣扎，还是受了天元皇帝的侮辱。

杞国公宇文亮知道自己的儿媳尉迟氏被留在了宫中没有回来，就知道事情不妙。

对于自己的这位同宗兄弟、当今的天元皇帝宇文赟，他简直太了解了。若是武帝不是因为在与北伐突厥的归途中突然驾崩，周朝皇权也不会这么早就落到这个败家子的手里。宇文赟自从即位之后，不仅靡费荒淫，更是肆无忌惮，而且经常喜怒无常、责罚无度。不仅对朝臣这样，对后宫的妃嫔及宫女也是如此。稍不顺意，就呼唤手下杖背一百二十！最无道无德的是，如果今日哪一位妃嫔被杖责，到夜晚宣帝定去与她作乐。而这位可怜的女子还得百般逢迎，伺候得他尽兴舒坦。稍有不慎，又是杖背一百二十！

就连武帝亲自为他选配的妃子、当今的皇后杨丽华，他也是动辄打骂。要知道，皇后是贵族家的女儿。他的父亲隋国公杨坚，是武帝依仗信赖的心腹宠臣，为周朝立下了汗马功劳，位高权重，地位举足轻重。然而，宣帝宇文赟却全然不理会老岳父是什么来头，依旧我行我素！

宇文赟即位不到一年的时间，就将自己的皇位传给了儿子，自己专心做声色犬马的天元皇帝。也就意味着不知哪一家的妻子女儿就要倒霉了。而令杞国公怎么也想不到的是，第一个倒霉就是自己的儿媳。

尉迟氏过了半个月才回到府上，宇文亮私下里叮嘱自己的儿子一定要细细查问，尉迟氏只好将自己被天元皇帝强行留宿侍寝的前后经过全盘说出。听说自己的儿媳被霸占，妻子被侮辱，宇文亮父子如同五雷轰顶，捶胸顿足，任谁也承受不了这样的奇耻大辱！

于是，宇文亮父子二人马上派人召集了十几位自己的心腹将吏，前来商议计策，意图要推翻昏君。

宇文亮说："天元皇帝之所以可以这样肆无忌惮，还不是依仗着上柱国、郧国公韦孝宽手中握有重兵。所以，我想在今晚袭取韦公营寨，夺得兵权，到那个时候我就可以另立新帝，大家认为如何呢?"

此事得到众人的赞同，决定在晚上举兵。

入夜之后，宇文亮亲自率领数百名兵马，朝着韦孝宽的营寨奔驰而来。只听见营帐内刁斗无声，一片寂静，只有数点香火一明一灭，映出三两个手持刀枪、来回游巡的兵士身影。宇文亮轻声说了一句："简直是天助我也!"遂策马领兵，呼啸着杀进营寨。待砍翻岗哨分兵冲入几个营帐一看，宇文亮顿时出了一身冷汗：原来是一座空营! 其实，在他们议事之后，就有人立刻将这个消息告诉了韦孝宽。宇文亮知道大事不妙，但是已经来不及了。就听得一声呼哨，一时间杀声震天。宇文亮带着几个人逃出了不足二里，忽然看到前面一座小土坡下突现出十几炬火把，同时就听有人喊道："杞国公，留下头颅再走!"

宇文亮一看，正是上柱国、郧国公韦孝宽率领百余人马挡住了去路。

宇文亮说道："郧国公，当今天元皇帝肆无忌惮，昏庸无道，众人有目共睹。我身为宗室，铤而走险，走到今天这一步，从大的地方讲是为了国家社稷，顺应民意；从小处说也确是迫于无奈。郧国公您深明大义，更应与我等共同起事，一定会一呼百应!"

韦孝宽没有理会，只是率众兵围了上来。仅一会功夫，宇文亮就被韦孝宽一刀斩下马来，结果了性命。

此时此刻，皇宫里的天元皇帝宇文赟并没有就寝。他尽量压抑着心中的激动，在静静地等待着韦孝宽的消息。

最终，韦孝宽来了，带来了宇文亮的人头。

天元皇帝立即下令宿卫军抄斩宇文亮、宇文温全家，唯独赦免尉迟氏，并命专人于当夜将其护送至宫中。

三天后，天元皇帝传旨：立尉迟氏为长贵妃。又过了三天，他召集了小宗伯辛颜之、博士何妥等几位朝廷重臣，想要册封长贵妃尉迟氏为皇后。

从即位至今，宇文赟已经册封了四位皇后，她们分别是天元大皇后杨氏、天大皇后朱氏、天右大皇后元氏、天左大皇后陈氏。几位大臣听说天元皇帝又要增立皇后，沉默了，这样僵持了好久，最终还是小宗伯辛颜之率先开了口："陛下，历朝历代，君王皇帝只有一位，而皇后也只有一人。如今，皇上已经册封了四位皇后，于先朝传统律制来讲实为不妥。微臣以为，万万不可再增立新的皇后。"

天元皇帝听后，脸色马上变了，转身问道："何卿，那你意下如何呢?"

博士何妥原本就是一个巧言令色、阿谀奉承的臣子。他慌忙答道："陛下，先秦的古代王朝就有先例：帝喾有四位妃子，虞舜也有两位妃子。如此看来，先代立后，亦并没有数限。臣以为，立一位还是几位皇后，唯陛下旨意而可以行之。"

何妥的一番话，让天元皇帝的脸顿时转怒为喜。

天元皇帝了却了一桩心事，心情感觉非常惬意。他本来想要将增立皇后的好消息亲自告诉尉迟氏，刚要起身，只见到天元大皇后杨丽华气冲冲地闯了进来，双膝一弯，扑通一声跪了下来。天元皇帝知道她是为了新立皇后的事情而来，非常生气。

杨丽华双眼直视天元皇帝："陛下一而再、再而三地增立皇后，有违纲纪，臣妾恐朝野耻笑。"

虽然天元皇帝的脸已经变了，但是皇后杨丽华依然神情若定，说："臣妾也是为了国家社稷，才胆敢冒犯上之罪进谏，还望陛下三思。"

最后，天元皇帝命人责打杨丽华一百二十大板，随后又在杨丽华的激怒下，赐她自尽。之后便朝着尉迟氏的住所去了。

正巧，这时候内史郑译有要事需要面奏天元皇帝。还没有到殿前，就远远见到天元皇帝怒气冲冲地朝着后宫的方向走去。郑译深知天元皇帝的脾气，知道又有什么事情发生。宦臣中有一位曾做过郑译的随侍，颇得私交，便对郑译详说了事情的原委。郑译听罢，脸上已失了颜色。当下将那位宦臣拉到一旁，轻声密嘱："快将皇后搀入别宫，请太医诊治。赐死一事先拖延一下。请诸公放心，所有事情皆由老夫担待。拜托了！"

郑译转身而去，急急忙忙奔向自己府上。原来，郑译与皇后杨丽华的父亲交情甚深，如今见到这种情景怎会不焦急万分？郑译回到自己的府上，疾书便笺一封，交给自己的心腹侍卫，遣其快马加鞭连夜去往隋国公府，将宫中发生的一切报告给杨坚和他的夫人独孤氏。

自宣帝即位后不久，杨坚就一直被忧郁与烦恼包围着。自己的女婿做了皇帝，女儿成为名正言顺的皇后，作为国丈的隋国公杨坚却总是呆坐在书房里，眼瞅着窗外刚发新绿的柳枝怔怔地出神。他时常这样呆坐着，翻开书卷并不阅读，备好笔墨亦不书写，茶凉透了也未喝上一口，一坐就是半晌。

杨坚在朝中作为朝廷重臣，位高权重，他之所以拥有这样的地位，还要得益于他的父亲杨忠。杨忠是北周的开国将领，地位日隆，官至柱国大将军、大司马，爵封隋国公。杨忠去世后，杨坚承袭了隋国公的爵号。杨坚一直得到武帝的重用，但不幸的是武帝在北伐突厥途中突然驾崩，自己的女婿继承皇位，杨坚却是一点也高兴不起来。

此时，杨坚望着窗外的景象，忍不住又是一声叹息。

听到门外一阵慌乱的脚步声，抬头看时，夫人独孤氏急匆匆走进来，脸上尽是仓皇之色。杨坚急忙问道："夫人，究竟发生了什么事情？"

独孤氏气喘吁吁，一时间难以平静下来，只将手中的一张字条递给杨坚，说："……内史、郑译……"

杨坚明白是郑译派人送来了，急忙打开看了一眼，顿时大惊失色，但是杨坚毕竟经历的事情多了，看事情比较全面，考虑的较为周全，他很快镇定下来，紧锁眉宇，倒背双手，似乎在思考着什么，然后果断地对独孤氏说："这件事还是由夫人出面最好。虽然天元皇帝昏庸无道，但是毕竟还年轻，还不至于会和一位老夫人过多计较，一点情面都不留。况且，对于妇道之言，他也不会有太多的猜忌疑心，夫人只管多讲些赔罪的话、好听的话就是了。而我身为朝廷重臣，如言语间稍有不慎，他又会疑我有谋反之心。这样不但救不了女儿，闹不好会与杞国公遭同样灾祸，殃及全家！"

独孤夫人听了之后，急匆匆地进宫面见天元皇帝去了。

事后证明，杨坚让夫人出面求饶的策略是完全正确的。天元皇帝经不住独孤氏的一再磕头求情，最终免去皇后一死。

独孤夫人走后，天元皇帝将博士何妥召来，问道："杨坚为何不来见朕，为皇后求情，是不是另有缘故？"

何妥可不敢乱加猜测。杨坚是朝中位高权重的丞相，又是天元皇帝的岳父，不可为逢迎天元皇帝而把杨坚贬得太惨。于是，何妥沉吟片刻，答道："陛下，隋国公只是将陛下责罚天元大皇后当成了家中的私事。如果出面求情，恐怕有国事家事混淆的嫌疑，这样反而会让陛下感到为难。让夫人出面处理家事，似乎更合情妥帖一些。往重了说，杨坚似乎还想摆一下岳父的架子。此外，愚臣实在想不出还有别的原因了。"

宇文赟听罢，又说："杞国公宇文亮与朕是同宗兄弟，他都有举兵叛逆的举动。那么在别臣外戚中，是不是也会有人存在这样的非分之想呢？"

"回陛下，对于这一点微臣的确不知，又怎敢妄加揣测。"何妥回答的时候，脸上满是尴尬。

天元皇帝也觉得自己刚才的话实在欠妥，于是，他和善地笑了一下，说道："何卿不必多虑。"于是命令他退下了。

天元皇帝的疑虑并没有因此消除，他虽然赦免了天元大皇后杨丽华，却命令她暂居别宫，名义上是因为她病体不便挪动，只好安静地休养，实际上就是软禁。同时在隋国公府周围安置了眼线，日夜监视杨坚及其家人的行动有无异常。

十几天过去，他又召杨坚进殿议事，并吩咐宿卫兵士，一旦察觉杨坚神情异常，便可见机行事，将他立斩于殿下。

可杨坚神情自如，谈笑风生，更顺从着宇文赟说了许多好听的话，并没有异常。天元皇帝见无从下手，也就没了谈天说地的兴致，便放杨坚回去。

天元皇帝对杨坚心存猜忌，但是又抓不住把柄，一时没了主意。

杨坚出宫之后并没有回家，他优哉游哉地来到了内史郑译府上。

自从独孤夫人出面求天元皇帝免女儿一死之后，杨坚时时刻刻揣着三分警惕之心。这一次奉旨进殿议事，见到天元皇帝根本没有议论国家大事的意思。再看那班侍卫，一个个端足了架势，清一色的剑拔弩张、如临大敌的严肃面貌。杨坚心里明白，今天如果稍有差池，隋国公就会与杞国公在地下相见了。

等到与郑译在客厅坐下，杨坚直截了当地说："郑译兄，天元陛下对臣下的疑心越来越重，不知道哪一天，就会惹来杀身之祸！"

郑译点头表示认同，说："这种情势我已经看到了，不知仁兄有什么方法可以化解吗？"

"唉！"杨坚长叹了一声，"若是想要从根本上化解恐怕已经不可能了，只能是缓解。需要你从中帮我一把。"

郑译干脆地应道："不必客气，请尽管吩咐。"

杨坚说："今日又听天元陛下谈及征讨南陈之事。你身为内史，与陛下朝夕相见，不知他是否真有讨陈的意思。"

"确有此意。"

"那就好了。讨伐南陈，必需几位将帅领兵出征。如若议定将领人选，万望郑译兄在陛下面前尽力举荐愚兄。只要远离京师，杨坚就逃脱了樊篱。有道是将在外君命有所不受，他要想再加害于我，也会有点力不从心。到那个时候再从长计议。"

郑译听完之后表示赞同。但是，他又进一步叮嘱杨坚说："这并不是三两天就可以完事的。仁兄一定要耐下心来，千万不可以露出一点蛛丝马迹。只有这样，事情才会办得顺畅一些。否则……"

一席肺腑之言，让杨坚感动不已，连忙点头说道："请放心，愚兄心中已经有数了，拜托了！"

遂拱手称谢，告辞。

出乎杨坚与郑译意料之外的是，他们二人商议好的脱身良策，还没有来得及实行就已经没有用处了。

初夏，天元皇帝突然病倒了。最初，宇文赟见到这场病情来势汹汹，于是吩咐太医下几剂猛药，想要一举攻克，不料五七日下来竟然一点起色都没有，身体反而更加糟糕，整日躺卧床榻上，活动一下都觉得非常困难。他这才心服，自己的确已经真元尽亏，难以再起了。情急之中，他令人速召小御正刘昉、中大夫颜之仪入宫，打算面嘱后事。不曾想他病情瞬息多变，等到刘昉等人来到病榻前时，宇文赟已经是面色灰黄，喉咙嘶哑，竟然一句话也说不出来。刘昉等人见到这种情形，只好说了几句请陛下静心调养之类的安慰话，就急忙退下了。

刘昉已经看明白，天元皇帝的时日已经不多了。他急忙找到了内史郑译，先对他描述了天元皇帝的病况，然后说："天元陛下病入膏肓，你我身为朝臣，当为国家社稷担忧，想出些办法来应付眼下的局面。"

郑译说："御正所言甚是。多年来，北有突厥屡犯边境，南有强陈虎视眈眈。一旦天元陛下驾崩，皇帝年幼当政，根本没有能力掌理国家大事。如果有外寇乘虚而入，恐怕又会引发内乱，此时国家将不堪设想。如今之计，就是选一位强者监国辅政才可以啊。"

刘昉说："内史大人说的有理。我想，杨坚在朝多年，朝廷上的威望极高，而且还是皇后的父亲，请他出来监国辅政，是众望所归啊。"

这些话简直是说到了郑译的心坎里。放眼全朝，可以担此重任的，非杨坚莫属。于是，刘昉、郑译二人马上驱车前往隋国公府，找杨坚一起进行商议。

没想到，杨坚竟然一口回绝，拒不应承。他说："二位只考虑到一面，并没有想到另一面。虽然我是皇后的父亲，但怎样说都是外戚。身为监国辅政，恐怕会有挟私谋位的嫌疑。"

刘昉一听就急了，"隋国公大人，现在都已经迫在眉睫，你还会顾及他人的议论！"

郑译也说："外戚并非要害，关键是要看谁。这些年来，以隋国公的处事为人，不但可以博得汉臣的信服敬佩，就是许多鲜卑王公将臣也与你友谊甚深。隋国公监国辅政，定会备受拥戴。"

"话虽然是这样说，但是几位藩王在外，并且各自握有兵权，怎么会甘心俯首帖耳称臣于外戚？一旦闹出什么乱子，必然会殃及黎民百姓。其结果你我担待不起的！千思万想，还以为不妥。"

刘昉急得嗓子眼儿里都要冒火，他一拍大腿站起来，说："请隋国公还是先不要去担心几位藩王作何感想。事已至此，我说几句杀头的话吧。天元皇帝即位以来，持政无能，荒淫奢靡，屡违天意，群臣有目共睹。江山社稷已经不堪，天下百姓民怨鼎沸。幸得他病势危重，国家才有了一线得救的转机。此时此刻隋国公若不监国辅政，天元皇帝的那几位藩王兄弟定是不甘寂寞，一个个当仁不让，争夺皇位。到那时，不但天下大乱不可避免，你我等人的身家性命恐也难保了！如果隋国公对辅政一事再三辞让，那只有叫我刘昉来监国，管他群臣服不服、天下乱不乱，就是乱，也要乱的痛快！内史大人，你以为如何？"

刘昉一急，竟然使出这样的激将法。郑译也故作紧张，说："若此绝非上策，这种方法万万使不得。隋国公，你就不要再顾虑太多了！"

情势所迫，道理也讲得透彻了，再不应允，于情于理都是说不过去的。杨坚终于说了句："好吧！就依照二位的意思行事吧。"

接下来，三个人又秘密议定了几件需马上办理的事情。

郑译、刘昉二人回到宫中，立即主持布置了宫禁事宜，以静帝圣旨宣告：天元皇帝病重期间，文武百官无有宣诏不得进宫，违者以谋反之罪立斩！接着，他们又假传圣旨：召大前疑、隋国公杨坚入宫侍疾。杨坚就堂而皇之地来到了皇宫。这一切都瞒过了静帝——一个十岁的孩子，只要有人哄着他玩儿得高兴就行了。再说，静帝身边的人都是刘昉、郑译安排的心腹，宫中所进行的事，一丝一毫也到不了静帝的耳朵里面。

第一章 天元无道威逼臣媳 众望所归杨坚辅国

第二章

杨坚除藩改周为隋　独孤皇后一语天机

就在杨坚侍疾的第二天，天元皇帝宇文赟就驾崩了。

此时，郑译、刘昉与杨坚立刻召集宫内的侍卫及其宦官，禁止任何人走漏消息。之后，让天元的儿子宇文阐继承大统。

一切都在按照事先设计好的进行着，杨坚真的松了一口气。杨坚直到此时才看清楚，自己距离九五之尊的皇位仅有一步之遥！虽然说杨坚今日监国辅政，朝廷大权尽在掌握之中，但是这必定是周朝，朝廷依然姓宇文。既然现在已经将自己推到了宝座脚下，为何不再上一步，开创一个属于杨家的天下！

这一夜，杨坚全无丝毫睡意。他面向窗外，遥望着浩瀚星河，想了许多许多……

第二天，杨坚找来刘昉，说："陛下为先皇居丧还需一段时日，这期间我等主政，号令天下或节制文武百官得有个名正言顺的说法。而且，此事不宜拖延。"

刘昉说："隋国公放心就是，刘昉早有计划。我这就去面见陛下。"

此时，静帝宇文阐在天台宫他父亲原先的寝殿里玩儿得高兴，他兴致勃勃地打开了一个父皇用过的柜橱，连捧带抓地取出一些物件，小山一样地堆在床上，然后一件件地把玩欣赏，觉得很有趣味儿。听到内侍禀报"小御正刘昉晋见陛下"，他也只说了句："让他进来吧。"

刘昉进来，就说："陛下，臣以为陛下喜好这类物件，似有不妥。"

静帝正拿起一件亵衣往自己身上比量，说："有什么不妥的！"

"先皇驾崩未久，举国哀痛，陛下也正在居丧。在这时候陛下亲近欣赏那些艳丽轻佻之物，岂不是对先皇不敬吗？"

静帝听刘昉一说，就把手里的亵衣往旁边一扔，说："听你的，不玩儿了！说吧，找朕有什么事？"

刘昉奏道："陛下居丧其间，不便亲理朝政，需有一人代为陛下掌理，以陛下的名义节制百官、号令天下，才不至于耽误国事。"

静帝摆了摆手，示意说下去。

刘昉答："臣以为隋国公杨坚担当此任最为适宜。"

静帝一听，立刻点头同意了，之后，静帝颁下诏书，任命隋国公杨坚为左大丞相，假黄钺，掌理朝政，节制文武百官。

这回，杨坚尽可堂而皇之地做自己想做的事情了。

他将原来太子居住的正阳宫改作大丞相府，命心腹将领郑贲统领丞相府宿卫，任郑译为丞相府长史，刘昉为司马。这样一来，周朝的皇宫事实上已不是天台宫，而是大丞相府了。丞相府中的一班臣僚们也看得明白，此时情势，也不再是杨坚监国，辅佐静帝执政，而是他们几个帮助杨坚，朝着皇权帝位这个最终目标步步进逼！

接下来，杨坚思忖着该如何对付京师之外的几位藩王了。随后下了一道诏书，征令赵王宇文招、陈王宇文纯、越王宇文盛、代王宇文达及腾王宇文逌等五人入朝发丧。

听说五位藩王一个个都回到京城，杨坚的眉头这才舒展开来。

最先感觉到苗头不对的，是赵王宇文招。

宇文招是第一个回到京城的藩王。按理说，回京后他应即刻晋见静帝，却闻听宫内实行宫禁，非陛下宣诏而不得擅自入宫。于是，他写了封书信，差下人送到丞相府上，信的大概意思是：我赵王已回到京城，请报奏皇帝，下旨召我入宫晋见。

信送去之后，依然迟迟不见下文。直到另外四位藩王都陆续回京，这才见到静帝诏旨：命五位藩王同时入宫晋见。

自此之后，皇帝再也没单独召见过哪位藩王。赵王宇文招听得风声，说大丞相府中却忙忙碌碌的，有些异常。宇文招决意探听一下虚实，以备不测。他吩咐下人备车，径直来到了右大丞相、汉王宇文赞的府上。

宇文赞是天元皇帝宇文赟的胞弟，爵封汉王。宇文赞虽为右大丞相，却没有一点实权，整天闲在家里无正事可做。

宇文招进得汉王寝室，见屋里除宇文赞之外，还有两个美貌女子，正各自整理着衣裳。

两位女子走后，宇文招对汉王拱了拱手："宇文招拜见右大丞相。"

宇文赞忙回礼答道："赵王不必客气，快快请坐。"

赵王见宇文赞满面红光的样子，就半是恭维、半是搭讪地说："汉王艳福不浅，从哪里弄到的两位佳丽？"

"赵王见笑了，"宇文赞眼中更放出光彩来，"是司马刘昉送给本王的。"

宇文招又说："听说近来丞相府内事务繁忙，还望丞相有所节制，不可

过度操劳，要多加保重才是。"

宇文赞哈哈一笑："本王根本没有费什么操劳。朝中事务，不论巨细全由杨坚他们一班大臣料理，我清静得很哩！"

宇文招听出其中必有蹊跷，进一步探问："汉王身为右大丞相，应当时常出入丞相府与禁中议论国事才是。为何得以清静？"

宇文赞说："司马刘昉私下对我说：先帝刚刚驾崩，政情尚在不稳。大王是先帝的胞弟，整日随陛下同出并入，恐有挟幼主谋大位之嫌。大王不如在府上静候，等一切安定之后，我等迎大王进宫，拥戴为天子。"

赵王问："这可是刘昉一个人的主意？"

宇文赞答："我没问得那么详细！"

赵王宇文招终于听明白了。宇文招出得汉王府大门，就见自己的一位家人急急走来，对他说："大王，陈王、越王、代王、滕王已在府内等候多时，命小人请大王速回！"

宇文招心说，四位藩王结伴而来，定是有事了。立即驱车回府。

等到宇文招回来，四位藩王告诉他一个刚刚听到的消息：相州总管、蜀国公尉迟迥在相州任上举兵反了！

尉迟迥举兵反叛，是杨坚绝没料到的事情。

尉迟迥的母亲，是周太祖宇文泰的姐姐。杨坚与尉迟迥同朝为臣，又因了父辈的这层特殊的关系，虽不是生死之交，也算得友好。这回天元皇帝驾崩，杨坚派人携带静帝诏书至相州，命尉迟迥入京师参加先帝葬礼。

谁知尉迟迥确非等闲之辈，待他接到诏书，更料定杨坚要夺帝位。于是，他干脆就地举兵起事，自称大总管，并扬言讨伐杨坚。尉迟迥振臂一呼，引得关东一带各州郡纷纷响应。不几日，聚集了十几万兵马，形势十分严峻。

这确实令杨坚感到头痛。他当即调兵遣将，分三路进击围剿。又命令严密封锁叛军消息。

然而，消息封锁得再严密，最终还是透到了几位藩王的耳朵里。

赵王府内，藩王们讲完了尉迟迥举兵起事的消息，出城去各自的藩属领兵已经是不可能了。如若强行冲出京城，将是以卵击石。赵王宇文招说："看来，我们必须与尉迟迥他们里应外合。"

藩王们都觉得这话说得有理，就你一言、我一语地献计献策，共同谋划除掉杨坚的最佳办法。最终，几个人都赞同设鸿门宴之计为安全把握的上策。

分析透彻之后，赵王又说："此事宜早不宜迟，你们马上汇合去丞相府，待我等将杨坚的人头悬于相府门前，那些宿卫将士必然觉得大势已去，至此，事情就算成功了。"

大家拍手称是，都以为这一番谋划天衣无缝，大功即将告成！

赵王府的一封帖子送到了隋国公府上，杨坚反复看了几遍，差人把宿卫大将军元胄说："赵王请我明日午时赴宴。你与大将军宇文弘率一队宿卫同去，你可早些准备一下。"

元胄是军中有名的勇武将领，且也有些头脑。听说是赵王宴请，立时便有所反应，他对杨坚说："尉迟迥叛乱未平，京师里王公贵族心绪不定，赵王恰于此时宴请丞相，显然居心叵测。末将以为，丞相应以朝中事务繁忙为由推辞。"

杨坚笑了笑，说："将军说的不无道理，然而推辞却不妥。想我杨坚自父辈就献身国家，屡经战阵，出生入死。今又身为丞相，执掌国柄，况且，我在朝中久以优礼藩王而得口碑，此次赵王宴请，焉有不赴之理。再说，就是赵王心怀叵测，见杨坚不敢赴宴，定在心里耻笑我胆小懦弱。我岂能贻笑于他！另外，自备一些酒水菜肴带去，大家都尽量不用赵王的食物。如此计较，将军以为如何？"

元胄见杨坚执意赴宴，点头称是，也就不再劝说。

次日杨坚来到赵王府时，两人见面，自然免不了相互致礼，寒暄良久。

进入王府，宇文招吩咐家人将杨坚的随从卫士留在外厢饮酒，只有元胄、宇文弘二将军随杨坚进到内厅。

时值盛夏，天气暑热。酒至数巡后，赵王就有点暑热难当的样子了。他吩咐左右："拿些西瓜来解暑。"

仆从搬上来一个十几斤重的大西瓜。赵王脸上有些不悦，说："这帮下人，竟将整个的西瓜搬来，还要劳烦本王来切。"说着，拔出佩刀，一刀将西瓜斩成两半。

元胄看见心下一惊：这不是项庄舞剑吗！便元胄对杨坚说："丞相，相府内已有数件要事等丞相急办。丞相不宜于此久留，请马上回府！"

宇文招大声呵叱说："本王难得与丞相一聚，你却来催丞相回府，败坏我二人的酒兴！"

元胄躬身抱拳，说："元胄不敢。只是不曾想一句话惹来大王怒斥，末将以为无端，不解大王心存何意！"

宇文招本来心虚，见元胄柔中有刚，满脸堆笑说："本王只想与丞相饮个尽兴，并无他意。借此机会，敬壮士三杯。"

赵王与杨坚又饮了几杯，见元胄没有离开的意思，便对元胄说："烦劳

壮士去厨下看看，有什么汤水端几碗来，我与丞相解渴。"

元胄答道："天气暑热，不便多饮。况且丞相府内还有公务，不如就此散席。"

赵王无言以对。正在这时，听滕王宇文逌来到，杨坚起身要与赵王同去迎接。

这时，元胄听得室后隐约有叮当声响，就趁杨坚与滕王客套之机，转身去后面探视，就见花木丛中，有一群家丁正在披挂甲衣、摆弄刀剑。元胄心说："不好！"随即奔向厅前，拉起正欲重新入座的杨坚，说："府内公务急迫，丞相何必在此流连！"

一边说着，一边拽住杨坚往大门外急走。宇文招见状心急如焚，呼令家丁向前追赶。元胄连忙将杨坚交给赶上前来的大将军宇文弘，自己与剩下的几名宿卫兵士挡在院内。双方就这样对峙着。宇文招眼看着杨坚在将士的护卫下从容离去，恨自己优柔寡断，把这千载良机给贻误了。

元胄带人与赵王府家丁相持良久，估计杨坚已走远了，才慢慢退出，迅疾往杨坚府上赶去。

杨坚命仆从为元胄送上茶水，说："元大将军，今日你把樊哙这一角色演得精彩至极，出色至极啊！"

元胄连连摆手说："丞相取笑！既然知道赵王设下了鸿门宴，又何必非去冒此大险不可呢？"

杨坚严肃地说："将军的忠勇之举与良苦用心令杨坚感激不尽！如若我不亲赴赵王府，怎会掌握他谋反叛逆的确凿证据？"杨坚将茶碗置于桌上，双手一拱，说："我即刻拟旨，令宿卫禁军将赵王、越王、陈王、代王、滕王诸府团团包围，几位藩王谋反叛逆，满门抄斩。此事还需二位将军办理，切不得有误！"

二位将军连忙跪拜遵命。

宇文招等几位藩王一心谋划着要把杨坚的人头悬于相府门厅，才隔几日，却做了杨坚的刀下鬼，落得个身首异处的下场。他们到死也没看清楚，周室嬗变，天道使然，已是谁都不可阻挡的了。

斩杀藩王的血迹未干，就有驿卒快马飞报大丞相府：行军元帅高颎率军平息尉迟迥等谋叛三方大获全胜，逆首尉迟迥兵败后绝望自刎。胜利之师不日将凯旋京都！

这是左大丞相、隋国公杨坚有生以来取得的一次最大的胜利。至此，杨坚在通向帝位的道路上没有了任何障碍。北周王朝历经五主二十五年，今天终于听到了为它而鸣的丧钟！

丞相司马刘昉来到天台宫，对静帝宇文阐极为和蔼地说："陛下，如今这皇朝王宫、文官武将全都在左大丞相掌握之中了。一切朝政国事全由左大丞相，哦，就是陛下的外公说了算，再也无需陛下劳神费心。如此一来，陛下依然坐在皇帝宝座上反倒显得无趣了。还不如送个顺水人情，将那宝座主动让给您外公坐了。要不然，等到人家来赶您下去，脸面上不就太难堪了吗？"

宇文阐见大势所趋，很痛快地答应了禅让皇位于杨坚。他也清楚，那么有武艺的几位藩王都被外公他们杀了，自己一个不足十岁的孩子，又怎么能挡得住一拨儿大人？

只是有一点他还弄不明白：既然朝廷里一切都在外公掌握之中，国家所有事情都由他说了算，不就行了吗？为什么做外公的还非要把外孙赶下皇帝宝座不可？

公元581年二月，在长安城皇宫中的临安殿里，举行了盛况空前的加冕典礼，杨坚正式登基做了皇帝，即隋文帝，国号称隋，改元开皇。这年他四十一岁。

静帝宇文阐禅位后封介国公。

三个月后，隋文帝下旨，将北周宗室子侄全部拘捕入狱，勒令自尽。唯有介国公宇文阐没有被捕，而是由隋文帝派人到介国公府上，赐给他一杯鸩酒！

这年七月，穿一身便袍的杨坚坐在一张硕大的紫檀圆桌旁，望着明灭的灯火怔怔地出神。时光过得真快呀！杨坚在心中感叹着，去年在隋国公府上的书房里，自己也时常这样怔怔地坐着，而今天，他却已是隋朝的开国皇帝了。

灯光映照着他的脸，也闪烁出两道平静深沉的目光。头上脱去了冕旒，脸上也没有了那股至高无上的威严。他想起了少儿时随父亲杨忠第一次见到周太祖宇文泰的时候，太祖对父亲说的话："此儿风骨非同一般，绝非常人！"

是巧合，还是宇文泰果真有此慧眼？

开国大典的热闹，初登王位的兴奋，很快都随着日月星辰的升沉起落而过去，一切又归于秋水般的平静。

杨坚站起身，他感到屋里的空气有些沉闷，就走向窗前，轻轻推开一扇窗牖。一阵清风扑面吹来：暑夏即将过去，夜半的风中已有了初秋的清爽。

杨坚贪婪地将一股清凉的夜风深深地吸入肺腑。

第二章 杨坚除藩改周为隋 独孤皇后一语天机

蓦地，杨坚感觉到身后似乎有些响动。他转过身，原来是从窗外吹进的夜风将床榻上的帐帏微微掀动。帐帏之中，夫人独孤皇后正在休息。杨坚走过去，独孤皇后探出身来。

杨坚一愣，问："咦，夫人怎么醒了？"

独孤氏说："我躺了一个时辰，见陛下也全无睡意，就想倒不如陪陛下说会儿话。"

杨坚心头一热。独孤文献自十四岁嫁给杨坚，至今已二十四年了。

十多年里，杨坚驰骋沙场、辅佐周室，直到今天登基成了大隋皇帝，独孤夫人都一直陪伴着他，无论国政家事，她总能为杨坚出谋划策，给予杨坚莫大的支撑和温暖。独孤皇后的父亲独孤信是周室望族国戚，大女儿是周明帝的皇后，他自己是功勋卓著的大将重臣。以独孤信这样显赫的地位出身，能将小女独孤文献嫁与一位外族部下的儿子为妻，除极其信赖之外，还是一种恩赐。因而，杨家始终对独孤信感恩戴德，甘为犬马。

这时，独孤皇后起身下床，杨坚将刚才打开的窗子关严。

"陛下，这么晚了还不休息，是不是又在为什么事情忧心？"

"倒也没什么大事，"杨坚若有所思地回答，"朕只是将开国以来所处理的几件事情在心中梳理一下，看有没有办得不妥的地方。"

"哦，陛下所指的是哪些事情？"

杨坚一时回答不上来了。所以，独孤皇后一问，他却说得不具体，之后又沉吟起来。

独孤皇后见他低眉不语，便轻柔地叫了声："那罗廷！"

声音不大，却使杨坚一惊。他抬眼望去，见独孤氏满脸温情，双眸中荡漾着春水般的涟漪，杨坚心中不禁怦然一动：啊，很久没听到有人这样称呼了！

那罗廷是杨坚的鲜卑族乳名。鲜卑贵族素以赐姓、赐名为奖赏外族将臣的崇高荣誉。周太祖赐杨忠"掩于"为字后不久，又赐姓普六茹。因此，杨坚也就有了一个鲜卑名字：普六茹坚，还得了个鲜卑乳名，就是那罗廷。

独孤氏看到杨坚现出一脸惊异，连忙说："陛下贵为天子，为妻实在不该再用这种名字称呼，望陛下恕妻不敬之罪！"

这时杨坚已从惊异中缓过神来，随即说："夫人不要误会。刚才我是惊异于夫人的声音发自天籁，空旷悠远。好久没听到这个称谓了。没想到一声'那罗廷'竟会让我这样精神抖擞。"

独孤皇后被他这番绝非虚伪矫饰的话感动了。她问："陛下还记得那罗廷是什么意思吗？"

"怎么能不记得？那罗廷，就是金刚大力士嘛！"

"金刚大力士是一个坚毅勇武、力大无穷的人，却不是皇帝。"

"哦？夫人的意思是……"

独孤皇后站起身，双手轻抚着杨坚的肩膀，深情地说："陛下，皇帝就是一个坐在禁中宝座上的平常人。皇帝所要做的，就是千千万万子民所希望的事。一个人，只要他做好了天下子民都希望做的事，那么这个人就是皇帝，就是任何一个普通人都无法与他相比的金刚大力士！他所做的事就会少有不妥。"

"夫人说的太对了，太精彩了！"杨坚击掌称赞道。寥寥数语，就让皇帝陛下心悦诚服，足见独孤皇后可敬可畏之处。

杨坚又说："有如此智慧的夫人在侧时时提醒，加之我五位皇子为国家栋梁，大隋基业定会千秋！"

听杨坚提及五个儿子，独孤皇后又提醒说："皇儿们虽然都已晋封爵位，执掌一方，却年在幼冲，仍需严加督导教诲，不能疏废，日后才可以担当大任！"

这话又说到杨坚心上去了。

杨坚登基未过半月，便颁布诏书，封独孤氏为皇后，立长子杨勇为皇太子。分封次子杨广为晋王，三子杨俊为秦王，四子杨秀为蜀王，五子杨谅为汉王。

虽然将杨勇立为太子，而杨坚夫妻两个最宠爱、最寄予厚望的，却是二儿子杨广。但自古至今，皇权帝位当首传于长子，隋文帝也只有按古制行封立之事，不能坏了规矩。

杨广生于北周武帝天和四年。

独孤夫人临盆的那一天，长安城碧空万里。忽然间，不知从哪里降下一团赤亮的红光，灿烂夺目地笼罩在隋国公府的上方。府内上下正在为这奇特的天象惊诧不已的时候，似乎就是从那团红光中，嘹亮地爆发出一声长长的婴儿啼哭，隋国公杨坚的第二个儿子出世了。随着这婴儿的啼哭，京城里远近四方的牛马牲畜，一齐发出了啸叫嘶鸣，震彻天际，久久不息。闻讯前来贺喜的王公显贵们纷纷对杨坚说："这是吉兆，此儿日后必大富大贵！"

至于富贵到什么程度，并无人言明。其实也不用说得太透彻，再贵还能过过天子吗？客套而已。

杨坚给二儿子起名叫英。独孤氏则又为他起了个鲜卑乳名：阿䍠。大儿子杨勇也有这么个名字，叫睍地伐。

杨英的确人如其名，长得英俊漂亮，仪表非凡。而且聪颖过人，好学善问，兴趣极广。到十岁的时候，就对天文、地理、技艺、术数、药方，已是无不通晓。尤其对前朝史书、文学诗赋爱不释手，过目不忘。小杨英还有最讨杨坚夫妇喜欢的地方，他极善于观察父母的言语表情，能在他们不开心时哄得他们高兴，而见到父母发怒时，则乖乖地退缩到旮旯里不声不响。

杨坚与独孤氏太爱小杨英了，即使后来又有了三个儿子，都没能让他们把对二儿子的宠爱削减分毫。

一天，杨坚从外面回来，见杨英正依偎在独孤氏怀里嘻嘻哈哈地玩，那种亲密无比的热乎劲儿，杨坚心中莫名地生出一丝丝忌妒。他打着哈哈说："阿䴖，你说说，你最喜欢谁呀？"

杨英看看父亲，再看看母亲，略作沉思，大声说："阿䴖最喜欢胡亥！"

"什么？"小杨英的回答的确让杨坚吃惊不小。他心里最想听到的是"父亲母亲我都喜欢"。可他喜欢的是胡亥！他看了看夫人，独孤氏也一副瞠目结舌的模样。于是，杨坚反问道："你喜欢胡亥？就是那个逼死扶苏，矫诏篡位的秦二世？"

杨英见刚才还和颜悦色的父亲，竟因自己一句话就忽然惊诧严肃得这样，便缩起脖子，扑闪着两只大眼不敢吱声了。

这样，杨坚反而心软了。本来是与儿子开个玩笑的，儿子嗜好读书，心里装了许多史籍中的人物，不过顺嘴说出个胡亥来罢了。这样想着，杨坚就张开双臂，将杨英揽到自己跟前，笑嘻嘻地给自己打圆场，说：

"看看咱阿䴖，长得一副贵相，又有这般好头脑，将来该不会败我杨家吧？"

"你看你，刚才差点儿把咱儿子吓着，这会儿又来讲些丧气话，哪里还有点做父亲的样子。"独孤氏嗔怪着说，却忍不住噗一下笑出了声。

玩笑归玩笑，杨坚与独孤氏二人对几个儿子的教诲督导始终未敢放松。

这一夜，他们谈论最多的，也正是自己的儿子。

"阿䴖十三岁了，"独孤皇后思念地说，"刚十三岁就封王出藩了。"

"是啊。朕十三岁的时候，才刚刚从冯翊的般若寺回到家里来呢。"杨坚感叹着。他终生难忘，自己的少儿时代是与尼姑为伴，在寺庙里度过的。

杨坚的父亲杨忠在东游泰山时，娶了一位家境贫寒的济南女子吕氏为妻。后因连年战乱，逐渐与吕家失去了联系。杨忠又在周室为将，戎马倥偬中，就把家安在了地处黄河之东通往长安的交通要道上的冯翊。冯翊的般若寺里住的是尼姑，尼姑们除了吃斋念佛，还会为人接生。于是，吕氏就在般若寺里生下了杨坚。

把杨坚接到这个世界上来的，是一位叫智仙的尼姑。她托着襁褓中的杨坚端详良久，对吕氏说："刚才此儿降生时紫气充庭，是大吉大利之兆，将来大富大贵亦不可预言。但须不在俗间抚养。"

就这样，杨坚留在了般若寺由智仙抚养。智仙尼姑实际上成了他的养母，而他的亲生母亲吕氏，只是经常来寺里探望儿子。一直长到十三岁，杨坚才被父母接回了家。

难怪一提及阿�十三岁封为晋王，就引发了杨坚一番今非昔比的感叹。

独孤皇后听了杨坚的感叹，就说：

"陛下，无论皇儿封授什么王位，毕竟还是孩子。你为阿摐改名杨广，也是对他寄予了以广博胸怀，创英勇之业的希望，果真如此，光有一个好名字还不行。朝中群臣纷纷议论：陛下以项城郡公王韶辅佐晋王，是再合适不过的了。"

分封诸位皇子时，有臣下上奏文帝：千人之秀为英，故"英"字是布衣之美称，却非皇子之嘉名。况且，关中地方，人多将"杨"字发"嬴"音，把"英"字读为"殃"。杨英，听似"嬴殃"，因此晋王名字当改。杨坚觉得很有道理，便将杨英改作杨广。

独孤皇后说到的项城郡公王韶，曾也是周朝屡建战功的名将，性格刚毅，为人耿直，能文能武。杨坚听独孤皇后说自己选任王韶辅佐晋王杨广，得到了朝中群臣一致赞许，心里美滋滋的，脸上浮起了微笑。

独孤皇后却又说："只是太子睍地伐，脾性与几位皇儿不太一样。听说他得封皇太子后，回到东宫即大摆筵席庆贺，饮酒歌舞，通宵达旦。如此侈糜张扬，日后怎担当大业？"

杨坚轻轻叹了一声："太子的一些事情朕也听到了，心中不无忧虑，当然还须严加管束，夫人不必多虑，将来有阿摐他们四兄弟辅佐太子哩。兄弟五人同心协力，定会继承天下的。"

"陛下是说，兄弟之间必会一心一意了？"

"不然，这要看是什么兄弟。古时前朝，皇室兄弟阋于萧墙，为夺大位自相残杀者不乏其人。不过，那些兄弟虽都是皇子，却不是一母所生，毕竟还有些不同的利害相关联。而今朕的五位皇子，皆是夫人一身所出，骨肉亲情无分毫差异，荣辱与共，利害相同。再说，朕虽登皇位，也绝不会再宠幸别的妃嫔，弄出个同父异母的皇儿来增添烦恼。如此，说大隋基业无虞，不是极有道理吗？皇后夫人！"

独孤皇后温情地斜睨了杨坚一眼，笑着说："本是担心睍地伐的脾性，

陛下却扯出个宠幸妃嫔的话题来，莫不是怪罪为妻有影射之意？不过，陛下以江山社稷为重而维护嫡亲之决心，是历代君王绝不可比的！"

"夫人将心放在肚子里就是了。现在已经不早了，还是赶紧休息吧。"

杨坚立起身来，和独孤氏相互搀扶着并肩朝着床榻走去。

躺在床上，独孤皇后似乎是又想起了什么，说道："陛下，也该思量着为阿䴙挑选王妃了。一个男人，只有娶了妻室之后才会成为真正的男人……"

杨坚听着皇后的话，目不转睛地望着帐顶，他在诧异：皇后的言谈中哪里来的这么多哲语？

不知过了多久，远处隐隐约约传来了破晓的鸡鸣。

第三章

晋王仁孝遵师教诲　邻家萧女出嫁为妃

太行山自东北向西南一路倾斜下来，峰岭逐渐低矮，青冷嶙峋的岩石被厚厚的黄土覆盖。坚硬的黄土经过千百年风雨侵蚀冲刷出无数道沟壑，俯视下去，就好像是一位历经沧桑的老人的脸上的一道道褶皱一般。到了晋中一带，又与同样被厚实的黄土覆盖的吕梁山遥遥相望，中间又有了一块地势较为平坦的盆地，蜿蜒一千四百余里的汾河在此地穿流而过，滋润着这里的生灵和土地。所以，这一方土地，远比周围那些山岭沟壑间的坚硬的黄土肥沃富饶。

也许因为得地利之势的缘故，这里便有了一座古老的城市：晋阳。并州及河北道行台尚书省的治所就在晋阳。

转眼间，晋王杨广任并州总管已有两年多了。同时，他还身兼河北道行台尚书令的重任。

晋王府的后苑里，杨广在王府总管的陪伴下，兴致勃勃地察看着一项正在兴建的工程。这工程是他一手策划设计的，不能不格外上心。

这里正在挖一个深五尺、阔三亩的大坑。等挖成之后，将水引灌进来，就该叫作湖了。从坑中挖出来的土已在两侧堆起了三座小山。当然，还得从外边弄好些石头垒在土堆上，再种上树木花草，才能真正像个山的样子。杨广非常讨厌王府墙外遥远之处的那些山岭，那也叫山吗？光秃秃的，黄黄的一堆接连着一堆，半点鲜活的痕迹都见不到。遇到大风刮起，飞扬的尘土遮天蔽日，整个世界都被蒙在一幅赤黄的帐幔下，憋闷得人不能喘息。若是降雨，房檐和树叶上滴答下来的全是一缕缕黄雨。在这样的地方生活得久了，人会不会就会变成与那山岭一样的颜色？杨广非常向往地理书籍中描述的江南地方，山明水秀，满目葱茏。于是，他决意在自己身边营造出一片青山绿水来。

时值仲秋，农夫们都在田间忙碌着秋收，征调到晋王府挖湖筑山的工役来得三三两两。开此工程是杨广自行决定的，未经父皇陛下允许，也就不便大肆张扬。晋王心中不禁有些着急，他来到一座土山下，抬头望望，这堆土已经有七八天没有长高了。他双臂抱在胸前，若有所思地问身边的王副总管："王韶走了已经有三个月了吧？"总管答道："大王，行台仆射王韶奉旨北上视察长城修筑事宜，至今已有三个半月了。听说再有半个月，最多二十多天便可返回。""哎！"杨广叹了口气，心里说，要在王韶返回并州之前完工，是绝对不可能了。

杨广封为晋王，出藩并州的时候，文帝即任命项城郡公主王韶为河北行台仆射，托以辅佐晋王的重任。名为杨广的部将，实际上就是他的老师。王韶刚正不阿、办事认真，又受了文帝重托，对杨广管教极为严格，让这位十几岁的王爷不得不惧怕他三分。在王韶的精心教诲调理下，杨广的学识文章大见长进，骑射之功也日益精湛。而且，伴着身材逐渐挺拔魁梧，杨广出落地越加英武俊美。文帝欣喜之余，将这一切变化都归功于王韶，并对他大加赞赏。杨广在王韶面前也开口必称"恩师"，心下更实实在在地佩服。唯有一条，文帝崇尚节俭，极恶奢靡，正对了王韶老臣的胃口，在王韶看来，诸如挖湖造山的工程，定属奢靡这类，是断然不可为的。杨广本想趁着王韶奉旨北上的这段时间内完成自己的计划，即便王韶回来，也无奈于木已成舟，只能来个"下不为例"了事。现在看来，计划怕是要成为泡影了。

不过也不要紧，杨广转念一想，不管怎样，你王韶也只是个行台仆射。我身为晋王，并州总管、行台尚书令。就不能让我真正说了算一回？再说，他也未必会奏上父皇那里，他就不怕落个辅佐有失的罪过？这样想着，杨广心里坦然多了，对总管说："看看哪些地方秋收已经完毕，多征调些工役来，加紧建造。"

杨广抬眼望望日光，将近午时了，就说："回去吧，我有点饿了。"

王府总管忙说："我这就去吩咐厨下为大王准备饭菜。"转身就走。

"哎哎，"杨广叫住他，"什么饭菜，一日三餐就是些瓜豆青菜，寡味极了。你不会弄点鸡呀肉的来吃？"

总管面有难色，啜嚅着说："卑职多次想过，只是按陛下的诏令……"

文帝颁诏，对各个王府中的日常吃穿用度作了严格规定。单说膳食一项，除非节令诞辰、庆典祭祀之日，平时里自王公至下属均以素淡饭菜为主，更不得饮酒。这些费用开销都由王府总管掌握，如有违犯，先拿直接责任者试问！

杨广想到了这一层，就说："去吧，不为难你了。弄什么我吃什么就是了。"

十几天后，行台仆射王韶回到并州。

这次奉旨北去视察长城修造，一去就是几个月，其间风尘仆仆、鞍马劳顿，确实辛苦得很。但直到今日回到家中，心里依然是按捺不住的欣喜，让他欣喜的是，长城修造工程进展得十分顺利，自己的使命也完成得非常圆满。

万里长城自秦皇开始建造，耗费的人财物料无法计算，百姓们承担着沉重的税赋徭役，苦不堪言。为造长城而死伤的壮丁不计其数。于是，秦亡之后，这长城便成了秦皇暴政的一桩铁证。然而，人们逐渐看清了，正是这道长城，毕竟阻止了匈奴的侵入，使国人得以安宁。如此说来，万里长城却是一项功泽后世的壮举！

终究将近八百年了，古老的长城已有许多段落坍塌倾圮，残破不堪。近些年来，北方大漠之中自恃强盛的突厥等部族屡屡南犯，使边关不得安宁。文帝登基不久，便想到了修造长城，以御内侵之敌，保护社稷安定，这正是令王韶兴奋的缘由。

他听说了晋王杨广在府内大兴土木，挖湖造山的事之后，心中的兴奋顿时一扫而光、烟消云散。他一掌拍在桌上，将夫人刚刚摆上来的一壶温酒震落到地下。

夫人不敢吱声，心里却是后悔不迭，不该在晚饭前对他讲这些事。

"夫人，你给我说说。"王韶大声道。

夫人蹲身正在捡拾地上的锡酒壶，慌忙起身答应："郡公，什么事？"

"你说，那晋王在我面前一声一个恩师叫着，极其恭顺服帖。我刚离开几个月，他竟如此独断妄为。难道他平日的样子是故意矫饰出来给我看的吗？"

夫人答道："为妻拙笨，也难得去王府一次，实在不知晋王言行。"

王韶白了她一眼，又问："晋王出藩这几年，我一直牢记陛下重托而不敢有一日疏忽，尽心辅佐。眼见他功课骑射日益长进，以为他将来定会成为一名文治武功的将帅之才。谁想晋王还有崇好侈靡虚荣的一面隐藏心里，难道这些公子王孙的骄横奢欲竟是天生的不成？"

夫人听了这话，脸色都变了，惶惶地说："郡公小声些，如此喧嚷就不怕有犯上之嫌！"

王韶说："我并不怕陛下降冒犯之罪，只是有愧于陛下恩宠呀！"

"郡公说得在理，"夫人进一步劝慰道，"只是你刚刚回家，风尘未洗，该是先吃了饭，好好歇息一下再说。郡公稍等，我再下去斟壶酒来。"

"不必了，我哪里还吃得下去。"说罢，王韶长长地叹了口气。

不光饭没有吃，王韶心事重重，这一夜竟未得安睡。

次日清晨，杨广起床后刚刚梳洗完毕，就有家丁来报，说行台仆射王韶前来拜见晋王。

杨广心想，王韶昨日回到并州，今晨即来晋见，正合礼数。不过，他不在客厅等候，却直奔后阁而来，恐怕是另有要事。

等到王韶进屋来，却着实把晋王吓了一跳。

只见王韶双手倒背，由一条比拇指还粗的绳索将自己上身捆绑了个结结实实。这副样子已使身体失去平衡，他又走得急了些，摇摇晃晃的，到门口被门槛绊了一下，竟是一个趔趄闯进来的。

杨广急忙上前搀扶，并问道："恩师，这是怎么了？是什么人如此胆大妄为，竟敢捆绑本王的恩师！"他厉色喊了一声："来人！"

"大王不必呼唤，"王韶阻止了杨广，语调很是平静地说，"是老臣让家人将自己捆绑上的。"

"为什么？"杨广大惑不解。

"老臣特来向大王辞行。"

"恩师刚回并州，又要到哪里去？"

"去大兴向陛下请罪！"

说到这里，杨广似乎感觉出一丝味道来，他又问："恩师何罪之有？"

王韶缓了口气，说："大王私调工役，挖湖筑山，为的是供一人赏玩，实属铺张浮华之举。当今皇上一向崇尚节俭，禁奢侈靡费甚严。大王此举若让陛下得知，定会怪罪老臣辅佐有失。如其等陛下降罪，倒不如让老臣亲赴宫中请罪合适。"

果然是为了这事，杨广心想，早就料到他会有一番谏阻的，却没有想到他会用这种方式。杨广赶紧给王韶松了绑，一边说："经恩师教训，本王也知自己所为实有不妥。但请恩师不要着急过激，本王一切都听从于恩师的。恩师请坐！"

王韶坐了下来。他见杨广面有愧色，言语诚恳，自己的语气也缓和了一些："大王是否还记得，出藩并州离京之前，陛下对咱们说的那些话吗？"

"怎么能不记得？那场面如在昨日，父皇的声音犹在耳畔，终生不忘。"

"噢——"王韶频频点头，"那就好哇！"

那是一次极为庄重严肃的仪式。文帝在皇宫西朝堂召见即将出藩并州的杨广，命他面西而立，让高颎等大臣自后面引出王韶与杨广相见。杨广在父皇面前向王韶施礼，就算是拜师了。

"子相（子相是他的字，以字称呼就更显出尊敬和信任了），"文帝对王韶说。"此次晋王出藩并州，由子相辅以左右，朕也就无忧了！"

王韶忙跪拜答道："承蒙陛下厚爱重托，韶定当披肝沥胆！"

"晋王杨广。"

"儿臣在。"杨广听父皇唤他，应声跪下。

"你虽然封为晋王，毕竟年龄尚小，没见过什么世面。此去并州，朕托子相辅佐你，可不要辜负了朕的一片苦心。到了并州，凡事无论大小巨细，你尽可信任委托于子相。对他的教诲你当谨记在心，不得有违。切记，绝不可亲昵奸佞小人而疏远子相！如果你照朕所言去做，必有益于江山社稷，在朝野之中也树立起了你的威望名声。不然，偌大一个大隋，衰败灭亡便指日可待了！"

皇上这番话虽然是对着晋王说的，却让王韶深深地铭刻在心里。

王韶对杨广说："并州这个地方，自古就是国家的要冲重镇。陛下将治守重任托于大王，用心可想而知，大王应虚怀若谷，励精图治，不可稍有闪失。否则，既有愧于陛下隆恩，也负于百姓瞩望啊！"

杨广低下了头，嗫嚅着说："恩师所讲的道理，我都记在心里了。我立刻传令下去，停止挖湖筑山。此后一切操行定遵从父皇与恩师教诲，杜绝铺张奢侈之风。"

"好！"王韶高兴起来，"大王知错即改，将大有可为啊！"

"恩师，这件事我想就不要让父皇知道了。"

"当然可以了。知过已改，何必再惊动陛下。"

"我不是怕父皇怪罪，只是不想让他因此气恼而伤了身体。"

"噢，原来如此，"王韶心里顿生敬佩，"好一个仁孝的晋王啊！"

不过，没有多久，这件事还是传到了文帝杨坚的耳朵里。他并未过于责怪杨广，却对王韶"自缚而谏"之举欣喜万分，大加赞赏。即刻派御史传诏：赏赐王韶黄金百两。随之而来的还有隋文帝对杨广的指令，命令他带兵支援大漠以北的东突厥。杨广整顿后，便带兵出发了。

再说，那隋文帝听了独孤夫人的建议后，几番斟酌，决定在梁王萧岿的几个女儿中为晋王杨广选一位王妃。这是因为，江南女子素以温柔娴淑，多以学识而闻名，帝王之女当然更加贵雅。另外，也是最重要的，文帝早已在打萧岿的主意了。他感到，萧岿的这个附庸小国越来越没有存在的必要，而这块国土归属大隋的时机也越来越成熟了。

文帝登基之初，便派使节前往江陵，赏赐萧岿黄金五百两，白银一千两，外加五百匹良马，一万匹绸缎。萧岿对隋朝大业并未有建树，何来赏赐？说白了，不过是为了笼络萧岿而已。

开皇之初，隋室根基未稳。南方陈国隔江对峙，是文帝最大的心腹之

患。但凭隋朝当时国力，一时还奈何不得陈国。既然如此，就更当严防萧岿这个小国之王再来添乱。万一安抚不当，萧岿投了陈国，岂不雪上加霜。小处暂且一忍，破费点钱财，买得现时平安，以图日后之大谋！

萧岿也算安分，只要有人以金银珠宝、绫罗绸缎供养着他，便无非分之想。还按时晋京朝见大隋皇室。去年正月来朝，文帝下诏宣布，萧岿的地位在所有王公之上，又赏赐无数。更让萧岿感激涕零的是，在他将返回江陵时，文帝杨坚亲自送他到灞水，并为他设宴饯行。大隋皇帝如此宽怀仁厚，怎能不叫小邦之王受宠若惊！

文帝设想，若在萧岿的女儿中选上一位王妃，萧岿就成了隋朝皇戚，隋梁之间便多了一些共同利益，从而摆布萧岿就更有理由且游刃有余了。等将梁国完全收入囊中，踏平陈国便又少了一个障碍。

于是，杨坚遣御史带相士等一千人马来到江陵。

萧岿听说大隋皇帝要选自己的女儿做王妃，惊喜得差点儿晕过去。对他来说，这简直是一件求之不得的天大幸事。就眼下这种情景，都能得到隋皇经常的金银赏赐，如果攀上了皇亲，跟大隋皇帝成了儿女亲家，那富贵荣耀还不得再强百倍！

可是，当三个女儿全让御史和相士看过之后，萧岿立刻没了精神。相士逐次为三个公主看过面相，问了八字，占卜的结果竟是一样："不吉！"

不吉怎么可以做王妃？

萧岿强作笑颜，对御使说："诸位千里迢迢来到江陵，实在辛苦，定要好好歇养几日，玩一玩江南的山水风景，看一看江陵的歌舞美色。"接着吩咐臣下，好好照应御史等人，便悻悻地回了后宫。眼看着皇亲国戚的美梦破灭，萧岿万念俱灰，斜倚在床上闭目养神。似睡非睡中，他听到一阵窸窸窣窣的脚步声，虽然轻微，但萧岿不用睁眼就知道是谁来了。

"刘妃，"萧岿开口说道："朕今日心情不佳，没有兴致与你取乐。回去吧！"

进来的确实是刘妃，一位年轻美艳的女子。刘妃装束素雅，身上并不见红绿黄白的饰物，容颜却美得光彩照人。她原本是宫中一名舞女，就因这副美艳，又加身段好、歌喉甜，颇得萧岿宠幸，时常留在身边。久而久之，竟也混了个妃子的身份。衰败小国的君王选妃，也不必顾及出身门第之类的事了。

听了萧岿的话，刘妃不但没走，反而在床沿上坐下来。她轻柔地说道："陛下，等听完贱妾说的话，陛下的心情或许就会好的。"

"什么事，你就快说吧。"

"陛下为什么不把所有的女儿都给隋朝御使过目呢?"

"你又听谁胡言?"萧岿不耐烦地睁了睁眼,接着又闭上了,说:"三个女儿不但都看了面相、八字,还都打卦占卜过了。唉,不吉!"

刘妃嘻嘻一笑,说:"还有寄养在外的那位公主呢?"

"嗯?"萧岿忽地坐起身,挠挠头顶,"是呀,朕怎么把她给忘了!"

刘妃轻佻地拥靠在萧岿肩头,说:"怎么样,高兴了吧?"

萧岿却又摇摇头,轻叹着说:"不行。她二月出生,原本就命相不吉,怎能做得了王妃?"

"这么说,贱妾根本就不配得到陛下宠幸了?"

刘妃进而劝道:"不看一看怎么知道?再说,二月出生只是不宜在身边抚养,却不能断定做不了王妃呀。毕竟还是陛下的亲生女儿嘛!"萧岿连连称是。

　　阳春三月时节,田野里到处是一片片秧苗的油绿,菜花的金黄。山腰上,缭绕着一团团淡淡的雾霭,若在远处看去,满坡的翠竹时而朦胧,时而清丽,像情窦初开的少女似的,显出七分让人想入非非的诱惑,还有三分不可捉摸的神秘。小河的岸上,一排垂柳随河道弯曲走势伸向远处,万千条柳枝摇曳飘拂,荡漾起纷纷扬扬的白絮在轻风里翩翩起舞,悠悠而去。小河哗哗啦啦地唱着,应和着轻风的旋律,伴奏着杨柳的舞蹈。河水清澈碧透,间或有红的和粉的花瓣零落在上面,随河水缓缓流淌,更点缀了这幅明净清秀的图画。

　　他们谈论的便是萧岿那个二月出生的不祥女儿萧女。此时她正置身于这幅图画里:蹲在河边的一块大青石上,捶洗着一堆衣裳。丰满的身躯,到处都显出一位十四岁少女的韵色和成熟。高高卷起的衣袖,露出两条白皙的胳膊在河水里起落摆动。乌亮的秀发上落下几朵洁白的柳絮,被风儿轻轻拂去。和煦的阳光照射着额头上的一层细细的汗珠闪闪烁烁。她甩了甩湿漉漉的右臂,用手背擦擦额头和脸颊,又仰起脸望望升上头顶的太阳:该是帮舅妈做午饭的时候了。

　　有古语说:红颜薄命,指的大概就是萧女这样的女子。

　　萧女生于帝王之家,梁朝衰败后,明帝偏安江陵一隅,先是附庸魏、周,继而对大隋皇帝称臣,被文帝杨坚封为梁王。

　　按常理,不论国家如何衰败,帝王之家皇子公主的浮华享乐不会有碍。萧女恰恰属于例外。几百年来,江南一带传袭着一种陋俗,二月里出生的孩子养不得,要么弄死,要么送人。萧女偏就是二月出生。萧岿不忍心将女儿弄死,就把她送给了弟弟萧岌收养。萧岌夫妇没有女儿,对萧女十分

宠爱，因而萧女在叔叔家里生活得也非常幸福愉快。谁知命运多舛，萧女八岁时，叔叔婶婶相继病故。无奈，又把她送到舅舅张轲家里。张轲曾做过一阵私塾先生，虽算不得学富五车，肚里也装了不少诗文，只是家境贫寒得很。萧女来到之后，便以自己弱小的身子与舅舅、舅妈共同挑起了生活的担子，帮舅舅下田插秧，跟舅妈学习纺棉织布，洗衣做饭，饲养鹅鸭，成了张轲夫妇的一个好帮手。

张轲见一个帝王的女儿，竟能与自己一样吃得起劳累清苦，心下高兴不已。就在闲暇时间教萧女一些词赋经诗。萧女不但干活利落，头脑也聪明得很。舅舅教授的学问，她都能很快熟记于心，并在自己写作的诗文中运用自如得当。张轲惊喜非常。随着年龄长大，萧女渐渐出落成一个漂亮大方的女子，既有豪门闺秀的素雅端庄，又不乏乡间靓女的爽朗潇洒，言谈举止处处得体适当而不流俗，更让张轲夫妇喜欢得了不得。张轲常对妻子说：“上苍开恩，把这样一个好女儿送给了咱俩！”

天将正午，萧女洗完了一竹筐衣裳。她将身子探向河面，想掬一捧清凉的河水洗一洗汗津津的脸。突然，她看到水中还映出一张男人的脸面，眯缝着一对肉眼，笑嘻嘻的。萧女吓了一跳，迅疾站起身来，头顶竟差一点撞着那个人的下颏，使那个人不由地倒退两步。

萧女定眼一看，立时怒斥道：“泼皮阿四，你又要干什么！”

被叫作阿四的那个人不气不恼，只嘿嘿地笑着说：“小妹妹，我不是有意吓你的。我只想俯过身子从水中看看你的脸面，在背后看不见嘛。嘿嘿，水中映出的小妹妹与面前的这个一样漂亮。真的，一样漂亮，嘿嘿……”

“阿四，你再这么嬉皮笑脸胡说八道，我就喊了人来要你难看。闪开！”萧女狠狠地瞪了阿四一眼，端起装衣裳的竹筐走上岸去。

阿四也姓张，是村里出了名的泼皮赖子，论辈分萧女应喊他舅舅。他家早先也算殷实，父母膝下就他一个独生儿子，娇惯得不成样子。阿四从小就好吃懒做，整天东游西逛，正经手艺活路没学会一点，倒练就了油嘴滑舌。十六岁那年，父母双双病亡，这下张阿四更自由了。没出数年，父母留下的十几亩上好的水田和五间瓦房，全被他变卖得一干二净，只留下一间草棚栖身。阿四没了生活来源，又学会了偷鸡摸狗，遇到实在没了下顿，便去邻里乡亲家里借取，却从来不还。或者干脆就到别人家里去，等人家做好饭，他也坐下来毫不客气地狼吞虎咽。泼皮耍赖得可以。村上的人们看在他逝去的父母忠诚厚道、为人和善的面子上，很少与阿四计较。况且，他只是混几顿饭吃而已，不是流氓恶霸一类。但也没人跟他亲近。阿四都二十七八岁了，还是光棍一条。

也许是想媳妇想得着迷，这些天来他瞄上了萧女。逢到萧女独自去菜园摘菜，或是去河边洗衣，阿四就觍脸跟随上来，诮言媚语。萧女见张阿四全没一点儿做舅舅的样子，对他也就没有好气儿。遇到纠缠，萧女就大吵几声将他赶走。她知道阿四是个软泼皮，只要严声厉色，他也不敢怎样。

萧女端着洗好的衣裳走上岸堤，张阿四却嘿嘿着赶了上来，挡在她的面前。

"小妹妹，洗了半晌衣裳，也累得很了。来，在这柳荫下歇息歇息，让我陪你说会儿话再走也不迟。"张阿四说着，就要动手来拉萧女。

萧女急了，用竹筐向前一挡，大声说："阿四，我真要喊人来了！"

萧女的竹筐并没碰着阿四，却见他一个趔趄，"哎哟"一声跌坐在堤坡上。他撑着胳膊爬起来，还未站稳，双脚又顺坡一蹭，扑哧摔了个嘴啃泥。

萧女见张阿四一副狼狈相，肩头抖动着，嗤嗤地笑出声来。

这时，她忽听到"哈哈哈"一阵响亮的大笑。萧女一怔，仿佛从天而降似的，在她与阿四之间站下了一位衣衫褴褛，蓬头垢面的老乞丐。老头儿手拉着一截竹竿，腰背挺直站着，面容装束邋遢，双眸却矍铄有光。老头儿笑罢，对阿四说："张阿四，再要胡闹，怕是你一天都要趴在这河边的土坡上了。"

张阿四爬了起来，呸呸地吐着嘴里的草屑泥渣，奇怪地问：

"咦，老叫化子怎么知道我的大名？"

老乞丐又哈哈一笑，说："方圆数里，谁不认得张阿四呀！"

"认得又怎么样？我跟小妹妹在此玩耍，谁让你个老叫化子多嘴插言。快去讨你的饭去吧！"张阿四恨恨地说。

"哎，这话说得不对了，"老乞丐收敛笑容，"堂堂男儿光天化日之下狎侮女子，如此轻薄无礼，谁见了都该挺身斥责。更何况你纠缠亵渎的是一位大福大贵之人。"

"什么？大福大贵！你说她是大福大贵？哈……"张阿四仰头大笑，"小妹妹，你可听见了，这疯老头儿说你大福大贵。那我又是什么？哎，老头儿，你知道她是谁么？"

"当然知道。"

萧女本来喜滋滋地看一老一少斗嘴，听老头儿说竟知道自己是谁，不免又是一怔。

张阿四又说："知道就好。你见过大福大贵之人在河边洗衣裳，在草棚下喂鹅鸭的吗？要是这样，天下人十之八九的人都大福大贵的了。"

"以一时境遇言人之一生，真是目光浅薄。当心日后皇后一句话，就砍

第三章　晋王仁孝遵师教诲　邻家萧女出嫁为妃

下你的头来。"

"皇后？好好，小妹妹，做了皇后的时候，别忘了让人来砍张阿四的头！可别让我等不及呀！哈哈……"

张阿四笑得前仰后合，眼泪鼻涕都流了出来。正当他得意忘形之际，就觉得两腿发软，接着双膝一弯，扑通一下跪倒在地，双手随即也扑向萧女的脚下。

老乞丐对着萧女双手一拱，说："张阿四既已跪拜谢罪，就饶他这一回吧。"说完就转过身去，沿着河岸径直走了。

萧女见张阿四在地上久跪不起，不知怎么办才好，没等那老乞丐走远，就调转身急忙忙走回家去。

听萧女讲了刚才的经历，舅妈乐得合不拢嘴，说："莫不是我女儿遇到神仙了！让那泼皮阿四吃些苦头也好。"

张轲却不以为然地说："如今市面上疯疯癫癫的人物并不少有，更不要把那些疯言狂语当真。只是这个张阿四，应报与族人严加教训，不然他还会胡闹下去！"

听舅舅这样说，萧女放下了心，就抱柴烧饭去了。

柴草刚刚燃起，就听外面一阵喧哗。萧女急忙走出厨房，张轲夫妇也来到了院里。

竹篱外，一乘轻巧精美的小轿已经落地，随轿而来的还有十几个文官武士，这时也都下了马。五六个带刀佩剑的兵尉簇拥着一个文官模样的人进院里，喊了声："张轲夫妇听旨！"

张轲拽了下妻子，赶忙跪下。原来是萧女的父亲梁明帝萧岿写来的手谕，召萧女即刻回宫！

她并不知道父亲将自己匆忙接来是为了什么，更没去预料这一回来会使自己的一生发生什么样的变化。只知道，自己又回到了亲生父母的身边。他拜见了亲生父母。这完全是一种仪式，一种礼貌，没有丝毫血缘亲情使然。十四年寄人篱下，生活已在萧女与亲生父母之间形成了一道无形的隔膜。她在父母这里看到的是难以想像的奢华，与自己生活的那个小村庄有着天壤之别。而她心里一直惦念着的，却是舅舅和舅妈。

听到要接萧女回宫，舅舅、舅妈怔在那里半天没回过神来。直到那文官催促，舅妈才抹着眼角进了屋，拿出一个包袱，收拾着萧女的衣物。舅舅跟进来，见舅妈在忙活这些，就说："你还弄那些东西干什么？"

"这不都是女儿平日穿得着的吗！"

"呀，你糊涂啊！这些衣服能在宫里穿吗？你放在这儿，要是她去一阵子还回来，依然穿得着。要是她一走就不再回来了，让她带去也没用。倒是我这儿有些东西得让她带上。"

舅舅给萧女带上的是一些书，都是平日里萧女最爱读诵的。舅舅对萧女说："宫里有书，却未必是你喜欢的。"

萧女平静地跪辞了舅舅、舅妈。

等轿子离地，悠悠颤颤地颠晃起来，萧女再也忍不住了，泪水夺眶而出。她捂住嘴，不让自己哭出声来。她知道，舅妈绝对经受不住哭声的折磨。眼泪不断地流着，出了村头，踏上河堤，走上官道……

相士给萧女占卜的卦相果然是"大吉"！

文帝听得禀奏欣喜异常，如意算盘终于遂心如意了。即刻下诏：将萧女迎进京城，待择良辰吉日册封王妃。

萧女在一队人马的簇拥下又上路了。但是没有坐轿，只是乘了一辆马车。两匹马拉着一个柔弱的女子，不禁让她觉得这样的阵势有些铺张。不仅如此，就连马匹与车子的装饰，与她今日的穿着，其华丽程度相差无几。她的心里十分清楚，册封王妃与乡间男子娶媳妇一样。因此，今日的自己就是新娘了，那么，新郎在哪儿？他究竟长得什么样呢？

长安城就在眼前。薄雾笼罩着长安，仿佛深处仙境一般。灰蒙蒙的城墙已经遥遥可见。这会儿，萧女忍不住想起了自己的舅舅、舅妈，想起了那座小村庄，想起了杨柳依依的河岸，令她感到奇怪的是，她的记忆中居然还有阿四，还有那一个飘然而来、迅疾而去的老乞丐。

第四章

突厥感恩归附隋朝　陈国气数危在旦夕

　　远在塞外大漠以北，是那突厥的部族。突厥曾经是匈奴的一支，世世代代居住在金山南面，祖祖辈辈以打铁为生，部落中的人个个剽勇凶悍。渐渐地，部族兴旺起来，疆域逐渐扩张，突厥部落变成了突厥汗国，君王被称为可汗。

　　人丁兴旺，疆域扩展，随之而来的就是势力之间的纷争。往日的明争暗斗终于演变为激烈的战争。势不两立的两个首领各自率领人马，与自己的手足同胞展开激烈的厮杀。经历了一次又一次战争，突厥汗国一分为二，变成了东西两半。东突厥的可汗是沙钵略，西突厥的首脑是达头可汗。

　　魏、周以来，突厥人自恃兵强马壮且骁勇善战，屡屡侵犯塞上边关。朝廷也曾发兵征讨，但在大漠荒原上拼杀，终不敌那些在马背上成长起来的对手，常常是折将损兵，无功而返。

　　周朝皇室对突厥则多施以抚慰之策，再就是将自家女儿嫁与突厥首领做可贺敦，也就是妻子。如今东突厥沙钵略可汗的可贺敦，就是周室赵王宇文招的女儿千金公主。

　　千金公主嫁过来不久，杨坚便继位登基了。千金公主常常在沙钵略可汗枕边吹风，鼓励他养精蓄锐，举兵南犯以光复周业。沙钵略可汗也觉得自己是周室女婿，为妻子报仇复业责无旁贷。可恼的是，西边达头可汗屡屡寻衅，让他穷于应付，那精锐养蓄不成，更谈不上为可贺敦报仇了。只好先忍下这口恶气。

　　沙钵略可汗手下有一名自称阿波可汗的将领，西逃投奔了达头可汗。达头可汗随即命他率兵奔袭东突厥。大兵压境，阿波可汗的众多旧部纷纷反叛沙钵略可汗，与阿波可汗汇集一起杀向沙钵略可汗的营帐。这时，可贺敦千金公主已顾不得杀父之仇了，她劝沙钵略可汗赶紧派人去长安，恳求大隋皇帝给予支援，并请求恩准东突厥人马在白道川一带暂避一时。

　　随即，隋文帝便派遣晋王杨广带兵支援。沙钵略感激万分，亲自拔除营帐内外的杂草，设下酒宴迎接晋王杨广。

杨广遵照父皇旨意，将大批衣裳食物、马匹军械赏赐给沙钵略。此时的沙钵略，简直要把大隋皇帝视作再生父母了。杨广没想到此次事情会办得如此顺利，未动兵戈，只拿出些东西和一块地盘让他养息，就把东突厥安抚下来。这时，他见沙钵略可汗已安稳了，便起程回朝复命。

　　谁知杨广刚走两天，沙钵略便纠集部众，向西边的阿波可汗猛扑过去。可是他忽视了北面一个称作阿拔国的小部落。阿拔国见沙钵略后方营帐空虚，就趁机而入，不但抢走了一大批粮草服饰，还虏去了千金公主等一家老小。

　　沙钵略可汗这时胜利在望，脱不开身，于是只好又求救于晋王。

　　晋王杨广拨两万兵马调头北上，直捣阿拔国巢穴。被抢的东西如数追回，千金公主和家人又随杨广的人马一同回到了沙钵略可汗身边。

　　这时的沙钵略可汗再也不见了周室女婿的气焰。他即刻写了一份奏表，说："天无二日，土无二主。大隋皇帝才是天上的太阳，大地的主人。今天，沙钵略感慕上国淳朴的风俗，归心南方的有道国君，屈膝叩头，永为大隋藩属。"他让小儿子库合真带上这份奏书，跟随晋王杨广一同南下长安，以此向文帝杨坚表示臣服的忠心。

　　千金公主也请求恩准自己改姓杨，作为文帝的女儿。后来，文帝封她为"大义公主"。

　　晋王杨广返回并州的时候，身边就多了一位萧妃。

　　杨广对萧妃一见钟情，听了萧妃的身世，对她爱恋的情愫中更是增加了几分怜惜和同情。及至与萧妃接触了几天之后，杨广心里又生出钦佩的敬意。一个寄养在外戚乡野十几年的女子，竟这样知书达理，词赋皆通。他由衷地感谢父皇母后，为自己选了一个高雅贤惠的淑女。

　　萧妃对晋王亦是倾心爱慕。她到长安以后，就已多次听宫里的人谈及晋王的英武才干，此次北御突厥，圆满地完成了父皇旨命，使大隋北疆又复归安宁，不仅父皇龙颜大悦，朝中群臣对晋王的赞颂钦佩之声也是屡屡不绝。

　　晋王凯旋，萧妃见到了杨广，心中更是欣喜。杨广长得是英俊倜傥、风度翩翩，举止庄重，谈吐不凡，完全没有想像中的那些浪荡公子、纨绔子弟的习气。萧妃觉得晋王更为可贵的是，也正像人们传说的那样，他十分仁孝。

　　有一件事，给初识晋王的萧妃留下了深刻的印象。

　　那一天，父皇忽然召见晋王杨广。杨广来到宫中，才知道是父皇正在斥责太子杨勇，母后独孤氏也守在一旁，满脸愠怒之色。

原来，有人送给太子一副蜀人制作的铠甲。这副铠甲做工精良，雕饰的也非常华丽。杨勇却嫌它华贵得不够，与自己皇太子的身份不能相称，于是又召来工匠，用金银珠玉重新加以修饰。完工之后便穿戴起来在他的东宫里到处招摇。这天，父皇传来口谕：听说皇太子得了一副极其精美的铠甲，特命他穿戴进宫让父皇欣赏欣赏。杨勇不知就里，高兴地穿着铠甲来见父皇，没想到，等待着他的是一顿劈头盖脸的呵斥。

文帝杨坚见杨广进来，就问："阿𪖴，你可知道朕是怎样对待那些奢华之人的吗？"

杨广赶紧回答："儿臣知道。"

"那好，说给咱们的皇太子听听。"

"遵旨。有一次，有人给父皇进上了十匹华丽珍贵的绸缎，父皇即刻让人将那些绸缎堆在大殿外烧掉了，还把那人降了职。还有一次，有人贡进生姜，装生姜的口袋是用上好的羊毛毡做成的。父皇得知，非但没有赏赐，反将那人杖背四十。"

文帝满意地点点头，又问："你再说说，朕这样做的结果又是什么？"

"朝野之中崇尚节俭，杜绝浮华侈靡之风，天下百姓拍手称颂，一心向国！"

"这些事，为什么偏偏就有人听不到、看不见呢？"

听出父皇言有所指，杨广不作声了。

这时，独孤皇后开口说话了："地伐，父皇身体力行，我想你不是看不到。这副铠甲原本就制作得够奢华精细了，你还要靡费金银再加雕饰。如果让百姓们知道此事，他们能不为国家的将来而担忧吗？"

杨勇站在那里一声不吭。

父皇又说："自古以来，凡帝王崇好奢侈靡费，他的国家绝不会长治久安。你是太子，更应以节俭为首要。朕过去穿得旧衣裳，至今还留存了十几件，用以自我警诫。今天，朕要赐你两件东西。"

这时，内侍双手托着一个红木盘进来，盘中放的就是文帝要赐给太子的东西，一件是文帝在周室为官时用的佩剑，另一件是一小罐儿那时天天佐餐食用的菹酱。

从父皇那里回来，晋王杨广把那宫中的一幕详详细细地对萧妃描述了一番，之后颇有感慨地说："父皇用心可谓良苦啊！咱们可不要做那些违背父皇意愿的事情。还有，母后此生最忌恨王公大臣不关爱正室，偏去宠幸后纳之妾。父皇也常以我们兄弟皆嫡出一母而荣耀。对于此，贤妃你尽可放心了。"稍顷，他又加了一句："幸亏王韶自缚而谏哩！"

这天，晋王带一队人马进山打猎去了，这是恩师王韶的主意。

前阵子，自塞外胜利归来，陛下在嘉奖晋王时，又郑重地说："晋王有所成就，多亏子相辅佐之功！"陛下褒奖，谁能不喜出望外！

回到并州这些天，王韶对晋王的管束宽松了许多。王韶觉得这些日子晋王也确实辛苦劳累得很，他想陪晋王到外面去游玩游玩，散散心。但是，挑唆晋王游玩散心显然又不甚妥当，终于，王韶有了一个恰当的理由，他说："大王为国事操劳绞尽脑汁本责无旁贷，但身为国之屏藩也不可顾此失彼，荒疏了骑射之功。"

杨广听了，点头说："是啊，好久没练弓射之法了。"

"所以，请大王率一队兵马到山林中演练骑射，老臣也极愿随从。"杨广很高兴地答应了。

而自从萧妃来大兴之后，萧妃感到唯有今天最得安闲。虽说萧妃已习惯了这种富贵日子，却也还时常记起乡野茅舍间的那些光景。随后，萧妃拿起一本书，默默地读起来："羔羊之皮，素丝五紽，退食自公，委蛇委蛇……"

忽然，咣一声，窗户撞开了，一股强风随着扑了进来，将书页哗啦啦翻起来。萧妃这才看见天色大变了。清晨，晋王出发时还是朗朗晴空，还没过一个时辰，天就阴沉下来了。狂风吹动着团团乌云，不多时，铜钱大小的雨点便啪啪地倾泻下来。

萧妃关好窗户，两眼直盯着不见缝隙的雨幕，心里很是焦急，担心晋王的安危。

就在这时，听得前庭有人叫道："大王回来了！"

萧妃还未挪步，就见晋王杨广弓着身子一头撞了进来。杨广双手抹一下脸上的雨水，大笑着说："哈哈，野羊毛没见着一根，却让天公给洗了个澡！"

萧妃赶紧拿出干净衣服，说："快换上衣服，别受了凉！"随后，萧妃又问："怎么就没想到带件油布衣？"

杨广答道："兵尉给我带了油布衣去的。不过，那么多人马都在淋雨，还有恩师在一旁，我怎么能一人穿那油布衣呢？"

萧妃心头一热说："我去叫人煮些姜汤给你喝，驱驱寒气。"

杨广嘱咐道："让厨下多煮一些，给今天淋了雨的兵士们都喝上一碗。"

很快，姜汤煮好了。萧妃将一大碗姜汤放在杨广面前，心疼地说："为了与兵士共甘苦，自己也淋成这个样子，怪不得朝野上下都在夸你哩！"

"唉，说仁孝也好，夸干练也罢，还不都是父皇教诲，恩师督导之功吗?"

杨广捧起姜汤,在送往嘴边的时候,又将汤碗送回桌上,沉思了片刻之后说:"你说,自古来为什么皇位非要传给长子不可呢?"

萧妃一怔,不知该如何回答。

隋朝欣欣向荣,晋王一片称赞之声,但是隔壁的陈国却已经不那么淡定了。

金陵邑是在秦皇三十七年改称秣陵县的。到了晋愍帝建兴元年,将秣陵改作建康。如今,建康是陈国的国都。

此时,徐德言正走在建康城里皇宫附近的一条大街上,怀着愤懑忧虑的心情,目睹着都市的繁华和喧嚣。

徐德言是太子舍人,还是皇帝陈叔宝的妹夫,他刚在宫中见过皇帝,这会儿只想着快些回家去。

在徐德言的眼里,这样的街市光景全是一派虚荣浮华、破落衰败的迹象,并重叠着刚才见到的皇帝的影像,时隐时现。徐德言在心里叫着:陛下,陈朝江山果真要葬送在你手上了吗?

徐德言走到一个酒馆门前,就见一个人从酒馆里跟跄出来,差点儿撞在徐德言腿上。他刚要伸手去搀扶,酒馆里蜂拥出五六个公子哥来,抬脚就要踢打。徐德言说:"诸位,有什么事慢慢说嘛。"

这伙人中有一个与徐德言面熟,说:"徐大人公事繁忙,这里就不烦劳您过问了。"

徐德言一听心里也更气,他笑着说:"凑巧了,徐德言今日有些闲暇,正想找点事来消遣哩!"

这时,扑倒在地的那个人已爬了起来,徐德言见是一个乡下小伙儿,他问:"兄弟,你叫什么名字?"

小伙子答道:"我姓王,小名叫根宝。"

徐德言说:"根宝,你不必顾虑。虽说我断不了什么案子,但我自信还可以评说个孰是孰非的。"

王根宝一听,这才说出了事情的原委。

王根宝是南边湖州一带人,父母早亡,与哥哥、嫂嫂一起生活。今秋乡下遭了大水,根宝不忍心给哥嫂增添负担,就只身来到京城,打算给人做工挣碗饭吃。谁知,三四天了,却没有人雇他去干活。他饿得实在挺不住,就来到这家酒馆讨点剩饭充饥。

几位少爷见一个乡下人进来讨饭,立时来了兴致。那位与徐德言面熟的小子,掐起一块半斤重的红烧肘子,拍了拍身边的大黑狗,对根宝说:

"我把这块肉抛出去，你两个谁抢到了谁吃。不过，你也要蹲下才算公平。"

旁边几个人立刻拍手嗷嗷叫好。人饿极了，便顾不了许多，王根宝说："行。"几乎同时，大黑狗纵身一跃，偌大一块红烧肘子叭地落在了狗嘴里。

王根宝不及大黑狗动作敏捷，一屁股摔在地上，惹起公子哥们狂笑不止。他从地上爬起来，朝外面走去。到了门口才看见，那大黑狗却没有吃肘子，只把它放在门槛下，便扭头走回到主人身边趴下了。王根宝捡起肘子，就大咬了一口。谁知被公子哥们看到了，打掉根宝手里的肉，说他偷抢了大黑狗的食物，要根宝跪下给他们赔礼。王根宝实在咽不下这口气，五六个人拳脚相加，将王根宝踹出门外，正巧扑倒在徐德言脚下。

徐德言听了王根宝的叙述后，他用力吐了一口气。有一个人抬腿要溜，被徐德言喝住："谁要跑了，不到黄昏我就能叫宫中禁卫杀他全家，你们相信不相信？"

这帮纨绔子弟鸡啄米似的点着头："相信，相信。"

徐德言从地上叉起那一大块肘子，对公子哥们说："王根宝抢了黑狗的食物就是在少爷们的盘中夺食。依我看，诸位少爷一人一口地将这块肉吃下肚里，就算接受了根宝的赔罪吧！"

这时，在酒馆门口看热闹的人围了足有上百。听徐德言这样说，众人都笑着叫着说好，还有的干脆拍着手掌起哄："哎，没有酒，少爷们怎么能咽得下肉哩！"有一个喊："别忙，我这里有一壶黄酒，还热着呢。"

"快点拿出来，不用酒壶酒杯，只要少爷们张嘴就行。"

"哈……"

公子哥们一见这情势，扑通通都向徐德言跪下，双手俯地恳求道："小的们知罪了，请徐大人开恩，饶过这一回吧……"

憨厚老实的王根宝从未见过这样的阵势，不免有些胆怯，对徐德言说："别惹他们了，让他们走吧。"

"好。根宝兄弟大量，不与诸位计较了。不过，根宝兄弟的身世诸位也听说了，你们说，该不该帮他一把呢？"

"当然应该，当然应该！"少爷们忙不迭地从袖袋里摸索出一些钱来，纷纷捧向王根宝。王根宝哪里敢要，就想往后退缩，徐德言一把拉住他，说："快点接着，不要拂了少爷们的一片好心！"

王根宝这才战战兢兢地扯起衣襟接了钱。

望着公子哥们在众人的哄笑中灰溜溜逃去，徐德言又拉着王根宝走进酒馆，向店家叫了几样饭菜让王根宝慢慢吃着，自己就要回家。

王根宝感激得泪流满面，千恩万谢地非要给徐德言磕头不可。徐德言

硬是拉住不让，说："根宝兄弟，如若你真想谢我，那就听大哥一句话：吃饱肚子赶紧回家。京城不是你能呆的地方！"

根宝说："我马上就回去，将刚才的银子给哥嫂留下。但我还是想出来闯荡一下，请大哥给指条道路。"

听他这样说，徐德言沉思片刻，说："也好，年轻力壮也该到外边见见世面。我有一个朋友，现在大将戚欣手下做事，你带上我的书信去投他吧。"

于是，徐德言向店家要来笔墨纸张，当下写了书信交给王根宝，并一再叮咛："若有什么事情，尽可来京城找我。"遂与根宝分手，径自回家去了。

徐德言家中，乐昌公主正在等待着丈夫归来。

后主陈叔宝有两个妹妹，因母后柳氏敬慕太子舍人徐德言的学识武功与刚正秉性，便遵从母后之意将大妹妹乐昌公主嫁给了徐德言。

陈后主是宣帝陈顼的长子，理当继承大位，但他继位的道路却不那么顺利。因为，陈顼的皇后与一帮妃嫔给他生了四十二个儿子，其中的始兴王陈叔陵是个出了名的心术不正、怙恶不悛的藩王，早就虎视眈眈觊觎着帝位了。陈顼病危时，遗诏上由陈叔宝继承皇位。待他刚刚驾崩，陈叔陵便怀揣锉药刀，急匆匆赶到宫中。

陈叔宝正跪在宣帝灵前，痛哭着磕头致哀。陈叔陵从背后窜上来，抽出锉药刀就向陈叔宝脖子上砍去，陈叔宝毫无防犯，立时血流如注，倒在地上。正在一旁的陈叔宝的母亲柳氏见状，猛扑上来阻挡陈叔陵，却也被他刺了几刀。当他举刀又要向陈叔宝砍下去的时候，陈叔宝的乳母吴氏从身后将陈叔陵死死抱住。正在这时，孔武有力的长沙王陈叔坚赶到，迅速把陈叔陵制服，撕开衣袍作绳子，将他捆绑在殿柱上。众人急忙把陈叔宝母子扶往后殿，忙乱之中，陈叔陵竟挣脱绳索，夺马逃回府地。立即让人截断了通向自己王府的桥梁要道，又打开牢门放出囚犯充当兵士，很快便纠集了千余人马，摆开架势与陈叔宝分庭抗礼。

陈叔宝按照母后的旨意，急调镇守江防的右卫将军萧摩诃前去平叛。萧摩诃是能征善战的宿将，陈叔陵哪是他的对手，很快便被萧摩诃擒获斩杀了。

一场祸乱迅速平定，三十岁的陈叔宝在血泊中登上了皇位。

陈叔宝自幼生养在深宫，吃喝玩乐他最擅长。虽然做了皇帝，除了舞文弄墨、赋诗填词之外，就只认得红绿彩裳。即位次年，就大兴土木，在皇宫里建起了临春、结绮、望仙三阁，每阁高数十丈，绵延几十间。三阁之中的窗牖、壁带、悬楣、栏槛，都用上好的檀木做成，又饰以金玉，镶嵌珠翠，外面悬挂珠帘。阁内还设宝床，宝帐和各类玩耍之物，瑰奇珍丽，堪称自古未有，阁下还有假山池水，栽植无数奇花异卉，每有微风吹过，香飘数里。陈后主将此处自称为"后庭"，他自己住临春阁，宠妃张丽华独居结绮阁，龚贵嫔与孔贵嫔合居望仙阁。三阁之间有复道连接，来去十分方便。

　　三阁之中，除了陈后主，唯有张丽华独占一阁，可见得恩宠有加了。张丽华是武将之女，家境十分贫寒，当初是作为龚贵嫔的侍女选进宫来的，却让陈叔宝一见钟情，很快就册为皇妃。张丽华也真的是美貌绝伦，步态风神秀彻，双眸顾盼生辉。尤其是那七尺秀发，俊秀飘逸，油光可鉴。每晨，张丽华在阁中临轩梳妆，陈后主于临春阁遥遥望去，朦胧中就如看到了蓬莱仙女一般。后主写了一首艳诗，诗中对张妃姣好无比的容貌赞赏至极，他命乐师谱了曲子，取名《玉树后庭花》，天天在宫中演唱，而他与张妃更是如胶似漆、形影不离。

　　所有这些，正是让乐昌公主和徐德言忧心如焚的缘由。

　　徐德言回到家里，先对乐昌公主讲了一遍路遇王根宝的事情，气恨恨地说："如此世道，天理不容啊！"

　　乐昌公主跟着叹了几声，问："见到皇兄了？"

　　"嗯。"徐德言闷闷地应了一声。

　　"怎么样？"

　　"又能怎么样，一曲《玉树后庭花》而已。"

　　"你就别跟我斗气了。快说说，我那个皇帝哥哥是怎么说的。"乐昌公主真有点着急了。

　　身为陈国公主、皇帝的妹妹，她怎能不着急呢？

　　江北的隋国自开皇以来，百姓安居乐业，休养生息，朝廷所有官仓日渐充盈，国家势力日趋强盛，在陈朝已是妇孺皆知。而隋国对陈朝虎视已久，一统江南之心也伴着国力强大日盛一日。开皇三年时候，就曾发兵南下，恰逢陈宣帝驾崩，遂以"德不伐丧"而撤了回去。但从那时至今，每年总要有那么一两次聚兵江岸，扬言攻灭陈朝。陈国也曾几回慌忙征募兵勇隔江对峙，以防不测。待到陈军集结完毕，隋朝兵马却撤得没了踪影。如此聚聚散散几回，弄的陈军疲惫不堪，后主陈叔宝也就不再把那些风声鹤唳的边关奏报当回事了。后来，再有这样的奏报，干脆就被都官尚书孔范一班近臣压下不呈，免得坏了后主饮酒歌舞的兴致。

　　前一阵子传来的密报却有些不一样了，说隋国不仅在江北沿岸调集军

队，还到处招募工匠大量造船。还有更邪乎的传闻，不少陈国的造船高手，受了丰厚酬劳的诱惑，纷纷到了北岸冒充隋人造船去了。

无论密报还是传闻，都到不了陈后主的耳边眼前，但徐德言却听到了不少。他先让一位在江北有亲戚的朋友以走亲戚为名，到江北走了一遭。朋友回来说，江北岸边没见有几只船，就是有几只也大都破漏不堪，别说运兵打仗，就是空船也难驶到江心。徐德言放心不下，与乐昌公主商量后，将自己装扮成一位云游四方的侠士，悄悄渡江，来到了庐江。

庐江是庐州总管、隋国名将韩擒虎的辖地，在这里的所见所闻让徐德言大吃一惊。

在通向庐江的官道上，运送粮秣兵械的车辆随时可见，大天白日无任何伪装，插着各式的旗帜轰轰隆隆招摇而过。庐江城外，驻兵的营帐已连成一片，远远望去，可看见营帐间的空旷地带有兵士操练阵法。完全是一派大战前的气氛。

在庐江街里的一个小酒肆中，徐德言遇到一个正在自斟自饮的军士，看样子已有了三分醉意。徐德言端出侠士的豪爽架势，掏钱叫来酒菜，请军士同饮。

三五杯酒下肚，徐德言的话就说的直接了，他问："看城里城外这阵势，想必要与南边动武了吧？"

军士朦胧着红红的双眼，笑了笑答道："吃不准，大概是吧。"

徐德言进而又问："如此大张旗鼓，就不怕陈国早有防犯？"

军士笑出声来，说："不会的，陈军早已习惯了。"

"为什么这样说？"

"听说这是大将军高颎的计策。咱江北寒冷少雨，庄稼熟得晚。江南湿润温热，稻谷收割得早。这样，咱们每在江南即将收获季节沿江屯集兵马，放出风去说要伐陈。陈国便调遣军队，招募兵勇来阻挡。待他们调遣停当，咱们这边就偃旗息鼓，兵卒们再回乡秋收不迟。等到陈军觉得平安无事了，收获季节已过，稻谷已烂在田里大半。如此一而再、再而三，陈国不仅兵尉疲惫，官仓也减收了许多租调。几年下来，陈军以为咱们不过虚张声势而已，再动兵马他也不去理会了。"

一番话叫徐德言的额头冒出了一层冷汗：果然如此，隋军这样张扬，而陈军却无丝毫动静！他想着，不禁脱口而出："真的是兵不厌诈！"

军士嘿嘿一笑，说："侠士精通兵书哩！"

徐德言忙说："哪里，不过略知一二罢了。可是，渡江作战必需大批船只，仅是沿江停靠的那些旧船……"

"那些破船摆在那里是故意给陈军看的。"军士又呷了一口酒，说："其实哩，长江北岸上自巴蜀，下至广陵，暗中开设了十几处造船的工厂，不分昼夜赶造各种船只早有大半年了。"

徐德言今日进宫，就是要把在庐江的见闻讲给后主听的，但愿能让他自省，若再沉迷下去，陈国灭亡指日可待。

徐德言来到临春阁的时候，远远就听到阁上传出音乐歌舞之声，还是那首《玉树后庭花》。他请内侍禀报，直到一曲歌罢，才听到后主召他上阁入殿。

陈叔宝盘坐在宝床上，贵妃张丽华就半躺在他的怀抱中。殿内还有孔范、施文庆等一班近臣，正在跟十几个歌妓舞女嘻嘻哈哈调笑。徐德言进来见到这番光景，心里顿时明白自己这一趟是白来了：原本想不写奏章，怕的是那白纸黑字的东西呈不到后主手上。我一个活人在你面前，说出来的话你总还得仔细听一听吧？听了之后你还得想想、议议吧？然而错了，是我徐德言错了！后主陛下早已无暇去听、去想、去议了。陛下一门心思里只有后庭、玉树、奇花。陈朝无药可救，陈国无力回天了！

尽管如此，徐德言还是把想说的全都说出来了，而且侃侃而谈中处处慷慨激昂，时时晓情动理。

听徐德言讲完，陈叔宝莞尔一笑，说："德言忧国之心可嘉，不过你多虑了。自古以来，长江天堑阻断南北，况且金陵从来就是有王气的福地，齐兵曾三次冒犯，周兵也来攻打过两回，无不摧败。今日隋军若再不自量力，势必以卵击石，自取覆亡！张妃，朕之所言对否？"陈叔宝说着，抬手拧了一下张丽华的腮头。

一群近臣在一旁嘻嘻地笑着，异口同声说："陛下说得太好了！"

徐德言觉得浑身不对劲，再也看不下去了，于是躬身告退。

乐昌公主听了徐德言说进宫之后见到皇帝哥哥的情形，不知道是悲伤还是气愤，两眼怔怔地，一句话也说不出来。

徐德言说："陈朝的气数已尽，一场劫难在所难免，还是提早作打算吧！"

乐昌公主听了这句话之后，一头扑在丈夫的怀里，呜咽着说：

"难道你也糊涂了吗？小官小吏、寻常百姓都可以早一点做打算，能逃就逃，想躲就躲，即便逃脱不了也没有什么大不了。但是我呢？我是堂堂的一朝公主，陈皇的亲妹妹呀！我应该逃到哪里去？又可以躲到哪里去呢？天哪，人为刀俎，我为鱼肉，不管做怎样的打算都是枉然了！"

第五章

晋王用计赚得美名　杨广受命讨伐陈国

开皇八年四月，隋文帝杨坚下达了诏书，下旨派大军讨伐陈国。如今，时机已经成熟了，此时不攻，更待何时，瓜熟自然蒂落，此行马到功成。杨坚仿佛见到大隋的旗帜在建康的城头上飘扬；亡国之君陈后主伏在自己的脚下；江南百姓欢呼雀跃……他等待着这一天的到来，已经足足等待了八年的时间。在这八年的时间里，他曾经担心隋朝刚刚建立，国基还不甚稳定，可如今，国力强盛，百姓富足，讨伐陈国绰绰有余。八年里，他曾忧虑突厥频扰，北疆有乱。自晋王北上之后，该打的打了，该哄的哄了，突厥各部很是驯服，北国边陲也就祥和安宁了。八年里，他还须不时分出精力去安抚江南那个小小的梁国，处处防备稍有不慎反向会给陈朝增添力量。而今也大可不必了，萧岿已死，萧琮继位。去年，文帝诏令萧琮率百官入朝，他当然不敢违抗。萧琮领文武官员几百人到了大兴，隋军随后便驻进了江陵。文帝封了萧琮一个莒国公，同时下诏废掉梁国。这样，兵不血刃，梁国就销声匿迹了。

天时地利都向隋文帝表明，剿灭陈朝，一统华夏的大业可以开始了。眼下首要的事情是：谁来担当这次南征平陈的统帅？

对于这件事，杨坚心里的盘算已有些时日了，他看中的人选就是晋王杨广。三年前，他命杨广出塞援助沙钵略可汗，就是有意锻炼和检验晋王的谋略才干，果然不负重托，赢得朝野一片赞誉。之后不久，文帝又征召晋王进京，让他兼任雍州牧，掌管京师一带事务。一年多了，晋王在雍州牧任上又以稳健干练、仁和公允而颇得政声。最使文帝得意的，还是晋王的清廉节俭之美德。

去年夏天的一个黄昏，文帝忽然提出要偕同独孤皇后去晋王的府上看看。这当然是一次事先不作张扬的视察，其结果令文帝深感欣慰。

晋王府里里外外不见丝毫奢华的装饰点缀。窗棂上糊的是白纸，门楣上垂着百姓家常见的竹帘，床榻上的帐幔素雅洁净，墙角处堆放着几件琴瑟琵琶，蒙着厚厚的灰尘，弦也断了几根，显然是好久没有弹奏过了。最令独孤皇后高兴和放心的是，晋王府里除了萧妃，竟没见一个年轻漂亮的女人。后阁使役的婢女全是一些老妇人，打扮得朴素庄重。天色将晚，杨广与萧妃奏请父皇母后屈尊共进晚餐。文帝顺嘴开了句玩笑："你们有什么美味给朕吃吗？"

萧妃面有赧色地答道："不知父皇母后驾临，未及准备。只有府上平常用的瓜豆菜蔬。"

文帝大喜，即命随身侍从速去宫中拿来一些鱼肉，还带来一坛酒作为给晋王的赏赐。

那天晚上回宫之后，独孤皇后对文帝大发了一通感慨："几个皇子中唯有阿𪩘难得啊！太子睍地伐要学学阿𪩘就好啦。听说在东宫，睍地伐根本不同元妃住在一起，整天与那个云氏厮混，成什么样子！"

文帝听着，并不作声。

独孤皇后继续唠叨："阿𪩘多么体恤别人，宁肯与部下一块儿淋雨，也不愿自己穿油布衣。要是睍地伐，他能这样做吗？还真是难说！"

晋王的美善德行文帝也早有听说，心里当然高兴。可此刻他有点烦。烦的是皇后的这些话分明是在说立杨勇为太子有所不当嘛！他也烦太子，烦他终不成器，也太不争气。但文帝不能再顺着皇后说下去，那无异于火上浇油，他只是说："按阿𪩘德行才干，日后必将担当大任。朕早就说过，将来太子继位之后，也必须靠阿𪩘和几位兄弟相帮，大隋江山社稷才能牢稳呀！"

这些话是皇后愿意听的。

现在，文帝觉得是托大任于晋王的时候了，他要让杨广做平定陈国的统帅。独孤皇后得知此事，对文帝说："陛下的心思与我不谋而合了！"

开皇八年十月，文帝诏旨设淮南行台尚书省于寿春，命晋王杨广为行台尚书令，总揽筹划伐陈事宜。

二十岁的杨广又要远离京师，去寿春赴任了。

这天晚上，萧妃没有丝毫睡意。嫁给晋王四年了，这是第一次与他分别。而且，这一别是三两个月还是一年半载都很难说。此时萧妃的心里，总感到空落落的，说不出是个什么滋味，忧虑担心？还是依依不舍？都有，却又不全是。想着要说点什么，一时又不知从哪里开头，只好先埋头翻箱倒柜，为丈夫收拾行囊。

杨广也觉得有许多话要对萧妃讲，但见她在屋里来来去去地忙碌，不好耽误她，就叫来柳娣给萧妃帮忙。

柳娣是独孤皇后专为萧妃挑选的贴身侍从，来晋王府上一年有余了。

自从那回皇帝皇后驾临晋王府以后，独孤皇后对萧妃愈加赏识和体恤。她想到萧妃是江南女子，身边一定要有个习俗相同的人伺候才妥当，不光在吃饭穿衣上懂得照顾，遇有闲闷时说说话，也能说到一块儿去。独孤皇后想到了莒国公萧琮，就差人去莒国公那里选了十几个萧琮自梁国入朝时带来的宫女，最终是柳娣被皇后看中，这样，柳娣就来到了萧妃身边。

真是凑巧得很，说起来萧妃与柳娣还算得同乡。柳娣的家与舅舅张轲的那个村庄一河之隔，相距不过五里路。只是柳娣早几年就随父亲到江陵城里谋生，离开了家乡，后来又得到一个在皇宫里当差的亲戚的帮助做了宫女。柳娣大萧妃三岁，自幼丧母。她文静大方，虽不识文字，更不会填词赋诗，但在性情上与萧妃多有近似之处。萧妃久不见江南同乡，见到柳娣竟如遇见亲人一样。加上柳娣手脚勤快，与萧妃也很谈得来，萧妃待她如同亲人，还称呼她"柳姐"。开始时柳娣听萧妃这样称呼自己，恐慌得不行，连说："小女可不敢承当这样的称呼，这可是要命的事，玩笑不得！"萧妃来了那股乡间女子的泼辣任性，偏要叫"柳姐"不可！柳娣无奈，只好约定只在后阁内使用这个称谓，出得门去万万不可。

杨广也乐得主仆二人如此亲和融洽，并且受了她们的熏染，常常学着南方人那样，把柳娣称作"阿娣"。

杨广见两人忙碌得差不多了，对柳娣说："阿娣，我这次受陛下重托南下平陈，可不是三天两日就能回来的。我走之后，你定要细心照料王妃才是。"

柳娣低头躬身答道："请大王尽管放心，我会服侍好王妃的。"

杨广瞥了一眼窗外，又说："天气说冷就冷了，你要记着为王妃备好添加的衣裳，饮食起居之事更需上心。阿娣，等我回来的时候，若要看见王妃饿瘦了、病倒了，可是要拿你问罪的呀！"

柳娣知道晋王玩笑之中怀有叮咛，也笑笑说："大王，凡由我服侍的事情定不会有什么差错，只是……"

"只是什么？"

"只是，"柳娣斜了萧妃一眼，"只是王妃如若思念大王之心过重，吃不香、睡不宁，这样引发的闪失大王可不能怪罪于我呀！"

一席话引得杨广哈哈大笑起来。萧妃的脸一下红了，向柳娣嗔怪道："去！什么时候学会贫嘴滑舌了。"

柳娣双手掩面呵呵地笑着，又说："天不早了，大王和王妃还有什么吩咐吗？"萧妃说："没什么事了。你忙碌了一天，也该早些休息了。"

柳娣应喏，就退了出去。

杨广走向萧妃，伸开臂膀拥揽着她的双肩，与她同在床沿边坐下，问："爱妃瞌睡了吧？"

　　萧妃摇了摇头，又将脸颊贴在杨广胸前，说："不瞌睡，只想与大王多说会儿话。"

　　"也好，"杨广说着，将萧妃拥抱得更紧了，"天亮之后我就要起程去寿春了，有几件事想再叮嘱爱妃几句。"

　　萧妃听杨广有事要说，将头离开了他的胸膛，抬眼望着杨广，说："大王有事尽管吩咐，我定会记在心里的。"

　　杨广点了点头，说："此番远征南陈，心中当然不免时时牵挂爱妃，但有柳娣在你身边服侍，我就放心多了。爱妃与柳娣情同姐妹，不分彼此是难能可贵，只是你们两人在说笑时最好不要提及梁国怎样、萧帝如何。以防隔墙有耳，弄成误会。爱妃毕竟是萧帝之女，梁国也已经没有了。"

　　萧妃听着，不禁"哦"了一声，心中似有光亮倏忽闪过。她心服地点点头。

　　柳娣来到晋王府，萧妃有了同乡知音，二人谈笑中时常提及家乡的风物：氤氲的村落，清澈的河水，碧绿的竹林，不一而足。柳娣曾是梁朝宫女，在宫中几年常常见到萧妃的父母兄姐，耳闻目睹了许多梁朝皇室间的趣事，自然就与萧妃不时提起。萧妃觉得新奇，听得津津有味，忽而开怀大笑，忽而拍手叫好。杨广看在眼里，几次想劝诫她，只是没找到适当的时机。另外杨广也想到，只要自己在此，王妃言语稍有些出格也无大碍，没人敢怎么样。然而今晚他就必须要说几句了，因为明天他就要远离京师。

　　萧妃说："谢大王为姜妃想得周全，我记在心里，定会改过的。""哎，你我之间无过可言，就是怕有外人误会，生出枝节来。"杨广又说："还有，我走之后，母后那边定会常遣人过来嘘寒问暖的，是对咱们的关爱。记住，无论来的宦臣还是仆从，全都要躬身远送，盛情款待。切不可因尊卑之分而冷慢了任何一个人。要知道，凡能来者，都是父皇和母后身边的人啊！"

　　如果说，此前萧妃对晋王的为人处事谋略是推崇赞赏的话，那此时此刻她简直佩服得五体投地了。为人心胸豁达，处事无微不至，这样的男人实不多见。

　　萧妃动情地依偎在杨广怀里，引为自豪地说："过去，姜妃以为自己读了几卷诗书，也算是有些学问的人。伴随大王几年，才渐渐看到了自己的卑微渺小。今日才更醒悟到，在姜妃身边就有学之不尽、用之不竭的圣贤经卷，那就是我的夫君呀！"

　　杨广不以为然地笑笑，说："你看你，这又说到哪里去了。我知道爱妃

知书达理，处事很是得体。不过是明日要出征远行，跟爱妃多啰嗦几句罢了，你反而跟我虚言起来。不过，说一千道一万还是那句话：身处京师，不比出藩为王。在父皇母后的眼皮底下，时时处处还是更加谨慎些好。"

萧妃记起来了，这番话在离开并州，前来京师赴雍州牧任的时候，杨广就极其郑重地说过。

直到父皇母后去年夏天驾临晋王府之后，萧妃才逐渐懂得杨广所说的处处谨慎之中包含了哪些内容。她明白了，为什么在离开并州的时候，晋王将府中年轻貌美的婢女全都打发回家，把绸缎帐幔、华丽陈设悉数赠与了并州的几位下官。她也明白了，为什么来到京师之后王府上再也不见了乐师，为什么那些弦断尘封的琴瑟搁置在墙角无人理会。晋王有远见，他是对的。如若像太子一样……萧妃不禁又想到了太子。蓦地，她心头倏然一颤：太子宠妾，惹得母后恼怒。晋王只宠幸自己，仅仅是讨得父皇母后欢颜而非本意吗？

立刻，萧妃又在心里埋怨自己多疑了，她脸色一红，轻轻合上双眼，她觉得任何猜疑晋王的念头都是不该有的，都是对不起他。晋王说得对，他不在身边的日子里，自己更应该时时处处谨慎些才好。

十二月，是长江上雾多水瘦的时节。尤其在黎明或是黄昏，浓重的雾水遮漫得江面朦胧混沌，久久不开。对岸原本清晰可见的山峦及至江心的行樯流帆，此时全被挡在了雾幕后边，辨不出轮廓踪影。冬日水浅，江面也随之窄了，此时要横渡长江，会比夏秋时分省去许多工夫和气力。

这就是隋文帝杨坚将进攻陈国的时间选定在十二月的重要因由，这也是借用了"太康平吴"的用兵方略。西晋咸宁五年十二月，武帝司马炎发兵二十万，从长江上下游东西两面大举攻吴。次年四月，晋军攻入石头城，吴主孙皓面缚请降，吴国从此灭亡。晋武帝随即改元太康，这一年便成了太康元年，因而就有了"太康平吴"一说。

这一回隋军伐陈的时间和进兵方向，都与太康平吴相同，不同的是，而今由东西两侧进逼建康的隋朝大军已经聚集了五十万之众！

南征平陈的各部将领在淮南行台尚书省治所寿春隆重誓师。文帝诏命晋王杨广、秦王杨俊、清河公杨素为行军元帅。杨广出六合、杨俊出襄阳、杨素出永安、荆州刺史刘仁恩出江陵、蕲州刺史王世积出蕲春、庐州总管韩擒虎出庐江、吴州总管贺若弼出广陵、青州总管燕荣出东海。伐陈帅旗之下，有九十位行军总管分领各部，共兵马五十一万八千，皆受晋王杨广节度指挥。

滔滔长江之上，东起沧海，西至巴蜀，旌旗映日招展，舟楫横亘千里，隋朝大军浩浩荡荡向着南陈国国都建康压了过来。

行军元帅杨广的大帐设在了六合的桃叶山。元帅府内，文帝安排了两名久经沙场的老将于杨广左右，帮助他调兵遣将、出谋划策，共同指挥这场对隋朝至关重要的平陈之役。

一位是开国的功臣、尚书左仆射高颎，此时为晋王元帅府长史。高颎年少时熟读诗书，头脑颖慧，十七岁就被周齐王宇文宪任为记室，从此走上仕途。杨坚任周室丞相，掌揽朝权的时候，看中高颎的觉悟，又通兵书谋略，便请他入丞相府。当时高颎也看出杨坚要改朝另立的意图，就说："蒙丞相厚爱，高颎感激不尽，愿为丞相心中的大业效犬马之力。即使不成，高颎肝脑涂地、诛灭九族也丝毫无悔！"果然，当杨坚假黄钺、节制百官，诸藩王聚众谋反时，高颎不负杨坚重托，率兵一举平定了尉迟迥等人的反叛，为隋朝开国打下了根基。

另一位老将就是杨广的恩师，行台尚书右仆射王韶，文帝命他兼任晋王元帅府司马。

除了武将辅佐，还有一位鼎鼎大名的才子相帮于晋王元帅府帐中。这人就是淮南行台尚书省吏部郎中薛道衡。薛道衡以才干和学问著称当世，人称一代鬼才文宗。晋王杨广久慕大名，在赴任淮南尚书令时，奏请父皇命薛道衡执掌淮南行台尚书省吏部。

晋王麾下既有文臣武将，更有精兵良马，此次伐陈定要所向披靡、攻无不克了。

这天黄昏，高颎、王韶和薛道衡三人相约走出元帅府，来到帐外的一座山坡上。山坡面南，晴空朗日时候，登高尚可俯瞰长江一线的隐隐景物。这会儿是黄昏傍晚，天色阴霾，远方景物全都消匿在雾霭之中。近身处，除去北风吹得林木呜呜作响，也听不到别的动静。

一片沉寂。一片大战在即的静谧。这沉寂和静谧让参战的每个将帅兴奋不已，紧张不已，心似槌杵擂动着耳鼓。这种时候，即使远离营帐，漫步在野外山坡上，心中也难平静。

高颎抬头环顾四周，这里虽然濒临江南，比长安一带肃杀的山岭多了许多绿色，却也不是葱茏，是冬日里冰冷的灰绿。高颎轻轻地舒了口气，平静地问薛道衡："道衡兄，此次发兵攻陈，你觉得能否取胜江东？"

薛道衡略作思忖，说："依我之见，一旦挥师建康，陈朝定灭无疑了。"

"哦？"高颎眼中一亮，"敢问其中可有什么道理讲究吗？"

"当然要有，"薛道衡侃侃而谈，"我以为有四条天道人理被我大隋占尽，才坚信攻陈必胜。其一，晋人郭璞曾经预言说，江东将分而称王，但三百年后必由北方一统天下。自晋愍帝司马邺亡，晋元帝司马睿改元建武开始，屈指算来已近三百年了。”

“道衡兄说得好哇！”王韶高兴地接过话茬儿说，“自汉末天下大乱、群雄并起，魏、蜀、吴三国鼎立之后，我中原一带便兵戈未息，征战不停。后来司马氏代魏立晋，统一天下，本该消停几日了。可谁知司马族中骨肉相残，酿成八王之乱，五胡趁机起兵攻取了中原。司马氏退保江东，又经宋、齐、梁、陈几代朝室更迭，至今还真差不多三百年了。晋人郭璞是有名的术士，善察天文，观知地理，他预卜休咎之事没有不中的！”

王韶滔滔地说了一通，惹得高颎和薛道衡都哈哈地笑起来。高颎说“元帅府司马的这番好口才，是在并州的行台尚书右仆射在几年里辅佐晋王时练就的吧？”

王韶对高颎说：“还是再听听薛郎中的另外三条必胜的道理吧。”

“好吧，”薛道衡继续说道：“当今皇上恭俭勤劳，以身作天下榜样，以下百官自律自省，为民尽瘁，因得百姓拥戴。而陈国后主荒淫骄侈，挥霍无度。由此府库虚空，更加重了百姓税赋租调，国人怨声载道，失尽了民心。这是其二。其三，国家安危，一是系于明主，二是靠忠良将相。陈叔宝自己昏庸，用的自然也是江总、孔范之类奸佞小人，只会应和他赋诗填词，饮酒取乐。就算有萧摩诃、任忠两员大将，在我看来不过是匹夫小勇，怎能抵挡得了大隋五十万兵马？”

高颎、王韶听了频频点头，精神愈加振奋起来。

“还有其四，”薛道衡略略停顿之后，又说：“孟子云：得道者多助，失道者寡助。我大隋有道，国势强盛。陈朝无德，人心向背而国力虚弱。陈国军队不过十万，东起沧海，西至巫峡，分兵戍守就显得势单力薄，若集中屯守又会顾此失彼。二位仁兄，有上述四条，席卷南陈定现摧枯折腐之势！”

听了薛道衡的仔细分析之后，高颎彻底折服了，说道：“道衡兄分析的简直太对了，挥师陈朝胜利就在眼前，我似乎已经看到了胜利的曙光。若是早知道道衡兄这样博学多才，今日听君一席话，对于您我更是敬佩诚服啊！”

薛道衡连忙摆手说：“您真的过奖了，愚弟说出来的是向二位仁兄请教的。”

就在这个时候，忽然见到元帅府中的一个小侍卫径直跑过来，察报说：“三位大人，元帅请三位大人立刻回府，有要事宣报。”

“嗯？”三人都怔住了，高颎问道：“知道是什么事情吗？”

"听说是行军元帅杨素将军有快报送到了。"

三人听到这句话之后，不敢有片刻停留，急匆匆地奔向元帅府。

原来，行军元帅杨素派人送来快报：西路大军已经从永安出发，沿着长江流域一路向东面冲杀过来。

第六章

杨素初战获得大捷　陈国后主不知亡期

　　两年之前，隋文帝就已经做好了攻打陈朝的准备，当时就已经下令大将军杨素在信州永安督造战船了。

　　早在三百多年前，蜀汉先帝刘备为了夺取荆州，率领十万军队攻打吴国，吴大帝孙权遣大将陆逊仅仅率领五万大军迎敌。蜀军势众，连战连捷，竟深入吴地近六百里。为了达到速战速决的目的，蜀军自巫峡出发，一路东下设置了几十座军营，陆逊却以逸待劳，坚守七八个月不与交战。后来探明刘备处处设营，兵力分散且环节薄弱，加之蜀军已被他拖拉得疲惫不堪，士气低落，遂发起反攻，与蜀军进行决战。陆逊利用顺风，火烧连营，蜀军大败，刘备狼狈逃回蜀中，退军白帝城，后病逝于永安宫。这永安宫所在，就是杨素督造战船的信州永安。

　　今日，杨素统率的大隋两路水军，也要东出三峡去攻伐陈朝的军队了。巫山在巴东呈东北西南走向，峻峰连绵，层峦叠嶂。长江横贯巫山，在永宁至宜昌四百余里的水路上形成三个山峡深谷，即瞿塘峡、巫峡和西陵峡，合称长江三峡。三峡两岸悬崖绝壁如斧劈刀削，江中滩峡相闻，水流湍急，是长江上地势水势最为险要的一段。

　　虽说在枯水季节，因是顺流而下，杨素的战舰船队行进的速度也很快，不日便到了狼尾滩附近。狼尾滩一带是自永安向东的第一道关口，自古有狼尾天险之称。杨素暗想，狼尾滩一仗要慎重取胜。这一仗打好了，士气必然大振，以下关口就容易夺取。因此不能操之过急。于是，他下令船队在距狼尾滩百余里的地方靠岸停下。

　　杨素乘的是五牙大舰，甲板以上起五层楼，从楼顶至船底高百余尺。五牙大舰的前后左右安装了六条五十尺高的拍樯，是用来拍击敌船的。每船可载运兵卒八百人。两年多的时间里，光是这种五牙大舰，杨素就造了千余艘。其余还有能载兵一百多人的黄龙舰数千只，平乘、舴艋小艇就不计其数了。

　　先前派出的几路暗探纷纷来报，陈军大将戚欣在狼尾滩南北两岸都布有守军，合计约有六七千人之多。另外在南岸边还有一百多艘青龙战舰，一派蓄势待发的样子。两岸山崖上的营帐中却静得出奇，只有寥寥几个哨兵游来荡去，看来是早就有了准备。

　　杨素听报，思忖了半晌。他传令将几位部将召集到自己的帅舰上，然后说："看起来，狼尾滩一战不可莽撞，不战则罢，战则必胜才行。如若白天行船，我军行动尽在陈军眼底，狼尾滩一段又滩流迅激，战船难得控制，势必于我不利。况且，陈军布防还未探得虚实，此时大举进攻就犯了兵家大忌。如此，还是乘夜掩袭为上。"

　　接着，他又讲了自己的计策安排。

　　杨素的计划是：以五牙大舰三艘并黄龙战舰数十只，兵士三四千人作为先锋，夜袭狼尾滩，主要探取陈军布防形势，要见机行事，能打就打，不利则撤。当然，要逆流返回不太容易，那就顺水而下寻找适当地方集结。在这支舰队之后，还有一只黄龙战舰尾随，它不参战，但须将观察到的战况及时回报。

　　傍晚，依照杨素命令，一支舰队悄悄地向狼尾滩顺水滑行而去……

　　次日午时未到，那只尾随舰队的黄龙舰就折返回来，船上的兵将一个个失魂落魄，向杨素禀报说：夜袭狼尾滩失败了，隋军损失一千多人。

　　昨夜，隋军舰只抵近狼尾滩时，见两岸陈军营帐果然寂静无声，只有灯火点点。隋军舰船刚要分列阵形登岸袭击，突然听得江中"咔嚓嚓"一阵断裂声响，在墨黑的江面上尤为惊心动魄。原来，三艘五牙大舰几乎同时触到了江中的什么东西，船底破裂，江水涌入。失去控制的大船又被急流冲得相互碰撞在一起，几声隆隆巨响之中，变为一堆堆木板向下游漂去。两千多士兵全部落水，一时间，呼救声响彻了江面。几十只黄龙战舰已顾不得登岸偷袭，纷纷赶来抢救。怎奈天寒水冷，流水又急，落水兵士不是被激流吞没，就是让漂浮的帆桅船板撞死，那些被救上黄龙战舰的，也都冻得肢体僵硬，脸色紫青了。这时候就听见岸上一阵鼓号，陈军百余艘青龙舰同时点亮灯火，向江心冲了过来，舰上将士杀声震天。

　　此时的隋军已无力迎敌，慌忙扯帆舞桨，顺流朝下游夺路而逃。眼睁睁看着那些在江水中拼命挣扎的弟兄，一个个做了陈军的刀下鬼。

　　杨素听了禀报，猛地大吼了一声，两只拳头啪啪地击打着自己额头，一副懊悔不迭的样子。众部将见状都吃了一惊，异口同声地说："元帅，胜败乃兵家常事，何苦这样！"

　　杨素哀叹一声说："都怪我一时愚钝，才招致如此败局！"

　　"元帅此话怎讲？"

"诸位想一想，我五牙大舰都是在江心行驶，虽说船大吃水深些，但这一带江中也并无暗礁，更不会有浅滩，那大舰为何会撞上坚硬之物而顷刻间粉身碎骨了呢？"

众将领听着，面面相觑，答不上来。

杨素挥掌击案，大声说："分明是陈军在江底设置了障碍，来阻挡我大军进攻啊！我好糊涂，只看到陈军汲取了东吴兵不守险的教训，在关隘布兵。怎么就没想到他也会效仿吴军在江底暗置铁锥呢！"

众将领豁然醒悟，啧啧称是。

杨素所言还是三百多年前"太康平吴"的那场战事。东吴为防晋军从长江上游进攻，铸造了许多一丈多长的铁锥沉放江底，使晋军大船无法行进。晋将王濬便赶制了几十个百步见方的大木筏，由善识水性的兵士在水中推筏而进。木筏下垂有钩链，遇到铁锥就触挂住它随筏离去，再推至江岸，吴军诡计未能得逞。

杨素料定陈军套用了东吴的办法，随即发令，今夜以巴蜑营兵为先锋，用平乘、舴艋之类小艇挂钩链清除江底铁锥，大军舰船随后进攻。

巴蜑是长江上游一带的土著族人，世代在江上以捕鱼为生，人人识水性，善于浪中搏击。杨素特意在麾下招募了一营巴蜑士兵。

杨素又命大将军刘仁恩和开府王长袭分率两支兵将登岸，从陆路奔袭狼尾滩南北两岸的陈军营帐。水路与岸上的进攻，同在黎明前发动。杨素说："陈军见我昨夜吃了暗亏，又不摸头绪，必然料我近几日内不敢贸然行动，就会松懈防范。这回，我就给他来一个攻其不备！"

狼尾滩陈军的情景一切如杨素料想的那样，每座营帐内的士兵，连在江边青龙舰上的哨兵，全都沉入了胜利喜悦之后的鼾睡当中。

巴蜑水兵很快就把江底的铁锥搬掉了，杨素的船队悄悄开进了狼尾滩，分左右靠上两岸。接着，没听得什么响动，停在南岸的百余艘陈军战船便收为杨素所有。

在南岸长长的滩头上，杨素看到了一幅惨不忍睹的景象。杨素早听说陈军有令，每杀一名敌兵，可凭一只耳朵领赏。看来陈军士兵为了多领赏金，把死者的两只耳朵都割去了。

杨素抬头仰望，天色微白。他愤然抽出腰刀，振臂大喊一声："上！"

陈将戚欣从梦中惊醒，连忙披挂出帐，看见漫山遍野的隋军席卷而来，知道大势已去，无力回天了。遂领了百余人马夺路向东逃去，余下的几千陈军根本来不及迎战，就被杨素的部下杀得丢盔弃甲，抱头鼠窜。有数以百计的兵卒慌不择路，从崖头跳入江中，眨眼间就被江水冲得没了踪影。

不到半个时辰，狼尾滩重归沉寂。没被杀死的数千陈军兵将，统统做了杨素的俘虏。

杨素传令，将陈军战俘悉数押来江边集中。随后，他让侍卫搬来一把椅子，放在岸边一只青龙舰的甲板上，他坐下来静静地等着。

陈军俘虏陆续押到。这时候，大将刘仁恩走到杨素跟前，轻声说："元帅，我军将士征战了一夜，已是疲惫得很了。若再斩杀这么多陈军走卒，会给兵士增添劳累。倒不如将他们统统赶进长江，既省了工夫，也省了力气。"

杨素微微一笑，他开口说道："前日夜晚，我军来此与你们交战，不想中了暗器，撞沉了几艘大舰，折损了千余兵勇。两军交锋，兵将战死沙场是平常事，为帅的本不该动容。可是，你们竟然把死去的士兵的耳朵全都割了，连囫囵尸首都留不下，怎能不叫老夫愤怒！今日，狼尾天险已克，你们都成了败落兵卒落入我的手中。老夫在想，该当如何处置你们呢？"

杨素众部下听了元帅的话，压不住心中的愤慨，一同大喊起来："杀了他们，为战死的弟兄报仇！"

陈军士兵跪在地上，一个个早吓得面如土色，没了气息。

杨素挥手制止了部下的呼喊，又说："当今陈国国主陈叔宝，美食玉衣，穷奢极侈。不问百姓疾苦，只顾淫声乐饮。陈国民不聊生，百姓苦不堪言。你们为这样的君王卖命，会有什么好的结果呢！今天，我杨素是不是理当以牙还牙，杀了你们，割下耳朵。或是干脆不要你们的命，只要两只耳朵更好些呢？"

隋军闻听杨素所言，又一次欢呼起来，许多士兵纷纷刀剑出鞘，做出了马上就要动手的样子。

这时，杨素提高了嗓门儿，大声说："陈主无道，而我大隋皇上有德。今天我不杀你们，更不要你们的耳朵。杨素遵从大隋皇帝陛下旨意，又奉行军元帅晋王杨广之命，交战中所获陈朝俘虏，一律释放回家！"

杨素继续说道："不过，你们临走之前，本帅还有一事相托诸位。来呀，将皇帝陛下的诏书抬上来！"

随着杨素的手势，就见两个兵士抬着一口木箱放到了陈军士兵面前。

箱子里装的正是文帝讨陈的诏书。诏书中历数了陈后主昏庸荒淫的二十条罪状，以及陈国百姓生灵涂炭的悲惨境遇，对此，岂容视而不诛，忍而不救。这样说来，隋军伐陈就是匡扶正义，替天行道了。然而，这样一份旨在剪除邪恶，救百姓于水火的正义之书，如何才能让陈国上下妇孺皆知呢？晋王杨广想出了一个好主意。他下令将诏书抄印了三十万份，分发

给各部将领。与陈军交战时所获俘虏一律开释，并发给回家所需盘费及数份抄印的诏书。这样，何愁诏书不在陈国家喻户晓，又何愁陈朝军心不乱，人心不动？

对晋王的这一"离间计"，杨素由衷地佩服。他面对着几千跪倒的俘虏和一片没了耳朵的自己部下的尸体，预料到这一计策会取得几万兵马在战场上难以取得的功效。于是，他指了指木箱，说："这里面是我大隋皇帝颁布的讨陈诏书，带回去给乡亲父老们看一看，杨素拜托诸位了。"

狼尾滩陷落，隋军声威大震。三日后，杨素率水军继续东下，不再靠雾夜掩护。但见滔滔水面一派舳舻蔽江、旗甲耀日壮观景象。杨素端坐在帅舰的甲板上，目光炯炯，容貌雄伟。两岸陈军见此阵势早已是魂不附体，惊叫着："这哪里是清河公，分明是江神来了！"随后望风而逃。

一路东下，果然没遇到大的阻碍。前边不远，就是三峡的最后一谷口岐亭了。

元旦将至，一年一度的元会大典又在紧锣密鼓地筹备当中，建康城的皇宫里，数以百计的宦官内臣进进出出，手脚不闲地忙碌着。宫殿的斗檐下悬挂起一串串红艳的灯笼，廊柱上下也都披裹了缤纷的彩绸，宫里宫外随处可见新年佳节的喜乐气氛。

文武百官当中，要数掌管朝廷文书的中书舍人施文庆、沈客卿二人最为忙碌了。这几天里，各州府县的文书折子接连呈来，积攒了足有半尺高的一摞。各地方呈来的文书上，开列了无数种为庆贺元会大典而贡进皇上的物品，有海味山珍、奇花异果、金玉珠宝、绫罗绸缎、孤本书画，应有尽有。让施文庆、沈客卿头痛的是，随着各地贡品源源运到，宫中的仓库就显得太不够用了。单是各地送上来的佳酿美酒，就在宫中的一个院子里，一坛一坛地堆起了一座小山。一边忙着检阅文书贡品，一边还要操持元会大典上盛宴百官所需的鸡鸭鱼蛋、蔬菜果品之类。虽说手下也有上百个宦官喽罗，却还总显得人手紧张。如此，怎能再分出头脑去理会那些沿江守将一份接一份的告急快报？暂且搁置几日也无甚大碍。何况孔范说得有道理：边防将领把军情说得火急，恐是为了日后邀功呢！

此刻，在临春阁中，后主陈叔宝坐在紫檀龙椅上，怀里揽着贵妃张丽华，两人正在阅览施文庆和沈客卿呈上的地方奏书。这些奏书是施文庆二人自认为紧要，而且贡品已经入宫的，才挑选出来呈皇上御览。

后主用左臂揽着张贵妃，左手不住地一下下轻拍着她浑圆的肩头，用那只右手将一份份奏书展开在面前，与张贵妃一起走马观花似的看着，还不时把脸面朝贵妃的脖颈旁凑过去耳语几句，逗得她咯咯直笑，也嗲声嗲气地发出些声响来。

很快，一摞奏书御览完毕。陈后主抻了抻发酸的右臂，轻声慢语地说："很好。各州府官员办事都还算得认真，朕定会分别赏赐他们的。只是——"他拖了一声长腔，问："怎么不见有关厨艺大赛的文书呈奏上来？"

后主的发问早在施文庆预料之中，他急忙上前答道："陛下，此次厨艺大赛之事已筹备就绪，臣不愿陛下再劳动身心。是臣自作主张，请陛下恕臣擅断之罪！"

"哦，这么快已筹备好了？"后主高兴地问，"怎么个就绪法，说来给朕听听。"

"回陛下，今年的厨艺大赛定会胜过以往任何一年。各地呈报来的厨艺高手名册人数，已是去岁此时的两倍。昨日微臣差人查点了一下，已赶赴京城的厨师也比上一次的全部多出了四五成。托陛下隆恩洪福，朝中文武群臣又将大快朵颐了！"

厨艺大赛是每年元会大典必不可少的。短则三日，长则五天。从陈国各地赶来京都的厨艺高手们使尽浑身解数，制作出一道道佳肴点心，大菜小吃。有许多菜品是皇宫里都不曾见过的。这是因为厨师们有的献出了祖传绝技；有的是为了讨皇上、百官高兴，挖空心思、另辟蹊径而独创来的。虽说凡来者都有赏赐，却毕竟有厚薄之别。同样是千里迢迢来到京里，谁不想大显身手，多得一些赏赐回去呢？

可是，今年的厨艺大赛，全然不是施文庆所说的那样。

隋军大兵压境，江防处处吃紧，陈国兵将节节溃败，江南百姓人心惶惶。后主陈叔宝耳目昏聩，加上一班佞臣报喜不报忧，从皇宫里看像没事一样，可百姓心里却跟明镜似的。建康城里说不准哪天就动刀兵，在这个节骨眼儿上谁还有闲心去掺和什么厨艺大赛。再说，战事纷纷，地方上盗贼蜂起，路面上越来越不太平。别说口袋里尚有几个钱的厨艺高手，就是穷得叮当的农夫脚力也不敢轻易长途跋涉。各州县指名进京的厨师，不是托故推辞，就是走到半路又跑回去躲了起来。真正来到京都的，大都是建康近处的厨师，人数还不及去年的三成。

施文庆、沈客卿得知这一消息，急得如热锅上的蚂蚁，赶紧与孔范等几位近臣商议。眼见得元会大典在即，无论如何也得想个办法将后主陛下应付过去才是。情急之中，还是孔范出了一条上策：派皇宫禁卫将京城巷中的大小饭馆、酒楼像梳头发一样梳理了一遍，把那些红案、白案、掌勺甚至帮厨的全都集中起来，充当献艺厨师，只要凑够了人数，应付下三五天来就行。到时候献于皇上面前的菜肴全由御厨来做，只要名堂编造得新颖些就万事大吉。皇上哪一回不是听到名堂新鲜动听便点头称许，何曾真的品尝过？

陈叔宝听施文庆禀奏说厨艺大赛已准备停当，十分欣喜，又再三叮咛说："切不要小看了调和鼎鼐之技，它足以显现我陈朝的繁荣富庶。贵妃，你说呢？"

张贵妃把嘴一撇，说："陛下说是，当然就是了。哎，对了，妾妃怎么没看到有元会大典上歌舞演艺的记述呢？皇上陛下可是最喜欢看美女唱歌跳舞的呀！"

后主一听哈哈大笑："爱妃竟对朕生出醋意来了！"

张贵妃娇嗔地说："妾妃哪里敢，只是陛下不要错以为只有男子爱看美女，我们女人，尤其是漂亮的女人更爱美女哩！陛下可知道，美女如云，争芳斗艳，更显出独秀一枝的红杏，那才叫有趣有味呢！"

后主一拍大腿，说："好，爱妃说得好！施爱卿！"

施文庆唯喏："微臣在。"

"元会大典的歌舞演艺定要弄得红火热闹一些，来他个美女如云，争芳斗艳，让朕的这红杏一枝独秀！"说着，又哈哈大笑起来。

"臣遵旨。"施文庆答应着，心想：这事儿好办，光是京城的那些青楼茶馆里的歌妓舞女，不消半天，我也能弄个三五百人来。

午时过后，天就渐渐地阴了下来。

冬日的阴云不像夏季里的那样，一朵一块地随着阵风从某个方向奔涌上来，而是好似一幅巨大的帐幔自苍穹最高处缓缓降下，蒙盖了世界。帐幔密密实实没有缝隙，越加显得沉闷和压抑。

傍晚时分，阴云更低了，寒风中还裹挟了零零碎碎的雪花纷扬乱舞。建康一带的冬天，原来就少见下雪，更看不到北国那种鹅毛一样的雪片潇潇洒洒静悄悄飘落的景致。眼前这些细碎的雪花，仿佛不是从天上落下来，而是由朔风从地上卷扬起来才得以在空中上下翻飞的。

雪景罕见，也持续不了太久。因而乐昌公主自幼时就记得，每逢下雪，一拨儿大人孩子们总要跑到庭院中来观赏天公造化的别致景观。她每回都要仰起脸，张开双手，让细小的雪花飘落到面颊和掌心上，化为点点水珠，享受那般无法言表的清凉和畅快。年复一年，只要冬季下雪，她必然如此，直到长大，直到成为人妻。

但是今天，乐昌公主丝毫没有了赏雪的兴致，她甚至根本不知道外面在下雪。是丈夫徐德言踱步到窗下无意中推开窗户，半是惊异，半是叹息地说了句：

"哦，下雪了！"

徐德言夫妻二人又满怀惆怅地相对而坐了一个下午，伴随时光流逝的，仅是一阵阵悲愤和哀叹。像这样，已是好些天了。

"不，不！刚才我想说的正是这件事。"乐昌公主急急地摆手，阻止徐德言继续说下去。

正在这时，有仆人来报说，有一个人将大门擂得山响，问他要干什么，他只说是有急事要见徐大人，还说他是徐大人的外乡兄弟，叫王根宝。

"噢？"徐德言听说是王根宝，又惊又喜，说："他走了刚刚一年，果然又回来了。快请进来。"

来人真是那个一年前在酒馆讨饭遭纨绔子弟羞辱，又遇徐德言相帮的王根宝。只见他一身疲惫，风尘仆仆，衣衫也邋遢得不成样子。王根宝跨进门槛就来了个双膝跪地，声音颤抖着说："小民王根宝拜见恩公徐大人，拜见公主！"徐德言急忙上前拉住，搀扶起他，说："哎，刚分别一年就学会见外了吗？"说着，拉根宝在椅子上坐下，问道："根宝兄弟，你这是从哪里来？分别一年你过得可好？快说给我听听！"

这时，乐昌公主插话进来："德言，应当先吩咐厨下准备饭菜，让根宝兄弟洗个澡，换换衣裳才是！"

徐德言听了说："还是公主想得周全。"

不到半个时辰，热气腾腾的酒菜摆上了桌。王根宝也换洗完毕。此时的王根宝面色红润，两眼放光，与刚才判若两人。

徐德言与王根宝分宾主坐定，徐德言笑着说："请你讲一讲京城以外的所见所闻吧。"

王根宝听了，沉默片刻，又站起身来，一脸庄重。他将桌上的三个杯子斟满酒，双手端起自己的酒杯，说起来。

自上回与徐德言在酒馆分手以后，王根宝先回老家向哥嫂作了个交代，就怀揣着徐德言写的那封书信上了路。他先去汉口，又辗转到了岐亭，终于打听清楚，自己要寻找的戚欣军队已早去了狼尾滩布防。于是，他又溯江而上，翻越重重山峰，最后到了狼尾滩。到了那里一问，才知道徐德言的那位朋友是戚欣麾下的一名校尉，刚在一个月前的一个夜晚率兵巡江时，失足从山崖上跌进江里，从此不见踪影。王根宝大失所望，此时所带的盘缠已经用尽，再返回家去可就难了。正当他在营栅外徘徊叹息的时候，遇到了一名武官。那武官问明了王根宝的身份来历，拉起他就进了军营。也难怪，这年月丁壮难抓，这自己找上门来的岂有不留之理！就这样，王根宝成了戚欣部下一名普通兵卒，镇守在狼尾滩天险。

"大哥，根宝虽说从军时日不长，但却看明白了，不是隋军多么强大，而是咱陈国军队腐朽得不堪一击了！"

王根宝讲了杨素水军首次偷袭失利，陈军兵士为冒领奖赏怎样把隋军士兵的两只耳朵全都割掉。更狂傲地是因为自己大胜，当夜全军兵将都喝得一塌糊涂，结果是一觉醒来时，才看到自己已在隋军"瓮"中，戚欣弃营而逃，撇下几千弟兄，有的战死，有的跳江淹死，活下来的都成了隋军俘虏。

乐昌公主道："你又是怎样逃来的？"

"是杨素大将军放我们回来的。"

徐德言感到一震，问道，"全都放了？"

"全都放了，还发给每人一份回家的路费。"

王根宝进门时，肩上挎着个破旧的小包袱，在他去洗澡的时候，乐昌公主替他放在了衣柜上。王根宝过去解开包袱，从里边翻出一张折叠得皱巴巴的纸，递给了徐德育，说："大哥你看，这也是隋军放我们回家时发给的。"

徐德言接过来展开，是抄写的隋文帝伐陈诏书。

"……征责女子，擅造宫室，日增月益，止足无期，帷薄嫔嫱，有逾万数……欺天造恶，祭鬼求恩，歌舞衢路，酗醉宫闱。盛粉黛而执干戈，曳罗绮而呼警跸……自古昏乱，无或能比……君子潜逃，小人得志……"

徐德言读罢诏书，将它轻轻放在桌边，闷闷不语，这篇言词尖锐的讨陈檄文，列举陈后主昏乱行为件件确凿，剿灭这样的朝廷，天下百姓哪有不拍手称快的？王根宝说陈国定亡不无道理。

王根宝说："大哥，大嫂，说实话我原打算吃过晚饭再来的。可是找了几家饭馆酒肆却全都歇业了，因为厨子堂倌都被宫里禁卫抓去，充数参加厨艺大赛去了。就凭这样子，咱们陈国还有救么？"

徐德言缓缓端起酒杯，说："根宝兄弟，喝酒！"

不想根宝双手一挡，说："大哥，你打算怎么办？"

"根宝兄弟，依我俩这样的身世，你以为应该怎样打算？"

"隋军替天行道，军纪严明，即便攻进建康城来也不会滥杀无辜，大哥大嫂的性命不至于危险。不过，你们毕竟是皇室中人，若被隋军掳去长安，虽能保全性命，却也是在胜者檐下苟活，倒不如趁早与我一同回乡下老家活得自由自在！"

徐德言哈哈笑起来，说："夫人，根宝兄弟的主意是好，到乡野之间，做一个陶渊明，好极了！只是……难哪！"

"有什么难的！凭我这身力气，三个人的淡饭布衣还是可以挣来的。"

徐德言不再与他争论，只是劝酒夹菜。一会儿酒足饭饱，徐德言吩咐下人收拾杯盘，他亲自举一盏灯送根宝去厢房休息。

等他再回到屋里时，见夫人正仔细地擦拭着一面铜镜，乐昌公主将手里的铜镜递给徐德言："这是我幼时用的物件，你带在身上，恩爱夫妻别离后难免思念之苦，到时候，看一看铜镜就权当看到了贱妾！"

徐德言接过铜镜之后，将铜镜摔在了地上，铜镜碎成了两半，说道："两半铜镜，我与夫人各自珍藏一半。日后不管找到天涯海角，我一定要让两半铜镜团圆。天下女子，不拿此破镜者徐德言都不会见！"

乐昌公主将一半铜镜贴在胸前，含着泪伏在丈夫的怀里。

夜静悄悄的，雪已经停了，只听见北风嗖嗖地回响在空中，从皇宫那边，随风传来一阵阵婉转悦耳的丝竹声，而且还伴着众多女子甜腻轻柔的歌唱——依旧是那一首《玉树后庭花》：

> 丽宇芳林对高阁，新妆艳质本倾城。映户凝娇乍不进，出帷含态笑相迎。妖姬脸似花含露，玉树流光照后庭。

第七章

后主荒淫众将降隋　晋王完胜率军返朝

开皇九年元旦这天，对晋王杨广来说的确是一个吉庆之日，前方各路将领的捷报纷纷传到桃叶山主帅府中：

行军元帅杨素攻陷狼尾滩天险后一路东下，先破岐亭，又克延州，沿途陈军守将非逃即降，大隋水军势如破竹直捣汉口，已与秦王杨俊会师；

行军总管贺若弼从广陵渡过长江，袭占京口，擒获陈南徐州刺史黄恪及部下六千余人。如此，建康以北门户洞开；

行军总管韩擒虎出庐江后自采石乘夜渡江，攻取采石，采石陈军因庆元会正酒醉酣睡，统统做了隋军俘虏，韩擒虎又以半日攻克姑熟，守城陈军弃城东逃。这样，建康之西南大门亦被打通。

杨广闻报欣喜万分，北边的京口与南边的姑熟距建康均为二百余里，贺韩二将渡江成功，对陈国京都已构成南北夹击之势。而且，战事的进展要比预料的还要顺利。大军进入建康城的日子已近在眼前，看眼下的火候，更需再添一把柴草。于是，杨广当即命行军总管宇文述与元帅府长史高颎率兵骑三万，由桃叶山渡江，直逼建康城下。

正是这一天，陈国后主陈叔宝听到了与隋朝晋王杨广闻报的同样的消息。所不同的是，这些消息对晋王是喜讯，于陈后主却是丧钟。

时近正午，已在临春阁等候多时的施文庆实在熬不住了，便斗胆直入寝殿，哆哆嗦嗦地叫醒了尚在醉梦中的陈后主。

昨晚的元会大典太隆重、太热闹了，歌舞狂欢，心旷神怡。谁也记不得喝了多少酒，听了多少曲儿，只记得睡觉时天将破晓。

陈后主打着哈欠，抻抻双臂，从床上坐起来，斜眼看了看施文庆，又拉过被子给赤条条的张贵妃盖盖严实，说："施文庆呀施文庆，也只有你，敢在这种时候闯进朕的寝殿里来。"

"陛下，"施文庆慌忙解释道，"军情十万火急，为臣实属无奈，还望陛下恕罪！"

"噢？"陈后主揉了揉惺忪的双眼，拍拍张贵妃，说："爱妃，你是否也穿好衣裳，与朕一起听听那军情是怎么个火急的？"

"陛下！"施文庆此刻真有些急了，略带哭腔地大声奏报："隋将贺若弼十万步骑由北面进屯蒋山白土冈；隋将韩擒虎率部十万从南面攻新林，距朱雀门已经不远。另有探报，江北六合一带似有隋军三两万活动频数，大有在此渡江南犯之迹象！"

这一串连珠炮才算把陈后主惊醒了。他似乎忘了床上还躺着个赤身裸体的张贵妃，就一掀被子滚下床来，一边抖抖索索地穿着衣裳，一边对施文庆说：

"前殿议事，前殿议事……"及至在前殿坐稳，陈后主依然惊魂未定，颤抖着问施文庆："隋军兵临城下，你有何对应之策？"

施文庆答："陛下，文庆乃一文臣，还是请萧摩诃、任忠二位将军前来商议为好。"

陈后主急了，叫道："那你还等什么？还不快些召萧、任二将前来！"

不多时，萧摩诃、任忠二人赶来晋见。

陈后主说："二位将军，朕只等你们拿出破敌良策来了！"

萧摩诃躬身回禀："陛下，按眼下的情势，以贺若弼对我军威胁最大。然而他却是孤军深入进屯蒋山的。臣以为，此时的贺若弼定是营垒未固，立足不稳。我军应当抓住战机，尽出精良，全力突击，一鼓作气将贺部聚而歼之，然后再掉头迎战韩擒虎，只要解除了腹背受敌之危，建康城自会安然无恙。"

"陛下，"任忠打断萧摩诃的话，上前一步，说，"臣将对萧将军所言不以为然。"

后主问道："这么说，任将军还有上上策了？快说给朕听听！"

任忠说："兵书说得好，客军贵在速战速决，主军贵在老成持重。如今我京都之中兵足粮丰，更宜固守台城，切忌仓促迎敌。以臣将之见，应沿秦淮河筑立栅栏，隋军来时，不与交战，以拖延时日。同时分兵截断江路，使隋军相互间音信不通。直等到春暖时节，江水大涨之日……"

"什么？"陈后主厉声截断任忠的话语，"任将军，你竟想让朕等到春暖时节，到那时朕的尸首怕是早已朽烂了！断然不可，不可！"

施文庆也在一旁煽风，说："陛下，应当机立断出兵击溃隋军，破敌后勒石燕然，以记丰功！"

施文庆借喻了东汉时的一个故事，大将窦宪在燕然山下击破匈奴，曾在燕然山勒石铭文，作为千古纪念。

陈后主转向萧摩诃，语重心长地问："值此一发千钧之际，大将军可愿

率军出击，为我一决胜负？"

萧摩诃拱拱拱手回答："昔日作战是为国家，为陛下，今日出兵更兼为爱妻娇子，臣将在所不辞！"

陈后主大喜过望，连说："好极，好极！传朕旨意，速召萧将军之爱妻娇子进殿，朕要亲自给予赏赐！"

萧摩诃率兵八万在白土冈前摆下了长蛇阵，要与贺若弼决战。萧摩诃旗下有几位大将归他节度，战阵最南端的是鲁广达，向北面依次排列过来的是孔范、攀毅、任忠，萧摩诃占最北端。

贺若弼听得陈军前来决战，便率轻骑登上蒋山顶峰，遥遥望见陈军阵势南北连亘二十余里，首尾进退难以相见，心里已知大略。贺若弼刚刚下山回帐，就闻急报：鲁广达率陈军朝营垒攻了进来！贺若弼急忙调集八千甲士迎敌。

陈军士兵因是在自家门口作战，犹如初生牛犊，士气颇盛，一个劲儿左冲右突。隋军奋勇抵御，这边挡，那边拦，竟显得力不从心，混战中被陈军杀死三百多人。贺若弼一看势头不利，即命将士燃放烟幕，迷乱了陈军队列，迫使他不敢恋战。即使这样，陈军士兵撤退时也没忘了将战死的隋兵头颅砍下，回去领赏。

萧摩诃这边听说鲁广达小试锋芒便获得战绩，心中稍见踏实。他随即疾书一纸军令，命阵中各将纠集精兵效仿鲁广达，同时进击隋军，杀掉骄兵锐气，然后倾巢出动将其击溃。

军令写毕，正要唤传令军士，忽见一名侍卫进帐来禀报："将军府上来人，说有要事求见。"

萧摩诃心下疑惑，不知凶吉，吩咐道："快请进来！"

来人名叫亮儿，自少年招进萧府，是萧摩诃的贴身书童。亮儿聪明伶俐，心善嘴甜，深得萧摩诃夫妇喜爱，视为亲子一般，与萧摩诃成了忘年之交。

亮儿刚进帐中，就一头扑倒在地，哭着说："将军，夫人出事了！"

"什么！"萧摩诃如雷轰顶，一屁股墩在椅子上，急问道："亮儿快说，出了什么事？"

原来，陈后主将萧摩诃妻儿召进殿去，将内庭的许多金银珠宝、绸缎布帛赏赐给他们夫妻之后，萧摩诃就领命出宫，率军奔白土冈来了。谁知那陈叔宝见了明眸皓齿、窈窕俊秀的萧夫人，立时淫心大发。等差遣萧摩诃走了，就命设宴款待萧夫人，独将她的儿子送回家去。酒足饭饱，陈叔宝又强留萧夫人在临春阁陪坐。入夜，便把她拽上了龙床。

亮儿见只有萧公子一人回来，心里就有些纳闷儿。一连五天过去，还不见夫人的影子，他心中真的开始打鼓。幸亏亮儿随萧摩诃多年，与宫中不少宦官相熟，就悄悄溜进宫去四下打听，才知道大事不好。萧夫人受辱后，心中又羞又愧。羞自不必说了，她愧的是：丈夫在阵前浴血搏杀，为陈朝卖命。自己却在跟陈朝的君王寻欢作乐！几天里，萧夫人几次央求后主放她回家，可是陈叔宝正玩得新鲜高兴，哪里肯答应。萧夫人绝望了，她趁后主被张贵妃请去的空当，拿了一段丝巾系在窗户上欲行自缢，恰被巡逻禁卫发觉，立刻解救了下来。陈后主对此也不气不恼，传御医给萧夫人医病，他自己也嘘寒问暖，百般殷勤。就是这样了，光天化日，后主竟还一天几次地强扯夫人衣裙，与她交欢。萧夫人身心备受蹂躏，躺在龙床上真的起不来了。

萧摩诃听罢亮儿的哭诉，心肝欲裂，怒火中烧。他伸手抓过刚刚写好的军令三两把撕了个粉碎，切齿骂道："荒淫昏君，哪还有一点人味儿，我萧摩诃若再为你卖命，岂不成了地地道道的乌龟！"遂大吼一声："来人！"

他打算差人传令几名心腹校尉进来，设计率部下杀回宫廷，灭了陈叔宝，救出夫人。不料他刚要起身站立，就觉头脑中轰然声响，眼前一黑就倒在了地上。

贺若弼被鲁广达拣了便宜之后，看透了这一位是陈军中的强将。他想，若要速胜，必须在陈军阵线上的薄弱之处给予致命一击，引发他全军溃乱，然后各个击破才是。贺若弼选中了处在长蛇阵中间的孔范。于是，他亲领万余精兵，向孔范的营垒猛扑过来。

孔范这员大将，原本就是靠亲狎后主得来的虚名，几乎未经战阵。贺若弼率部呼啸着杀来，孔范已是六神无主，还未及交锋，便拨转马头落荒而逃了。树倒猢狲散，孔营中的兵士顿时成了一窝没头苍蝇，四散碰撞着争相逃命。处在左右两翼的鲁广达、攀毅的阵营也深遭震撼而阵脚大乱。隋军后续大队兵马扑上来，死于刀枪马蹄之下的陈兵已过万人。陈军的决战阵势已溃不成军了。

萧摩诃从昏厥中醒来，见只有亮儿守候在自己身边，潸然落下两行热泪来。是悔，是恨，还是感激？个中滋味自己也说不清了。营帐外面，喊杀声，哭号声混成一片，不时间夹着乱哄哄地哀告："不要乱砍，我们投降了！"

萧摩诃心里明白，自己的部下已被隋军击溃，隋军包抄了营垒，此刻正向着自己的帅帐进逼过来。这时，他再也不想披挂迎战，去做那以身殉国的傻事。当然，他也无力逃走了。

萧摩诃用衣袖擦去面颊上的泪水，让亮儿扶自己起来，拂去衣裳上的尘土，然后稳稳地坐在了桌案后边，亮儿则直立于一旁。他在等待，等待着隋军将士一会儿进帐来见他。

萧摩诃就是要这样，即使束手就擒，也不能失了大将风范。

再说，那蒋夺山白土冈前的陈军战阵顷刻间土崩瓦解，几位将领不是战死，就是被俘。唯有任忠单枪匹马逃了出来，一溜烟窜回建康的皇宫。

陈叔宝听任忠讲了战败的经过，忍不住掩面而泣，抽抽搭搭地说："如此说来，与隋军的决战，岂不成了我陈朝的绝战了……"

任忠说："臣等已经无能为力了，望陛下好自为之吧。"

陈叔宝一听急了，说："任将军，你是要撒手不管了吗？将军，朕一向待你不薄，时至今日，京师之中能领兵抗敌的也只有你任大将军了。将军，看在朕的面子上，可不能见死不救哇！"

任忠从未见皇上这样的乞求一位下臣，叹了口气说："救？用什么来救啊！白土冈一战，京师内外的军队折损殆尽，哪里还有兵勇去迎击隋军！"

陈叔宝见任忠犯愁没有军队，忙说："有的，有的。请将军稍候。"他唤来一名内侍，低声吩咐几句。内侍即刻转入后殿，不一会儿便抱着两只鼓鼓囊囊的布口袋出来，放在任忠脚下，陈叔宝指指两个口袋，说："将军，这是两袋黄金，请将军拿去，用它招募兵将与隋军决一死战。"

任忠没想到陈叔宝竟会想出这等馊主意，惨然一笑说："陛下，已经来不及了。虽说重赏之下必有勇夫，但是眼下这种情势，就算招得来万千兵卒，不经操训就拉去作战，还不是白白送死吗？"

陈叔宝急得抓耳挠腮，说："将军，这两袋金子是朕赏赐给你的。攻也好，守也罢，你总得拿出个主意来。将军啊，全仗你了！"

任忠想了想说："陛下，如今是攻也攻不得，守也守不住，只有走。赶紧筹备一批船只，溯江而上，与我据守上游的军队会合之后再作计议。"

"也好，也好，"陈叔宝似乎看到了一线希望，连连说，"请将军速去筹备，朕在此听候佳音！"

任忠手提两袋黄金从临春阁上走下来，心里盘算着如何去招募雇佣舟楫。边想边走着，就看见前面停了一乘小轿，两位宫女搀扶着萧摩诃的夫人正往轿旁走去。按年龄，任忠称萧摩诃兄长，他忙上前躬身一揖，问："嫂夫人，多日不见了，这一向可好吗？"

萧夫人一见任忠，还没开口说话，那眼泪就像断了线的珠子扑碌碌滚落下来，她叫了一声："任忠将军……"双膝一软，险些倒在地上。

任忠吩咐宫女将她扶上小轿，命宫女退候一边，他在轿前弯下身子轻声问道："嫂夫人，你这是怎么了？"

萧夫人一边抹泪，一边将陈叔宝强留自己在宫中寻欢作乐的事说了。这会儿，白土冈一战失利，建康城即将不保，陈叔宝顾不得她了，正打发人送她回家。

任忠听着，那一双铁拳早就攥得嘎巴巴直响，他恨恨地说："这种昏君，我还在为他备船逃命呢！"

萧夫人问："往哪里逃命？"

任忠说了去上游找陈军会合的打算。

萧夫人惊异地问："任将军，长江上游西起狼尾滩，东至汉口，早已被隋军攻陷，哪里还能立足！这些你还不知道？"

"什么？夫人是从哪里听来的？"

萧夫人说，这些天她在陈后主身边，看到了许多散乱地扔在床头桌边上的边关奏报，才知道长江上游各个关口在差不多一个月前就失守了。陈叔宝根本没拿这当回事，军中将领更不得而知。

任忠听罢，对着萧夫人深深一揖，说："夫人多多保重！这等朝廷哪值得本将为他效力，任忠另谋生路去了！"

说完，将一袋金子送给了萧夫人，自己猛转身，大步流星走出宫门，飞身上马疾驰而去。

行军总管韩擒虎在元旦那天夜晚横渡长江，袭取采石仅领了五百壮士便首战告捷。其实也没用什么刀枪弓弩，陈军士兵都喝醉了，一个个在睡梦中做了俘虏。第二天，韩部大军全部过江，直扑姑孰。据守姑孰的兵将弃城而逃，韩擒虎的部下从渡江进入姑孰城，仅仅用了半天的时间。韩擒虎知道用兵贵在神速，于是挥军直取新林。

新林是建康西南的最后一道门户，距朱雀门仅仅二十里路。

韩擒虎马不停蹄向朱雀门攻来。骑在马上，韩擒虎得意地想：虽然是贺若弼将军首先向建康城发起攻击，可是第一个杀进陈朝国都的，却是我韩擒虎！

这时前卫来报：陈将任忠在前面石子冈迎候韩大将军！

韩擒虎一怔，问："有多少人？"

"总共五骑，任将军说是来降我隋军的。"

"哦！"韩擒虎明白了，看来陈军在贺若弼那边遭到惨败，任忠见大势已去，才来投降的。这样，我这里更要尽快攻进建康才是。于是，他两腿一夹马肚，说："快走！"

任忠是真心来投隋军的。他对陈叔宝彻底绝望了，心想如其为陈国殉

· 65 ·

葬，还不如早些投降隋军，或许还能得条生路。遂带领几名近卫骑马奔到石子冈前，等候韩擒虎率部到来。

任忠领着韩擒虎的兵马一直来到朱雀门下，守城兵士见大批隋军涌来，急忙关了城门准备抵抗。任忠翻身下马，朝着城门上的士兵大喊："诸位弟兄，别再糊涂了！看我任忠都已投降，你们还想拼死吗？赶快把门打开，迎大军进城吧！"

良久，城楼上下不见动静，韩擒虎耐不住了，正要举旗号令攻城，就听轰隆隆一阵声响，城门大开。守城陈军跪在城内大街两边，各自面前掷放着刀枪盔甲。

韩擒虎将令旗向前一挥，隋军大队长驱直入建康城来。

在建康城中的大街小巷，隋军所到之处没遇到任何抵抗或骚扰。皇城中也是如此，想是那些宫中禁卫和文武百官早都逃命去了。令韩擒虎不解的是，几名校尉来报告说，搜遍了皇宫各个角落，除了抓到一群嫔妃奴婢，根本没见到陈叔宝的影子。

韩擒虎想：这就怪了，难道他还能插翅飞了不成？他命令："严加把守宫中所有大门。各色人等，不论男女，一律不准出宫。有擅闯出宫者，就地斩杀！"

接着，他亲自带领百余兵士，自皇宫前门开始，一步一步地朝后边搜寻过去。一边搜，兵士们还不住地喊："陈叔宝，快快来降！饶你不死！……"

可是不管怎样喊叫，一直没有回应。都搜到景阳殿了，依然不见陈叔宝的踪迹。自景阳殿往后，就是皇宫最北边的门了。韩擒虎站在景阳殿前的庭院里，心想：他会不会逃出去，到哪个文臣武将家里躲藏起来？

正在这时，一名士兵跑来，轻声向韩擒虎禀报："将军，那边有一口井，刚才听到井里好像有响动。"

"噢？"韩擒虎顺士兵手指的方向看去，西墙根脚的一株参天老槐树下，有一个口径粗圆的井台。他挥手招过几名兵卒，悄声吩咐几句，便朝井台围了过来。

一名兵士探头朝井里看了看，喊道："将军，这里有一口井，里面黑洞洞的什么也看不见，待小的下去看个究竟。"

韩擒虎说："不必费那种力气。去搬几块大石头来扔下去就是了。"

士兵们纷纷叫喊："对了，快去找石头来。"

"不用找了，这里有块青石板。来两个弟兄，与我一块儿抬过去扔进井里！"

话音未落，就听从井里传出一阵杀猪似的尖叫："扔不得，扔不得呀！井下有人！"

韩擒虎仰天哈哈大笑，叫道："陈叔宝，堂堂一代国君，怎么会落到枯井里去了！快些上来吧！"

这真的是一口枯井，看来也不算很深，不知陈叔宝怎样下去的，如今让他自己爬上来却就难了。兵士们找来一条绳子扔下去，要拉他上来。只见绳子抖抖索索了半天，才听陈叔宝喊："好了。"

两名兵士拽住绳子用力一提，竟纹丝没动，兵士们暗暗称奇：陈后主是什么样体魄，竟有这等重量！一个兵士打着哈哈说："陈皇上，莫不是你连这口井也一块儿绑到腰上了吧？"

韩擒虎说："哎，别要笑了。多加几个人，用力拉上来。"

立刻又有四五人上去拽住绳子，齐声喊了个："拉！"这才缓缓拉动起来。等到拉上来一看，众兵士都哄地一声笑得蹲坐在地上。只见拖上井来的不光陈叔宝一个，还有两个女人也都同陈叔宝捆绑在一起拉了上来。这两个女人一个是张贵妃，另一个是孔贵妃。要不然，一个陈后主哪会这么重！

韩擒虎也忍俊不禁，说："陈主，幸亏这井口粗大，若不然卡在当中可如何是好？"

陈叔宝解开绳索，拉两位贵妃一起跪在韩擒虎面前，此时他早已是浑身颤抖，冷汗直流，说话也不顺畅了："陈、叔宝……拜见隋、隋国……将军……"

韩擒虎见他这副狼狈样子，大笑着说："小国之君见大国之卿，跪拜是理所应当的，本将军受领了。起来吧，入朝不失作归命侯，你也用不着吓成这个样子！"

遂命部下将陈叔宝及所俘所有妃嫔奴婢和文臣武官囚禁起来，严加看管。

这时，贺若弼率部自北掖门杀入城来，行军总管宇文述和元帅府长史高颎统领的兵马也到了建康。三路将领会师在陈朝皇宫，建康城头终于飘扬起了大隋的旗帜。

消息传到六合桃叶山，晋王的元帅营帐内外欢声雷动。杨广强按住内心的激动，疾书奏表，命驿卒快马飞报长安宫中。他要让父皇早点知道这一胜利的消息，他要让朝中文武早点得知这一天大的喜讯。平定南陈，我晋王为主帅，若论头功当然要属我杨广。关键还在于，二十岁的晋王便有如此运筹之力、决胜之功，朝野上下谁能小觑一眼？自此之后，还有什么重任是晋王不能担当的？

　　将奏表送出，杨广稍稍平静了一些。他想，自己也该收拾行装渡江进城了。不过，眼下还有一件事需要急办。他命人召来了高德弘。

　　高德弘是高颖的儿子，在晋王帐下任元帅府记室。

　　高德弘进帐拜见，问："元帅有何吩咐？"

　　杨广郑重说道："本帅命你快马疾驰建康城中，有几件事仔细交代于令尊，请他严加督办，不得有误！"

　　杨广向高德弘嘱咐了这样几件事：

　　第一，进入建康的隋军，上至总管，下到兵士，切忌得胜骄狂，一律不许饮酒狂欢。要谨慎巡查城防，以御溃逃的陈军结集反扑。

　　第二，仔细搜集皇宫中的图书典籍，不得焚烧毁坏。搜集后严密封存看护。对皇室府库之中的金帛珍玩亦如是办理。

　　第三，严明军纪，不许骚扰商贾店铺、勒索百姓。如有违者，无论校尉士卒一律斩首。

　　杨广问："本帅讲的这些，你可都记住了？"

　　高德弘答道："记住了，我即刻动身去传元帅命令。"说着，就要转身。

　　"等等，"杨广又说，"还有一件事，只说给令尊一人知道就行了。务留张丽华一条性命。"高德弘得令飞马来见父亲。

　　"父亲！"

　　高颖侧身看去，只见儿子高德弘坐在一边，就问："德弘，你怎么来了？晋王这就要进城了吗？"

　　高德弘走到父亲跟前，说："是晋王派我来传令的。"

　　接着，高德弘就把晋王嘱咐的事情逐一复述了一遍。听儿子讲完，高颖的脸就阴沉下来，默不作声了。

　　高德弘疑惑地问："父亲，莫不是在儿子赶到之前，就有违犯晋王命令的事情发生了？"

　　高颖摇了摇头："绝然没有。"

　　"那么，父亲又为何事忧心忡忡？"

　　"德弘，晋王所说不许饮酒狂欢，查封陈朝府库和严禁骚扰百姓这三条，在我与宇文将军渡江前他已重申再三。我俩在朝中为将相多年，执行督察这样的军令不会有误，也是尽人皆知的。所以说，晋王差你火速赶来的最终意图，是怕我不经禀报就杀了张妃张丽华。"

　　"听父亲的意思，晋王想在张丽华身上打什么主意了？"

　　"张妃妖冶，容貌娇艳已名闻遐迩，不论晋王是想一睹芳容，或是另有他图，这等祸国殃民的妖女是万万留不得的。"

高德弘听父亲这样说，不免有些担心了，他提醒说："父亲，不杀张妃可是晋王一再叮嘱的，还要你切记切记。你可要三思而行啊！"

高颎叹道："我已想过了，当年太公灭纣，蒙面诛杀妲己。可见为保社稷无恙而铲除妖孽，自古有之。太公能为，我高颎为何不能效仿。我这也是为大隋江山着想，为晋王的名声业绩着想啊！"

说罢，他大声呼唤进两名校尉，命他们立刻将张丽华绑赴青溪岸边斩首，并提首级来复命！

校尉应喏，转身去押解张贵妃。

高德弘哭丧着脸问高颎："父亲，我回去怎样向晋王交代呢？"

"你觉得怎样说合适，就怎样说好了。"

"那，就说我来迟了一步……"

高颎没作声，只微微地点了点头。

第二天清晨，高德弘骑马回桃叶山向晋王复命的时候，在江南岸渡口遇到了已经率部过江的杨广。他见到高德弘第一句话就是："张丽华现羁押何处？"

高德弘低下了头："回禀大王，德弘去迟了一步，张丽华已被家父下令斩首了。"

从高德弘的神色和语气中，杨广已经猜透了是怎么一回事。他的心里不禁升起一股莫名的火焰，烧到了喉咙。他用力吞咽了几口唾沫，强硬着把火压了下去。其实，究竟是出于怎样的心理驱使他要留下张丽华的一条性命，杨广自己也很难说清楚，抑或是不便明讲。但是他更加不可以容忍那些自恃功高的老臣，竟然不将自己的话当作一回事。简直岂有此理！欺人太甚了！他抬头看了一眼高德弘，摆出一副无所谓的样子说：

"一个亡国之君的宠妃，杀了就杀了吧。"接着，他又像自言自语地说："古人云，无德不报。长史有恩德施于本王，以后一定会回报高公！"晋王抬头看看远处巍峨的建康城楼，振臂高呼："进城！"

自此之后，曾属陈国的三十个州、一百个郡、四百个县，一共有二百多万人口，全部归到隋王朝。

华夏大地三百年南北分治的局面就这样结束了，天下得到了统一。

长安城里，文帝杨坚正在盼望着平陈大军凯旋归来。一场隆盛的庆功大典也早已准备好了。

第八章

太子心中忧虑不堪　晋王风流初显苗头

　　大兴城里面的东宫，又称为太子宫，顾名思义，当然就是皇太子居住的地方。皇太子杨勇就住在这里，与父皇的宫廷相距非常近。

　　这些日子，杨勇一直都闷闷不乐的，有些魂不守舍。说的确切些，就是在他的心中一直有一股怨恨之气没有办法宣泄。经常从前殿到后阁来回好几趟，却想不出为什么来到这里，需要做什么。在池边垂钓，那咬了钩的鲤鱼将浮子拽出去好远，他还眼怔怔地瞅着忘了起竿。妃妾婢仆都躲着他，恐稍有不慎就会招来一顿责骂。只有他最宠爱的小姜云氏能相伴左右，云氏还不时地劝他几句："算了，何必生那份闲气。他们无论怎样张狂，还能有皇太子的地位显赫？"

　　每听到这样的话，杨勇怨怒更甚："皇太子怎样？在他们眼里除了父皇就是晋王。他们心目中，我太子杨勇还不及一个杨素老儿呢！"

　　所有这些皆起因于那场为迎接晋王平陈凯旋的庆功大典。

　　那隆重热烈的场面是空前的。用杨勇的话来说，这一回真真让晋王出尽了风头，摆足了架势。晋王率几十万大军，押解着陈叔宝及陈朝宫里的后妃嫔嫱、文臣武官和仆从婢女数千人班师京都，车马队伍绵延百里，官道上扬起的尘土遮蔽了日光。父皇有旨，宫中自仆射、尚书以下文武官员，一律出城十里迎接。

　　杨广进京后即入朝拜见父皇，被父皇拜为太尉，还赏赐了辂车、乘马、玄圭、白璧、衮冕之服等物。在此之前，母后特意差人去并州将萧妃接进宫来，与杨广一同入殿面圣，接受赏赐。

　　两天之后，父皇亲驾广阳门赐宴将士。广阳门外夹道堆满了绸缎布帛，父皇论功行赏，共用了三百多万段。接着又封赏有功重臣。单说杨素老儿，被晋封为越国公，赐匹万段，粟万石。父皇还将陈后主的妹妹乐昌公主赐予杨素为姜，另赏给他十几个陈朝宫女。

　　迎接也好，赐宴也罢，加官晋爵也无可非议。仅四个月就平定江南，也算得战功显著。热闹一点，隆重一些理所应当。最可恼的是，那庆功盛典都过去几个月了朝中文武至今几乎没有一天不提及这个话题。而且每每谈起，个个眉飞色舞，犹如昨日所见。更有甚者，人人动辄就说晋王如何运筹，晋王如何用兵，晋王如何如何……真是怪哉，出兵平陈是父皇谋划多年的事业，大获全胜当首先归功于父皇决策英明，方略得当。可为什么对此鲜有提及，七嘴八舌之论全为褒扬晋王？还令人不解的是，就连父皇听了这些议论，也美滋滋喜笑得跟一尊弥勒佛似的，难道他也觉得若无晋王，即无今日大隋的一统江山吗！如此下去，我这个堂堂的皇太子又将摆放在哪个位置？

凡此种种，就难怪皇太子杨勇一天到晚郁郁不乐，愤愤不平，从而更觉得天下实在不公了。

天气异常闷热，憋得人喘不过气来。空中曾飘来几朵黑云，但只稍作停留，就又不知道游向何处，让人们盼雨的希望落空。杨勇本来就心烦，又碰到这样的气候，浑身更觉得燥热。辰时刚过就热得这样，长长的一天可怎么捱得过去！

东宫里，只有假山的那座凉亭上还能有几丝轻风。于是，杨勇吩咐侍从将菊花凉茶摆到亭子里的石桌上，他与爱妾云氏去那里消暑纳凉。

假山平地拔起十几丈高，凉亭建在山顶上。站在亭中凭栏东眺，皇城的后殿隐约可见。杨勇坐在石凳上喝着凉茶，对正在向皇宫那边眺望的云氏说："看什么呢，大热天的，快过来喝碗茶清爽清爽。"

云氏转过身，走来坐在杨勇一侧的石凳上，说："皇后日前身体多有不适，不知是否痊愈了。"

"我已去问候过多次，康复得差不多了，只是看上去精神有些萎靡。"

云氏笑了，撇了撇嘴说："问候多次的也不见得比那问候一次的讨人喜欢。"

杨勇明白云氏话里有话，母后的病是因庆功大典期间操劳应酬过度而致。其间太子妃元氏去探望母后，母后一见元氏立时精神了许多，有说有笑的。恰巧那几日元氏也偶感风寒，病怏怏的，母后心疼她，下懿旨让元氏不要再来问候。云氏说的就是元妃。

杨勇听云氏在发牢骚，有些不耐烦地说："行了！讨人喜欢怎样，不讨人喜欢又能怎样？妇人之见！要不然，你也去母后那里问候一回？"

"你饶贱妾一命吧。果真去了，皇后不叫手下将我乱棍打出来才怪呢！"

"唉，"杨勇无奈地叹一声，"母后就是这一点让人受不了，只认原配妻室。你心中有数，别拿作当真也就行了。"

云氏说："为妾的有数无数都不要紧，只是太子你要谨慎些才对。这几

· 71 ·

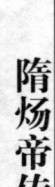

年，你一直将元妃晾在一边，到今日也没生下个儿女来。倒是我们这些偏房却与太子生养了一堆。皇后心中能不气恼吗？"

杨勇将胸脯一挺："气恼不气恼我顾不了那么许多。我是太子，愿意与谁同床求欢，愿意宠幸原配还是后妃，都是我自己的事。自古以来哪朝的太子不是这样？"说着，一把将云氏拉在怀里，"此时即使母后驾到，我也要这样抱着你，让她老人家看看，皇太子杨勇就是喜欢云昭训。"

云氏被杨勇一脸认真的样子逗得咯咯直笑，一边挣脱着，一边说："就会背后充硬汉。好了，别搂着抱着的，大热天皮肉相贴怪不好受。今早起来，你还没给我洗澡呢！……"

正在说笑，就见一名侍卫从假山的石阶上小跑着上来禀报："兵部尚书柳述前来拜见皇太子！"

云氏一听，急忙站起身理理鬓发，整整衣裙。杨勇吩咐："请柳尚书到这里一晤。"

兵部尚书柳述是文帝杨坚的女婿。文帝有五个女儿，柳述是最小的女儿兰陵公主的丈夫。五个女儿中，文帝最疼爱兰陵公主。对诸位女婿，最赏识的也就是柳述。柳述曾是太子宫亲卫，成为兰陵公主的丈夫后便连连擢升。先是宫中内史，后为吏部尚书，不久又拜为兵部尚书，深得皇上恩宠由此可见。柳述与太子杨勇的关系也甚为密切。因为他曾做过杨勇的亲卫，如今又成了太子的妹夫。还有另一层原因，那就是柳述原本文官出身，没领过兵，更未经过战阵，能官拜兵部，全仗皇上提携女婿。因此他底气不足，恐朝中臣将面上不说，心中不服，就多与诸重臣交往，博取他们对自己的好感和信任。皇太子可算得一人之下、万人之上的角色，与柳述素有旧交，两人又是亲戚，更被柳述视为靠山，有事无事地常来太子宫坐坐、聊聊。

柳述拾级而上来到亭子里，与杨勇和云氏行了见礼。云氏说："尚书大人请坐，我去让使女再弄些凉茶水果上来。"

这是推托之词，云氏很有自知之明，她不是正妃，尽管受太子宠爱，也当在场面中避嫌。所以只要有客人来访，无论是与太子闲聊还是议政，她总是借故离开。何况宫廷之中，闲聊与议政从来都是难以分清楚的。夫人干政尚可原谅，假若是宠妾多嘴就讨人嫌了。至于夜来枕边，太子再将白天议论的事情详细告诉自己，那就是另外一回事了。

杨勇见云氏离去，对柳述说："柳尚书可是有些日子没到我这东宫里来了。"

柳述点点头答道："嘻！宫中事务冗杂，整天忙得不可开交。几次想来，都被事情拖住了。"

"哦，如今不再打仗了，兵部的事务还如此忙碌，柳述弟快要赶上晋王了。"说着，杨勇独自呵呵地笑开了。

柳述知道太子是在开玩笑，不过他还是想避开这个话题，就说："太子，多日不见，你脸面气色可不是太好哇！"

杨勇愤愤地说："你想想，能好得了吗？"

柳述也是个善于察言观色的人。庆功大典的那几天，在热烈欢闹的气氛里，他就曾几次看到了太子的那副尴尬冰冷的面孔，仅仅是忌妒吗？柳述觉得并不全是。然而无论出于朝臣还是妹夫的身份，柳述觉得应该对太子说几句宽心的话。

"太子，大典已经过去多日，晋王也早已回了并州。风光一时过后，他还是藩王，你依然是皇太子。说句不该说的话，今天的大隋江山是皇上与太子共有的，待日后终归还是你的天下！"

"话虽如此，不过柳尚书也该知道，一个人功勋显耀、声威隆盛之后，就难免会发出些别的念头来。"

这倒也是，柳述在心里说。

杨勇能在柳述面前毫无顾忌地对晋王说三道四是有缘由的，他知道柳述与晋王有隙，而且由来已久。缘起于兰陵公主身上。

兰陵公主最初下嫁给仪同王奉孝，王奉孝却不幸早逝，兰陵公主守寡时才十八岁。这时候晋王杨广上书父皇，拟请将兰陵公主嫁给萧妃的弟弟萧玚。文帝心疼女儿，看她年纪轻轻寡居，也急于给她再选一位夫婿，但他却有意于年轻公子柳述。看了杨广的奏疏，文帝心中也犯了踌躇，不知选谁为更好。时任东宫亲卫的柳述对兰陵公主仰慕已久，他从杨勇那里探知皇上正在犹豫不决，便恳求杨勇为自己美言，促成好事。杨勇当然愿意成全，还给柳述出了主意：柳述是太子亲卫，经常随杨勇进宫去见皇上。每逢此时，杨勇便故意造成机会，让柳述在皇上面前表现一番自己的学识口才和精明干练。文帝果然就喜欢上了这个年轻人，大加赞赏，并将他调任宫中内史。几乎同时，兰陵公主凤冠霞帔，被一段红绫牵进了柳述的花烛洞房。

这些事情早有人告诉到晋王那里，他自然不会不记恨心中。私下议论起来，杨广对柳述也颇有微词。那些对柳述不满的议论又风传进柳述的耳朵里。就这样，两个人在暗中结下了疙瘩。

这会儿，柳述见太子对晋王由忌妒而生发出疑心，他当然愿意附和，就说："是啊，平陈之后朝野上下对晋王的抬举的确有些过分了。"

"岂止过分，简直是把他捧到天上去了！柳尚书你该明白，父皇身为国君不宜亲征，我又是太子，按朝中规制无论何事都要留守国都。如若不然，要我挂帅平陈，不是照样旗开得胜？"

柳述点头表示赞同，又说："也是皇上陛下对晋王的信任。"

"不尽然，"杨勇摇了摇头，"果真那样，皇父又何必在晋王左右安排高颍、王韶两位足智多谋的老臣？我也听到议论说，此次平陈几十万大军攻守节度，名义上是晋王，其实在高颍、王韶。"

柳述没作声，他也听到过这样的议论，只是高颍、王韶皆为朝廷重臣，职权都在自己之上，不好妄加可否。因为说一个人坏话多了自然会招来祸事，但若对某人一味褒扬，说不定也会引火烧身。宫廷之中的事自古就如此叵测难料。

两人沉闷了一会儿，杨勇起身走向亭栏边，望着皇宫自言自语地说："世人都说皇宫就是天堂，却哪知道天堂里也时时有烦恼的事。我常想，还真不如住到废园里，垦出一块荒地，种些瓜菜。闲来无事就去锄锄草，浇浇水，自由自在。"

杨勇说的废园，是处在东宫与皇宫之间的一座庭院。十几间瓦房掩映在一小片林木中，其余地方便是满目荒草。这里原是周宣帝打算建一座别宫的地方，未及兴动土木便周亡隋兴。文帝最恶糜费，更不去修建什么别宫。时日久了，这里就成了荒芜一片，杨勇将它戏称为废园。

听太子发牢骚说要去开荒种地，柳述笑了，说："说笑而已，陛下还要将江山社稷托付于你呢。不过，太子，柳述说句话你或许不爱听，你身为太子，假若又真如农夫那样自耕自食，一定会博得皇上陛下的赞赏欢欣！"

"哼！"杨勇不屑地哼了一声，"身为太子大可不必去装出那副样子。我行我素，不会像晋王那样矫饰邀宠。什么仁孝，什么不好声妓，我就不信天下会有吃素的圣人！"

最后这一句话提醒了柳述，他也站起来走到太子身边，说："太子，有一件事不知你听说了没有。"

杨勇侧脸问道："什么事？"

"攻陷建康之后，晋王曾下令定要留下陈叔宝的宠妃张丽华，不知意欲何为。只是高颍没听他那一套，抢在晋王入城前就把张丽华杀了。"

"噢——"杨勇拖长了声音噢了一句，听语气要比刚才平静多了。他想，如果晋王那边真闹出点风流韵事来就好了，也听听父皇母后作何说道。

起风了，远天上又有几块阴云随风涌来。杨勇凭栏眺望，废园里的树和荒草也在风中无精打采地摇晃。

蓦地，他脑海里冒出一个念头：等自己继承大位之后，一定要把这个园子修成别宫！

晋王杨广这边还真的出事了，不过没有张扬出来。别说外人不知道，就是晋王府里的人也没有几个知道的。这件事使萧妃心里受到了深深的伤痛。听说晋王要凯旋归来，萧妃天天扳着指头数算与丈夫见面的日子。还是独孤皇后善解人意，把萧妃接进京城，使他们小夫妻能早日相见。萧妃从心底里感激母后的恩典。

俗语说得好，久别胜新婚。萧妃与杨广分别近半年，两人在皇宫里相见的时候，心中的兴奋、激动全都洋溢在眼神和笑容里。因为是在父皇面前，不能有亲昵的言语，更不可有过分的举动，接下来就是一场连一场没完没了的仪式、庆典、酒宴、拜见……除了父皇的安排，文武大臣、王公显贵都要为晋王庆功祝贺、接风洗尘。因为是国家的一大幸事，父皇也就放松了限制，不再苛求节俭。这样，从早晨到晚上，萧妃跟晋王几乎连多说几句话的工夫都没有。只有到了夜晚，酒宴散罢，晋王归来并且洗漱完毕之后，那张宽阔暄软的大床便成了她与丈夫极乐狂欢的天地。

萧妃相伴晋王几年，似乎方在此刻才体味到夫妻的恩爱甜蜜竟是在床第之间达到极致。萧妃终于明白了，在大庭广众面前为什么无人议论夫妻间的这种美妙之事。她原以为是人人都羞于启齿，其实不然。是因为这种事太美妙、太甜蜜，也太珍贵了。只能深深地藏在心底，独自品尝回味。若是当众讲出来就成了与他人共享的事情了。试想，凡能当众讲出来与人共享的事，没有一种比得上夫妻间的事美妙珍贵。

一晃就过了十几天。这时候她听说皇后独孤氏病倒了。

独孤皇后的病牵动了萧妃的心，她真心敬重皇后，是因为皇后也真像母亲一般关心体贴着自己。晋王远征几个月，母后经常派人去并州探望她，不论哪方进贡宫里的美味珍馐，母后总忘不了给她送去一些。最让她感动的就是这回母后派人将她接进京师，让她尽早地与晋王相见，从而尽早地品味感悟到了人生的快事和幸福。此时母后病了，萧妃哪能不去宫中探望，而且她还要留在母后身边，守候陪伴她几天。

杨广听了萧妃的打算，开始还不以为然："母后身边有那么多宫娥婢女，你留在她身边不是多此一举？"

萧妃却自有道理，她说："你以为我留在宫里是给母后使唤的吗？母后用不着，也不忍使唤我。病中的人最怕寂寞，尤其到了夜晚。我在她身边做个伴儿，说说话，恐怕比服几剂草药都顶用，说不准母后会康复得更快了呢！"

　　杨广想想觉得也对。还有，晋王妃去陪伴病中的母后是仁孝之举，日后传出去又是美谈，对自己也会增色不少。于是就让柳娣陪萧妃去了母后宫中。

　　独孤皇后见萧妃来了，大为欣喜。听说萧妃还要留下来陪伴自己，欣喜当中又有些不忍，小两口久别之后刚刚相聚，怎能因老身病体再牵累他们？因而她要萧妃回去。萧妃见母后执着，便羞答答地说出了自己的另一个目的，晋王这些日子以来太劳累了，想借陪母后之机让他养息一下身体。

　　独孤皇后早已是过来之人，她一下就明白了，同时也更为感动。萧妃真是个仁孝贤惠的夫人，既会孝敬长辈，又能体贴丈夫。不像那些荡妇，整日与男人缠绵不休，就如永远也解不了饥渴似的。

　　独孤皇后应允萧妃留了下来。

　　萧妃安排就绪，看看母后这里仆从使女确实不少，柳娣留下也派不上什么用场。再说晋王那边整天应酬不断，身边也需要有人伺候，便打发柳娣回去。

　　当晚，杨广自外面赴宴回来。酒足饭饱，满面红光里透着三分醉意。柳娣伺候他更衣洗漱完毕，问道："大王若没有什么吩咐就请早些休息，奴婢回房去了。"

　　杨广坐在床榻边，借着灯光，他突然间发现今天晚上的柳娣是如此的俊美，显得那样的楚楚动人，不禁心中一阵激荡，就挥挥手说："不忙，不忙。天色还早，你坐在来陪我说说话就可以了。"

　　就这样，两个人便背着萧妃做出了苟且的事情。三天之后，萧妃回来了。她带回了母后赏赐的绸缎布帛，还送给了柳娣一段，作为她这几天劳苦之功的奖赏。萧妃与晋王依旧是那样的亲热甜蜜，根本没有异样的表现。

　　柳娣心中的一块石头终于落地你了。但是，她高兴得太早了。柳娣居然有了身孕，她的反应被细心的萧妃逼问了出来，萧妃听后，心痛欲绝，但是她却只能独自咽下这枚苦果。

第九章
天子亦有无奈之时　杨广早存帝王之心

　　江山一统，国富人衍，天下尽显多少年来鲜见的泰然平和景象。文帝杨坚终于可以喘歇一时了，他采纳了几位大臣的奏议，诏令修造一座离宫，作避暑休息之用。几位大臣说得不错，节俭极为必要，但是，身为泱泱中国之皇帝的气势排场还是不可或缺的，修造离宫便是其一。

　　文帝命术士章仇太翼为离宫选址。章仇太翼是颇得文帝信赖的术士，善于观天象、察地理、看风水，预卜凶吉宜忌诸事很是灵验。章仇太翼在几位宦臣的陪伴下奔波一月有余，将离宫的位置选在了渭水以北的岐山。

　　文帝在皇宫里看着章仇太翼标画的图址，又听了他一番绘声绘色的描述，自然喜不胜喜，遂赏赐了章仇太翼许多物件，章仇太翼谢恩退下。地址选好了，修造离宫的心情一下子急切起来。独孤皇后与文帝有着同样的心思，人在大殿深宫里待得时日长久了就会枯燥乏味，没了精神，还是得不时地有点新鲜的感觉才好。

　　独孤皇后问杨坚："陛下打算派谁监修离宫？"

　　杨坚说："朕正在思量此事呢。"又反问道："皇后以为谁可以担当此任？"

　　独孤皇后脱口而出："越国公杨素可以！"

　　杨坚一听就笑了，说："难怪文武群臣称朕与皇后为宫中二圣，你我商议之事往往不谋而合！"

　　"宫中二圣"的称谓在皇城内传扬已久了。独孤皇后出身鲜卑贵族，鲜卑王朝自古就有夫人干政的习俗。而文帝杨坚自知多亏鲜卑贵人提携恩宠才有了今天，因而对其旧习也颇为尊崇。朝中之事多与皇后商讨，甚至有许多旨意圣裁就直接出自独孤氏之口。

　　就这样，在严苛无情的监督逼迫之下，只用了一年多的时间，一片辉煌华丽的宫阙殿宇就在岐山中落成了。杨坚闻奏大喜，竟一刻也等不得了，立即传旨要与独孤皇后驾幸岐山离宫。

　　杨素没料到皇上这么快就要到来，一时有些慌乱。他并不是怕离宫哪

些地方修造得还不完善，让皇上挑出刺儿来，而是另有缘故。原来，修造离宫期间，病死、累死或被坍塌山石砸死的丁役数以千计。起初杨素还命将死者扔进石坑中填土埋掉了事。后来为了赶工期，埋也顾不得埋了，就扔在一旁。直到今日，还有许多尸体散落在山道两边和宫墙内外。杨素接到皇上即将驾幸的圣旨，即刻命部下将这些尸体堆积在离宫旁边的一道石沟里，挖坑掩埋怕是来不及了，便架起枯树干柴一把火焚之。一时间浓烟冲天而起，阵阵骨肉焦煳的气味弥漫了山谷。不过还好，总算在皇上驾临之前处置完了。

文帝杨坚与独孤皇后对新建的离宫非常满意，大加赞赏。

文帝亲自为离宫取名，叫作"仁寿宫"。

当晚，文帝与皇后就在仁寿宫住下。并赐宴犒赏杨素等修造仁寿宫的有功之臣，直至夜半。

文帝在仁寿宫住了几日，因牵挂朝政，便回到大兴皇宫。可是在执理朝政之余，却时时惦念着仁寿宫，他自己也说不清这座新建的宫殿到底有什么值得如此牵肠挂肚的地方。这样，他多则一个月，少则二十天便要与皇后幸临仁寿宫一回，住个三天五日再回来。可每次回到长安，又总感觉兴致未尽。他越加佩服章仇太翼慧眼独具，真的选到了一块世间少有的吉祥宝地。

如此过了半年。这天，朝中无事，文帝又与独孤皇后商议再去仁寿宫住上几日。可是皇后却说："这几日恐是有些着凉，浑身酸痛，懒散得很，一点也不想挪动。"

文帝叹了一声，觉得很扫兴。

善解人意的独孤皇后看出了文帝的心思，就说："妾身不适，陛下此次去仁寿宫，还望宽恕不便陪驾之罪。妾只望陛下在离宫好好休养，还要早些回京，不要耽误了国事。"

这就是说，虽然皇后我不能陪同，皇帝陛下可以自己去嘛。文帝真是高兴极了，也说了些请皇后多多保重的话，又命太医好好照料，随后便起驾往仁寿宫去了。

这仁寿宫建造得的确不同一般。整个格局依山傍势，曲回得体。看上去极似天公自然造化，又不乏人为的匠心独运。真乃天人合一的杰作。这片殿宇虽然没有皇宫的雄浑肃穆，却多了怡人的恬静温馨。如果说皇宫的气势是为了向外显示皇帝国家的尊严和威仪，那么仁寿宫的布局则是对内，也即更多地满足帝王内心平和宁静和愉悦欢畅。这些愉悦欢畅在威严的大殿上是看不到的，只有在这里，在这青石山道和椒房绣阁之间，在没有皇后体贴陪伴的时候才能释放得出来。

文帝想着，又来到一座殿前。正要拾级而上，忽然看见由殿内走出一位宫女。宫女见是皇上驾到，慌得忙向旁边一闪，双膝跪地，伏首迎驾。文帝问道："朕面前跪的是什么人呀？"

女子低着头，怯生生发出银铃般的声音："贱女尉迟氏不知陛下驾临，望皇上恕贱女不恭之罪！"

文帝听了这样悦耳的声音，更是心潮激荡，呵呵地笑着说："哎，既然不知朕要来，又何罪之有？不知者不怪嘛！起来，起来。"说着，竟弯腰将那宫女拉起，一同走进了临芳殿里。

此女正是蜀国公尉迟迥的孙女。文帝说："朕常来仁寿宫小住，怎么从来没有见过你？"

尉迟氏说："陛下所说就怪不得奴婢了。奴婢听说，皇上每次幸临仁寿宫，都是二圣并驾，因而从未到过后殿游幸。皇后娘娘早有懿旨，宫中婢女定要各值其位、恪守自职，不得于各殿之间胡乱走动。这样，皇上从未见过奴婢就不足为奇了！"

文帝欣喜地想。"哟，照你这么一说倒是朕有些过失了？你想不想侍奉朕一两日？"

这正是尉迟氏求之不得的事情，她一下跪在了文帝膝下，满口答应。

文帝留恋尉迟氏艳媚，在临芳殿一住就是四五天，才起驾回到长安。文帝返回皇宫双脚还未落稳，他这几日在仁寿宫的所为就已被独孤皇后知道了。原来，独孤皇后早在仁寿宫内安排了自己的心腹，不然她怎么会让文帝自己去那里呢。

独孤皇后听说文帝在仁寿宫跟一个贱奴厮混了好几天，不禁妒火中烧，气得两眼直冒金花。她最不能容忍的就是这种事情，文帝不是不知道，前殿后宫的侍从奴婢也不是不知道。既然都知道却还是出了这种事，明摆着是往自己眼里插棒槌，还了得！可恼的是，皇后是奈何不了皇帝的。但是皇后却可以给任何一个奴婢点厉害尝尝，以儆效尤。不然，长此下去还不反上天来！

第二天一早，独孤皇后仍然与文帝齐驾并辇，送皇上早朝。眼看着文帝进了大殿，她即刻吩咐返回后宫。迅速集合起二三十个强壮侍卫，各人都带了棍棒皮鞭，分乘凤辇快马，一路向仁寿宫奔驰而去。

仁寿宫临芳殿里，尉迟氏正坐在铜镜前欣赏看自己的容貌。尉迟氏在铜镜里看到的好像不是自己，而是自己倾心的一件珍宝。她在等着皇上，他说过他一定会再来的。等皇上再来的时候，她要把这件珍宝再次献给皇

上，让他尽情地品玩。若能赢得皇上将她永远收藏在身边，这珍宝就会身价倍增，更是价值连城了。

尉迟氏正在飘飘然回味着，怒气冲冲的皇后率一队人马杀气腾腾地闯进了殿里。尉迟氏心中发虚，知道事情不好，一下跪伏在地，黄着脸颤声说道："奴婢尉迟氏恭候……"

话没说完，独孤皇后便命令左右侍卫把尉迟氏围了起来，立时就见鞭扬棍落，噼噼啪啪一阵乱响，尉迟氏发出撕肝裂肺般的嚎叫，远远地传了出去，在仁寿宫苑中的殿宇之间回荡。

不一会儿，哭嚎声渐渐弱了，很快便没有了声啊。独孤皇后命侍卫住手，待侍卫们散到一旁，刚才那个美貌若仙的宫女没有了，地上只有皮开肉绽、血肉模糊的一堆，不时地一抽一搐地动弹着。

独孤皇后懿旨：仁寿宫内各殿的婕妤贵嫔、世妇婢女作队成行，依着顺序前来临芳殿，看一看以妖狐之媚迷乱皇上的下场。

文帝退朝出殿，听说皇后带着一拨打手去了仁寿宫，即命侍卫备好快马，直奔岐山。

文帝进殿来就看到了蜷缩在地上已断了气的尉迟氏，立时怒目圆睁，直盯盯地瞪着，又看看那一班早吓得趴在地上的侍卫，竟说不出一句话来。憋了半天，只见他仰起脖子，向着大殿穹顶"啊——"地大吼了一声，急促转身跨出临芳殿去。

皇后奔到门口，又不敢远追，望着文帝背影叫道："陛下，即使妾身有过，你也不必为一个贱奴气坏了身体呀！"

独孤皇后真的慌了手脚，她万没料到会闹出这样的结果。她一面派一个内侍远远尾随着皇上，看他能去哪里。一面命几个侍卫赶紧将尉迟氏的尸首拖出去掩埋。自己却在殿中团团乱转，想不出下一步该怎么办才好。

这时，尾随文帝的内侍跑来急报："皇上夺了一名侍卫的快马，独自一个飞奔出了仁寿宫，不知到哪里去了！"

独孤皇后只觉眼前发黑，一下跌坐在椅子上，眼看着天上那个被自己戳破的窟窿，就是不知道如何补救。

这时候，高颎、杨素等几位大臣领一队人马赶到了。他们退朝刚刚回府，就听说皇上没有事先吩咐，突然率一队人马急奔仁寿宫，不知有何祸福凶吉，便集结人马匆匆赶来。

听独孤皇后讲了前后经过，高颎说："天要黑了，当务之急是先找到皇上，劝驾回宫。其余之事待陛下回来再说！"

于是，所有骑马侍卫统统出宫，分几路去寻找文帝。高颎、杨素领着一队人马沿着崎岖小路直奔了岐山深处。他们二人与文帝一样驰骋疆场多年，知道那些东征西讨、出生入死的人的脾性：遇有愤懑忧郁而又不便发泄的事情，都愿独自找一处阴深险要的地方走走。

阴幽的小路把高颎他们引到了岐山深处。天黑了，从仁寿宫到这里，少说也走了三十多里的路程。山风穿谷的啸叫伴着马蹄哒哒，除此之外听不到别的响动。

忽然，高颎发现前面几十步开外，暮色朦胧之处好似有一个人骑在马上缓缓地在原地转着圈儿，高颎心中一紧，抬起马鞭指着对杨素说："你看！"与此同时杨素也看见了，两人猛夹一下马肚，迅速赶了上去。

那个骑在马上的人果然是文帝。

高颎、杨素二人赶到近前，同时喊了一声："陛下！"便翻身下马，手挽丝缰，双膝跪在地下。

文帝见是二位老臣赶来，似有万千感慨地长长叹了一声跳下马来，说："天都黑了，又劳二位爱卿跑到这深山里来，让朕不知该说什么是好啊！"

杨素激动地叫道："陛下，你可真把我们几位老臣惊吓得不轻呀！皇上乃天下至尊，无论有什么事也不应没有銮驾护拥，而一人单骑轻身外出。万一有什么闪失，让老臣怎样向朝中群臣和天下百姓交代呀！"

文帝见二位老臣为了寻找自己在夜幕中赶了几十里山路，先是紧张惊恐，相见之后又如释重负，忠心、诚心可鉴已使文帝感动不已。这时又听了杨素的一番话，感动之中又多了几分惭愧，就上前一步弯下腰，一手拉杨素，一手拉高颎，说："二卿请起。朕独自跑到这里，也是一时愤懑至极、郁闷至极而又不便发泄所致。想必你们也知道。"

高颎躬身说道："陛下，依微臣愚见，陛下因一时不快而发些牢骚倒也情有可原。然而若真有避入乡野的念头就大错特错了！试想陛下多少年来铁马金戈驰骋疆场，焦心劳思理于朝政，才有了大隋基业、江山一统。如今天下安定，百姓乐业，国家蒸蒸日上，陛下更当励精图治，以期大业千秋才是。万不可与一个妇道人家一般见识而看轻了天下重任。愿陛下三思！"

其实，文帝刚才的那番话也只是宣泄心中的郁闷而已，把牢骚发泄出来，心中也就痛快了些。身为帝王，他何尝不懂得高颎所说的道理？他心里更觉羞愧，又低头不语了。

这时杨素又劝奏道："陛下，天色已晚，深山荒野不是皇上可以流连的地方。愿陛下自重！"

随来的兵士又一起跪在地上，齐声喊道："请陛下驾返仁寿宫！"

第九章 天子亦有无奈之时 杨广早存帝王之心

文帝看到这般情景，心里明白也该借梯下楼了，于是下令返回仁寿宫。

独孤皇后心中一块石头落了地。原来，皇上除了发泄一通牢骚之外，根本没说要处置皇后，这就平安无事了。她猜想此刻皇上正在喝茶小憩，就命一名侍从立即去正殿候着，听得皇上传膳的时候马上来报，那时再去皇上的身旁，亲自给他端酒夹菜，借着热乎乎的酒劲儿，说上一阵热乎乎的话，一切就算是过去了。

万事大吉了，独孤皇后却发现自己心口又堵上了一块石头：听说高颎在劝驾时竟劝皇上不要与一个妇道人家一般见识！好个高颎，你依仗自己是周室老臣，与我父亲相交甚厚，今天竟连我皇后娘娘也不放在眼里！总有一天会让你亲自尝尝我的厉害！

时光犹如滔滔东逝的长江之水，在眼前一闪而过。不知不觉中，晋王杨广来到广陵在扬州总管任上度过了近十年的光景。十年里，他走过了自己的青年时期，三十岁了，开始步入人生中的而立之年。十年里，他由一个血气方刚、勇武敢闯的藩王，成为一位更有心智、更加练达、更具声威的朝廷重臣。随着岁月的流逝，杨广觉得，从并州到扬州，不仅仅是父皇委以重任的结果，也是命运历程的必然。自己并不适宜生活在粗犷冷峻的黄土高原，而更应该融入脚下这片有川流、有泽水，既清秀纤细，又和煦温柔的土地。他喜欢这里，是因为这里的山川原野、人情风物迎合了他的性格，也最能体现他的性格，两者之间几乎不存在谁适应谁的问题，而是直接相融在一起的。再说萧妃原本就是南国淑女，能来扬州生活更是欢天喜地、求之不得的事。还有那个柳娣，是打胎不几天便随他一起赴任扬州的，一路上颠簸劳顿，到广陵时身体已虚弱得不行。

然而没过几天，就养得面若桃花，楚楚动人，比在并州时更漂亮了。这些年，柳娣名义上依然是晋王府上的婢女，实际上却是杨广的小姜。柳娣一直坚守着自己的主见，无论萧妃怎样劝说，也绝不要那个名副其实的王姬身份。萧妃从未因为柳娣与晋王的那些事情对她忌妒怨恨丝毫，表面上当然是主仆，私下里却胜似姐妹。这使得杨广更加高兴畅快，他觉得只有南国女子才能如此宽宏怀柔。他认为这也是南国水土给自己的恩惠，他越加感激和留恋这片水乡泽国。若是父皇允许，他真要在这里住上一辈子。

就在这时候，杨广听到了最近在皇宫发生的几件事，确切地说是有关皇太子的几件事，这让他在一瞬间就打消了久居南国的念头，他看到自己的宏图大业当然是在北方，在长安，在森严而辉煌的皇城里面。

这些关于皇太子的消息是扬州总管掾张衡由京城里带回来的。

在总管府的众多属宫里，杨广唯对张衡甚为信任。张衡幼怀志向，才思敏捷。他十五岁入太学受业，其研精覃思一直为同辈推崇。开皇初年，被文帝拜为司门侍郎。杨广出藩并州时，张衡即拜为并州总管掾，后来又随杨广来到广陵，成了扬州总管掾。许多年来一直跟随着杨广，既是晋王的属官，更是他的密友。

杨广在调任扬州总管的时候，父皇文帝曾有旨意，允许他每年只回京朝见一次。这样一来可以让他专心做好扬州任上的事情，二来又免去了有事必朝的千里迢迢的劳顿之苦。杨广对父皇的用心和关爱甚为感激。但作为崇尚仁孝的晋王，每逢重要节令和岁末年终，他都要派官员带上许多南国的丝绸珍宝及名贵特产，进京去问候一下父皇母后和文武重臣。而每每担此重任的官员就是总管掾张衡。

眼下是开皇十八年的年末，张衡又一次为晋王完成了进京朝贡皇上皇后和文武重臣的使命，回到了广陵。

以往张衡自京城回到扬州总管府上复命时，总是与晋王先说一些皇上皇后的身体起居以及文武大臣收到礼物后对晋王感谢赞扬之类的事。而这一回见到晋王，行礼问安之后，张衡却选了一个新话题，他说："大王，依下官之见，大王应尽快准备，去京师朝见皇上、皇后。"

"哦？"杨广心下诧异。他没想到张衡会开门见山地说到朝见一事，因为他每年进京朝见都是在五六月间的暮春初夏时节。那时候北方的严冬已经过去，而炎夏的酷暑和秋天的大风尚为遥远，是最适宜北上的时候。这已成惯例，张衡更该知道。杨广问道："总管掾此次进京，莫不是听到了什么于本王不利的消息？"

张衡微微一笑："正好相反。大王，这次下官进京，所听到的都是对您有利的消息。"

"噢，真的吗？总管掾都听到了些什么事情？"

张衡收敛了笑意，压低了声音说："朝中文武都纷纷传言，皇上对皇太子已经失去了宠信。甚至有人猜测陛下正在思谋着另立……"

杨广摆摆手，止住了张衡后面的话，说："事关传承大隋基业，你我都不可胡猜乱说。"

张衡自知言语有失，低头称是。

"不过，"杨广又说，"凡事无风不起浪，你听到的那些纷纷扬扬的传言，一定是由什么事情引起的吧？"

"正是，"张衡答道。接着，他向杨广讲述了这么一件事。

一年之中，冬至也算是个大节令。按惯例，每逢冬至，朝中百官都要入宫朝见皇上，进献贺礼。今年的冬至，文武百官朝贺之后，又结队去了

太子宫。皇太子杨勇身着礼服，大陈乐队，在东宫外热热闹闹地迎接百官，仪式非常隆重。

这事传到文帝那里，龙颜大为不悦。第二天早朝，文帝面对群臣正色问道："昨日冬至节，朕听说百官相率朝见东宫，不知道这是遵循的哪朝规制礼仪？"

殿下一时无人应答。少顷，尚书左仆射高颍出列奏道："陛下，百官去东宫应为祝贺，不该用朝见一词。"

"是吗？"文帝冷冷地反问，心中不免有些反感。他认为殿下群臣之中无论是谁出来替杨勇说话都情有可原，而唯有你高颍不该出头。高颍的儿子已娶了太子的女儿，两人成了亲家。看来高颍是自恃功高权重，连这些嫌疑都不顾忌了。文帝想，既然你无所顾忌，朕也就不给你留面子了。就说："既然是节日祝贺，按常理应该是三人五人，至多十个八个地相随同行，而且是你来我往，随便哪个时辰都可以的。为什么百官同时集合起来作队同去？是有人征召，还是巧合？为什么太子还身穿礼服，鼓乐喧天地迎接百官？这又是哪朝哪国的礼制？"

皇上一连串地发问，殿下群臣鸦雀无声。

文帝故意停顿了一会儿，观察了一下殿内群臣面色，一个个都诚惶诚恐的模样，高颍也耷拉下了眼皮。于是，他提高了嗓音，大声说道："自古以来，朝纲礼制等级森严，上下内外有别，君王臣属才不致混淆。

太子勇虽然终将继承大位，而眼下仍是朕的臣子。正冬节令，文武百官另行朝贺东宫，不合朝廷典章制度，应当立即停断。此后若有违者，一律按谋反问罪。那时候，朕就不管他与太子有何关系了。"

群臣听的明白，这最后一句显然是在敲打高颍。接着，文帝又说："当然，擅以礼乐迎接百官是太子之过，朕自然不免追问教训的……"

听了张衡的讲述，杨广沉吟了一阵，心中暗暗思忖：依父皇的脾气来看，对太子已不是有些不信任，而是心中早有猜忌了。他自思自叹着说："唉，单就这件事而论，太子做得是有点过分了，也会对他人不利，比如高颍……"

"大王说得极是，"张衡接过话头，"礼乐受贺一事过了没几天，陛下传旨挑选宗卫侍官充实皇宫禁卫，一下子从东宫宿卫中选走了一批精悍校尉。"高颍马上奏称："若皇宫尽选取强者，恐怕会使东宫宿卫力量太弱了。"陛下一听很是恼火，说："朕随时行动，宿卫必须雄毅。太子毓德东宫，左右何须强武？"几句话便把尚书左仆射呛得额头冒汗，垂头丧气地退了出去。这怎能不让人猜疑是太子与高颍大人串通一气呢？

杨广一拍大腿，说："嗨，这个高颎，怎么这样不看眼色。他果真以为功高可以镇主吗？哎……总管掾，刚才说的这些事，与你先前提到的要本王进京朝见又有什么关系？"

张衡呵呵地笑了，说："大王一世聪颖，不会想不到吧。还非得由下官之口说出来不可？"

杨广似懂非懂地摇了摇头。

"大王，以下官之见，若皇帝陛下真在思谋废立之事，那最有望立为太子的就是——"张衡说着，伸出右手的食指来指了指杨广。

杨广慌忙伸手将他的手指按下，说："太子废立是国家大事，只有父皇可以言说，你我不可猜测。"

张衡说："这些道理下官都明白。不过，大王，人一生之中要成就几件大事，就要有成大事的时机。时机到了眼前，即刻伸手抓住，事就成了。若稍有疏忽犹豫，时机错过了，就会一去不复返。下官觉得，眼下正是该大王伸手去抓一抓、试一试的时候。"

杨广觉得，张衡说出的每一句话，每一个字，都好像火镰敲击火石迸发出的一簇簇火星直射自己心胸。心胸里好似藏有一堆干柴，哪怕有一颗火星溅上去，定会燃起一蓬烈火。杨广知道，这烈火一旦熊熊燃起，是会烧塌苍穹的。所以他一直在躲闪着，他不知道自己为什么要躲闪，或许这是人的一种本能。

他对张衡说："今天咱们两个说的话，你绝不要再跟任何人提起！"

张衡点点头，说："大王尽管放心。下官跟随大王多年，该说什么、该做什么自己心里有数。"

张衡心中的确有数，因为他看到晋王已经动心了。

这一夜，杨广辗转反侧，大睁着两眼没有丝毫睡意，心中似有一股激流在奔腾汹涌。他分明地感觉到，那堆干柴已经被点燃了。

"爱妃，你想不想做皇后？"萧妃就像被人兜头浇了一瓢凉水，浑身猛地一颤，脸色都灰青了，张口结舌地说："大、大王，你……"

杨广见她这副模样高兴地大笑起来，又展开披在身上的锦被，将她裹进来，说："刚才还说没有吓倒你的事。看，只有一句话就把你惊得这副样子！"

萧妃难为情地说："真没想到大王会拿这样的话跟妾开玩笑。"

"不是跟你开玩笑，"杨广压低声音，一本正经地说，"这一夜我都在想，怎样才能让你做皇后。"

萧妃一下子从杨广的怀里挣脱出来："那、那么，大王是想……"

"不错，我想做皇帝，继承父皇的大业！"

"那皇太子……"

"当然，我得先被立为太子，才能继承皇位。"

"不、不是。我是说，父皇陛下早已立杨勇为皇太子多年了！"

"凡事都不是不可以变的，所以，今晚我一直在想——"

杨广对萧妃讲了张衡在京城里听到的事情，以及要他进京朝见父皇的想法。

"我觉得张衡说的有道理，应该去京城里看看，"杨广说，"当然，事关天下安危，父皇即使有些什么想法，时机不到也是不会轻易表露的。不过，我觉得总可以从母后那里或多或少地听到些消息，探得点风声。父皇母后号称宫中二圣，有什么大事总是一起商议，拿出决断。再说，父皇能对朝中群臣严责太子的过失，极有可能还是受了母后的感染。"

萧妃听了这番话，情绪稍稍有了点稳定，她轻轻地说："妾虽然也生在帝王之家，却自幼生长在乡野民间，见识短浅，更无城府，是一个不谙世事的妇道人家。幸得天降洪福跟随了大王，长了许多见识，享受起了荣华富贵，夫妻之间也恩爱甜美。妾原想，此生能得到这般境遇就非常满足了。大王，这些年来，你做过的事情，无论是对是错，妾从未阻拦干预过。今天这事我也不想多说，只想提醒大王，此事非同小可，稍有不慎定会招来杀身大祸，所以，一定要小心行事，万万不可轻易将自己的心思流露出来。"

杨广心中很是感动，拉过萧妃的手抚摸着说："凡要做大事，都得冒风险的。我也仔细想过，依我晋王才干的威望和对国家建立的功勋，都不在皇太子之下，按说继承帝位的应该是我，朝中文武也不会有异议。可为什么我只是晋王而不是太子呢？就因为我是父皇的次子而不是长子。这多么不公平啊！这种因袭了多少年的不看才干功业而传立宗室的陈章旧制，难道就不可以改一改吗？"

说着，杨广又激动起来，手都有些颤抖。但他马上意识到了，这样更会增加萧妃心中的不安，于是他又笑了笑，说："不过爱妃尽管放心，我要做就会做到成功。眼下还不到冒险去做的时候。此次进京，我只是先试探一下父皇母后对太子的态度而已。"

萧妃喃喃地问道："不去试探，行吗？"

杨广坚定地摇了摇头。

"唉！妾真的弄不明白，天下人为什么都喜欢那个皇位，都想得到那个皇位呢？"

"因为，得了皇位，天下就是自己的了。有了自己的天下，才能去做一切自己想做的事！"

对丈夫的回答，萧妃似懂非懂，只是在心里想：除了做皇帝，你现在还有什么想做而做不到的事吗？

第九章　天子亦有无奈之时　杨广早存帝王之心

第十章
皇太子自建庶人村　晋王使计挑拨事端

东宫里的皇太子杨勇感觉到有一团不祥之气渐渐朝自己进逼过来。

说起来，他真像一头撞到了扫帚星，倒霉透了。

先是因为冬至礼乐受贺一事，被父皇召去挨了一顿斥责。听父皇的话音，他的过错并非坏了朝廷礼制，而分明是暗藏僭越之心。这哪里是过错，简直就是十恶不赦的大罪一条！

接着便是父皇传旨选调东宫精干强武充实皇宫宿卫，高颎老头几次出面劝阻反被父皇骂了出来。很快就有人说是太子怂恿高颎出头。这本是子虚乌有，可高颎做事太欠思量。你与太子是儿女亲家，能怪得人家往那阴暗的地方去想？

这事儿刚刚平息，太子妃又暴病而亡。真是祸不单行！杨勇从开始就不喜欢这位母后为他挑选的妃子，因而太子妃的死也没使他觉得有多大伤痛。事情也就坏在这上边。宫外议论纷纷，说太子妃死得蹊跷，怕是另有原因。这些猜疑的话肯定也传到了母后耳朵里，因为杨勇明显地感到了母后对自己的疏远和冷漠。母后一直就对太子不宠原配、专幸姬妾的行为厌恶，甚至记恨，这一回太子怕是跳进黄河洗不清了。

太子妃的丧事刚过，高颎老头儿不知怎的就被父皇罢免了所有官职，仅留下一个齐国公的爵位就将他打发回了老家。杨勇不由得更是心惊，被这一桩桩、一件件挠头的事搅得心烦意乱，理不出个头绪，吃饭不香，睡觉不宁。

到底还是云昭训想出了个好主意，她说："听说有个叫王辅贤的人善于天象占候，不如就请他来占卜一下，或许能得个化解的办法。"

杨勇一听，脸面才略略舒展了一点，忙说："快去请那个王辅贤来！"

王辅贤来了。他抬头看了看天，低头瞧了瞧地，又在东宫里转了一遭，回到太子寝殿，与杨勇对面坐下，说："白虹贯穿东宫之门，太白袭月，不吉。"

杨勇忙问："不吉是指何种事物？"

"是指皇太子有废退之象！"

杨勇呼地站起来，脸色铁青。他倒背双手在屋里来回踱步，渐渐缓释了一点心中的气愤，向王辅贤问道："既是天象如此，还有什么化解的办法吗？"

王辅贤平静地说："当然有化解之法，要想保住太子之位，必先不做太子。"

"什么！"杨勇一步抢到王辅贤面前，"你，你是说让我……"

王辅贤抬起右臂，轻轻挡开了眼前的那只手，说："太子息怒，请坐下听我把话说完。"

"太子之位，一人之下万人之上。身为太子，居在高处，又遭遇了许多不利之事，就感到了岌岌之危。如果太子是在平野之地，与百姓庶人一样，就不会有这种感觉了。草民的意思是：既然心魂已为太子，形体就不要再作太子之态，要将自身放到低处，与庶人一般。看上去内外不一，这才是化解厄运的好办法。"

杨勇频频点头，问道："请讲得详细一些。"

王辅贤说："刚才在宫中走了一遭，见后园空旷，太子应在那里建几间茅草房屋，当然要与穷苦百姓家的居所一样，低矮简陋为好。太子要时常住在茅舍之中，穿布衣，睡草褥，一日三餐粗茶淡饭。遇事切忌动怒，为人不可有妄语狂言。长此下去，太子的心绪就会平静，种种危险自然也就化为乌有了。"

于是，杨勇立即传令在东宫后园修建三间低矮简陋的茅草房。在建房的头一天，他还亲自在后园里与工役一道抬木料，抱茅草，实实在在地干了一个时辰，弄了一个灰头土脸，汗流浃背，惹得云昭训哈哈大笑。

草房建好了，杨勇亲自找来一块木板，亲笔写上了三个字："庶人村"，然后又亲手将这块木板钉在草房前的一棵老槐树上。

文帝听说东宫后园里添了一座"庶人村"，不知太子又在搞些什么名堂，放心不下，便召来了尚书右仆射杨素，派他前去一探究竟。

文帝愤愤地说："爱卿，朕要你近日内去一次东宫，见一见太子，看他在做些什么，听他会讲些什么。当然，不要问得太多。"

皇太子杨勇觉得这庶人村果然灵验。住进茅草房不几天，他的心情居然真的转好了。粗茶淡饭也那么香甜可口，因而食量也增加了很多。他对云昭训说："原来那寻常百姓家的饭食也很好嘛！"殊不知，他吃的粗茶淡饭比起东宫里的山珍海味是粗淡了不少，要是拿到百姓家中，那是过大年也吃不到的。

一日三餐吃得饱，到了夜晚睡得香，尤其是好长时间父皇母后那边没挑刺找茬再训斥他，使杨勇很快便恢复了先前那种皇太子应有的精气神。

闲来无事，他就跟云昭训在庶人村里说笑玩闹。茅屋里有一盘宽大的土炕，虽说铺的是草褥草席，但厚厚的一层也很喧软。两个人笑闹到兴奋之处就会抱作一团，在土炕上翻来滚去，反正穿的是布衣，也不怕粗糙的草席钩挂磨损。笑够了，闹累了，就传宫中那班乐队歌女来弹唱几曲。杨勇兴致很高，他觉得在低矮简陋的茅舍里，听那些穿着华丽、妖艳多姿的美女弹唱《阳春白雪》，真是别有一种滋味！

歌声婉转，美乐绕梁，这会儿的皇太子正处在高涨的兴致当中，与云昭训一块儿拍着手掌，和着歌女轻声唱起来。一名内侍进来禀报，打断了这美妙的歌声：尚书右仆射杨素大人到了东宫门外，等候拜见皇太子。

杨勇在前殿端坐了半天，仍不见杨素进来，他啪地一拍桌子，大声喝道："岂有此理！你去告诉他，没工夫见他，让他回去！"

说正在这时，就见杨素一步跨进大殿。边施礼边高声说道："尚书右仆射杨素拜见皇太子！"

杨勇见杨素不早不晚恰在此时进来，心中火冒三丈，冷冷地说："皇太子杨勇刚要亲自出宫去迎接右仆射大人，没想到杨大人自己来了！"

"不敢，"杨素躬身回答，"老臣奉旨探望东宫，岂敢劳太子亲自迎接！"

杨勇见他那不阴不阳的表情，听他那不冷不热的话语，实在忍不住了，恨恨地说："不要以为父皇斥责了我几句，你就不把我这个太子放在眼里，回去告诉你们那班朋党，不要过于猖狂。有朝一日，我先从仆射以下杀他三五个，让你们看看怠慢皇太子的结果！"

杨勇说罢，没等杨素告辞，就气冲冲走出大殿，将杨素一个人撇在了那里。

杨素回到皇宫，向文帝奏报了面见太子的情景"陛下，从太子的言语表情来看，已是耿耿于怀，怨恨极深。积羽沉舟，群轻折轴，长此下去很难说会生出什么样的变故。微臣提请陛下还当深察谨防才是。"

听了这番话，文帝沉沉地吁了口气，一句话都没有说，面目表情是那么的严肃而凝重。

再说，杨广从扬州来到京城之后，先去皇宫向父皇行朝见之礼。然后就是在几位重臣面前向父皇奏报自己一年来治理扬州的政绩，军、政、农、商自然要面面俱到。

晚上，文帝杨坚与独孤皇后在后宫赐宴晋王，而且没有一位王公大臣作陪，摆满了美酒佳肴的餐桌旁，只坐了父亲、母亲和他们的二儿子三个人。

杨广端起酒杯，分别向父皇、母后恭敬地敬过了酒，然后说道："父皇母后终日为天下辛苦操劳，才有今天我大隋的国泰民安。国家甚幸，百姓有福。不过儿臣以为，父皇母后的安康长寿，才是国家百姓的最大幸福。儿臣恳请父皇母后要千万保重身体。"

杨广的这些话，让文帝十分感动。他微笑着，看着已经成熟老练起来的儿子，说："阿��一片仁孝之心难能可贵呀！放心，朕与皇后自然会多加珍重的。不过，自古生老病死全在天数，是不可人为的。但是，永保江山社稷长盛不衰却不尽在天道，而是人意大有作为的！"

杨广听着，赞同地颔首微笑，说："父皇说的极有道理。然而，天下任重，国家道远，全由父皇母后担承，长此下去难免劳损身心。儿臣的意思是，父皇母后无须事必躬亲，可让太子多分担一些……

"哼！"独孤皇后打断了杨广的话，"地伐？他……"

"阿��，"文帝放下手中的酒杯，和蔼地说，"这些年你在扬州为政一方，上至州县官吏，下到平民百姓，对你的德能才干无不称道啊！"

"父皇过奖了。扬州所辖州县原本就是国中富庶繁华之地，这几年风调雨顺，商旅畅通，更显得诸业蓬勃向荣。说到根本，这都是父皇圣恩浩荡，佑护天下政通人和的结果。国家大业隆盛，地方才能随之兴旺。这些年来，无论是在并州还是扬州，儿臣时时谨记父皇教诲，凡事无不以克勤克俭、体恤百姓的圣训为指导，从中受益匪浅！至于儿臣本身哪里有什么德能才干，不过是属官的夸张而已。"

对于杨广的谦虚谨慎，文帝非常欣赏，因而更加喜形于色，说道："朕以为并不尽然。若说下官难免有虚夸的赞颂之辞，那智顗禅师的奏表却是真情实言的。"

智顗是江南天台山天台寺的禅师，也是南宗禅的始创者和著名领袖，与杨广私交甚深。

文帝对于佛学禅宗极为推崇，也非常愿意与人切磋议论。

而杨广对佛教的推崇，当然缘起于父皇。他上任扬州总管不久，就在广陵的大召寺设下"行僧斋"，隆重地接受了"菩萨戒"。为他受戒的戒师便是专程从天台寺请来的智顗禅师。受戒之后，智顗给杨广一个法号：总持菩萨。总持菩萨是指那些修行到家、功德圆满的菩萨。在佛门，这不光是一个法号，更是一项了不起的荣誉。

自此杨广与智顗不断有书信往来，讨论佛学经典，交流各自参禅悟道

的体会。对佛门有利的事，杨广更觉得义不容辞。智𫖮曾先后请他做庐山东林寺、峰顶寺和荆州玉泉寺的主持，他都欣然接受。而且还将智𫖮修建玉泉寺的事上奏父皇。文帝亲书"玉泉"寺额赐予智𫖮。由此智𫖮又与皇上搭上了联系。每逢节令，他都差遣僧人进京朝贡。文帝宫中的一卷《玉泉伽蓝图》就是智𫖮送上的。智𫖮还常有奏书报来，刚才文帝对杨广提到奏书，便是不久前刚刚报送来的，而且还是专为颂扬杨广在扬州的政绩而写的。

文帝对智𫖮所言笃信不移，他也更相信做扬州总管的阿𪉟不会辜负自己，兴致所至，使他一边喝酒，一边将智𫖮的奏书对杨广背诵了几句："茂绩振于山西，英声驰于江左；管淮海之地，化愚钝之民；今太平之世，路不拾遗……"

听着文帝的背诵，独孤皇后自豪地笑了。或许是喝了几杯酒的缘故，她笑得那么光鲜灿烂，神采飞扬。她笑着对杨广说："阿𪉟，记住你父皇的话，江山社稷长盛不衰尽在人为，咱大隋天下还得指望着你哩！"

杨广觉得，母后对自己说的那些话，与其说是鼓励，不如说是一种暗示。鼓励是明摆着的，要自己以一贯之，尽心竭力，恪于职守，让江山社稷长盛不衰，做一个不负朝廷，又深得百姓拥戴的好王好官。那么暗示呢？母后在暗示什么？就得全凭自己揣摩了。

杨广信奉南宗禅，他觉得自己此时正在参悟禅机。这些天来，他一直忘不了那一桌家宴和家宴上父皇母后的言语表情，他似乎看到了一点什么，却又拿不准，抓不住。一定要谨慎小心行事，要不然，就算父皇不降罪自己，也会贻人笑柄。

杨广在京城的半个多月里，各种名目的宴请应酬天天不断，不外乎都是王公大臣皇亲国戚的邀请，场面当然个个都安排得非常热烈喜庆，推杯换盏之间处处洋溢着对晋王昨日功绩和未来前程的赞美之词。

所有这些场面，杨广都是盛情难却，应邀而去的，是实实在在的应酬。而在频繁的各种应酬的间歇之中，他还不辞疲惫，主动地去拜访了两个人。一个是尚书右仆射杨素，另一个便是自己的大哥，皇太子杨勇。

尽管杨素是深得皇上信赖、在朝中位高权重的老臣，而对晋王亲自登门造访仍有着按捺不住的受宠若惊的激动。杨广呵呵地笑了，说："越国公，这会儿刚交辰时三刻，摆酒上菜不是早了些吗？"

杨素也哈哈大笑着说："难得与晋王一聚，老夫今日高兴得很哩！今日一个老臣，一个大王，咱来个开怀畅饮、慢慢叙谈，管它什么时辰不时辰呢！"

这也正是杨广希望的气氛和效果。

杨素的高兴与激动是发自心底的，这其中有着浓重的感恩戴德的成分。他是朝廷重臣不假，对国家有功也是事实，但皇上待这位老臣也的确不薄。江南平陈之后，文帝登广阳门论功行赏，给晋王杨广记了头功，这是任谁都无可非议的，他是行军大元帅，平陈之役的总指挥。而次功便记到了杨素头上，由此加官晋爵，由清河郡公晋封为越国公，官职擢升尚书右仆射。连他的儿子也封为清河郡公，拜仪同三司。

让杨素高兴非常的原因还有，晋王能主动登门拜访自己。他似乎在等待着这一时刻，所以就没有像其他公臣一样下帖子去请晋王。他觉得晋王应该来，他也一定会来的。果然，晋王来了。

杨素谈笑的兴致伴着心情的畅快而更加高涨。酒菜刚刚摆上来，他便忙不迭地与杨广连干了三杯，随后话匣子立即大开，热情洋溢、激昂亢奋的话语如滔滔江河奔泻而出。从文帝陛下当年创业时的艰险机智，到今日隋朝天下的昌达兴盛；从皇上皇后这宫中二圣治下有方、政治清明，到社稷百姓安居乐业、祥和安宁，其间还不时穿插着与秦皇汉武宏伟霸业的比拟，和北疆边陲突厥、匈奴诸族部落驯顺臣服的对照。还更多地回忆了那场奠定江山一统、国运昌达的江南平陈之战，以及陈后主荒庸误国的教训。

坛子里的酒越喝越少，嘴上的话越说越多，谈古论今，滔滔不绝。杨广只是随和着，越来越少有让他插进嘴去的机会。杨素说了这么多，却没有几句是杨广原本希望听到的话。因为杨素的话题虽然宽泛，但几乎都不去涉及眼下的朝政、宫中的轶闻，尤其没有谈及皇上皇后与太子的事情。杨广曾有两次漫不经心似的提起过这样的话头，都被杨素似乎无意识地岔开了，没有接续下去。杨广不由地暗暗钦佩，这老臣果然是一个久在宫中陪伴君王的角色，看上去十分豪放豁达，言语没遮没拦的，实际上却谨慎得很，稳健得很，既滴水不漏，又绝少那些奸诈圆滑，就像在太乙真人的炉里炼过一样。杨广知道，像杨素这样的人，一旦与他交了心，起用他做点什么事情，他的计谋和手段会更加果断老辣。

不过眼下杨素这些滔滔不绝又不着边际的话语，让杨广听得累了、乏了，那种疲惫的感觉又袭上心头，使他满脸倦容，喝酒的兴趣也没了。看看天色早已过午，便起身告辞。

杨广在东宫里拜见皇太子杨勇时的情景，与在杨素府上受到的待遇形成了鲜明的对比和强烈的反差。

在此之前，杨广也听说了太子在东宫里搞了个什么庶人村，但他也是一直没弄明白太子常常如普通百姓一样身穿布衣住在庶人村里的真实目的，

所以他更想亲眼见识一番那庶人村的情形。尽管如此，当他来到东宫时，对太子杨勇竟是在庶人村的草房里接待他这位官居扬州总管的晋王，还是颇有些意外。

杨广环顾着这几间草房的结构与室内的陈设，脸上还是隐藏不住地流露出一丝丝惊异和困惑。他见过许多这样的房舍。不论在江南还是江北，那些有着五七亩薄田和一头耕牛的农户的家居，大都是这样的草房。不同的是，那些草房都盖在原野山坡上，而这座庶人村却是建在东宫那一片巍峨华丽的殿宇之中，就更显出了几分神秘及其主人的莫测用心。

皇太子杨勇先让杨广将这庶人村由外至里看了个遍，看了个够。他觉察到了杨广的惊异和不解，但他却没有任何的解释，不论是言语的还是表情的。只要杨广不发问，太子也不说话。这倒真有些亲兄弟的感觉了，相互之间随随便便的。

里里外外都看过了，太子请晋王在屋里北窗下的一张小方桌旁坐下，自己则盘腿在大土炕上与晋王相对而坐。下人端上两杯茶，一杯给晋王，放在了小方桌上，一杯给太子，搁在了那张尺余高的小炕桌上。一切都是那么平静的，淡淡的，不像在杨素府上或在别的王公大臣家里那样，没有久别后重逢的热烈激动，更没有相互间过分的寒暄恭维，甚至肉麻的吹捧。就是兄弟两个见面，而且是两个朝夕相处、相知相亲的兄弟。

杨广端起茶水浅浅地呷了一口，放下茶杯，抬头看着太子。见面之后尽顾着参观庶人村了，还没来得及仔细地端详端详太子呢。杨广看到，太子的面目气色真是好看得多了。白白的脸庞泛着淡淡的红光，双目炯炯有神，散发着光亮。这好看的气色不仅仅是一种色彩，而且还含着一股亲善和蔼的气息。没有皇太子的那副清高孤傲和盛气凌人的架势，而在杨广的记忆里，太子的清高孤傲和盛气凌人是随时可见的，因此而遭到朝中官宦的不少非议。可是今天，杨广凭自己的直觉感到，面前的这位太子可能不是自己熟悉的那位太子了。

杨广端详着太子，太子也看着杨广，一直是那么和善地微笑着。最终还是杨广先开口叫道："太子……"

话刚出口，就被太子用一个极为果断利落的手势打断了，他说："二弟，何必呢！自家亲兄弟，又不是在朝中殿下，还用得着这些规矩了吗？我不称你晋王，你也别叫我太子，咱俩就跟人家别的亲兄弟一样说说话，行吗？"

这番话让杨广很感动。他断定这位身穿布衣的大哥已不是原来的皇太子了。他深情地点点头，同意了大哥的建议，说："大哥，一年多没见，真是想念啊。今天见大哥气色身体都这样好，小弟我心里太高兴了！"

说出这样的话杨广自己也觉得有些奇怪，不以太子、晋王相称，自己的言语反倒虚了起来。说实话，在扬州这些年，除了父皇和母后，他似乎并没有真真切切地想念过谁。

而杨勇并没有探究弟弟的话语里有多少真情或是虚伪，说："多谢二弟的挂念。这一阵子，我自己也觉得身体比以往强健有力舒展得多了。二弟，不知你有没有这样的感觉，身体的好坏，全靠心情来调理呢！"

"哦？"杨广问道，"这样说来，大哥的好身体、好心情都得益于这布衣草房了？"

杨勇笑着点点头，说："这么说并不为过。"

"可是大哥，涵养心境，调理身体，偌大一座东宫在哪间殿宇里都是可以的，又何必非穿布衣住草房不可呢？"

"二弟，我身为太子，将来总有一天要继承大隋的江山伟业的。而江山伟业的根基在于天下百姓，如果光想着自己是一人之下万人之上的皇太子，不去体味一点百姓的心思和滋味，将来就是继承了江山，说不定还要毁掉的。"

杨广有点不摸头脑了。大哥并没有正面回答自己的疑问，而是讲了几句稳坐江山的道理。道理是对的，但正是这几句老生常谈的道理巧妙地回避了究竟为何要穿布衣住草房的提问。杨广自知不便再追问下去，只有相机恭维地说："大哥有如此志向，国家社稷定会永保千秋了！"

杨勇微笑着摆摆手，说："二弟言过了。我哪里谈得上有什么志向，不过是从自己犯下的过失和父皇的教诲中得出了一点体会而已。哎，二弟，说到父皇我想到了母后。她老人家对我有些误会，方便的时候还请二弟在母后面前为大哥解释一下为好。"

杨广没想到杨勇这么直接地谈及了与母后的误会，这也是杨广想知道的，于是问道："噢，母后与大哥还有什么过不去的吗？小弟怎么没听父皇和母后提起过？"

"唉，"杨勇叹了一声，"确实是一个误会。元妃生病开过药，可偏有人传说元妃死得蹊跷，三传两传最后传到母后那里，竟怀疑是我下药将元妃毒死的。二弟你知道，母后是喜欢元妃的，她也最容不得男人不爱原配而宠幸姬妾。父皇仅仅宠幸了一个仁寿宫里宫女，母后竟带人将那女子活活打死了。说我喜欢云昭训我承认，可也不能就此推论我要对元妃下毒手啊！有时候气愤起来，我还真想下他一回毒药，不是给什么元妃、张妃，而是给那些拨弄是非、谣言惑众、扰乱圣上视听的小人！"

杨勇越说越显得激动，而且一脸的冤情和愤恨。

杨广终于明白了，或者说他猛然顿悟了。他悟到，大哥并不真的要求自己在母后面前解释什么误会，而是在向自己表白一位皇太子的清白与无辜，要自己相信大哥的倾诉，而不要偏听任何人的恶意诋毁，哪怕是出于母后口中的指责也不要相信。同时杨广还明白了，尽管自己终未探明庶人村的真正用意，但一切迹象表明，大哥的确在遵循父皇的教诲改正以往犯下的过失。表明他绝无忤逆父皇之意，而有着知过必改的宽广胸襟，这样的皇太子是完全可以继承帝业的。

杨广在心里暗暗一惊，他明显地感到太子的这些行为——不管是表面的还是真心的——对自己很不利，或者说对自己心中已有雏形的计划很不利。他希望看到的是那个依然我行我素、恣睢骄横的皇太子，那个将父皇母后的教训斥责当作耳旁风的大哥。然而事与愿违。是太子自己醒悟，还是得了明人指点？杨广不得而知。但他看出了其中的破绽，那就是若要真心悔过，大哥不必弄什么布衣草房庶人村。很明显，这是摆样子给人看的，而父皇最忌恨那些矫饰虚伪的花架子。估计在父皇心里，这庶人村并没给太子赢得什么好感，而是恰恰相反。

还有，杨广心想，太子一再对自己解释他与母后之间的误会，也不仅仅是在表现自己的清白，更说明了，不论对于朝政家事，母后的态度是非常重要的。太子的表白又一次提醒了杨广，一定要去单独拜见母后。自己的计划实施与否，就要看母后的态度而定了。

杨广将拜见母后的日子选定在自己将要离开大兴返回扬州的前一天。

这个时机是最相宜的。临行前去向母后辞行，人之常情，顺理成章，任谁也不会生出那些无事不登三宝殿的猜忌。再说，母子离别是最易激动和宣泄情感的时刻，平时的清规戒律和谨小慎微都可以暂且不顾，说几句过分的话也不会引起是非，尤其是在母后面前。

果然，杨广的谋略是完全正确的。

听杨广说明日就要离开京城回扬州去了，一抹愁云漫上独孤皇后的脸颊，遮盖了刚才见到儿子时兴奋的微笑。她轻轻地叹息一声，自言自语地说："这才回来了几天，又要走了……"接着又说："日子过得怎么这么快？"

母后的情愫深深地打动了杨广，心底油然升起一股难舍难离的爱怜之情。他鼻子酸酸的，两眼也湿润了，动情地叫了声"母后"，说道："儿臣禀承父皇旨意镇守江南，为国家社稷，儿臣义不容辞。只是儿臣远在千里之外，不能日日侍奉父皇母后双亲，尽仁尽孝。每逢想起这些，儿臣心中悲伤万分。明天儿臣又要远离膝下，回扬州任上去了，又要去经受思念二老双亲之苦的折磨。母后，正是这种思念之苦叫儿臣不寒而栗哪，果真是忠孝难以两全啊！”

杨广说着，竟匍匐在独孤皇后膝下呜咽着哭出声来。他的这些话，还有伴随这些话流淌着的泪水都源自肺腑，没有矫饰造作，是真实的母子亲情。在帝王之家，真实感人的父子亲情、母子亲情是极为罕见的。

独孤皇后也为之动容。她用手颤巍巍地抚摸着杨广的肩头，说：“阿麐你在藩镇这些年，以自己的才干和为人颇得政声，给国家社稷，也给你父皇和我的脸上添了许多光彩。我心里真是高兴，也觉得光荣。只是……唉，我老了，身体又渐渐多病，今天与我儿分别，还不知道能不能活到下一次跟你见面啊！”话没说完，满脸上已是老泪横流了。

杨广站起身，掏出一方丝巾为母后擦拭着泪水，宽慰地说：“母后别再说让儿臣伤心的话了。您与父皇健康长寿是我们最大的福分，儿臣这辈子全靠二老的荫护呢！”

独孤皇后笑了，说：“你也是三十岁的人了，还净说傻话。我与你父皇纵有天大的本事，也不能护佑儿女一世。有朝一日我俩归天了，万事还得全靠自己。一辈子路还长着呢，千万要珍重、保重才是。”

杨广说：“母后所说的道理其实儿臣心里明白，只是……”杨广欲言又止，而且是一副一言难尽的表情。

独孤皇后看出儿子似有心事，问道：“阿麐，有什么叫你为难的事吗？”

“母后，我……”杨广仍然一副犹豫不决的样子。

“说嘛，明日你就要走了，难道你还要把什么事憋在肚子里，也让我整天牵挂在心上不成？”

“母后！”杨广亲切地喊了一声，话语里又有了抽泣的音调，“你最知道儿臣的脾性了。儿臣自幼性情愚笨，见识低下，总是真心实在地待人处事，从来也没有玩过什么虚玄的招数。正因为这样，儿臣怎么也想不出是在什么地方或什么事情上得罪了东宫的大哥。前些天我去东宫拜见大哥，想不到他对我是那样一种冰冷淡漠的神情。除了在向儿臣展示他那个庶人村时，大哥脸上有一点儿得意的兴奋，其余时候都流露着怒气和怨恨。儿臣百思不得其解，大哥在怨恨什么？怨恨我吗？可我又有什么值得他怨恨的呢？难道有谁在大哥面前谗言陷害于我？母后，儿臣真害怕有那种事发生，若是真有人在太子心里埋下了仇恨儿臣的祸根，儿臣终会有一天死得很惨，而且到死也不明白是为什么死的。母后，我真的很为自己时时可能惨遭不测的命运担忧害怕呀！”

听了这些话，独孤皇后愤怒得竟有些颤抖起来，她恨恨地说："简直岂有此理！这个睍地伐越来越让人无法忍受了！他究竟想干什么？我给他选娶了元妃，他竟然根本不以夫妻之礼相待，却特别宠爱那个云昭训。可怜元妃全当嫁给了一只猪狗！这些年来，从没听说过元妃有什么病患，却突然说她暴病而死，我总觉得这里面一定有些故事，只是还没来得及追究，没想到他又对你这样。我还活在世上他就敢如此蛮横，要是我死了，他非得把你们当作刀俎之上的鱼肉不可呀！还有，我常常想，堂堂一个东宫皇太子竟没有一个正妻的嫡子，若是你父皇百年之后，你们兄弟几个还要向那个云昭训生出的儿子稽首称臣。每想到这些，我心里就刀扎一样的难受。这算什么皇太子？他能继承帝位大业吗？如果不能，要这样的皇太子有什么用？……"

独孤皇后一边说，一边气愤伤心地又抽泣开了。

杨广陪着母后现出一脸哀伤，而他胸中却已是心花怒放。母后对太子的愤怒担忧和贬斥，就是对他心中计划的赞许和支持，他暗想着：可以将计划付诸行动了，而且一定要快！

第十一章

杨广密谋夺嫡大计　凤凰赢得宣妃美言

早晨的阳光映照在窗户上显得异常明亮，萧妃从酣睡中醒过来。晋王已经回到扬州三天了，每天晚上晋王都会一段段地讲述这次进京的所见所闻：父皇的信赖、杨素的热情，皇太子的庶人村和母后淡淡的忧伤等。

这一天，杨广再一次对萧妃说道："吃完早饭你就去柳娣的屋里说话，寿州刺史总管宇文述就要过来了。"

一向善解人意的萧妃顺从地点点头。

杨广说的宇文述也是一员有勇有谋的武将，与杨广私交甚密，两人无所不言。江南平陈时，宇文述任行军总管，之后做了安州总管。杨广出任扬州总管以后，为了能与这位至友往来方便些，就奏请父皇恩准，将宇文述调任寿州刺史总管。这次杨广自京师返回扬州，先找来总管掾张衡，跟他讲了此行的经历，又商量下一步该怎样布阵排兵。

张衡沉思了一会儿，说："大王不妨听听宇文述的意思。"

张衡的理由是：自此往后的重场戏都在京城之中，而我与大王都是扬州总管府上的人，不宜频频在京城直接露面。宇文述是寿州官员，不会引得他人疑心。其次，大王与宇文述是莫逆之交，此事即便是他不敢出头相帮，也不至于泄露出去。

"所以，"张衡又向杨广进言道，"大王应与宇文述商议一下，而且要把心里的计划打算直接向他挑明，不可拐弯抹角地隐喻暗示，这样以心交心才能获得他的信任。"

于是，杨广派人将宇文述请到了扬州总管府自己的后阁里。

杨广依照张衡的主意向宇文述全盘托出了自己的计划，言语诚恳而急切。

宇文述在来见杨广之前已听说他进京朝见陛下刚刚返回，以为又是约自己去喝酒闲聊，说一说进京的见闻。没想到晋王竟开门见山地讲了他的夺嫡谋略，而且是向自己请教施行的计策，当然是大吃了一惊，好一会儿才让自己的心境平静下来。

平心而论，宇文述对太子杨勇并无好感，他认为杨勇绝非成大器之人。杨勇所以被立为太子，不过得了身为长子的便宜而已。若论才干和人品，与杨广相比太子相差甚远。再说，杨勇要是继承了天下，宇文述也沾不了什么大光，如没有什么过失的话，也只能在刺史总管的位子上熬到告老算了。如果能让晋王得了大位，自己的前景或许就大不一样了。不过尽管如此，毕竟事关重大，牵涉身家性命，宇文述不能不在心中思量权衡再三。

杨广见宇文述许久不作声，知道他心下为难，就说："宇文兄，我今天把自己的心事端出来向你求教，是觉得你是一位可以信赖依靠的兄长。我明白，这样的事不论摆在哪个人面前，都会有难言之处。不过，宇文兄，我真心希望你不吝赐教，即使不成，我也无悔无怨。"

话都说到这个份儿上，宇文述也不能再沉默了。他笑了笑，说："大王多虑了，我并没有什么难言之处。只是事关大王前程，非同儿戏，须慎之又慎，不好轻易出口呀！"

杨广挥了挥手，说："宇文兄不必顾虑太多，有话直说就是。"

"好吧，"宇文述说，"大王，皇太子生性独傲骄横，朝中百官可以说是无人不知，他因此而渐渐失去了皇上和皇后陛下的宠信，这也不是一天两天的事了。太子失宠的传闻我都听到了不少，想必大王知道的就更多了。若论功绩声威，大王要比太子显赫得多。天下人只知道杨勇是当今的皇太子，至于他德行如何，才干如何，恐怕就极少知晓。而大王你却大不一样，你素以仁爱忠孝称誉朝野，才华盖世，文武兼备，御突厥、平南陈，屡建功勋，为国家社稷贡献大者莫过于大王，因而深受皇上和皇后的信赖与宠爱，已是尽人皆知的事。就眼下情势而言，四海之内的崇高声望实际上已为大王所有，早已远远地超越了皇太子。不过要说到罢黜太子，另立新储，可是国家的大事。陛下皇恩浩荡，大王待我情同手足，我处在你们父子骨肉之间，轻不可轻，重也不能重，实在不好进言啊！"

说到这里，宇文述停下来，端起盖碗呷了一口茶，细细地品着。杨广心中一沉，暗想：宇文兄，你可不至于就这么不着边际地夸我一通就算完了？

"可是，大王，"宇文述放下茶碗，继续说道，"这事也不是不可行。再说，谋事在人，成事在天，既然有了一番打算就不妨一试，大王尽管放心，不论成败，宇文述奉陪到底，绝不反悔！"

杨广激动地双手抱拳，说："宇文兄，单凭这句话，杨广先谢谢你了！"

宇文述摆摆手，"大王，你我之间言谢就显得生分了。我想，当今朝中能说动陛下废黜太子另立新储的只有一个人，就是尚书右仆射杨素。而能与杨素筹划些事情的唯有他老弟杨约。别看杨素位高权重，他凡事都要与杨约商议，而且对杨约言听计从。再者，听说当年为杨约出任大理少卿之事，兄弟俩与太子埋下私怨，这就更利于我们行事了。杨约与我私交已久，我对他的脾性十分熟悉，这个人侠肝义胆，也爱财好赌。大王，能否让我近日内即去京师与杨约会面，跟他商议此事，再让他去打通杨素。如果一切顺利，这事就大有希望了。"

杨广听罢，高兴得直搓手，连连说："好，好！果然是宇文兄想得细致周全，杨广自愧不如！赶紧准备一下，你马上进京去会杨约。"

宇文述却说："大王先别着忙。凡事不怕一万，就怕万一。咱们想得事成，更要防着事败。此事非同小可，一旦失败，你我也不能甘心做俎上鱼肉，因此还要有一下策，留一条后路。"

杨广佩服地点点头，问："宇文兄有何下策？"

宇文述反问道："洪州总管郭衍可是大王的至交亲信？"

杨广回答得很干脆："那当然。江南平陈时候他是行军总管，我俩交情很深，不分彼此。"

"那就好，"宇文述放心了，"要把这事密告郭衍总管，当然，大王你不要露面，还是我去转达。要他从现在起暗修甲杖，阴养士卒，万一事与愿违，我们即可以淮海屏障，割据梁陈旧地称雄一方。这就是万不得已的下策。"

杨广真没想到宇文述一员武将，肚子里却有这么多高超周密的计策，向他请教可算是找对了人。当下摆设丰盛的酒宴款待宇文述。酒足饭饱之后，宇文述起身告辞。

杨广早已吩咐下人准备好了几大箱金银珠宝装在车上，这是让宇文述带到京城去的。宇文述说了，杨约爱财好赌。要打通他这个关节，非得用这些东西不可。

杨广拉着宇文述的手，送他到厅堂外面，让他看了装在车上的东西。最后指着一只大木箱，低声说："里面有一只红色的锦缎匣子，装的是一只金凤凰，请宇文兄想法送给仁寿宫里的宣华夫人。"

宇文述一怔：宣华夫人姓陈，是陈国亡君陈叔宝的二妹妹。陈国被灭，她随陈叔宝及许多陈朝官宦嫔妃一起被押解到大兴。仁寿宫建成以后，她被陛下选为嫔妃。听说宣华夫人是一位绝色佳人，深得陛下喜爱，但因独孤皇后看管得严紧，陛下也只能是喜爱而已。晋王送她金凤凰，难道在这件事上宣华夫人还能在陛下面前说得上话吗？

虽然有点疑惑，宇文述依然点点头，将杨广的托付应承下来。

午未相交时刻，宇文述的车马到了距京城不远的一家客栈。在这里已能看见大兴的城门了。他吩咐侍从将车马拉进客栈，简单地吃了些东西，随后要了一间客房，认真地洗漱一番，换上了鲜亮的衣裳，便躺下来休息。他作好了与杨约彻夜长谈的准备，所以先要养足精神。

春天人乏，不一会儿，宇文述就睡着了。

一觉醒来，就到了日沉西山的时候。宇文述唤侍从驾好车马，匆匆上路。他故意选定在这个时间进城。

出了客栈，宇文述交给一名侍从十两白银，命他骑快马先进城去，找最好的饭馆定一桌上好的饭菜，黄昏后送到大理少卿杨约的府上。然后再去杨约那里通报一声，就说寿州刺史总管宇文述前来拜见。说是通报，实际上是要打探一下杨约那里有没有外人，如果有，宇文述得先另寻住处，车上的这几箱东西也就不能拉到杨府去了。

一切都很顺利。杨约家中没有客人，他一个人正寂寞无聊得难受，忽听宇文述来了，高兴得他差点儿跳起来，立即吩咐下人打扫客厅，备好茶水，自己则整整衣衫，急不可耐地跑到大门口去等候。

暮色朦胧之中，宇文述的车马随从来到杨府门前。宇文述远远的就看到杨约已站在街上迎候，自己也提前下了车，疾步向杨约奔过来。杨约赶忙迎上去，相距还有十几步，两个人都开始拱手作揖。

"宇文将军，是什么风把你给吹来了！"杨约轻声细气地说道。

宇文述哈哈大笑着回答："少卿贤弟，多日不见，可把愚兄想死了！"

两个人相互搀扶着进门串院来到了客厅里，这时候饭馆的酒菜也送到了。杨约一见这情景，就埋怨开了："宇文将军，才几天不见，你怎么跟我玩开虚套了。你千里迢迢地来到寒舍，理当我来摆酒为你洗尘才是。可是……"

"哎，少卿何必着急。我这次来又没打算急着回去。今天先敬贤弟几杯水酒，明天你请我，后天再请我，愚兄不会推辞。"

杨约笑了，说："好，一言为定！"

说着，酒菜摆上了桌，两个人分宾主就坐，开怀畅饮起来。

这顿酒喝了近两个时辰，两个人都很尽兴。等撤去了残汤剩菜，宇文述命侍从把那几只木箱搬进来，将箱子里的金玉珍玩一件件摆上了客厅的桌几书案。

杨约大瞪着两眼看着，被烈酒烧红了的脸腮更加光彩可鉴。待侍从搬着空木箱退下之后，他颤抖着声音问道："宇文将军，这，这是从何说起呀？"

宇文述呵呵一笑，说"少卿贤弟，这些东西是我拿来向你请教棋艺的。咱们两人对弈，一局一算。如果你赢了，赢几局拿走几件。要是我赢了……"

"好！"一听要赌，杨约来了精神，"将军不必多说，如果我输了，这些玩艺我一件不要，再领将军到库房去，所有东西任将军挑选，你赢几局拿走几件。"

"就是这规矩了！"宇文述赞同道。两人随即摆枰布子，厮杀起来。

若论真功夫，宇文述的棋艺并不在杨约之下。而今天，宇文述无论如何是不会赢他的，表面上看，宇文述用尽了文韬武略，却还是下一盘输一盘，对一局败一局，输在情理之中，败于稍逊一筹。茶水喝得不多，额头上的汗却出得不少。刚过夜半，满堂的金玉珍玩悉数归入了杨约囊中。终于，宇文述一推棋盘，感慨地说："少卿贤弟确实厉害，愚兄甘拜下风。不玩了，不玩了！"

杨约双手一拱："承让，承让了！"接着他环顾一下身边那些闪烁着珠光宝气的东西，说："宇文将军，你我兄弟切磋棋艺可以论输赢，而这些贵重物件就不要以输赢论归属了吧。"

"哎，大丈夫说话算数，哪能言而无信呢！"宇文述断然地摇摇头。

杨约难为情似的笑笑，说："那，那我就不客气了。"

"你我之间还用得着客气嘛？再说，"宇文语音一转，悄声说，"这些东西原本就不是我的！"

"嗯？不是宇文将军的又是谁的？"

"是晋王赐与少卿的！"

"啊！"杨约大吃一惊，脸上的得意之色荡然无存。他惶惶地说："宇文将军，这算怎么一回事？常言说，无功不受禄，我怎么承受得起晋王的如此厚礼呀！"

"贤弟，无功不应受禄是当然，可是，先受禄而后立功也未尝不可呀！眼下就到了晋王要你效力的时候了。"

接下来，宇文述将晋王意欲取代太子的想法打算详细地讲给杨约听了。杨约认真地听着，有时摇头，有时颔首，有时则发出一声轻微的叹息。等宇文述讲完，他一脸严肃地说："宇文将军，若按常理来讲，这可是大逆之罪啊！"

宇文述先是点头表示赞同，又说："少卿说得不错。恪守常规当是我们臣属为人行事的准绳，然而这只是其一，还有其二，那便是若反常规而行却又合天下道义，便是众望所归。自古以来，凡贤哲君子、仁人志士，没

有一个不是识时务的俊杰，从而消弭了许多灾祸。就你与令兄而言，二位的功劳声望可谓盖世无双。尤其令兄杨素大人，在朝中执掌重权已有多年，深得陛下宠信。而反过来讲，朝中文武百官里，多年来受到贤兄弟责罚甚至凌辱的，恐怕也难以计数吧？你敢说这些人不记恨你们？还有，皇太子常常因过分之举而获陛下斥责，使他难以成事。他不敢因此迁怒于陛下，却切齿痛恨几位当政的重臣，其中就有令兄。所以，你兄弟二人虽然结好于皇上，但是打算着害你们的人也不会在少数。皇上一旦殡天，谁能佑护你们呢？如今皇太子失去了皇后的宠爱，而皇上也多次流露出对太子的不满甚至厌恶，所有这些少卿也是明了的。现在，恳请皇上罢黜杨勇，立晋王杨广为太子，就全凭令兄一张嘴了。要是真能在此时立功，晋王必将铭心刻骨，永世不忘。同时，贤兄弟也可除却累卵之危，安若泰山了！"

宇文述真算得上苦口婆心了，直讲得嘴角泛起了白沫。杨约怔怔地听着，直到宇文述讲完了，他依旧支着耳朵在听。客厅里没有一丝响动，静得出奇。宇文述缓缓站起身，装作在欣赏晋王托自己带给杨约的珍宝，在屋里轻轻地蹀步。他知道，此时不可急着催促杨约，要给他留一些时间，让他回味，让他思考。

远处隐隐传来报四更的鼓声。客厅里依然听不到一丝响动，静得出奇。

突然，"砰"地一声震响，宇文述吓了一跳，转身看去，原来是杨约一只拳头砸在了方桌上。只见他的两眼一扫刚才的呆滞和忧虑，迸射着咄咄逼人的光芒，兴奋地说道："宇文将军，听你一席肺腑之言，杨约茅塞顿开。你说得太对了，不光申明大义，也为我兄弟二人想得周全。放心，大哥那边我会说得通的，你知道，他最听我的。此事不宜拖延，明天我就去见大哥！"

宇文述心中忽地一下踏实了，他微笑着问："明天？贤弟说的是今天吧？"

"噢？"杨约一怔，抬头向窗外望去，廊檐下的天际上已泛起了微微的银白。两人不约而同地哈哈大笑起来。

杨约说："今天，就是今天。不知不觉地天都快亮了！"

宇文述笑着，心里在说：晋王，大事已成功三分了！

这天后晌，杨约兴冲冲地回到府上，没等宇文述开口问话，他先说了一句："今晚请宇文将军到家兄府上一聚。"

宇文述明白，杨素那道关口打通了。天黑之后，杨约领宇文述来到越国公府见到了杨素。因为有杨约游说在先，各人心知肚明，说话也就无需绕圈子了。

杨素说："舍弟对我讲了宇文将军的高论，我听了喜出望外，直想拍手叫好！我生性愚钝，依我的才思绝想不到那么深的一层，幸得宇文将军提醒！"

　　宇文述拱手说道："杨大人过奖，卑职只是转述晋王的意思而已，废立之事就倚重尚书大人了！"

　　"请转告晋王，杨素定当尽心竭力。舍弟说得对，事不宜迟。自明日起，我便寻机不断说动皇上，看圣意究竟如何。宇文将军最好在舍弟家里逗留五七天，如有意外，我定会随时相约。若一切顺利，你我就无需再见面了，请将军回扬州向晋王复命即可。"

　　宇文述连连点头，说："就按杨大人的意思办吧。"

　　随后便摆上了丰盛的酒宴。杨素特意叫来自己的爱妾乐昌公主坐陪。

　　杨素丧偶多年，一直没有续娶正室。据说独孤皇后都曾为他做媒，也被他婉言谢绝了。平陈后，文帝将从陈朝掳来的乐昌公主等十个美女赏赐给他。在所有姬妾当中，杨素最宠爱的就是乐昌公主。

　　宇文述官居刺史总管，也是个经过世面的人物，见过的美女不在少数，但当他见到乐昌公主时，心中依然禁不住为她的美貌而感惊讶。乐昌公主最出众的是那双一潭秋水似的眼睛，顾盼回眸之间涟漪激滟，暗含的一丝淡淡的愁云在秋波当中若隐若现。宇文述觉得，乐昌公主的神韵正是在那丝愁云之中，若是没有，她也就算不得美女了。传说病态中的西施更漂亮，看来确有此事。由此，宇文述又想到了乐昌公主的妹妹、被陛下选为妃子的宣华夫人。姐姐称得上沉鱼落雁，妹妹一定是闭月羞花。这样想着，宇文述向杨素说道："杨大人，晋王还嘱托下官去仁寿宫拜见宣华夫人。"

　　"哦？"杨素心说，晋王的眼界还真够深远的。他略作思忖，说："小妾已很久没见到妹妹了。朝中公事冗杂，我无暇陪同前往，这样吧，明日就烦劳宇文将军带人护送小妾去一趟仁寿宫如何？"

　　乐昌公主感激地点点头。

　　第二天，宇文述带领着杨素挑选的人马，陪护着乐昌公主的轿车来到仁寿宫，见了宣华夫人，献上了晋王送的那只红色锦盒。

　　打开盒子，里面是一只纯金铸就的凤凰。只见那只金凤凰，细喙长颈、姿态幽雅，栩栩如生。宣华夫人将它立在几案上，一边欣赏着，一边问："不知晋王为什么送我这只精巧金贵的凤凰？"

　　宇文述回答："晋王说，夫人像凤凰一样美丽，只有金凤凰才能相配，所以……"

　　宣华夫人微微笑起来，说道："还是算了吧，不要只捡着好听的说。晋

王心里怎样想的我都清楚，凤凰是吉祥的鸟儿，晋王是要为我说些好话，保他吉祥福瑞，是不是？"

宇文述不禁在心里想，这宣华夫人不但美貌聪慧，而且心直口快，绝非等闲之辈。于是连忙拱手答道："夫人真是聪明绝顶，有些话就不用小臣直接说出口了吧！"

从仁寿宫回来之后，宇文述又在杨约的府上住了五天，杨素那边也一直没有动静。他放心了，由此看来，这一切进行的还算顺利。

这天一大早，宇文述便辞别了杨约，踏上了返回扬州的路途。

第十二章

万事俱备只盼东风　废黜太子尽如人意

　　杨素打心眼儿里感激晋王，真心感激宇文述，若是没有他们的提拔和点拨，他可能永无出头之日。当杨约前来将宇文述的话转述之后，杨素当时出了一身冷汗。宇文述竟然将他们兄弟二人险恶处境分析得如此精辟透彻，究竟何去何从必须当机立断了。因此他对夺嫡之策忍不住拍手叫好。在这之前，杨素早就将皇帝对太子的疏远与反感看在眼里，同时听到了太子许多记恨自己的话，更清楚文武百官中确有不少人恨不得将自己杀掉，真有累卵之危。但他却从没想过（或许是不敢想）可以劝动皇上用废立之计转危为安。他对宇文述说自己没想到那么深的一层，的确是心里的话。

　　在宇文述面前，杨素只承诺自己出面去劝动皇上，并没许愿能有几分把握，这仅仅是出于谨慎。其实他心里明白，只要自己出马，事情就有了七成。好长时间以来，杨素明显地感觉出皇上对太子的防范一步一步地严密起来，那一次他奉旨去东宫探察庶人村一事，回来后在皇上面前添油加醋地说了一通太子如何如何忌恨怨怒的话。皇上当时只是听着，没有作声。但杨素后来发现皇上对太子有了进一步的行动。首先是此后不久，东宫左卫率苏孝慈被召调为浙州刺史。苏孝慈是太子的心腹，统领着东宫禁卫，将他调开，等于砍掉了太子的一只膀臂，更何况在此之前，皇上已经把东宫卫队中的许多健壮勇武的校尉兵卒抽调出来，充实到了皇宫宿卫中。这样再把苏孝慈拿掉，太子身边的警卫力量就削弱了大半。

　　隔了不长时间，皇上又做了一件事先没有声张的事。他抽调了几十名宫中宿卫，令其身着常人服装，分散在从皇宫到东宫道边路口上，昼夜值更，天天禀报。杨素想，陛下这是在提防太子有变了。

　　虽然这些事都在波澜不惊中进行，文武百官却看得明白。常言说：墙倒众人推。而世间的事实是，墙上刚有了几条裂缝，众人便来推了。各色各样贬责诋毁太子的传言纷至沓来，皇上当然听到了不少。只是还没有人敢在皇上面前直言废黜太子。杨素知道，敢说这句话的人，要么杀头，要么立功。

　　杨素要立功，而且要立惊天动地的大功。

　　同宇文述见面后的第二天，皇上在后宫赐宴，杨素遵旨赴宴。席间，他寻机拜见了独孤皇后，他要亲自弄清楚她对罢黜太子的态度。尽管杨素已听宇文述叙说了晋王与皇后辞别的那一幕，可是他觉得那只是暗探，没有明示。他要有皇后一个明确的表态，才好决定如何行事。他感觉皇后会支持自己。

　　果然，一谈起晋王的大忠大孝、大仁大义，独孤皇后喜形于色，赞不绝口。当说到太子的恣意妄为，有恃无恐，皇后便悲愤至极，掩面而泣。最令杨素惊喜的是，孤独皇后竟然也要求他劝说皇上，早作罢黜太子的打算，为此皇后还送给他一包金银珠玉。

　　杨素心想：皇后与晋王殊途同归，岂不是天意降洪福于我吗？下一步，就看我杨素怎样去对皇上直言了。

　　事有凑巧，这天上朝，杨素比平时早到了一步，看见太史令袁充已在殿外，他来去徘徊，一副愁眉不展的模样。

　　杨素上前问道："太史令，遇到什么难事了？"

　　"唉！"袁充叹了口气，说："尚书大人来得正好，我正有难题向大人请教呢。"

　　杨素说："请教不敢当，不敢当。"

　　"是这么回事。近日我观察天文，几次都显现皇太子当废之玄象。我反复思量，若是陛下问起来，下官该不该如实禀奏？"

　　"嗨！太史令怎么聪明一世却糊涂一时呢！你我身为臣属，忠君报国是根本。如此要害之事，怎么还要等得陛下发问呢？应该主动奏报才对。"

　　"可是，就怕陛下……"

　　"太史令不必担心，我与你一同禀奏陛下。当然，此事还不宜于大庭广众下张扬。等退朝之后，百官散去，咱两人再向陛下禀奏。"

　　看到杨素这样坦荡无畏，袁充也就点头应允了。

　　退朝之后，文帝回到后殿，还没坐稳，就听内侍禀报："尚书右仆射杨素、太史令袁充求见陛下！"

　　文帝有些纳闷：有什么话刚才不说，又跟到后边来了？就吩咐："请他们进来。"

　　看到两个人进来，文帝先开了口："二位爱卿有何事禀奏？"

　　杨素答道："陛下，太史令有要事禀奏！"

　　"噢！什么要事，说出来让朕听听！"

　　袁充跪伏在地上回答："陛下，臣夜观天文，有皇太子当废之象。"

文帝的脸色立时沉下来，他只闷闷地嗯了一声，良久，又说："朕知道了，你先退下吧。"

袁充应了声："是。"便退了出去。

显然，文帝要单独跟杨素交谈。杨素暗喜：机会来了！

文帝赐杨素坐下，又屏退了左右，稍稍沉稳了一下气息，说道："杨爱卿，朕也请人看过，刚才袁充所说的天象早就显现多次。群臣之中善观天文的不少，只是没有人敢说话罢了。"

杨素说："陛下明察秋毫，一语中的。单就太子无德一事，不敢直言的人当中就有杨素。其实，微臣觉察太子种种不轨迹象已经很久了，可是，唉……想我杨素追随陛下多年，在朝中也算是一个老臣，对陛下实在不该有什么吞吞吐吐的，真是有愧圣恩啊！"

杨素说着，用衣袖擦拭一下眼角。

文帝随着也叹了一声，说："爱卿不必自责，在这件事上朕是有过失的。很久以来，朕已感到杨勇不堪承嗣，皇后也一直劝朕早作了断。可是，想到杨勇是朕为平民时所生养，又是长子，总有不忍。只希望他会日渐成熟，改正过错，才克制忍耐到了今天。看来，朕果然有失于当断不断哪！"

杨素接着说："陛下的话让微臣也想起了一件事。陛下还曾记得诛灭刘居士朋党那件公案吗？"

文帝连连点头，说："朕当然记得，那已是四五年前的事了。"

文帝早在周室为臣时，有一位知己旧交，叫刘昶。文帝登基之后拜刘昶为上柱国，为此刘昶感激不尽，兢兢业业。刘昶的儿子刘居士却是一个狂荡不羁、目无法度的流氓恶棍，曾几次犯罪，而文帝都看在与刘昶的交情上宽贷了他。谁知这刘居士有恃无恐，更加骄恣横行。他常常盯上一些体魄强健的公卿子弟，将他们绑架到自己家里，捆住手脚，再把车轮套在脖子上，用棍棒皮鞭拷打。那些被打得遍体鳞伤至死不恳求饶的，刘居士便称其为壮士，亲自松绑，酒肉款待并盟誓结拜为朋党。如是不久，刘居士就有同党三百多人。他们三五成群，经常游荡在官路乡道上，袭击过往行人车辆，劫掠财物。不论是平民百姓，还是公卿百官，只要遭遇到刘居士的党羽爪牙无一幸免，哪个敢稍有不从，即拳脚棍棒相加，招来一顿毒打。一时间人心惶惶，民怨鼎沸。几位身受其害的公卿臣子联名上书文帝，告刘居士结党称霸，谋为不轨。文帝大怒，下令将刘居士逮捕斩首，其余党羽也都杀的杀，抓的抓，是公卿子弟者一律除名。

刘居士一伙朋党很快就被诛灭了。文帝担心除恶未尽，留有后患，就下诏命皇太子杨勇继续清查刘居士余党，并且让杨素将诏书送给杨勇。

杨素来到东宫，将诏书交给杨勇，他草草地看了一遍就放在了桌上，冷冷地说："刘居士的党羽早已伏法，叫我去哪里找？去哪里查？"

杨素说："陛下恐有漏网者，日后死灰复燃。"

"算了吧！"杨勇愤愤地叫道，"清平世界，朗朗乾坤，竟然出了这样的事。你身为尚书右仆射，岂能没有责任？还是你自己去清查吧，关我什么事！"

杨素见他这副神气，心中怨恨也不敢发作，还是耐心地劝道："这可是陛下的旨意。"

"哼！你别动不动就拿陛下来要挟我。当年逼迫静帝禅让那事，万一失败，我先得被诛杀。今天父亲成了天子，我居然还不如几个兄弟。凡事不论大小，都不准由我自主。我还算得上一个皇太子吗？"说着杨勇深深地叹了口气，"唉！到什么时候，我才能自由自在，不受牵制拘束啊！"

当时，杨素只以为杨勇性情暴戾，借机发泄牢骚，回来后也确实没敢告知文帝。而今天看来，这件事实在是杨勇谋逆已久的一条罪状。

这条罪状确实不轻，像是一把重锤狠狠击打在文帝心上，让他憋闷得难受，不由得发出一声长长的喘息。

杨素抬眼看看文帝的脸色，冷峻而又压抑，他觉得是时候了，就说："陛下，既然当今太子已不堪承嗣，废立大计应早下决心，不可再犹豫了。"

文帝点头称许，说："爱卿所言正合朕意。依爱卿之见，罢黜太子之后，另立哪位藩王为新储最合适？"

杨素毫不犹豫地答道："当然是晋王杨广！"

立时，文帝高兴得眉眼舒展，开心地笑了："好！爱卿好眼力，与朕不谋而合。这真是知朕者莫如越国公啊！"

杨素谦卑地躬躬身子，说："蒙陛下错爱，社稷朝野之中不独杨素有此见地，应当是众望所归！"

文帝收敛起笑意，说："黜旧立新，事关国家百年大计，一旦宣诏，要让群臣百姓心服。因此，还需爱卿细细筹划一下，自然是越快越好！"

杨素起身应诺："请陛下放心就是了。"

杨素心里明白，皇上要他尽快地多搜取一些杨勇忤逆不孝、图谋不轨的证据。只要有了足够的证据，废掉杨勇不过是写一道诏书的事。

杨素自宫中出来，顿觉一身轻松。回到家里，他立即差人把杨约找来。事已至此，再往下就需紧锣密鼓了。

杨素对杨约讲了面见皇上直言废立太子的经过，随后向他请教用什么办法可以搜取到杨勇谋逆的证据。

杨约说："这事容易。东宫的属官中我认识一个叫姬威的，跟杨勇比较亲近。我给他送点金银，再晓以利害，十有八九他会帮这个忙。"

　　姬威是个胆小怕事又爱财如命的人。他手里捧着杨约送的金银，又听杨约说，太子的许多罪过已为陛下洞察，家兄已奉密诏，一定要废黜杨勇。若在此时立功，助陛下一臂之力，日后必将大富大贵。姬威没怎么犹豫，便答应暗中搜集杨勇的不轨言行并且尽快上书皇上。

　　开皇二十年的夏天转眼又过去了，在仁寿宫避暑的文帝已经在准备驾返大兴。这个夏天，文帝过得算不上平稳宁静，有让他伤感忧愤的事，也有让他高兴舒心的事，更有让他时时牵挂而坐卧不安的事。

　　让他伤感忧愤的，就是自己的三儿子秦王杨俊死了。

　　随着年纪的增长，文帝常常回想起几个儿子小时候的情景。三儿子杨俊自幼很得父母的喜爱，他生性仁爱宽厚，总以善心待人。或许是受父亲的濡染，身为秦王的杨俊曾经一心向佛，几次想出家为僧，文帝坚决不允。杨广任扬州总管之后，文帝委他做了并州总管。也是自并州开始，杨俊的骄奢淫逸之风渐长。他不仅多次违犯规制，大修宫室，更沉溺于女色，甚至常常去青楼嫖妓。秦王妃崔氏是个手段狠辣的女人，她见杨俊整天与别的女人寻欢作乐，既无奈又忌恨，一气之下就在饭菜中下了毒药。合当杨俊命大，吃了那些饭菜之后没被毒死，却从此落下了疾病。这事闹得昏天黑地、沸沸扬扬，文帝龙颜大怒，下诏免去杨俊并州总管一职，只留秦王爵位征回长安闲居；将崔妃废为庶人，赐死家中。

　　杨俊被免官回府养病，但因毒性渗入体内深处，再加上心里悔愧懊恼，病情一天比一天加重，强捱了不到两年，终于在这个夏天的七月里死去了。

　　文帝听到杨俊的死讯时，心里说不出是悲是恨。这是他的亲儿子，是他亲自封立的秦王啊！他登基后的第三天册立了皇后和太子，此后第十天，便将其余四个儿子分封藩王。二十年前的那些场景，至今仍历历在目，记忆犹新。一个好端端的孩子，怎么会随着岁月流逝、年龄增长，就变得如此不堪，落得这般下场！他百思不得其解。日此，文帝又想到了杨勇……

　　让文帝高兴舒心的，就是那位宣华夫人，是宣华夫人在这个夏天里陪伴他，侍奉得他舒心。这些高兴和舒心里面还包含着感激——文帝感激的是独孤皇后的宽容。

　　独孤皇后是夏至那天到的仁寿宫，刚过三伏就走了。她说自己身体虚弱，受不了岐山里阴凉的山风，还是长安城自己的后宫里舒服。这是实情。独孤皇后虽然才五十岁，精神与体力就已明显地衰老了，身体一天不如一天。一年当中总要闹几场病，每病一次，精气神都虚亏得厉害，好久不得复原。

然而，身体不适仅是独孤皇后提前离开仁寿宫的表象，内里还有一层，就是她对文帝宠幸嫔妃的默认和宽容。

文帝沐浴着皇后的宽容，尽情享受着宣华夫人营造的舒畅。跟宣华夫人在一起，是他在这个夏天里唯一感到开心的事。

陈朝亡国之后，宣华夫人随哥哥陈叔宝被解到长安，做了宫女，那年她才十四岁。如今，二十六岁的宣华夫人不仅是一个美艳至极的女人，而且还是一位非常成熟的女人了。

在宣华夫人的寝殿里，文帝看到了那只熠熠生辉的金凤凰，他问宣华夫人："爱妃从哪里得来这样的宝物？"

宣华夫人抿嘴一笑，说："是晋王差人送给妾妃的。"随后接着说，陛下，五位皇子当中，勇武干练又心怀社稷、情系天下的，恐怕当属晋王了吧？"

文帝没有回答，却默默地点了点头。

宣华夫人接着说："陛下，虽然妾妃没见过晋王，却听到了不少晋王的事。人们都说晋王仁孝谦和，文韬武略，是一位承担大事业的人才。"

"哦，爱妃也是这么看吗？"文帝问道。

"怎么，陛下不这样认为吗？"

宣华夫人的反问使文帝一时语塞，不知该怎么回答才最合适。

"陛下，"宣华夫人又说，"妾妃斗胆问一句不恭的话，身为至高无上的帝王，为什么有时候连自己的厌恶喜好都不能明示呢？"

文帝感慨地说："爱妃，身在宫廷，世事纷杂，遇事不能不权衡再三，反复思量，单凭自己的厌恶喜好是不行的。"

说着，文帝又陷入了沉思，他又想到了皇太子杨勇，想到了自己与杨素谋划的那件事情。在整个夏天里，最让他牵肠挂肚的就是这件事情，他一直在等待着杨素有佳音传来。

杨素终于来了，还随身带来了姬威写给皇上的奏书，字里行间历数皇太子杨勇桩桩件件忤逆谋反的罪状。文帝翻看了几页。可以看得出，他在焦急不安地等待的就是这些东西，而当这些东西真实地摆在面前的时候，他内心的感觉突然变得复杂起来。这里面有气，有恨，有忧伤，还有一点点难以割舍的情愫。

文帝用手拍了拍那份奏书，问："这么说，都准备好了？"

杨素低头答道："微臣一切按陛下旨意行事，已经万事俱备了！"

文帝低眉沉思了片刻，终于猛抬头，干脆果断地吐出一个字："好！"

开皇二十年九月十六日，文帝驾返京师大兴。

第二天，文帝登殿早朝，文武群臣早已经分列两边，迎候皇上回宫。

文帝看着殿下毕恭毕敬伫立着的文臣武将，脸上作出一副极为冷峻严肃的表情。临朝之前，他已在心里准备好了今天的开场白，此时的冷峻和沉默是为即将出口的话语作铺垫的。

皇上不开口，下边的人更是一片寂静，一个个低眉顺眼，像是在等待着什么。

良久，文帝才一字一句地说道："朕离开京师好长时间了。住在仁寿宫的这些日子里，朕常常思念众卿，每每想起与众卿同理朝政的君臣之乐，朕就觉得甚是兴奋。今天朕已驾返长安，又坐到了大殿之上，见到了众位爱卿，按常理朕应当十分高兴才是。却不知为何，朕的心情没有感到丝毫的高兴，反而充满了懊恼和烦闷。众卿之中有谁能知道这是什么缘由吗？说出来为朕排解一下，也好让朕轻松轻松！"

这番话讲得一班文武面面相觑，全都现出了那种不摸头脑也未知从何作答的样子。于是，殿下仍然一片沉寂。

文帝平稳住气息，两眼由前向后，再由后往前一遍遍逡巡着自己的这帮属臣。这会儿，轮到他在等待了。

当然不能总这样沉闷下去。吏部尚书牛弘前行一步，躬身答道："陛下，臣以为是我们这些为臣的愚钝无能，有哪些朝政事务办理得不合圣意，有负皇恩，才使得陛下懊恼心烦，还望陛下赐教指点。"

听到牛弘作了这样的回答，殿下群臣纷纷异口同声地附和："正是，正是。请陛下赐教，训示。"殿下一阵嘤嘤嗡嗡。

这些回答让文帝大失所望。在仁寿宫的时候，他听杨素说，朝中已经对皇太子杨勇的种种过失传言得沸沸扬扬，有的甚至推测太子即将被废，也应该废。他今天的发问，就是想挑开事由，让大臣们借题发挥，通过他们的嘴说出太子不可容忍的过失，往下的事自然就顺理成章，水到渠成了。没想到文帝的问话却引出了牛弘如此圆滑的检讨与一片随声附和。文帝又失望又气愤。如果说刚才的冷峻严肃还有几分故作姿态，而此刻却是真的恼怒了。他铁青着脸大喝一声："什么赐教指点，全是一派胡言！"

皇上的这声怒喝，使大殿之中重归死一般的寂静。文帝又正色说道："这里距仁寿宫仅百余里之遥，可是朕每回驾返京师，总要严加戒备，就像要进入敌国一样，难道你们真的不知道这是因为什么吗？太子杨勇忤逆谋反之心已久，种种行迹日益昭彰，你们这些人难道真的没有丝毫觉察？朕昨晚偶感腹疾，为入厕方便，未敢脱衣安睡。朕本是睡在后殿的，可是半

第十二章　万事俱备只盼东风　废黜太子尽如人意

- 113 -

夜入厕归来，朕忽然又搬回了前殿。为什么？还不是以防不测！看你们一个个懵懵懂懂，装聋作哑的样子，朕更觉得危险可怕。别看今天朕还坐在大殿之上，说不定明天就被人抛尸荒野，你们这些人还不知道是怎么回事呢！"

文帝话音刚落，就听殿下扑通一声响，有一个人歪倒在地上，原来是东宫总管唐令则。

唐令则听到皇上直言怒斥杨勇忤逆谋反，头脑立时轰地一声，心说：太子定废无疑，我也活到头了！两腿一软，身不由己倒在地上。

文帝见状问道："唐令则，你这是怎么了？"

唐令则浑身筛糠一般，哆哆嗦嗦地答道："陛、陛下，太子谋反，与、与微臣无涉。""哈哈哈……"文帝突然爆发出一阵令人毛骨悚然的大笑，"众爱卿可都听见了，这真是地地道道的此地无银三百两啊！唐令则，朕要问你，你身为东宫总管，辅佐太子这么些年，对于太子忤逆谋反的罪过，能说与你毫无牵涉吗？"

"陛、陛下……"唐令则跪在地上，还想分辩。

"来人！"文帝一声呼唤，殿外进来四名禁卫，"将唐令则先行羁押，待查明罪责后再作处治！"

四名禁卫一拥而上，连拖带拉地把唐令则弄出了大殿。

这时候，殿内的大臣们一个个的额头上早已沁出细细的汗珠来。尤其是那些平素与杨勇过从甚密的人物，心里都在咚咚地擂鼓，但每个人都咬紧了牙将身子站稳挺直，免得再如唐令则一样，没等皇上点名，自己先软瘫下来。

看到殿内平静下来，文帝又说："也许会有人感觉今日之事发自突然，那就错了。朕感觉到太子杨勇不堪承嗣已有很久，而杨勇意欲加害于朕也有时日。年初时太子妃元氏暴亡，朕疑心太子做了手脚，曾当面训斥过他。谁知他回去后就对人恶狠狠地说：'死一个元妃算什么，过几天我还要将她父亲也杀掉！'你们听听，这就是想加害朕不便明讲，进而迁怒到他岳父头上罢了。"

说到这里，文帝停下来，再次观察着大臣们的反应。大臣们都微低着头，唯有杨素抬眼看着皇上，神色中有一种暗示。文帝心领神会，说道："尚书右仆射杨素。"

杨素闻听，躬身出列："臣在。"

"你觉得刚才朕所说的还有什么疏误不妥的地方吗？"

"陛下，刚刚陛下所言句句确凿。朝中诸多臣僚也早就看到，今日的太子已非将来承嗣大业之才。不过，微臣以为，对于太子的种种劣迹，陛下仅说了不足十一。废立乃国家大事，须将太子罪恶详尽告白于朝野，震慑朋党，才能使众人心服口服，天下稳定。"

文帝听罢一拍巴掌，说："说得对！杨爱卿还知道些什么，快说出来让朕与众卿都听一听。"

"陛下，臣对于太子种种行迹虽也有耳闻，却微不足道。东宫属官姬威与太子朝夕相处，知之甚多。他可向陛下禀奏一二。"

"哦？姬威现在何处？"

"已在殿外等候多时了。"

"好！"文帝高兴地叫道，"快快宣姬威进殿！"

文帝与杨素的对话等于向殿下群臣将事情直接挑明了：揭露杨勇绝非空穴来风，而是有人证物证的，是经过了长时间严密察访和做了大量准备的。还有，东宫官员姬威已经倒戈，谁还想对太子落井下石，今天是最好的机会，也是最后的机会。

姬威进了大殿，行毕叩见之礼。文帝开门见山地说："姬威，凡是有关太子的事情，你在朕与众卿面前尽管直言，不必顾忌。"

姬威应了一声："遵旨。"接着说道："陛下，太子与臣下共处一起，太子无时无刻不在表露他的骄横奢侈。他几乎一年到头都在筹划如何建造华丽的楼台宫殿。他曾设想将樊川到散关一带全部开辟建造成宫苑。太子对臣下说：'当年汉武帝营建上林苑的时候，东方朔出面劝谏，武帝为此赏赐他黄金一百斤，多么软弱可笑。如果是我，可没有那么多黄金赐给这种人。日后假如有人劝谏我，我立刻就杀掉他。不用杀到一百人，那些劝谏刺耳的话就会永远止息。'

"前些时候，陛下解除苏孝慈东宫左卫率职务，调任浙州刺史，太子为此气得浑身发抖，怒吼道：'此仇终生不忘！大丈夫终会有扬眉吐气的一天，到时候，一定要称心快意！'另外，东宫经常向朝中索要许多这样那样的物品，尚书大人恪守规制，往往是拒绝发放。太子也常因此而大怒，多次对臣下说：'有朝一日将仆射以下的人杀掉几个，让他们知道轻慢太子的厉害！'

"太子还常常流露出对陛下和皇后的怨恨，说：'父皇母后总是斥责我宠幸姬妾，生养了许多庶子。齐后主高纬、陈后主陈叔宝皆非正室所生，难道也是庶子吗？真是无稽之谈！'

"陛下，太子还请了术士扶乩占卜，他对臣下说：'皇帝的忌期在开皇十八年前后，此期限很快就要到了………'"

姬威所说的这些事早已写在了给文帝的奏书当中，并且也在心里背诵了不知多少遍，说起来当然滔滔如悬河，十分流畅。不知不觉中，竟连太子占卜得知皇上忌期的事也顺嘴溜出来，使得他心中一惊，连忙刹住了话头。预卜皇上忌期自然是杨勇一大罪状，但是当着这么多大臣的面说出了占卜结果，无论如何也算不上是件吉利事情。姬威心里想到了八个字：得意忘形，千虑一失。不免有些胆寒。

然而，此时的皇上似乎已顾不上去猜忌姬威陈述背后会造成的不利了。文帝听完姬威的诉说，已经是涕泪横流，整个一副伤心欲绝的样子。

文武群臣也都偷偷地舒了一口气：够了，仅凭姬威说的这些已经足够了。杨勇的皇太子已做到了尽头！

文帝擦了一把泪水，哀哀地说："诸位爱卿，我们哪个不是父母生、父母养？为人儿女者，又怎会对父母没有点亲情孝心？谁能想到杨勇竟然凶狠到如此地步，可叹我帝王之家竟出了这等逆子！虽然，朕的德行不足以与尧舜二帝相比，但无论如何，朕也不能将天下社稷托付给品行不端的儿子！前些天，朕又曾阅览《齐书》，读到高欢一意放纵儿子的情景，心中极为震怒。朕是绝不会效法高欢的！今天，朕决意将皇太子杨勇废黜，使大隋天下永享安宁！"

皇上终于说出了久藏心中的主张。

太子宫被皇宫禁卫军围得严严实实，若没有尚书右仆射杨素大人的允许，任何人不得出入。文帝命杨素总管追查杨勇谋逆一案，在唐令则被拘捕之后，二十多天里，先后又有左卫大将军元旻等十几个太子朋党被押入大牢。平心而论，这些人的确是杨勇的亲朋好友，都因追随了杨勇有了腾达富贵。祸兮福所倚，几乎一夜之间，他们又因杨勇的缘故做了阶下囚，进而又成了刀下鬼。昨天，皇上下令将查获的太子逆党统统集于广阳门外斩首，其妻姜子孙没入官府为奴。罪名是"邪臣佞媚，凶党煽惑，致使危及宗社，毒流兆庶"！

该杀的杀了，该没的没了，太子谋逆一案搅得朝中人心惶惶，一片恐怖。相比之下，东宫里面却要平静得多。

尽管还没正式诏告天下，而杨勇早已知道自己已经不是皇太子了。所以，这时候他的那身庶人装束才名副其实了。

这会儿，杨勇手提一柄斧头，走到庶人村前边的那棵大槐树下，举起斧头，只三两下，就把当时自己亲手钉上去的那块写着"庶人村"三个字的木牌敲了下来。他将木牌拿在手里，端详着自己亲笔写的那三个字，觉得有些好笑，心想：挂牌的庶人恰恰不是庶人，真正的庶人根本无需挂牌。

这么浅显的道理，当时自己竟没弄懂！

杨勇想到这里，"唉"地叹了一声，将木牌随手向身后一扔。

木牌落地的响动伴着一个女人的一声尖叫。杨勇转身看去，是云昭训正朝自己走来，那木牌正落在她面前，差一点就砸着她的脚。

云昭训俯身捡起来木牌，走过来说："写得好好的一块牌子为什么要扔了，难道它也有过失？"

"唉！"杨勇看看她，又像在自语，说："名，可名，非常名啊！"

云昭训也不知道自己听懂了没有，只是点头说："那就把这块木牌给我好了。"

这时候，只见一群兵士在一名校尉的带领下急匆匆朝这边走来。他们走到杨勇跟前站定，校尉高声说道："奉陛下圣旨，押解杨勇即刻进宫听诏！"

杨勇一怔，遂扭头问云昭训："今天是几日？"

云昭训答："十月初九。"

"莫非明年的今天是我的周年？"

文帝身着戎装，率一队禁军威风凛凛地跨进武德殿的时候，大殿两侧已经站满了人：站在大殿东侧的是朝中文武百官，皇室宗亲全部列位西边。

大殿里寂静无声，一片肃杀。

卫兵将杨勇带到了殿前的庭院中，文帝命他站在那里，随即传旨内史侍郎薛道衡立于殿前宣读诏书：

太子之位，实为国本，苟非其人，不可虚立。自古储副，或有不才，长恶不悛，仍令守器，皆由情溺宠爱，失于至理，致使宗社倾亡，苍生涂地。由此言之，天下安危，系乎上嗣，大业传世，岂不重哉！皇太子勇，地则居长，情所钟爱，初登大位，即建春宫，冀德业日新，隆兹负荷。而性识庸闇，仁孝无闻，昵近小人，委任奸佞，前后衍衅，难以俱纪。但百姓者，朕之百姓，朕恭天命，属当安育，虽欲爱子，实畏上灵，岂敢以不肖之子而乱天下。勇及其男女为王、公主者，并可废为庶人。顾惟兆庶，事不获已，兴言及此，良深愧叹！

薛道衡朗读之声铿锵激昂，顿挫有致，字字句句清晰洪亮，碰撞得大殿的廊柱门窗嗡嗡作响，生发出一股威权的震慑力量。

读罢诏书，文帝对杨勇说："你犯下的罪恶过失，已经是天地不容，人神共弃，朕不想废黜你也不行了。睍地伐，你还有什么话可说？"一声"睍地伐"，让杨勇即刻感到了自己与皇上之间还悬系着的那一丝父子之情，或许这正是饶自己不死的关键所在。他咚的一下跪伏在地，哭着说道："陛

下，依臣子的罪过应该横尸法场，以警示后人。而今天幸得陛下宽容哀怜，免臣子一死，保全了性命。臣子愧无他言，只有感激不尽，谢陛下隆恩！"

说完，杨勇站了起来，泪水已打湿了衣襟。他像喝醉了酒似的，一步三摇地朝宫外走去。文帝通过大殿的门口望着长子的背影，在上午的阳光里，那个身形如同一幅剪纸，薄弱无力，似隐似现，很不真实，不一会儿便融化在一片耀眼的光芒之中。

这时候，忽听有人大叫了一声："陛下！"随即扑通一声跪在殿中。文帝一惊，收回了远望杨勇的目光，看着跪倒的这个人是东宫洗马李纲，就问："李纲，有什么事向朕禀奏吗？"

李纲抬起头，已有两行热泪流下了脸颊。他伤痛地说："陛下，太子废立是国家的一件大事，看今日情势，臣知圣意已决，不可更改了。满朝高官也都知道不可更改，但并不等于每个人都赞同陛下的做法，却没有一个人敢说。李纲身为朝臣，沐浴皇恩，面对此等国家大事，绝不可因为怕死而不把心里的话对陛下讲出来！"

文帝静静地听着，心潮翻滚，当初，他与皇后对杨勇的德行几次提出质疑时，尚书左仆射高颎就曾劝谏不可轻言废立。为此，他寻机将高颎免职回家。今天，废黜太子木已成舟，不知为什么，文帝倒有点想听听有人能对此讲出一点不同的想法来，他默默颔首，说："李纲，有什么话尽管直说。"

"陛下，依臣愚见，太子本来就是个平常之人。既然是平常人，可以使他学做善事，也可以使他为非作歹。当初，陛下若是用人得当，挑选正直无邪的人辅佐太子，就像当年陛下任用王韶辅佐晋王那样，太子是足以继承守护国家大业的。可是，陛下却选用了唐令则一伙，就为今日之结局埋下了祸根。

"臣还记得，有一次太子宴请东宫官员。在酒席上，身为太子宫总管的唐令则竟亲自弹着琵琶，唱起了叫作《妩媚娘》小曲。臣当即禀告太子：'唐令则身为宫廷高官，职责是辅佐太子，却在广庭之下充卑贱歌伎，唱淫荡之声，污秽太子视听，当重加责罚！'但太子却不以为然，说：'我兴致正高，不要你多事。'陛下，太子整天与这些只知用声色犬马娱悦自己的人相处一起，怎么会不到今天这种地步！因而臣以为，太子之今日，并非其一人过失，也是陛下的过失啊！"

说罢，李纲又匍匐在地，呜咽不止。

李纲的一番直言确实触动了文帝，只见他沉思良久，才缓缓地对殿下的众人说："李纲所言你们都听到了，他对朕的责备是非常有道理的。可是，李纲，你只是只见其一，未见其二呀。你为人正直，也是朕任用的东宫官员。可是杨勇却不肯亲近信任你，像这样，就是换上再多的正人君子又有何用？"

"陛下，"李纲抬头答道："这正是有唐令则一伙围在太子身边的缘故。陛下只需下令处治奸邪，再选贤才辅佐太子，臣也就不会被疏远了。可是今天……陛下，臣冒死再说一句，自古以来，皇帝废黜嫡子，很少有不留后患的，望陛下深思！"

"李纲！"文帝突然呵斥一声："你不觉得有些过分了吗！"

的确，李纲最后一句话刺中了皇上的心病。文帝担心那样的后患，却不愿意听到有人讲出来。

皇上的恼怒呵斥让文武百官心惊胆战，只听到有人窃窃地说："李纲的死期已经到了！"

文帝看着跪在地上的李纲，嘴角不禁蠕动了一下，最后说了一句：

"退朝！"

文武百官连忙躬身送皇上走出大殿。文帝走到大殿门口时，忽然停住了，叫道：

"吏部尚书牛弘！"

"臣在。"牛弘来到文帝的跟前。文帝问道："你不是提到尚书右丞一职尚有空缺吗？"

牛弘答："回皇上，正是，已经出缺多日，一直没有最佳人选。"

文帝转身手指向李纲："哈哈，今天就有了。传朕旨意，擢太子宫洗马李纲为尚书右丞，即日赴任！"

第十三章

晋王登上太子之位　山阴偶遇宣华夫人

　　开皇二十年十一月初三，文帝颁诏，立晋王杨广为皇太子。消息传到扬州，总管府里一片欢腾，而晋王杨广却显得出奇的平静。这道诏书的颁布，早已在晋王的意料之中，或者说是他很久以来努力谋划的结果。至于被立为太子后应有的兴奋与激动，已经被长时间的努力谋划的那种向往和期待消耗殆尽，此刻，只剩下平静。杨广要平静地面对现实，还要平静地面对从今往后的日子。

　　从太子到皇帝，看似一步之遥，真要走到目的地，这段路程还很长，而且很艰难。就像平川里看山，觉得那山近在咫尺，若要登上山峰还得跋涉很远很远。要不，怎么会有"看山跑死马"这句俗话俚语呢。

　　就要离开扬州了，屈指算来，杨广在这里已生活了十一个年头，他真有些恋恋不合。他留恋这里的山水，留恋这里的气候，也留恋这里的民风人情。这里的一切都那么纤秀、温顺、柔美，时时刻刻在浸润销蚀着这位北方大汉的粗犷、刚毅和果敢。每当意识到这些的时候，杨广心头都不觉一颤，进而提醒自己：一定要离开那里，回北方去，回长安去。纤秀、温顺、柔美只能欣赏，只能享受，而不可融入其中成为一体。杨广的宏图大业在北方的京师之中，只有离开这里，日后才有可能更威风凛凛地回到这里，欣赏和享受这里。

　　案几上放了厚厚一摞请帖。这些天，扬州的达官显贵、地方豪绅纷纷设宴，为新立的皇太子庆贺、饯行，但都被杨广一一回绝了。庆贺什么？庆贺自己成为皇太子吗？那不过是把既成的事实再渲染张扬一番罢了。而事实既成，你就是不渲染，不张扬，它也实实在在地摆在你面前，不可否认，不能抹杀。杨广觉得，真正值得庆贺、值得渲染张扬的应该是事实未成时候自己的谋略和自己的胆识，而这些恰恰又是不便和不能庆贺张扬的。

　　杨广派人找来了张衡。他决定将张衡带到长安去，让他做太子宫总管，虽这还需经父皇允准，不过杨广想，父皇一定会同意的。张衡当然愿意与杨广同行，他说："下官甘心为太子鞍前马后，追随终生。不过，光我一个人还不够。太子，凡是擢升的官员将臣，每到一地都须有一帮自己的人围绕在身边，才能站得住，站得稳，打得开。否则，就很难说了。这个道理也适合于太子。"

杨广问："那么，你觉得还有谁可以与我同行？"张衡几乎未加思索地答道："寿州刺史宇文述、洪州总管郭衍。若再需要，还可在京城中物色。"

"好！"杨广爽快地同意了，又问："回到京城之后，我应该先做些什么呢？"

张衡想了一会儿，反问道："太子，你以为自己的座位牢靠吗？"

杨广一愣："你指的是什么？"

"晋王立为太子，我恐蜀王不服！"

噢！杨广恍然大悟。

蜀王就是杨广的四弟杨秀，也是益州总管。杨秀生得容貌英俊，身材魁伟。他胆子大，有魄力，而且还练就了一身好武功。情暴戾怪诞，喜怒无常，许多朝廷重臣都怕他三分。杨广心想：张衡说得极有道理，母后就曾向自己透露过父皇对杨秀的担忧。父皇说："蜀王将来恐怕不得善终。只要我活着，还不会有什么大事。若是我不在了，十有八九蜀王会反叛的。"蜀王这等秉性，能坐视自己立为太子而无动于衷吗？

杨广问张衡："你认为我该怎样？"

"这事还得由杨素来办才行。"

杨广点点头，心里说：我明白了。

临行前的这天晚上，杨广在后阁中摆了一桌素菜宴，来为自己庆贺，也为自己钱行。坐在饭桌边的只有三个人：皇太子杨广、萧妃……当然已经是太子妃了，还有一个柳娣。柳娣既是陪客，又当侍者。

虽说萧妃对杨广立为太子也没表现出多么兴奋激动，可是对杨广只弄了几盘淡淡的青菜来作庆贺宴席，的确有些不解。她问："太子，就这么几盘清淡寡味的蔬菜，再加上我们三个孤独寂寥之人，就算是庆贺筵席吗？"

杨广笑了笑，十分认真地说："父皇此生最忌恨奢侈铺张，今天我做了太子，就更不能做有违父皇意愿的举止。名为庆贺，实为儆戒。太子是父皇立的，既可立，也能废，杨勇就是前车之鉴。你们两个也要记住，有些事情，明知是在伪装，也要伪装下去，而且要伪装得比真的还真，这样也就没有什么伪装了。懂吗？"

萧妃摇摇头："不懂。"

柳娣把嘴一噘，说："咳！做哪门子皇太子嘛？又要回到干冷干冷的北方了。"

杨广指着柳娣对萧妃说："看见没有，柳娣伪装得就不像！"

三个人都呵呵地笑开了。

十二月十六日，皇宫里举行了新立太子庆贺大典。隆重的仪式过后，文帝当众下旨，允准了太子杨广的一份奏章。这份奏章有两部分内容。首先，太子杨广恳请免穿礼服，太子宫所需官服车马用具等物统统降低一级；东宫官员对太子不自称臣。文帝高兴极了，他之所以在庆贺大典上宣布批准太子的奏章，就是要让文武百官们知道，新立太子与杨勇的不同，从而证明皇上眼光的敏锐、决策伟大。

文帝还同意了太子杨广的另一项请求：任命张衡为东宫总管；宇文述为东宫左卫率；郭衍为东宫左临门率。

杨广心中预想的几步打算，都通过皇上以圣旨的形式确定实现了。文帝也心满意足，他觉得自己顺应了天意，上苍及各路神灵在护佑着自己，也护佑着大隋基业，他感激神灵的恩泽。于是，在新立太子庆典的第二天，又颁布诏书，号令各地为五岳、九镇、二海、四渎诸神灵修建庙宇，塑立神像。

五岳就是东岳泰山、西岳华山、南岳衡山、北岳恒山、中岳嵩山；所谓九镇，即会稽山镇扬州、衡山镇荆州、华山镇豫州、沂山镇青州、岱山镇兖州、岳山镇雍州、医无闾山镇幽州、恒山镇并州、霍山镇冀州；二海是东海和南海；四渎是长江、黄河、淮水、济水。这五岳、九镇、二海、四渎各有神明，文帝命令为这些神祇建庙像，并设专门官员供应香火、专事洒扫，以求保佑。凡胆敢毁坏佛、道及五岳、九镇、二海、四渎神者，一律按"不道"论罪。什么是"不道"？杀人一家三口者谓不道，属十恶之一，遇赦不赦。若是和尚毁坏佛像，道士毁坏道像的，以"恶逆"论处。何谓恶逆？谋杀父母、祖父母及丈夫的就是恶逆，也是十恶不赦之罪。

确立新储，无后顾之忧，天下自然安定，就象征了一个新时代的开始。于是，文帝颁诏，自明年正月起，废止开皇年号，改元为仁寿。

也就在这个时候，许多关于蜀王杨秀邪恶不端的传闻，像黄土高原上春风卷起的沙尘，一阵紧似一阵地吹进了皇宫，吹进了皇上耳畔。仁寿二年八月初的一天，独孤皇后偶感风寒，半夜里发起了高烧。经御医诊脉下药，到天明时高烧退去，而皇后却由此卧床不起，精神恍惚。任凭一班御医使尽浑身解数也无力回天，八月十九日，皇后驾崩了。噩耗传来，太子杨广悲痛欲绝。在母后的灵柩前面，杨广悲天恸地号啕大哭，竟昏死过去两回，所有在场的人无不动容，文帝也潸然泪下。杨广与皇后的母子亲情，让文帝忽然想起了一件事。他离开独孤皇后的灵堂来到后殿，差内侍召来杨素。太子废立之后，杨素已拜为尚书左仆射了。

"蜀王有消息吗？"文帝问道。

杨素回答："陛下，蜀王杨秀昨日刚刚回京，因皇后大丧，臣未及向陛下奏报。"

"哼！他终于还是来了！"文帝气恨恨地说。

杨素又问："陛下，是否召蜀王前来晋见？"

"急什么！先凉他几天，等皇后大丧过了再说。"

文帝的气恼是有根由的。征召杨秀回京的圣旨是开春时候下达的，杨秀却迟迟不动，文帝曾两次催促，杨秀仍置之不理。最后，文帝派了一名叫独孤楷的官员去接替杨秀任益州总管一职，他才在秋天里回到京师，前后拖延半年之久。文帝深信：蜀王杨秀必定有鬼！

根据杨素的呈奏，蜀王杨秀近来有许多不安分守己的可疑之处：首先，他命工匠暗中制造了一架浑天仪。浑天仪是观察天象的仪器，只有天子才可以拥有和使用，蜀王竟敢制造，其不测之心昭然若揭。其次，杨秀搜捕了大批山獠部落男子，阉割以后留在后宫，扩大自己的宦官队伍。第三，杨秀所用的车马服饰一直按照皇上所用的样式制作。还有一条，新立太子之后，杨秀说了很多对皇上不满和不服气太子的话。

因为有杨勇的教训，文帝对蜀王的言行再不能掉以轻心，他传旨召杨秀回京，就是要防患于未然。

杨秀对父皇召自己回京的确存着戒心。他虽然不知道杨素的密告，但对自己的所作所为是有数的。他尤其不服气父皇废立太子的做法，总觉得这里面有什么手脚，但一时又找不到真凭实据。越是这样，就越不敢贸然应召回京，因此就故意拖着不动身。直到独孤楷来按任，他知道再也拖不下去了，才带一队人马起程回京。

出了益州，走在路上，杨秀越想越觉得不对。心里在嘀咕：如果留在益州，自己还有点兵力和权力，就算父皇怪罪下来，也还能相持一时。自己单枪匹马地回了京城，万一有什么不测，只有任人宰割。

想到这里，杨秀招呼队伍停了下来，看看已走出了四五十里远，他当即决定调转马头，返回益州，并派了一名士卒骑快马先去打探一下益州的动静。

往回走了没多远，那名士卒风驰电掣般赶了回来，报告说："益州城门紧闭，城墙上站满了弓弩射手，看似严阵以待。"杨秀最后的希望破灭了，他怀着一线侥幸回到长安。

皇后的大丧已经过了好几天，杨秀还没有听到父皇召见的圣旨，心里更加不安起来。他正想亲自去宫中打听一下，侍卫禀报：尚书左仆射杨素来了。

杨素带来了皇上圣旨：将蜀王杨秀废为庶人，囚禁内侍省，由两名山獠部落女子侍应起居，不得与妻妾子女相见！

杨秀懵了，又气又急地质问杨素："仆射大人，这是为了什么？"

杨素冷笑一声，将一个布包扔在杨秀脚下，说："陛下让你自己看！"

杨秀打开布包，只见里面是两个制作精细的木头人，每个都有七八寸高。木头人的手脚都被绳索镣铐捆绑得结结实实，心窝上各钉了一颗粗长的铁钉。每个木头人的后背上还写着字，杨秀一看那些字，不禁大吃一惊。有两个稍大些的字，分别写的是："杨坚、杨广。"还有一行小字，内容一样："愿西岳慈父圣母收其神魂，如此形状，勿令散荡。"杨秀捧着两个木头人，诧异地问："这、这是从哪里弄来的？"杨素说："当然是从华山脚下挖出来的。"

"那又与我何干？"

"陛下得到密报，这两个木人就是你杨秀亲手刻制，又派人埋在华山下面的！你还有什么可狡辩的吗？"

杨秀一下跌坐在地上。他面色苍白，双唇乌青并颤抖着，心里想：完了！自己被人陷害了！

尽管杨秀不知道是谁如此阴毒地陷害自己，他却非常清楚自己完了。蜀王杨秀没有了，他将作为一个"庶人"在囚禁中度过自己的后半生！

对于太子杨广来说，在通向帝位道路上的一道障碍消除了。而且，这极有可能是最后一道障碍。

他感激杨素。

自从独孤皇后去世后，杨坚的身体也一日不如一日，最后竟然也累倒了。随后，杨坚便带着众人去了仁寿宫养病。这十一多天来，每到太阳落山的时候，太子杨广就从仁寿宫大宝殿的侧殿出来，身佩短剑，不带侍从，独自在山阴道上漫步。

因为在这个时刻、在山阴道上几乎能天天遇到的一个人——宣华夫人。又到了傍晚时分，杨广已经在大宝殿周围的山道上慢慢地走了好几个来回，仍旧没见到宣华夫人的影子，他不免有些惆怅。正要拾级而下，杨广忽然看见大宝殿的正门悄然半开，宣华夫人在两个贴身宫女的陪伴下迈出大殿，款款走上山阴小道。

"嗬！真是好艳丽的山茶花呀！"听到这一声赞叹，宣华夫人抬头循声看去，是太子杨广站立在前面的山道上，她向杨广施礼，说："太子，你也出来散步呀！刚才两位姑娘采了一束茶花，我们正商议着带回皇上的御榻旁边，也给大宝殿里增添一些蓬勃的气息。"杨广望着宣华夫人略带苍白的脸颊，不由心中感动，说："夫人这样时刻惦念着父皇，杨广万分感激崇敬。父皇卧病这么多天，幸亏有夫人忙前忙后，尽心服侍，实在太辛苦你了。"宣华夫人说："多谢太子关怀，实在不敢当。"杨广发出感叹："若是父皇无恙，我可以让江南的旧部多送些各色各样的果品来供父皇享用。"

杨广在扬州总管任上十年有余，对江南的风土人情、物产特色了如指掌。宣华夫人原本就是陈国公主，从小生活在江南，对家乡怀着深厚的眷恋之情。此时听太子说起江南物产，也来了兴致，两个人的交谈就越发投机了。过了很久，二人才各自道别回宫。

时光一天天过去，这一天，他又读书读得累了，随手将书卷抛在桌上，站起身在殿内走了几步，又来到窗前，轻轻推开窗扇，向外面的远处望去。大隋兴国已二十四年，而今国家太平无患，百姓安居乐业，人物殷阜，朝野欢歌，是历朝历代少有的景象。立为太子后，杨广曾恳求太子的车马服饰用品皆降低一级配给，父皇欣然允准。杨广本以为不过是暂时做做样子罢了，很快就会恢复到原来。没想到却沿袭至今，真是有苦说不出。

杨广正凭窗眺望，想着心事，忽听马蹄哒哒，只见一骑顺着山道飞驰而来。随即听到有人禀报："东宫呈送奏章简牍来了！"自从文帝卧病之后，他就不能处理朝政了。按照皇上旨意，朝中所有紧急奏章文牍改送东宫，再由东宫侍从每日快马送仁寿宫大宝侧殿，交皇太子披阅审理。正在这时，门外响起内侍传唤的声音："皇上有旨，传皇太子即到大宝正殿，商议皇上医药之事！"杨广一听，赶紧出门，快步向正殿走。

看见杨广进来，站立周围的御医、内侍轻声恭敬地叫道："皇太子！"杨广并不理会众人，径直奔到御榻前跪下，伏着身子，用颤抖的声音说："阿鹏敬请父皇圣安！"

帐内传出一个老迈无力、气如游丝的声音："阿鹏，御医配制止泻的药，需要用几两珍珠粉，内侍们竟无处找到。朕想让你想想办法，看看如何尽快找来。实在找不到珍珠粉，找几颗珍珠，让御医碾压成粉也行。"杨广说："阿鹏这就去找。"杨广犹豫一下，转脸看看站在一旁的宣华夫人，说："父皇，珍珠一类的物品，大都在妃嫔宫娥身上。阿鹏一个男子独自去索寻有些不大方便，若有宣华夫人同行，就好得多了。"

文帝开口说道："宣华夫人，你与阿鹏一起去找珍珠吧。"宣华夫人跪地应道："遵旨。"杨广和宣华夫人带领几个宫女出了大宝正殿，沿着蜿蜒的崎岖小道上上下下连找了几座殿宇，所到之处问遍所有妃嫔侍女，连个

珍珠的影子都没见到。前面这座殿宇是以前独孤皇后随驾来仁寿宫时专用的住所。独孤皇后驾崩，这座宫殿就一直空闲着，没有人住过。走到宫门跟前，杨广说："这里是母后住过的地方，进去找找看。"说着，他自己径直走进殿去。宣华夫人和宫女们也只有跟了进去。翻遍了独孤皇后梳妆的奁匣，里面除了一些剩脂残红以外，别无他物。杨广搬过一把椅子放在宣华夫人身边，说："夫人，看你累得这样子，先坐下休息一会儿吧。"说着，自己就坐在了另一把椅子上。杨广对几个宫女说："皇上要药要得火急，你们到前面几座宫殿再去找找。我和夫人稍稍休息一会儿，马上就来。"

宫女们见太子不容置疑的眼色和命令的口吻，就也不敢说什么，转身就走。杨广在宫女们走了以后，才突然觉得大殿里的气氛变得不一样了。不一样的原因，就是自己单独与宣华夫人相处在一起。他正想用什么办法驱除这凝重的空气，宣华夫人却站起来要走。于是，他赶忙说道："父皇病重，全仗着夫人照料，万一夫人也累病了，可让我们这些人怎么办？再休息一会儿，急也没有用。"经杨广一说，宣华夫人倒觉得刚才自己的局促不安真是多余了。宣华夫人真的累了，她又坐了下来。

杨广见众人离去，只剩下宣华夫人与自己，就色胆包天地对宣华夫人无礼，他强行推倒了宣华夫人……

宣华夫人不知道自己是怎么回到大宝殿的，只记得一路上昏昏沉沉、飘飘忽忽，如腾云驾雾一般。宣华夫人进来的时候，见文帝闭着眼睛，呼吸均匀，像是睡着了。她轻手轻脚地在一旁的椅子上坐下，想趁文帝睡觉的这段时间，平定一下自己的心绪。文帝并没沉睡，朦胧中他感觉有人进来，而且感觉到进来的是宣华夫人。他轻轻地将眼皮睁开一条缝，看看宣华夫人，心中大吃一惊："爱妃，出什么事了？"也许是声音太弱了，痴情中的宣华夫人竟然没听见，口中念念有词竟发出声来："太子，太子啊……"文帝脑子里轰地响了一声炸雷，竭尽全力怒喝道："你说什么？太子把你怎样了？"文帝的一声怒喝将宣华夫人彻底惊醒了！她不知道自己刚才究竟做了什么，说了什么，感觉自己似乎掉进了冰窟，全身上下的每一下汗毛都缩紧了，她急忙说："陛下，我，我……""快说，太子究竟把你怎么了！""太子……和我，不，是太子无礼……不，陛下，我，太子……"宣华夫人的嘴唇翕动着，是那样的笨拙而僵硬。文帝已经恍然大悟，他愤怒了，说道："畜牲！这个禽兽不如的东西！天下怎么可以交到一个畜生手里！"随即向殿外喊道："来人！"一名内侍闻声进殿。"召兵部尚书柳述速来御前！"

第十四章

文帝有意重立杨勇　箭在弦上一触即发

兵部尚书柳述因掌管仁寿宫禁卫，住在宫门附近的一幢馆舍里。这会儿，他正在怒气冲冲地亲自监督鞭挞几个违犯军纪的禁卫士兵。

事情发生在中午，柳述像往日一样沿宫墙外围一路巡查禁卫哨所，那些哨所就是一个个在山崖石壁上开凿出来的洞穴，一人多高，五六尺宽，纵深也有四五尺，三四个兵卒站在里面也不算太拥挤。

远远的，柳述看见一个哨所里冒出一缕缕青烟。渐渐走近了，又闻到一股诱人的肉香。柳述三步并作两步冲了过去，一看，几个士兵点燃一堆木柴，柴火上正架烤着一只野兔，看样那野兔快烤熟了，浑身金褐色，吱吱的冒油。

柳述见状，怒不可遏。皇上早有旨令，仁寿宫一带禁止狩猎，更何况是在皇上病重的非常时期。柳述气冲脑门，不问青红皂白，抬脚踢翻了烧烤野兔的支架，又举鞭抽打几个哨兵，边打边骂："你们这些饿死鬼托生的混账东西，竟敢违禁狩猎，打兔子吃！"

士兵挨长官打骂本是常事，无需去分辩对错道理。可今天这几个士兵中偏有一个傻乎乎的，开口说："大人，这只兔子不是我们打来的，是它自己跑进哨所里撞死的。"

他说的是实话，皇上有令，仁寿宫周围一带禁止狩猎，这样，岐山里的飞禽走兽越来越多。因为人不猎杀它们，它们渐渐地也就不害怕人了。仁寿宫墙外，走兽与人相随而行，野兔跑到哨所避雨的事已不鲜见。这些，柳述也并非不知道。

即便是这样，是实话，也不能说出来，至少不该在此时说出来。你说出实情，那倒是长官错怪你了，错打你了，你也不想想，长官能错吗？你在哪里在什么时候见长官错过？你傻乎乎地辩白几句，存心让长官无法下台，正是火上浇油。

果然，柳述暴跳如雷，大吼道："大胆奴才，还敢狡辩。来呀，把他们几个统统绑了，带回去严加责罚！"

柳述是个年轻公子，父亲曾是北周旧臣，与文帝有同朝之谊。文帝登基后，其父转仕隋朝，礼遇厚重。柳述靠父亲荫护，先是当了太子杨勇的亲卫，后娶兰陵公主，成了文帝的女婿，随即拜兵部尚书，参掌机密。柳述知道自己没有军功，突升高位，掌握兵权，恐怕下属不服，所以常常无事找事，或借事生事执法用刑，以此震慑将士。

柳述将犯纪的士兵带回馆舍，捆绑在房檐下的廊柱上，先给每人一顿劈头盖脸的毒打，然后又问犯禁狩猎之罪。谁知道，几个士兵因区区小事遭到如此毒打，心中怨恨不服，都众口一词，说根本没有狩猎，是那兔子自己撞进来的。

柳述左右为难了。人都狠狠地打了，都没有一句口供。没有口供，能不能治罪先不说，自己真的无法下台。总不能为这点事把人打死吧？这可如何是好？

柳述正在左右为难，忽有皇宫内侍前来宣旨，召他即刻去大宝殿面圣。柳述心里一惊：出了什么事，这么紧急？就吩咐侍从先将几名犯事的兵士禁闭起来，等他回来后处治。便和内侍一道急忙奔向大宝殿。

柳述赶到大宝殿，见皇上依旧躺在御榻上，虽面容憔悴，神色却也安然，没有病情恶化的征兆，心里一块石头落了地。可转而又有些疑惑：既然病情没有加重，为什么这样火急把我召来？殿内也没有别的大臣，连宣华夫人和皇太子都不在御前，就是说，皇上要单独见我……

柳述一边暗自思忖，一边跪下身去恭请圣安。文帝见柳述来了，似有如释重负之感，不等行完叩见之礼，便挥手命左右侍卫全部退下，然后，气息短促地说："爱婿，快召皇子前来见朕！"

皇子？柳述一愣，心想，是皇太子吧？是皇上说得急促，还是自己听模糊了？于是就答道："遵旨。臣即刻去大宝侧殿，召皇太子晋见陛下！"

文帝又是摇头，又是摆手，连忙更正说："不是杨广，是杨勇，睨地伐！"

"噢？不召杨广，反召杨勇，陛下，臣斗胆问一句，到底出了什么事？"

柳述这样问是应该的，杨勇四年前就被废了太子，降为庶人，一直囚禁在长安城里，现在突然要把他放出来，还要召来仁寿宫面见皇上，这可是一件惊动朝野的大事，柳述不得不问明白。

文帝脸上现出痛苦难堪的表情，迟疑着想开口说话，又几次欲言又止。可是这么大的事若不讲明白，谁也很难完满地执行。好在柳述是当朝驸马，自己的女婿，也不能算外人，对他说出家丑，不算外扬。于是，文帝咬了咬牙说："杨广这个畜牲，禽兽不如，竟敢趁朕重病在床，对宣华夫人无礼。朕要立即废黜杨广，重立杨勇为皇太子！"他停顿了一下，又说："唉！也怪朕耳目昏聩，当时偏听偏信了独孤皇后的煽惑。是独孤皇后误了朕的大事呀！"

原来如此！

说实话，柳述对皇上说的这件事并不十分看重，这种宫闱艳事哪个朝代没有？若因此事而定废立，是不好向朝野交代的。再说，如今皇上卧病在床，无力主掌朝政，由我柳述去串通废立太子，事成了还好，万一有点差错疏漏，谁能担当得起？杨广少年为将，南征北讨，不是一盏省油的灯，他绝不会甘俯命运，任人摆布。况且还有杨素一伙相助，我柳述对付得了吗？不过，皇上说是独孤皇后误了他，这是句实话。可是，事到如今才看明白，不是有点太晚了吗？

文帝见柳述默默不语，有点急了，说："爱婿，还等什么！速去长安传朕敕命，恕杨勇无罪，要他秘密赶赴仁寿宫，朕要托付他大事！"看来圣意已决，不办是不行了。柳述转念一想，这样也好。

柳述与杨广不合由来已久，在皇亲中也不是秘密。当年，兰陵公主十八岁新寡，父皇怜她来日方长，要给她另择佳婿。文帝属意青年公子柳述，而当时的晋王杨广却一心想将兰陵公主配与萧妃的弟弟萧玚并为此事几次上书父皇。

经过一番斟酌，文帝还是决定把女儿嫁给柳述，杨广因此大为不悦，但又奈何不得，只能在心里记恨柳述。及至柳述升为兵部尚书，就渐渐变得恃宠骄横，有时在杨广面前也要端一端架子，更惹得杨广反感厌恶。

柳述也因杨广曾在自己的婚事作梗而心怀不满。后来，得知皇上要立杨广为太子，就多次见驾密谏，劝文帝打消废立念头，文帝没有听取谏言，还是废掉杨勇，立杨广为太子。

两人之间的芥蒂，彼此了然，只是心照不宣。有文帝在上，一个是皇太子，一个是当朝驸马，谁也奈何不了谁，只能貌合神离。若是文帝一旦不在了，两个人会闹出点什么事来，那就很难说了。

因此，柳述想：皇上已是风烛残年，就算捱过这场重病，晚年的日月也不会太长。自己与杨广的嫌隙是无法弥合了。皇上健在还行，不至于把我怎样。一旦皇上殡天，杨广继位做了皇帝，我柳述会有好下场？真是苍天有眼，杨广终于被皇上揪住了尾巴，要废掉他的太子。而且面授机宜，将这等大事交给自己办理，天助我也，正好借皇上威权，除去我自己的后顾之忧！借风吹火，无需用力，何乐而不为？想到这些，柳述不再犹豫，俯身对文帝说："陛下，臣这就回去拟诏。写好诏书后，即来请陛下过目，

并盖上玉玺，再派人带诏书速去长安，召杨勇来此。"

"这是机密大事，万万不可走漏一丝风声。"

"遵旨。"

文帝点点头，两眼一闭，不再说话。处理这件大事之后，他仿佛已经耗尽了全身的力气。

再说，杨广怏怏不乐地回到大宝侧殿。他斜倚在床上，顺手拿起一本梁昭明太子萧统编的《文选》简册来读，想借此排解心中的烦躁。当年，昭明太子召天下著名学士研讨典籍，荟萃秦汉以来名篇，汇成《文选》三十卷。这是一部让杨广爱不释手的书籍，他常常随身携带，还说过："《文选》可以当饭，可以忘忧。"然而此时他手持书卷，却怎么也读不进去，眼睛直盯着书页，那上面的行行小楷字，已经变成了一堆黑点。

刚才在母后遗殿的那阵冲动，现在已平息下去，替代冲动的，是一阵强过一阵的焦虑和忐忑不安。宣华夫人惊恐慌乱的目光和喃喃无力的哀求一直萦绕在他的脑海。他拥抱着宣华夫人的时候感觉到，开始她的确想挣扎，很快就变得半推半就，如果自己继续再有什么动作，她便会顺从，也许她正企盼着自己的动作，可是不敢确定，犹豫之间错了时机，自己很是遗憾。宣华夫人会不会因此而觉得失望？杨广也不能确定。但唯一可以确定的是，宣华夫人由于自己的冲动而惊恐害怕，不知所措，脸色都变了，心里肯定乱成了一团麻。这就让杨广感到了事情的严重，非同小可。

宣华夫人性情柔弱善良，不会有害人之心，还不至于主动向父皇奏报自己的不轨举动，那样对她自己也没有好处。可是，正因为她性情柔弱善良，就不会掩饰感情，不能随机应变，就刚才那种面目举止，回到大宝殿后，肯定会被父皇看穿。父皇那双眼睛太厉害了，极少有瞒过他的事情。宣华夫人本来心中慌乱，哪里经得住父皇的几声喝问。果真这样，可就有大麻烦了。

想到这里，杨广越发觉得焦躁不安，他扔掉手中的书卷，站起身来，走到窗前，哗哗几下拉开挡得严严的窗帷，推开窗户。殿宇里立刻变得亮堂了，一阵山风吹来，又送进了爽人的清凉。

一个侍从看见杨广这异常的举动，非常惊讶，就走上前去提醒说："太子，这窗户……"

"这窗户严严地遮了两个多月，眼看要把人闷坏了。我要透透气！"

"可是，皇上龙体尚未康复，大宝殿的窗户也没有打开呀！"

"大宝殿是皇上住的地方，这里不是！"

侍从不敢再说什么，疑惑着看了看杨广，悻悻地退向旁边。

站在窗前，大宝正殿的景象一览无余。大宝正殿与侧殿同在一片山坡上，两殿相距仅一箭之遥，各有郁郁葱葱的林木簇拥着。

杨广回头吩咐侍从："你站在这里，盯紧对面正殿，若是有大臣出入，立即来报。"

杨广吩咐完毕，就独自走向里边，又在床上躺下来。

过了不多会儿，站在窗前窥视的那个侍从来报告说：兵部尚书柳述进大宝殿去了。

不是晨昏请安问好的时候，柳述独自一人去大宝殿干什么？若不是皇上召见，柳述也不敢擅闯御殿，那么，皇上又为何单独召见他呢？想到这里，杨广霍然起身，急步走到窗前站下，向大宝殿望着。

过了一会儿，柳述出来了，依旧是独自一人，身边既无大臣，也没有随从，而且行色匆匆。这更加重了杨广的疑心：皇上对柳述说了什么？有什么布置？会不会牵涉到……

事不宜迟，得赶紧拿出对策。可是，怎样才能探出个虚实？直接派人去大宝殿去打听是不行的，那是弄巧成拙，打草惊蛇。对了，应该请左仆射杨素帮忙。杨素住在宫前，与柳述的馆舍紧邻。他对自己忠心耿耿，若没有他暗中使劲，自己还当不了太子呢！再说，杨素与柳述也有过节，凭这位老臣的见多识广、精明干练，一定会弄明白幕后情节的。

杨广这一招又想对了。

杨素与柳述，一个是开国元勋，尚书左仆射；一个是兵部尚书，皇上的女婿。尚书省，无事不管，统管吏部、礼部、兵部、工部等各部之事。柳述是兵部尚书，按例是杨素的属下。但柳述依仗着自己是皇上的女婿，并不把杨素这位开国老臣放在眼里。有时候柳述判事不合杨素之意，杨素派人传令柳述改动，柳述常傲慢地对来人说："回去告诉仆射，就说柳述懒得改动！"更有甚者，柳述还不时地在皇上面前密告杨素的短处，使得皇上对杨素也有些疏忌。

杨素虽然十分恼火，却碍于皇上和公主的情面，不好对柳述怎样。但是在心里，两人的积怨越来越深。

这就是杨广相信杨素定会与自己一起对付柳述的根由。

这时，杨广提笔写了一纸便笺："天籁如有得，愿报一二闻。"

便笺写好，杨广交给一个心腹侍从，命他将便笺藏好，悄悄给宫前的杨素送去。

柳述拷打和禁闭烧烤野兔的士兵，引起了禁卫中属下的愤愤不平。许多官兵认为，他们平时的日子够清苦了，烤一只野兔解馋算不了什么。再

说，那野兔的确不是猎杀。退一步说，就算是违禁狩猎，即便按军法从事，也该是打了不罚，罚了不打。现在几个人都遭受一顿毒打，还要罚禁闭，于理于法都说不通。

这些官兵多有平日因小事受到柳述责罚的，早就按捺不住，都想找个人替他们出出气，杀一杀柳述的骄横。他们想到了杨素，朝臣中唯有杨素敢于出面管这些事情。杨素资深功高，位在柳述之上，而且他是领过兵的大将，以宽严得体、奖罚分明著称。他很能体恤官兵，微功必录，却不计小过，只对那些临阵退却者斩杀不饶。所以他的部下既畏惧他，又顺从他，拥戴他。

十几个禁卫官兵找到杨素，将柳述屈打士卒，又加禁闭的事详细禀告，求老将军出面说情，将受屈的士兵释放了事。

杨素听了官兵们的诉说，气恨恨地骂道："这种纨绔子弟怎么会治军！"当即答应了官兵们的请求。话一出口，却想起了一件事。年前，皇上赐给他一道敕书，上写："仆射乃国之宰辅，不必躬亲细微，但三五日一度到省，评论大事。"

从字面上看，这道敕书是皇上对杨素的体贴关怀和尊重，他可以不必像其他大臣那样每日赴署衙坐班理事，只需三五天去尚书省一次，管管大事就行了。但杨素心里明白，实际上是皇上夺了他手中的一部分权力。之所以有这道敕书出来，与柳述在皇上面前报进谗言有关。

杨素想，责罚违纪士兵，不管在不在理，合不合法，毕竟是件小事。若因此去找柳述，他完全会以皇上的这道敕书为盾牌，把自己挡回来。那样，说情不成，反而落个没趣。

杨素有点后悔，刚才不该听了官兵们的陈述，就贸然应允为他们出面说情。堂堂仆射，一诺千金，既然答应了，岂能食言无信？他又一想，不对，执法用刑，下关黎民，上关国典，怎么会是小事！皇上在敕书中就尊我为"国之宰辅"，当年皇上受禅登位之初，就诏我参与制定隋律，有关执法用刑的事，我怎可坐视不管？

经过一番梳理，杨素终于将情理想通了，他对官兵们说："我这就去找柳述！"

这时一名尉官说道："仆射大人不必这样急，柳尚书刚刚被皇上召到大宝殿去了。"

"噢？那好，等他从皇上那边回来我再去。"

官兵们走了，杨素陷入了沉思。

皇上急召柳述究竟是为什么事？如有大事，理应先召我去才是，我身为仆射，位在柳述之上。至少也该同时召见，共同商议。是什么事驱使皇上非单独召见柳述不可？

皇上以亲疏定厚薄的做法，使杨素颇为不平，刚才仗义要为受屈士兵讨个公道的热情，一时也冷却了。他重重地叹了口气，在房间里踱起步来。

就在此时，侍从来报："皇太子派人来了，说有要事面见仆射大人。"

"哦！"杨素觉得似有异常，连忙说，"快请来人内室相见！"

杨广的侍从来到内室，叩见了杨素，然后摸摸索索地从贴身衣服里摸出一张折叠成燕尾形状的纸呈给杨素，说："太子有亲笔条笺，派小人来面呈仆射大人！"

杨素接过便笺，打开一看，竟是两句无头无尾、谜语一样的诗，遂问道："太子是否还有口信？"

来人摇了摇头："没有，太子只差小人送这张便笺。"

杨素想了想，说："既然没有口信，你回去吧。回禀太子，便笺收到，容杨素细细领略。"

来人走后，杨素一遍遍反复揣摩杨广写的那两句话，来来回回在屋里走动着。终于，他似乎悟出了一些东西。"天籁"，莫不是指皇上那边的消息、动静？想起刚刚皇上独召柳述，杨素心说，这事可能与太子所说的"天籁"有关联。这样看来，皇上此举不但甩开了我杨素老臣，也撇开了皇太子杨广。布置什么军机要事，值得皇上这样？是不是预感病将不治，早早安排后事？不可能。按常理，安排后事非召见我和太子才行。单独召见柳述，就是有事，也是对太子不利的事。太子一定是嗅出了什么气味，才密写了便笺来打探。

杨素想着，提笔写了一张回条："似闻天风招柳枝，疑有秋声隐隐来。"

写完，他也将字条折叠成燕尾形状，唤进一名侍从，说："立即将此条送到大宝侧殿。"

杨素哪会想到，岔子就出在送字条的这个侍从身上。匆忙之中，杨素忘了说明将字条给皇太子杨广，而送信的侍从也听得马虎了一些，他见杨素脸色阴沉，语气又急，接过字条后转身就走。以往杨素写的奏章条陈都是送交皇上的，侍从自认为这次也不例外。于是，他出门后就直奔了大宝正殿。将字条交给了守门的禁卫，再转呈皇上御览。侍疾的内侍接过门卫送进来的条子，听说是仆射杨素派人急送来的，不敢耽误，即刻向躺在病榻上的文帝禀奏："陛下，有重要条陈送到。"

文帝因杨广与宣华夫人的事动了肝火，召见柳述面授机宜又费了心机，这时躺在御榻上正昏昏沉沉的。忽听侍从说有重要条陈送到，还以为是柳

述代拟的密诏写好了，呈来御览，以便用玺后发出。心想，柳述办事真是干练。

既然是至关重要的机密诏书，非得亲自过目不可，虽说病得很重，文帝还是勉强支撑起半个身子接过条陈。展开一看，上面只写了短短两句话："似闻天风招柳枝，疑有秋声隐隐来。"

文帝如坠五里雾中，横看竖看，也看不出这上面有丝毫密召杨勇前来仁寿宫计议大事的意思。这柳述跟朕打什么哑谜？为什么他不亲自呈送？

文帝又将字条看了一遍，嗯？这不像柳述的笔迹，这么熟悉的字体，噢，对了，是杨素，这两行字的确像出自杨素之手。文帝随即问道："这是哪里送来的？"

内侍回答："是左仆射杨素大人派人送来的。"

果然是杨素写的！文帝脸上陡地变了颜色，双手也微微颤抖起来。既然是杨素写的，那么字条上的两句隐语的意思，文帝立时就明白了。杨素在暗示：皇上单独召见了柳述，可能会安排什么秘密行动！

可是，文帝又想：杨素在暗示谁？这张字条怎么会送到朕的手上？会不会是送错了地方？哎呀，一定是送错了地方！文帝豁然明了：杨素是在给逆子杨广通风报信，这字条原本要送到大宝侧殿，是送信的侍从有误，送到正殿里来了！

想到这里，文帝不禁惊出一身冷汗。幸亏苍天有眼，让他们阴差阳错，将这张字条送到了朕的手中，使朕窥破了他们这伙人的奸佞行径。如若不然，一场大祸顷刻之间起于萧墙，真的不堪设想！哼，逆子杨广，贼臣杨素，你们的如意算盘拨动得稍早了一些。只要朕一息尚存，你们就休想颠覆天下！

文帝病重多日，眼窝塌陷，嵌在其中的两只眼珠久已浑浊无神。而此时却迸射出逼人的光芒，又现出了叱咤风云的精神。事在燃眉，不能再等拟诏上呈御览用玺了。逆子杨广和贼臣杨素都是领过兵的将帅，懂得兵贵神速。必须火速行动，赶在他们前面，使他们措手不及，让他们的叛逆计划死于腹中！

文帝想罢，顺手从榻几上取过一个雕刻着飞龙的纯金镇纸，在手里掂了一掂，这是一个非天子不可据有的御用物件。他召过一名心腹内侍，以阴森冰冷的目光盯着他，低沉而有力地说："快去，将它交给兵部尚书柳大人。传朕口谕：即刻将御诏发出，不必等朕过目用玺，以这只雕龙镇纸为凭！"

杨素派人送走字条，心中依然有些惴惴不安，又在屋里来回踱步。忽然，他有了一个主意。这段时辰，柳述也该从皇上那里回来了。何不借着为受罚士兵说情的引子，去柳述那里观察一下动静。想着，他便拿出一副若无其事的样子，出了门朝柳述的馆舍走来。

两人的馆舍相距不远，其间有一条花木葱茏的甬道相连。槐花正开，甬道旁的两行古槐上一片黄里泛白的花朵，幽香阵阵，沁人心脾。

杨素踏着落英，走到柳述住的馆舍门前，正想叫人通报，就见一名侍卫慌忙跑下石阶来，说："仆射大人，尚书大人身体不适，不便见客。"

"哦？"杨素愕然，"上午不是还好好的吗？怎么下午就病了，连客人都不能见？"

"是啊，大人。尚书大人发病甚急，连小的们都觉突然。仆射大人若有什么急事，小人愿代为禀报。"

杨素说："倒是没有什么大不了的急事。有几位禁卫士兵让我来求个情，说几个士兵因为烤野兔吃遭了禁闭，求尚书大人不计小人过，放了他们。"

侍卫说："仆射大人稍等，小人这就去传报。"

不多会儿，侍卫出来，替柳述回复说："柳尚书拜上仆射大人，因病挡驾，多有怠慢，千万请仆射大人原谅。待病情稍好，柳尚书定亲自到仆射馆舍请罪！既然有仆射大人说情，几个犯禁受罚的士兵不再追究，立即开释。"

杨素笑笑说："多谢柳大人给了面子。既然如此，老夫告辞了。"

杨素往回走着，心里的疑团更重了：柳述刚才还去面见皇上，回来就称病不起，显然是有假。看来，他闭门谢客一定有十分紧急的缘故，以至于我到了门上，还要让侍卫来出面应付。为禁闭士兵说情的事，他答应得那么爽快，也是从来没有过的，其中必有蹊跷。这说明他此刻有更加重要的事在办理，不想为这区区小事添乱分心。可是，究竟皇上与他商议布置了些什么事？这么神神道道的……

杨素边走边想，不觉得就来到自己的馆舍，刚上了数级台阶，就见一名侍卫急忙地迎了出来，悄声告诉说："大人，皇太子在内室等候多时了。"

"皇太子到这里来了？"杨素感到意外，他快步走到内室，掀起珠帘进去，只见杨广正在屋里来回踱步，脸上是一种掩饰不住的焦急神色。杨素上前一步，正要叩见皇太子，却被杨广一把扶住，说："仆射大人，何必行此大礼！"

"皇太子有事，吩咐近侍传召一声，让老臣前去听命就是，何必劳动皇太子大驾屈尊？"

"事情紧急，大宝殿周围耳目太多，还是我来这里方便一些。"杨广也不再多寒暄，单刀直入地问："仆射大人收到我的条笺了吗？"

杨素点头："收到了。"

"为什么不见回复？"

"什么？"杨素大吃一惊，"老臣早写了回笺，派人给太子送去了！"

杨广一听，顿时也呆住了。

原来，杨广派人送出探问风声的便笺以后，一直不见杨素的回信，他心下诧异，也等得不耐烦了，便悄悄出了大宝侧殿，亲自来见杨素。到这里一看，杨素不在，侍从说仆射拜访柳大人去了。杨广当然不能再去柳述那里，只有在此耐心地等杨素回来。

杨素见太子一副呆怔的样子，就又解释了一遍："见到太子的字谕之后，老臣当即有条陈上奏，派了专人呈送太子。奇怪，太子怎么会没见到呢？"

杨广茫然地说："这样，该不会有错呀！哎，你派谁去送的条笺，那条笺又送给谁了？"

杨素说："这不难查，老臣叫他来一问就知道了。"

当面查问过送字条的侍从，才知道他把字条送到大宝正殿皇上那里去了！

杨广立时面如土色。

杨素气得暴跳起来，刷地抽出挂在墙上的长剑，抬手就要劈那侍从。杨广连忙上前拦住，说："事已至此，杀他也于事无补，反而会惊动上下。还是从长计议吧。"

杨素将剑扔在地上，气恨恨地说："要不是太子说情，今天我非杀了你这个误事的奴才不可！还不快滚出去！"

那个侍从捣蒜一样地磕着头，谢过太子和仆射大人的不杀之恩，一跌一爬地跑了出来。

内室里只剩下杨素和杨广两个人了，他们彼此将自己看到的和想到的统统梳理了一遍，一致断定皇上有机密大事托付给柳述，而且，十有八九，这件事对杨广十分不利。

杨素疑惑不解地问："皇上正在病中，怎么会发生这样的变化呢？"

杨广不好再隐匿真情，只得把今天皇上派他和宣华夫人去各殿寻找珍珠，在母后遗殿，他一时冲动而抱起宣华夫人欲行好事，差一点儿被宫女撞见，宣华夫人惊魂不定地逃走的事，前前后后、详详细细地对杨素说了。

杨广又说："宣华夫人是个懦弱女人，心里藏不住事，回大宝殿之后，很可能被父皇看出破绽，逼问实情。所以才密召柳述，对我欲行不利。"

杨素听了，点头说："原来是这样。看来，皇上的心思，极有可能如太子所想的那样。"

杨广问："事情紧急，仆射大人有什么好办法可以救我？"

杨素沉吟片刻。在这一瞬间里，他想到了长久以来自己与杨广之间的关系。那是一种一荣俱荣、一损俱损的关系，休戚与共。于是，杨素说："看眼下情势，只有先发制人！"

杨广决断地说："仆射的话正合我心意。箭在弦上，不得不发了！"

"那么，太子计划怎样行动？"

杨广低声说："这不正要与仆射大人共商大计吗？没有你仆射大人，无论什么计划也行动不了啊！"

第十五章

密旨传来是福是祸　杨广猜透帝王心思

　　大兴城的皇宫与太子宫之间，有一座荒置已久的园子，现在成了废黜太子杨勇的住所。

　　当年，杨勇还身为皇太子的时候，曾把这园子谐称为"废园"。今天，被废黜的杨勇住进了荒废的园子里，废园的名称更名副其实了。是天意，还是巧合？谁知道哩！

　　杨勇刚刚住进废园的时候，心怀一股怨怒之气，愤愤不平。他觉得自己并无大错，只是因为有人（他甚至猜疑到是杨广和杨素）在父皇母后面前报进谗言，暗做手脚，离间了自己与父皇的关系，促使皇上决意废立之策。自己是被人陷害的，冤枉的。于是，杨勇每天都写一份奏表，派人送进宫里，说明自己的想法，要求面见父皇，当面申诉。可是，这些奏表全部被太子杨广和仆射杨素扣下，一份也没能呈报到皇上手里。

　　废园里，靠近皇宫一面的围墙边上，有一棵古槐。树有两三围粗，枝干参天，亭亭如盖。登上去可以眺望到皇宫里面。杨勇见奏书泥牛入海，仍不甘心，每天早朝时刻，他就爬上古槐，朝着皇宫高声呼叫："父皇，杨勇无罪，杨勇冤枉啊！"

　　他希望自己的叫喊声传进宫里，让父皇听见，或许能得以召见。

　　然而，帝宫深似海，任他喊破喉咙也无济于事，皇上根本听不到，倒是惊动了杨素等人。于是，他们又向文帝奏了一本："杨勇情志昏乱，似有癫鬼附体，不可以让他再进皇宫！"

　　文帝准奏，不但不召见杨勇进宫，反而在废园周围加设了士卒看守，诏令杨勇不得离园擅出。杨勇申冤不成，反把废园变成了自己的囚笼。

　　杨素又派人将那棵古槐拦腰锯断，免得杨勇再爬上去惹是生非。

　　从那时起，杨勇渐渐绝灭了申冤昭雪的希望，慢慢地习惯了废园的幽居生活。绝交息游，不亲声色，每天只由云昭训陪伴着，读读书，赋几句诗词，侍弄几盆花草。远离喧嚣的尘世纷争，日子反而过得更恬静充实。

　　被锯断的古槐旁边，有一张石桌，两个石凳，这里是杨勇每天读书的地方。

这一天，杨勇坐在石凳上，手捧书卷正读得入神，忽听有人在喊："皇子，尝尝这酒的味道怎么样？"

杨勇抬头一看，是云昭训在喊。她手里捧着一个瓦钵，笑容可掬地正朝着自己走过来。

杨勇以为她在开玩笑，废园里怎么会有酒呢？随着云昭训渐渐走近，杨勇真的闻到了一股酒香，是从那瓦钵里飘溢出来的。

云昭训走到近前，将瓦钵放在石桌上，脸上洋溢着灿烂的笑容，故作腔调地说："皇子，请看！"

说着，她揭开钵盖。杨勇探过头去，果然是新酿的醴酒！浓醇的酒汁上漂浮着一层像蚂蚁样的酒米。云昭训舀了一瓢，递到杨勇嘴边，说："尝尝看，味道怎么样？"

杨勇先低下头去，抿了一小口。接着，他一把夺过瓢来，贪婪地一口气喝干了瓢里的酒。然后咂着嘴连声夸道：

"好酒，真是好酒！我从来没喝过这么醇厚香甜的酒啊！"

杨勇抹了抹嘴，眯起眼睛审视着云昭训，不解地问："夫人，你从哪里弄来这么好的酒？"

云昭训微微一笑，"还能从哪里弄？自己酿的呗！"

"自己酿的？夫人又要哄我了。"

云昭训说："你还不信？唉，宫里只给些粗茶淡饭，不给酒喝。我看你日子过得太清苦了，就想，每天剩下的米饭不是可以酿酒吗？以前只是看见掖庭宫人酿酒，却从来没亲自动手试过，怕不成功，就没有对你声张。没想到，头一回酿酒就成功了！皇子，你不觉得我有些天赋吗？"

杨勇看着她那兴奋满足的样子，心中一阵感动。这美酒来之不易啊，难得她一片苦心！杨勇也高兴地说："岂止是天赋，云夫人乃神人也！"两个人又哈哈地大笑起来。

杨勇又说："真是太好了，有饭吃，有书读，有夫人相伴，现在又有了美酒，看，这废园就是我杨勇的一片乐土，在此足以了却终身了！"忽然，他又想到了什么，悄声问云昭训："剩米饭也不会自己变酒，你哪里来的酒引子？"

"太巧了，"云昭训抬手一指，"看看，给我酒引子的人来了。"

杨勇顺着她手指的方向看去，原来是太监阿七，他正端着一些热气腾腾的饭菜走过来。

阿七是宫里派到废园来做饭的太监，废园里只有他可以为买菜、领米

和一些日常杂事出入上街。

阿七将食盘里的饭菜一一摆上石桌，然后跪请皇子与夫人用饭。

杨勇见桌上有一碗红烧肉，觉得稀罕，问道："不年不节的，怎么会有肉吃？"

宫里对废园有严格的规定，非年非节是绝不可以食用肉鱼荤腥的。阿七每天买菜回来，进园时菜篮子都须经把门的兵士细细检查，要带进这么大块的肉来是不可能的。

阿七笑着说："皇子，这事说来也简单。我见夫人酿成了醴酒，就想，有了美酒，若无佳肴，多么遗憾。可是，平常日子里，把门的兵卒查得太严，昨天上街买菜的时候，我回了趟家，把这事跟我大哥说了。大哥说，人带不进肉去，狗也带不进去吗？我一下子开了窍，这真是个好主意。以前我家的那条大黄狗常跟我出入园子，门口的兵卒只检查我和菜篮，根本不理会那条狗。我就把这块肉包好，结结实实地绑在大黄狗身子下边。趁兵卒检查的工夫，我给了它个眼色，嗨，它就溜达地进来了。果然没事。皇子，往后想吃肉了，咱还用这个办法！"

阿七绘声绘色地讲着，神采飞扬，像是在描述心中憧憬已久的宏伟大业一样。

杨勇感动地说："阿七，真难为你了。"

阿七却说："这有什么难为的？皇子以前过的是富贵生活，现在，阿七每天只能给皇子做些粗茶淡饭。要是真把皇子的身体熬垮了，那我才觉得难为得慌哩！"

杨勇若有所思地问："阿七，你进宫当了太监，还能与家里人常来往，兄弟们对你都很好吧？"

阿七说："我排行老七，家里兄弟姐妹太多，又穷得很，父母怕养不活我，就把我送到宫里，当了太监。父母二老一直到死，都还在念叨这事，说是对不起我，要兄弟们好好看待照料我。所以，兄弟们哪一个对我都好着哩！"

杨勇听了，无限感慨地说："我枉生在帝王之家，父母兄弟之间哪里有一点这样的情分！"

说着，不禁潸然泪下。

阿七见自己无意说的话，竟惹得杨勇落了泪，很不过意，忙说："皇子，阿七不会说话，叫皇子伤心了。其实，皇子也不必太在意。叫我说，帝王和百姓都是人，差别就是百姓在地下，帝王在天上。百姓家里的人，有亲情的也活在地下，没有了亲情的还活在地下，不能再低了。而帝王之家的人，一旦失了亲情，就从天上掉到了地下，就难受得多了。可是，只要想开了，在地下不是照样活吗？地下的人本来就比天上的人多得多！你说呢？皇子。"

杨勇真的要对阿七刮目相看了。人世间，在杨勇看来那么多纷纭复杂，混乱如麻的事情，倒被他一个天上、一个地下的道理讲了个明白。杨勇想：看来，自己不仅枉生于帝王之家，更枉为一个识文断字的读书人啊！

这时候，云昭训摆下了酒杯，说："阿七，什么天上地下的，看不出，你肚子里还真些道道哩。先别扯那么多闲话了，都来尝尝我的酒。喝了我酿的酒，地下的也能上天了。"

这番话，说得杨勇和阿七都咧嘴大笑起来。

云昭训斟满了一杯酒，捧给杨勇，说："醴酒香甜不烈，还能滋补身体，皇子可以多喝几杯。"杨勇感激地接过杯子。

她又斟了一杯，对阿七说："阿七整天忙里忙外，伺候我们，实在是辛苦了。今天，请尝尝我的手艺。"

阿七慌忙将双手背向身后，头像货郎鼓似的摇摆着："夫人，可不敢耍笑，阿七是什么人，怎敢与皇子、夫人一块喝酒？"

杨勇一仰脖子，将满杯酒一饮而尽，放下酒杯，说："阿七，你说你是什么人？你是皇宫里的太监，而我杨勇呢，是朝廷的罪人。你可以随便出入废园，我却不能，你怎么不能和我一起喝酒？没有你，今天我就吃不到肉。单凭你刚才开导我的那一番道理，这杯酒你也该喝！"

云昭训又在一旁催促："阿七，快喝吧。不喝你就是见外了。"

阿七见二人如此诚恳，只好端起酒杯："既然这样，阿七就告罪了。"然后跪在地上，一饮而尽。

杨勇亲自斟满一杯酒，双手捧给云昭训，说："夫人，杨勇连累了你，奉上这杯酒，向夫人谢罪了。"

如此深情的话，让云昭训鼻子有些酸酸的，她接过酒杯说："这酒，我一定喝了，可是，皇子，话可不能这么说。皇子遭遇今天，绝不是皇子连累了贱妾，而是贱妾连累了皇子啊！"

说完，云昭训仰起头，喝干了酒，同时，两行滚滚而下的苦涩的泪水，也与这杯香甜醇厚的醴酒一起，咽下了肚里。

阿七侍候，杨勇和云昭训轮流把杯，喝得十分酣畅。

身边那棵被锯断的古槐，主干早就枯死，不知从什么时候，树干周围又生发出一枝枝新芽，茂盛挺拔地向上长着，几年下来，早发的那几枝已有碗口粗了。

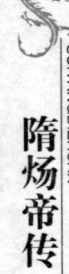

云昭训指指古槐，说："槐树早已锯断几年了，皇子每天还都在这里读书，莫非心里还在记想着往事？"

杨勇苦笑着摇摇头："我到这里读书、休息，不过是一种习惯而已。往事如烟，早已消散，犹如一页书，读完便翻过去了。"

说到这里，杨勇拿起身边的那册书翻检起来。这书名叫《慎子》，是周代慎到所著。慎到是赵国人，学的是黄老道德之术，全书共四十二篇，大意是：天下万物各有自身的规律，并遵守着一定的法则道理，才上下相安，清净而治。

杨勇翻到一页，用手指着念道："一兔走街，百人逐之；积兔于市，过者不顾。"念完，遂感叹道："这话说得多好啊！这里面就含着很深的道理。一只野兔从街市上跑过，就会有成百上千的人去追。因为它的名分未定，不知道它会死在谁手里，属于谁。而猎人狩猎得来的无数只兔子堆积在街市上，过往行人看也不看一眼，因为这些兔子名分已定，是属于猎人的。

"太子之位就像积兔，立嫡立长早有定分。而父皇母后却偏要放兔走街，以至兄弟争先追逐，相阋于墙，引起了许多祸端。如果我不甘心失位，去把它夺过来，被夺的还不会甘心，再谋划着夺过去。这样夺来夺去，到什么时候才算完结？天下百姓还有没有安宁之日？刀兵相向，骨肉残杀，对谁也不会有益。所以，我只有安心于现在的名分，就像慎子所说的：上下相安，清净而治。"

这番道理使云昭训信服得连连点头，她敬佩地说："这几年皇子闭门读书，确实大有长进，这话说得真是透彻。"

杨勇说："要不怎么叫开卷有益呢！"他又转问阿七，"枯死的槐树可以做什么？"

阿七是烧火做饭的，三句话不离本行："枯槐取火最好使，放在取火器下面，一会儿就着，比干枯的艾草还快。"

"是吗？你试试看。"

阿七拿来一个"阳燧"，这是一种在太阳光下取火的工具。阳燧用铜做成，像个尖底杯，放在阳光下，光线就聚在尖底处，这时如果在杯底下放些艾绒之类，就会燃烧起来。这时，阿七劈来一片枯槐木，放在石桌上捶成绒絮状，将阳燧的尖底靠近槐绒，上面朝向太阳，金光聚入阳燧，很快形成高温，不一会儿，槐绒果然冒出了烟火。

杨勇乐了，说："开门七件事，柴米油盐酱醋茶，柴是首位。阿七，你把这枯槐劈了吧，这样，取火、烧柴就都有了。"

阿七知道这是当年杨勇登高眺望皇宫，高声喊冤的树，寄托着他很多情思，怎么肯随便劈了作取火烧柴之用？就说："皇子，阿七虽是粗人，也知道这是一棵圣树，可不能轻易地烧了。"

杨勇毫不在意地说："嗨，什么圣树，看见它反倒感到羞辱，不如劈了利落。取火烧柴还有些实实在在的用处。"

云昭训在一旁也说："阿七，皇子说得有道理，你就照办吧。"

阿七点点头："既然这样，阿七遵从皇子和夫人之命就是。"

杨勇白天喝了醴酒，吃了红烧肉，又与云昭训、阿七高谈宏论一番，觉得心平气和，非常舒畅。天黑不多时，便早早上床休息了。

正在似睡非睡间，忽然听见有迅疾的马蹄声直奔废园而来，接着，一阵杂沓的脚步声由远而近，竟到了外室。随即，就听一个声音喊道："仁寿宫有急诏到，皇子杨勇快快接旨！"

杨勇心里一阵惊颤：幽禁废园以来，我闭门读书，足不出户，难道还有什么罪过？还能怎样责罚？

云昭训也坐起来，慌忙穿戴。她见杨勇还在发呆，就催促说："皇子，快穿好衣服出去接旨，慢了就是欺君之罪！"

杨勇和云昭训穿戴整齐，走出内室，只见外厅里一片明亮的烛光，几个随侍宫女已摆好香案。门前站列着一队披挂整齐、执刀佩剑的禁卫士兵，簇拥着一名手捧御旨的禁卫军官。

杨勇见这阵势，心里更是打鼓：宣旨怎么不派御前近侍，却派了一队禁卫官兵来？必然凶多吉少！他不禁两腿发软，扑通跪在香案前面，云昭训也随他在一旁跪下。

禁卫军官这才宣旨，他朗朗念道：

大隋皇帝密诏：昔朕误听谗言，废长立次，枉屈勇儿。数年圣察，勇居废园，克己自新。太子杨广，忘乎所以，凌辱上下，亵渎宫闱。广之恶行，天下共诛。原形既露，孰不可忍，即废为庶人。勇居嫡长，朕所钟爱，衔冤应白，即复立为太子。勇奉诏之时，即速驰赴仁寿宫御前，以付大事。切切此诏！

这是真的吗？杨勇简直不敢相信自己的耳朵。他暗中狠掐了一下大腿，觉得一阵生疼，证明不是在梦中。那么，这就是真的了！真的是福从天降！他喜出望外一时间竟像痴傻了似的。

想当年，他被废为庶人，自觉是天大的冤枉，日奏一本，又每天爬上高高的古槐，向着皇宫大声申诉，日夜盼望着能早早得以昭雪。然而，一切努力都成为徒劳。幽禁废园五年，自己也心灰意冷了。没想到，突然间飞来一纸密诏，废园里的杨勇又成了皇太子！

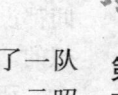

第十五章　密旨传来是福是祸　杨广猜透帝王心思

　　云昭训见杨勇惊喜得痴呆了，诏书已经读完，他还怔怔地跪着出神，就悄悄地拽拽他的衣襟，说：

　　"赶快接旨谢恩呀！"

　　杨勇这才叩头谢恩，随即站起身，整整衣裳，接过密诏。他怕刚才听得不准，就又借着烛光，将那诏书再细细地复读一遍。

　　传旨的禁卫军官等急了，连连催促说："皇太子，车已停在门外。事情紧急，请太子即刻上车，尽快赶赴仁寿宫见驾！"

　　杨勇不答话，仍在逐字逐句地读着诏书。读到末尾，见上面没有玉玺，觉得奇怪，就问那位军官："既然是父皇御诏，为什么没有玺印？"

　　那军官一跺脚，说："咳！看我慌的，把这么大的事都忘了。临来的时候，柳尚书亲自交代，因为十万火急，密诏来不及用玺，皇上将御案上的雕龙纯金镇纸随诏带来，作为凭证。"说着，便从身上挎着的革囊里拿出雕龙镇纸，递给杨勇。

　　杨勇接过镇纸，仔细地看了又看，认定不是假冒，确定是父皇御用之物。他曾多次在父皇御案上见过这个镇纸。有此物为凭，密诏也就没有什么可怀疑的了。

　　可是，父皇既命臣下拟好了诏书，怎么会连亲眼过目和加用玉玺的时间都没有？这说明眼下仁寿宫里情况紧急，形势险恶，绝非一般人可以料想的。杨勇又问："仁寿宫究竟发生了什么事？父皇龙体可好？"

　　那个军官也如实回答："皇上卧病已好长时间了，仁寿宫到底出了什么事，小人也不知道。小人只是奉柳尚书之命前来传旨，并接太子去仁寿宫。"

　　"在仁寿宫侍疾的还有哪几位大臣？"

　　"还有皇太子杨广和左仆射杨素。"

　　一听有这两个人在皇上御前侍疾，杨勇感到不寒而栗，他想：父皇年事已高，又病卧在床，对于朝廷大事恐怕是心有余而力不足了。柳述不过是一个公子哥儿，只因为是皇亲，才有幸做了兵部尚书，他既没亲征沙场，又无宫廷角斗经验，怎么会是杨广、杨素之流的对手。从这份密诏和军官的讲述来推测，眼下的仁寿宫里确有些剑拔弩张的味道了。然而，在对峙的双方中，父皇与柳述这边——一个病重老夫和一个黄口小儿——力量显然要薄弱得多。这等严峻的局势对我杨勇意味着什么？只是灿烂辉煌的金銮殿吗？谁敢说不是陷阱，不是罗网？

　　禁卫军官见杨勇迟疑不决，又催促说："太子还犹豫什么？请立即上车，我们还要赶路呢！"

还要赶路？这条路有多长？杨勇忽然想起白天与云夫人、阿七的那番宏论，想起了慎子的话："一兔走街，百人逐之。"唉，杨勇呀杨勇，对别人谈论时头头是道，怎么轮到自己身上反而糊涂了？你何必争抢着去追那只走兔呢？况且还是在情况不明、凶多吉少的形势下。到头来，走兔没追到，自己掉进了陷阱！

　　想到这里，杨勇拿定了主意，对禁卫军官说："请回禀陛下，杨勇叩谢父皇昭雪沉冤、复立太子的隆恩。只是，五年来我早已习惯了废园里清静无为、闭门读书的日子，无意人世纷争。再说，杨勇德薄才浅，实在不敢驰赴御前承当大任。"

　　禁卫军官着实吓了一跳，叫道："皇子，你怎么敢负皇上隆恩？快别多说了，赶紧起程吧！"

　　杨勇不为所动，断然说："我决心已定，你们快回仁寿宫回复圣命吧。"

　　禁卫军官真的慌了神，气急地说："事情紧急，咱们天亮之前务必赶回仁寿宫。皇子有什么想法，等到了仁寿宫再与陛下禀奏。我们是奉旨前来请你的，你去也得去，不去也得去。不然，叫我们怎么回复圣命！"说着，回头朝身后站立的禁卫士卒大喊："来呀，快请皇太子上车！"士卒们听到命令，一拥而上，推的推、扶的扶、拽的拽，一块儿将杨勇弄到室外，朝废园大门走去。

　　杨勇被裹挟着，边走边喊："你们岂能如此无礼！"

　　可是，任他怎么喊叫也无济于事，士卒们我行我素，七手八脚地就把杨勇拉扯到了街上。

　　废园大门外，一辆舆车早已等候在那里。杨勇长叹一声，说："难道是老天有意让我不得安宁？"随后，他挣脱了士卒的拉扯，细心整理了一下衣容。既然非去不可了，就得收拾得整齐一点，要像个皇太子的样子。

　　看见杨勇上了舆车，那个禁卫军官舒了口气，向随行的士兵一挥手，大喊了声："上马！"

　　话音未落，忽然听见一阵马蹄声响，只见一群人马高举着火把，从前后两头风驰电掣围堵过来。前边一个为首的，远远地大声喝道："谁敢谋反，放罪人杨勇出逃！"

　　刚刚骑上马的那个禁卫军官横刀跃马，迎上前去，说："我们是皇宫禁卫，从仁寿宫来，奉皇上御诏，接皇太子杨勇去御前商议大事。你们是什么人，竟敢抗旨阻拦！"

　　那个为首的将领嘿嘿冷笑一声："大胆反贼，不打自招。竟敢乘皇上病重，假托御旨，阴谋废立！我们是东宫卫队，奉皇上诏令，前来剿灭你们

这伙反贼!"

　　说罢,挥刀高呼:"上!"随他来的三五百人蜂拥而上,把仁寿宫来的禁卫团团包围,舞刀挺枪厮杀起来。柳述派来的人毕竟太少,又经山路跋涉,早已人困马乏,怎能敌得过人多势众的东宫禁卫。斗了不到半个时辰,仁寿宫来的禁卫就被杀了个人仰马翻,片甲不留。

　　原来,杨广和杨素猜破了文帝与柳述的密谋,立即派了心腹飞骑驰赴大兴,调动东宫卫队。东宫卫队接到杨广密令,立即分两路出动。一路到废园监守,防止柳述派人将杨勇接走;另一路大队人马星夜急奔岐山,接管仁寿宫防务。

　　迄今以来所有的宫廷政变,先发制人、抢先一步者往往取胜。

　　杨勇听车外人马厮杀,身上立时就凉了半截。眼前的刀光剑影验证了他的预感,杨广、杨素早有准备,他已不自觉地被陷进罗网!

　　厮杀声平息了,东宫卫队军官用刀尖挑开车帷,呵斥道:"杨勇,你参与柳述谋反,你可知罪?赶快下车,回去待罪!"

　　杨勇从怀里取出雕龙金镇纸,在军官面前晃了晃说:"我不知道什么柳述,只知道皇上。雕龙金镇纸是御用之物,有此为证,我无罪!"

　　军官说:"这金镇纸是柳述趁皇上病重从御案上偷来的。你先回废园去,有罪无罪,日后待皇上和太子判定。"

　　杨勇无奈,只好从车上下来,垂头丧气地走了回去。

　　东宫卫队只留下十几人监守废园,其余人马又分头奔赴京师各处要塞,传达皇上"御旨":"皇上病重,托太子杨广监国"。很快就接管了大兴的城防。先发制人,首战告捷。仅一夜工夫,偌大一个京城便尽在杨广掌握之中了。拿下仁寿宫,更如探囊取物。可怜文帝和他的爱婿柳述,这时候还蒙在鼓里。

第十六章

杨广佯睡蒙混柳述　掌孤灯燃尽了膏油

柳述暗中派出了禁卫轻骑，带着密诏来到大兴接杨勇，自己躲在内室内托病不出，静静等待好消息的到来。

天色逐渐暗下来了，仁寿宫被一阵阵山风包围着，四下里安静的出奇。处在这般静谧当中，不知道怎么的，柳述的心里有些不踏实。他叫来一名侍从，要他去大宝侧殿一趟，替自己的皇太子弄些药来。并教给了他一些怎样应答的话。

侍从刚到大宝侧殿门口，就听到里面传出一阵雷鸣似的鼾声，震得窗扇乱抖。

侍从走上台阶，向门卫说明来意："柳尚书派小人来见太子，讨要点药回去。"

门卫显出一副很吃惊的样子："尚书大人什么时候发的病？要什么药？"

侍从说："下午刚起的，一个时辰如厕五六次，怕是和皇上同样的病。他听说太子曾去找珍珠粉配药，估摸着或许能有些剩余，就叫小人来讨要一点。"

"嘻，别提珍珠粉了。太子在这仁寿宫里转了个遍也没找到。"听说，皇上为此还很不高兴哩！"说到这里，门卫朝殿内斜了一眼，吐吐舌头，"太子回来以后，一整天都闷闷不乐的，天一煞黑就早早地睡了。你听——"

又是一阵如炸雷滚过的鼾声。

侍从自大宝侧殿回来，将所见所闻如实向柳述禀报。柳述暗暗高兴，心里说："杨广，你睡吧，睡得越香甜越好。等你睡醒了的时候就会看到，世界变样了！"

这时，柳述派去窥探杨素动静的侍从也回来了，报告说：

"仆射院内灯火通明，隐隐约约可听到叮哨声响，好像是打磨兵器的声音。"

柳述大吃一惊。他在头上缠裹了一块丝巾，带了几个侍从，悄悄出门，

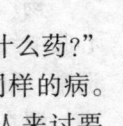

往杨素住处走去。并吩咐，如遇杨素的人问起，就说是柳尚书带病夜巡。

杨素馆舍大门紧闭，而院内的灯火却映照得上方明亮一片。从门前经过，果然听得隐隐传出如金石相击的砰砰声响。

柳述心中更加紧张起来：莫非走漏了风声？不然，杨素在夜里操练兵刃要干什么？

他暗暗加紧脚步，登上旁边的一个高坡，站在这里望下去，杨素馆舍的动静一清二楚。柳述定睛一看，不禁哑然失笑。

杨素的殿堂里铺了一张大席，席上摆了一个小几，杨素跌坐小几旁，对面坐着一个他的亲随。原来，他正在与亲随对弈！

杨素极好下棋。据说他珍藏着一本《烂柯谱》，其中详述棋经，出神入化，收有自尧舜以来的各种对弈巧局。这本《烂柯谱》是杨素的一宝，平日从不给外人看。当年出征时，他将《烂柯谱》与《孙子兵法》和《孙膑兵法》同蓄一囊，随身携带。作战常用棋经，下棋也多使兵法。他还广罗天下棋手，充作身边的幕僚、亲随。

这真是一场虚惊。柳述暗怪自己过分紧张，以至风声鹤唳，草木皆兵。看到杨素全神贯注地沉浸在黑白世界里，柳述想只有全无心事的人，才能对枰上之战如此专一。

杨广、杨素那里都未发现异常，柳述放下心来。回到馆舍，一面布置心腹继续监视这两处的动静；一面派出禁卫官兵在长安通往岐山的大道上巡哨，随时留意长安方向的情况，及时禀报。

现在，就盼着接到密诏的杨勇及早赶到。只要杨勇到了仁寿宫，即刻传皇上敕令，召杨广、杨素同去大宝殿面圣。由皇上宣布杨广罪状，废为庶人，立即拘捕，押往长安囚禁，复立杨勇为皇太子。杨广如敢抗拒，自然格杀勿论。

至于杨素嘛，就要看他当场如何表现了。如果他识时务，顺应形势，赞同皇上新的废立决策，拥戴杨勇复为太子，可以不与杨广一道拘捕。如果他顽固不化，为虎作伥，在皇上面前乱发谏词，那他就是杨广同党，应即刻拿下，追罪严办。

不管他杨素是哪种表现、什么态度，单凭他长期以来诬陷杨勇，与杨广狼狈为奸这条罪状，皇上也绝不会再用他作仆射，要么贬职，要么流迁，二者必有其一。仆射出缺，自然要人替补。自己本来就得皇上恩宠，又是皇亲，加上此次支持皇上废立大事，立了头功，这仆射一职，舍我其谁？

柳述这么想着，忽然间一扫往日谨小慎微的自卑，感到自己陡然成了一个举足轻重的风云人物。无论驰骋沙场、弯弓走马，还是纵横捭阖、宫廷斗智统统不在话下。杨广、杨素等一伙鼠辈怎能与自己同日而语？不然，在此云谲波诡之际，他二人不是梦热鼾响，就是秉烛夜弈，任自己信马由缰，稳操胜券。

柳述美滋滋地拨弄着心中的如意算盘，越想越高兴，越想越得意，遂吩咐侍从置办酒菜上来，他要一边喝酒，一边等候长安传来的佳音。酒很快摆了上来，随驾侍疾不敢有歌舞乐音，只好自斟自饮了。

独饮闷酒，更觉得夜长。一壶酒下肚，刚才那高兴自得的劲头被烈酒缓解，柳述的心绪平稳下来。两壶酒喝完，他开始变得焦躁不安起来：派去长安接杨勇的人，怎么还不回来？会不会发生什么意外？不会的，此事布置周密，定是万无一失。可是，计算时辰，也应该回来了。上苍保佑，万不可节外生枝呀！一旦有变，非同小可。做不成仆射倒也罢了，还要赔上身家性命！第三壶酒还没喝干，柳述竟有些沮丧了。真不该去掺和这些事，闹得六神不安，心如乱麻。谁做太子与我何干？我还是驸马，还是尚书，平平稳稳地活着，哪像这样提心吊胆。也怪皇上，老糊涂了怎么的？弄一个太子废了立，立了再废，权当儿戏，折腾得上下不得安生！闹来闹去，不论谁做太子，继承了大位，也不会安稳！

这时，柳述酒已喝到八成，睡意渐渐袭来，他也感到实在疲倦了，就想伏在桌上睡一会儿。

忽然，一名侍卫脚步匆匆进来禀报："巡哨士兵发现，有一支马队从长安方向奔来，已经接近仁寿宫了！"

柳述为之一振，睡意全消，猛地站起身，命令道："迅速穿戴，迎接太子杨勇！"

柳述冠带整齐，腰间佩一柄青锋剑，带了一队随身侍卫，走出馆舍，向仁寿宫大门外奔去。

刚出宫门，就听见一阵急骤的马蹄声，直奔仁寿宫这边而来。柳述快走几步迎上去，高声问道：

"前面来的是不是太子杨勇的人马？"

对方大声回答："奉诏护送太子到仁寿宫面圣！"

终于来了！柳述心中大喜。此刻正是拂晓前天色最暗的时候，山路上人马影影绰绰，面目并不十分真切，不过看得出人数不是很多。这样，柳述心中更不疑惑。他只是按惯例高呼："队伍停下，请太子先来会面。"

队伍在一箭地之外停了下来，只有十几骑继续前来，走到柳述跟前，马上的人一个个翻跃下来。柳述又问："太子杨勇在哪里？"

有人回答："庶人杨勇在长安废园。"

柳述浑身一颤："你们是什么人？"

"太子杨广的东宫卫队！"

柳述惊得头发都炸起来，又厉声呵斥："没有皇上诏旨，东宫卫队擅闯仁寿宫，你们想干什么？"

对方不再答话，十几个人蜂拥而上，十几把刀一齐砍过来，柳述连忙拔剑相迎，他身后的侍卫也举着刀枪奋力迎战。

立在不远处的那队人马，听见这边刀剑叮交起手来，扬鞭催马向前参战。顷刻之间，柳述和他的卫队完全陷入了对方的包围之中。

东宫卫队人多势众，柳述这边只有十几个随身侍卫，力量相差悬殊。他虽然奋力拼杀，刺倒了两三个人，终究还是寡不敌众，很快失去了招架的气力，被东宫卫兵生擒。随身侍卫死的死，伤的伤，剩下几个见自己的首领已被拿下，也都扔下刀枪投降了。

天色渐明，等候在山下的东宫卫队大队人马，听报前哨已经得手，在宇文述和郭衍两个率领下，浩浩荡荡挺进到仁寿宫前。

士兵将柳述绑了，拉到宇文述、郭衍马前。柳述怒目以对，说："你们两个想拥兵造反吗！"

宇文述一声冷笑："已经束手就擒了，还逞什么驸马威风？想拥兵造反的是你！你趁皇上病重，串通庶人杨勇，妄图加害太子杨广，蓄意谋反篡国。我们是奉了御诏，前来仁寿宫护驾，擒拿叛逆的！"宇文述又对郭衍说："郭将军，你去禀报太子，东宫卫队已奉命赶到，逆首柳述已被拿下，听候处置。我先在宫外布置防务，怎么样？"

郭衍点点头，转身进宫向杨广禀报去了。

柳述还不甘心，想晓以利害说动宇文述："宇文将军，我有密旨在身，快给我松绑。你千万不要听信杨广的谎言，助纣为虐，酿成大祸。那是要灭九族的！"宇文述微笑着说："我也有御诏在身。""御诏在哪里？""在太子手中。""那好，"柳述还想力争，"既然如此，咱们一块儿去大宝殿，见了皇上，就知道是真是假了。"

"哈……"宇文述仰天大笑，"柳驸马，恐怕你这辈子再也见不到皇上了。来呀，将柳述押进囚车，严加看管！"

杨广那一阵阵响如滚雷的鼾声是装出来的。应该承认，他装得很像，让柳述手下的人一听就相信他真的睡着了。

杨广这一辈子，装什么都装得很像。

在这一发千钧的时候，他怎么会睡得着呢？

在柳述行动之前，他抢先了一步，派得力心腹骑上自己的雪花骠赶去长安调动东宫卫队。雪花骦是一匹西域贡进的千里马，一定能将他的手令及时传到东宫，卫队就会遵命接管京师城防，接管仁寿宫宿卫。

但是，凭杨广的老道，他也作了最坏的打算。万一等不到东宫的人马赶来，柳述他们先得了手呢？他与杨素密商当中也提防了这一手，命令各自的随身侍卫都贴身穿了软甲，剑不离手，时时戒备。不过要内紧外松，表面上全然不露痕迹。杨素还暗地授意吃野兔挨责罚的士卒和来为受罚士卒求情的官兵串连起来，一旦柳述有变，随即脱离他的指挥，反戈一击来护卫皇太子杨广。

杨广暗暗估量，自己与杨素的随侍有近百人，都是曾随主帅南征北讨、身经百战、武艺高强的勇士，自己和杨素更是能以一当百的角色，如有突发事件，足可以抵挡一阵子。当然，没有意外是最好……

杨广枕剑而卧，思前想后。想着想着，不知不觉、迷迷糊糊地打起盹来。但只要稍有响动，哪怕是风吹庭树、巡夜更鼓，他都会马上睁大眼睛。就这样迷糊一阵，清醒一时，睡睡醒醒，以至东方既白。

突然，杨广听到一阵马蹄声，他猛地翻身坐起，穿戴停当，正打算派侍从去宫前探看，殿外响起一声长长的马嘶。这声音欢快而且响亮，那么亲切，那么熟悉，杨广一听，就知道是自己心爱的雪花骦回来了。

随着马嘶声，郭衍精神抖擞地走进殿里，见了杨广即拜伏在地上，大声说：“右卫率郭衍叩见太子，东宫卫队奉召到来！”

杨广强压着心里的兴奋激动，上前扶起郭衍：“快起来，快起来！郭将军一夜辛苦了。怎么样，事情还顺利吧？”

郭衍就将卫队执行杨广命令的情况概要地禀报：东宫卫队分出一支小队接管了长安城防；柳述派去接杨勇的人马全部歼灭，杨勇仍旧囚在废园；东宫大队人马连夜赶到仁寿宫，并在宫门前擒获了柳述。

杨广听了，再也按捺不住内心的激动，他使劲拍一下巴掌，嘹亮地叫道：

“好，大局已定了！”

杨广来到仁寿宫大门前，这时杨素早已闻讯赶到，两个人相视一笑，心照不宣。随即派人到柳述内室，抄出调兵符令，然后以兵符传令：禁卫军各队官兵立即到宫前听命。

禁卫官兵不知发生了什么紧急情况，见到兵符之后，纷纷整队来宫前集结。

杨广站在门前高高的台阶上，面对众官兵大声宣告：兵部尚书柳述乘皇上病重之机，妄图拥立庶人杨勇，谋反篡位，犯下叛逆大罪，现已奉诏

将其拘捕。皇上有旨，自即时起，仁寿宫宿卫由东宫卫队承担，原禁卫军另任新将带领。

禁卫军众官兵看到皇太子亲临传旨，身边还站着仆射大人，周围是刀剑出鞘、虎视眈眈的东宫卫队，就知道有人闹出了大乱子。可是，不管乱子是谁闹出来的，跟着倒霉的却是他们。主将被擒，这些往日旧部都稀里糊涂落了个发配西域戍边的下场。

文帝太疲劳了，他感觉自己一生当中从未有过今天这样的身心疲惫。他听内侍回奏说，柳述已将雕龙镇纸随密诏发出，微微地吁了口气，随即传旨：臣下问安省视，今日一概免了。殿内也只留宣华夫人和几个宫女照料。

文帝神情焦躁，郁郁不乐，和宣华夫人也不愿意多说话，只是躺在御榻上长吁短叹。

宣华夫人看文帝那副模样，知道他还在想着太子和自己的那件事。宣华夫人十分懊悔，甚至恨自己，经历的世事不算少了，依然胸无城府。如果自己心里能多少掩饰一点，也不致被皇上看破。那样，皇上依然是皇上，太子还是太子，两头相安无事，只要往后尽力避免与太子独处就是了。如今可好，看皇上气愤之极的样子，他一定在琢磨着如何处治太子了。若是太子获罪，他一定认为是我主动向皇上告发的，岂不要恨死我了！唉，到头来我落了个里外不是人。

想着想着，宣华夫人竟在嘴里念叨起来：太子啊，你千万别错怪我，冤枉我，我真的无意告发。说心里话，我是个女人，我也盼望着……

盼望着什么，宣华夫人不敢再念叨下去。她抬眼悄悄地看了看文帝，生怕那双鹰枭样的眼睛再将自己的内心看穿。还好，皇帝没有注意这边，而是躺在床上，闭着双眼睡着了。

其实，文帝觉得自己没有睡觉，他正乘着銮舆四处游荡。他来到一个地方，只见这里客商云集，熙来攘往，有卖牛羊马匹的，有卖丝绸布帛、粮食、陶器的。摩肩接踵的人群里，好多人身着西域夷族服饰。文帝觉得这地方似曾相识，瞭望四周，咦，这不是到了张掖了吗？西域诸国的商贾向来是在张掖与国人交易的。

这时，大道上鸾铃叮当，一群宫娥簇拥着一辆凤车冉冉而来。文帝见凤车十分面熟，心中诧异，这不是宫中皇后专乘的凤车吗，怎么会千里迢迢跑到这里来了？

一会儿，凤车到了跟前，绣帷掀起，一位贵妇人探出头来，向文帝施礼，说："陛下，别来无恙?"

文帝睁大眼睛，只见这位夫人凤冠霞帔，容貌端庄，头上插一朵鲜卑贵族夫人喜爱戴的金花。啊，是独孤皇后！

文帝惊诧地问："皇后，你不在后宫休息，怎么跑到这里来了？"

独孤皇后呵呵一笑："陛下，看来你真是老了，这么健忘。妾离别皇宫来西土已两年了，今天是专程来迎接圣驾的。"

文帝这才猛地想起，皇后已在两年前就病逝了。听说她是来迎接自己的，文帝慌了，连忙推辞说："不，不行。宫中还有许多大事没有了结，朕绝不能丢下不管，跟着你到处游逛。"

独孤皇后问："还有什么大事？"

她这一问，倒让文帝气不打一处来："你还问哩，都怪你，误了朕，也误了国家。你多次说睨地伐奢侈好色，劝朕将他废为庶人，立了阿䴗。朕近来察觉，阿䴗的奢侈好色胜过睨地伐十倍！他竟敢乱伦，对宣华夫人无礼。朕正要废黜阿䴗重将睨地伐立为太子。"

独孤皇后不以为然："陛下，依妾之见，你这是自寻烦恼，何苦呢！自古以来，除了开国君王，有几个皇帝是俭约始终的？仅此而论，阿䴗和地伐不分彼此。但睨地伐庸庸碌碌，难成大事；而阿䴗有文韬武略，将来或许能在世上留下轰轰烈烈的名声。说到后宫，那些年轻貌美的妃嫔姬妾，哪个不是前朝皇上享用了，后代皇帝再接着享受？幸亏后宫那些宦官是阉割了的，要不然，还轮不到你们皇上、太子呢！哪里能因为这点事，就说阿䴗乱伦？陛下，你不要管那么多事了，还是跟我到西边去吧，那里根本看不见、也听不到这些烦恼。"

独孤皇后说罢，对凤车前面的两个宫女说："快去，将皇上搀扶过来，跟咱们一道回去！"

两位宫女应喏，走上前来，一人拉起文帝一条胳膊，就要把他拉下銮舆。吓得他浑身发抖，汗珠沿两鬓滚落下来。他用尽力气，想挣脱宫女的纠缠，却没想到：看上去弱不禁风的两个女子，竟有壮士一样的力气，他的两条胳膊像被铁钳夹死似的，任他左右挣扎，还是摆脱不了。文帝急了，心想，堂堂大隋皇帝，竟遭宫女羞辱，往后怎么执掌天下！他想到了至高无上的威权，想到了皇帝的威严，他要怒喝一声："来呀，将两个大胆奴婢拉下去斩了！"然而，他使出浑身的力气，声嘶力竭地喊出的却是："皇后，饶命啊！"

两个宫女听见皇上喊饶命，嗤一声笑了，各自松开手，文帝竟扑通一声从銮舆上摔下来。这一下摔得好痛啊！文帝觉得浑身的骨架都摔散了。他忍着疼痛睁开眼，哪里有什么皇后、宫女，原来是自己做了一个噩梦！

他清醒过来，首先想到的就是：杨勇来了吗，他在哪里？

他想叫一个内侍去找柳述问一下，但环顾左右，大殿里竟空无一人。文帝脑子里轰地一声，他被一种不祥的感觉箍住了：这是怎么了？出了什么事？朕身边的人都到哪里去了？朕是在重病之中啊！

一连串的问号像一个个闪电，烧灼得他心胸剧痛，他愤怒地大吼："来人！"

可是，皇上的怒吼是那么微弱渺茫，仿佛来自岐山中幽深的峡谷，全然没有了往日高居庙堂之上口传圣旨的那种声震四海的轰鸣。文帝不敢相信这就是自己的声音。文帝断断续续地呼喊了三四声，既无人来，也听不到应答，他又想到了宣华夫人。独孤皇后去世后，只有宣华夫人对他体现着无微不至的温情、关爱。此时此刻，他是多么需要那样的温情和关爱啊！他积蓄了一下气力，喊道："爱妃！宣华夫人！"耳边终于传来脚步声，同时也传来一句冷冷的回答："遵太子之命，宣华夫人回后宫去了！"文帝侧过头来，看见走过来一名带刀侍卫，他觉得陌生，从来没见过这个人。他问："你是什么人？"那侍卫微笑着说："我是东宫卫队的一名小卒。""东宫卫队？"文帝追问，"为什么到仁寿宫来了？""奉旨前来接管仁寿宫防卫。""奉旨？奉谁的旨？""皇太子杨广。"文帝明白了，为什么左右无人，为什么宣华夫人回了后宫，看来大宝殿，不，是整个仁寿宫已经被逆子杨广掌握了。那么，柳述呢？朕托付给他的机密大事，怎么会有这种疏漏！焦急之中，文帝感到腹中一阵内急，他对那侍卫说："快，扶朕如厕。"

侍卫却原地不动，说："太子有令，陛下不得稍离御榻！"

啊！文帝浑身一阵颤栗，好一个逆子杨广，竟然对朕发号施令了！不得稍离御榻？这就是说，非要将朕逼死在床上不可！古往今来，听说过多少弑父篡位、骨肉相残的故事，没想到，这出只有在戏里才可能看到的悲剧，今天又轮到在仁寿宫上演了！而我杨坚，就是剧中的一个角儿！

文帝脸色灰黄，额头上渗出无数豆粒儿大的汗珠，心胸如刀绞一样的剧痛。他用枯瘦如柴的双手，奋力撕扯着贴身的内衣。他自己也没想到，居然还有力气将一件内衣撕成条条缕缕。

站在一边的禁卫吓坏了，他看见老皇上痛苦难捱的表情，不禁动了恻隐之心。他真想走过去，帮老皇上揉揉胸口，多少减轻一点他的痛苦。可是，不行，他想起皇太子的命令：禁卫大宝殿的任务只有一个，严禁人员出入，别的什么也不准干，违令者斩！

忽然，文帝平静下来。禁卫士卒清晰地听到了一个微弱的声音："天已经大亮了……吹熄那些灯，不要白费……膏油……"

禁卫士卒爽快地应承了，逐次吹灭了大殿里的一盏盏油灯。

　　等他再回到御榻旁边时，只见老皇上一只曾撕碎衣衫的手无力地悬垂在床沿，脸盘因剧烈疼痛而失了形，全身再没有任何动静。士卒蹑手蹑脚上前两步，俯下身子，侧耳倾听：听不到心脏的跳动，也没有喘气的声息。

　　皇上驾崩了！

　　禁卫士卒心中一惊，他又听到了那个微弱却很清晰的声音："天已经大亮了……吹熄那些灯，不要白费……膏油……"这竟是老皇上临终前唯一的遗言。这个做了二十四年皇上的老人，一生躬行节俭，临终还不忘告诫他人，"不要白费膏油"。他自己的生命膏油都在此刻燃尽了。而堂堂大隋皇帝临终之际，守候在御榻前的，竟只有一个东宫卫队中的无名小卒！

　　禁卫士卒因此而大感吃惊，吓得他惊慌失措地跑出了大殿。刚跃出门槛，就感觉自己的两腿发软，一个跟跄从高高的青石台阶上面翻滚下来。这时候，殿外的侍卫听到了一阵让人毛骨悚然地咆哮声："赶快其禀报皇太子，皇上驾崩了！"

第十六章　杨广佯睡蒙混柳述　掌孤灯燃尽了膏油

第十七章

杨勇夫妻命断废园　秘密登基铲除异己

经历了前天夜间的那一场变故，杨勇就像是一蓬被霜打了的草，蔫了。两鬓增添了很多白发，眼角的鱼尾纹越发深刻，陷下去的眼窝边上染上了一道黑圈儿。

云昭训心里发出一阵阵酸痛，她深知前天晚上那一场惊涛骇浪，对于杨勇原本平静的心的冲击力有多么大。

杨勇拉过云昭训的一只手放在掌心，轻柔地抚摸着，深情地端详着。这是一双十指尖尖而且修长的手，曾经那么白皙、细嫩，会弹琴奏乐，能赋诗绘画。而现在已变得粗糙干涩，指尖上还有点点针眼的疤痕，那里曾为杨勇的衣食冒出过殷红的血珠。杨勇看着，心中充满了悲哀和内疚，堂堂七尺男儿，却无力保护自己心爱的女人，这种痛苦无法用语言表述，却时时刻刻啮噬着他的心。

这样伤感低落的情绪感染了云昭训，她再无心做下去，便放下手里的针线，拉着杨勇站起来，说：“别想得太多。来，咱俩在园子里走走，散散心。”

两个人在园子里走着。经过了多雨的夏季，台阶旁边、甬道两侧以及那些背阴的地方，都生出一层厚厚的绿苔。园里的花草灌木长得十分葳蕤、蓬勃，只是因为缺少修剪整理而显得有些芜乱。

这时，他们二人听到一阵砰砰的声响，循声一看，阿七赤裸着臂膀，抡动一柄大斧正在砍那棵枯槐，斧落之处，木屑横飞。

杨勇一路小跑过去，远远地就喊：“阿七，别砍了！”

阿七停住手，擦了擦头上的汗水，转过身。等杨勇和云昭训来到跟前，不解地问：“皇子，你不是让我把这枯树劈了作火燧、当烧柴吗？”

杨勇走到枯槐跟前，抬手抚摸着斧头砍削的新茬，说：“阿七，让你砍了它是我的不对。老槐树，杨勇向你赔罪了！”

云昭训心里很难过，说：“皇子，别这么多愁善感，凄凄惶惶的！对一棵树说话它听得懂吗？”

"它当然听得懂！"杨勇十分自信地说，"世上万物都是有生命的，这树当然也有，它是一个生灵。它生长在这里几十年，经受了多少风吹雨打，阅历了多少人间世事，吸纳了天地日月的精髓，它的生命应该跟人一样受到珍爱。可是，它却受了我的连累，被人锯断了。但是却没有料到它的生命如此顽强。阿七你看，它从根下发出的新枝，比你的胳膊还要粗了！这一截枯树桩在证明它的过去，新发的枝干就是在张扬它的今天，至于它的将来，它已经告诉过我了，只是我听不懂。老槐树，我真的没听懂，我太笨了！好在你听懂了我说的。你过去帮过我，说不准哪一天，杨勇还得求你帮他一把哩！"

杨勇无限深情地抚摸着枯槐，如醉如痴，一口气说了那么多，让阿七听得一头雾水，他穿好上衣，咕哝着说："我早就说这是棵圣树，哪能劈了当柴烧呢？"

云昭训见杨勇神情恍惚，言语迷离，知道他又见景生情，触动了心事，就拉着他离开树旁，一边走着，一边说："就算它能听懂，一棵树又能给人帮得了什么忙？"

杨勇凄然一笑："你不懂，这是天机。"

云昭训一听，也跟他认真起来，问："什么天机，跟我也不能说吗？"

"当然可以告诉你，"杨勇非常郑重地凝视着云昭训，"夫人，前天夜里东宫卫队突然接管了废园之后，我就有了一种预感，更大的灾祸很快就会降临，恐怕我不久于人世了！"

云昭训觉得一股凉气窜进衣衫，身上起了一层鸡皮疙瘩。她说："皇子怎么忽然说起这些话来，你想得太多了！"

"不是想得太多。夫人，你想想看，父皇突然悔悟，要重新立我为太子，杨广能饶过我吗？"

"不怕，还有父皇做主呢！"云昭训蛮有把握地说。

杨勇笑了："嘻，你们女人哪，脑子简单得可笑。你想，如果父皇作得了主，东宫卫队岂敢跑到皇城根下面截杀御使，还轮得到他们来接管废园？"

"你是说，杨广他、他已经……"

杨广点了点头："御诏拟好连加用玉玺都来不及，只好用金镇纸为凭，仁寿宫里当时情况多么紧急可想而知。看来，杨广察觉了父皇发出御诏，就立即派人来调遣东宫卫队的。如果局势还在父皇的控制之中，他哪有派人调动卫队的机会？"

云昭训愤愤地说："谋国篡位，大逆不道，杨广就不怕遭天下人唾骂？"

"天下人？哼，天下人有几个知道内情的？"杨勇不屑地说，"自古以来，哪朝哪代不都是皇帝说什么，百姓就信什么，谁敢去刨根问底，谁敢去检验证明？父皇病重，侍疾的只有柳述、杨素和杨广几个人。如果他们先把柳述抓了，那么无论杨广、杨素编造个什么故事，天下人也只有完全相信的份儿了。那时，柳述和我就成了谋国篡位的贼子，当受天下人口诛笔伐，遗臭万年。"

云昭训心想，哎呀，仔细琢磨琢磨，还真是这么个道理。谁胜了，谁就是皇帝，天下百姓就听谁的。胜者王侯败者寇。别管你多有理，是多么好的人，只要败了就是恶魔。皇帝一声号令，天下百姓就会争先恐后地朝你吐唾沫，扔石头，把你打倒在地，再踏上千千万万只脚！

"只要杨广登位，他是不会放过我的，"杨勇又说，"夫人，我都想好了，到那时候，我就自缢在这棵古槐上。让这棵古槐摄去我的魂魄，我要天天守望在这里，看着皇宫，看看杨广一伙的最后下场。"

云昭训实在不想听杨勇说下去，太让人心寒了。她连忙用手捂住杨勇的嘴："皇子不要说了。你也得往好处想想，有父皇的金镇纸在，就可以证明你是无辜的。杨广会不顾手足之情，置你于死地？"

"但愿如此。"杨勇说。

话说到这里，两个人再无心游园，就心事重重，默默无语地走回来。云昭训依然在树荫下缝制棉衣，杨勇回到屋里，又读起了那卷《慎子》：

"一兔走街，百人逐之，积兔于市，过者不顾。岂其无欲，分定之故……"

他一字一吟，慢慢地品味。读几句便停下来，发一阵呆，叹息半天。然后捧起书再读。

忽然，他听见一阵嘤嘤呜呜的哭声，杨勇站起来走到屋外，见云昭训坐在木凳上，正在缝制的棉衣搭在膝盖上，双手捂着面颊，唏嘘抽泣。

杨勇后悔了。他知道是自己刚才那番打算自缢于古槐的话使云昭训悲伤，尽管那是自己真实的想法，但不该早早地对她说出来。

杨勇走到云昭训身后，躬下身，双手抚摸着她的肩头，说："夫人，都好好的，怎么又哭起来了。哎，你不是要修剪那些树木野草吗，来，我和你一块儿干。"说着，他直起身子喊了声："阿七！"

阿七闻声跑过来："皇子，有什么吩咐？"

"你带几把刀剪过来，咱们去修剪一下那些树木花草。"

三个人很起劲儿地干了一阵子，很快，脚下就积攒了一大堆灌木枝条和拔出来的荒草。这一阵劳动舒展了筋骨，身上舒服多了，云昭训也不再像刚才那样忧郁悲伤。

"阿七,"杨勇问道,"你会不会造房子?"

"那要看造什么样的房子了。"

"造一座太子宫!"

"皇子,你……我造不了。"

杨勇哈哈大笑起来。云昭训也觉得奇怪,问:"皇子,你又冒出什么怪念头来了?"

杨勇答道:"夫人,你还记得那个王辅贤吗?"

云昭训点头说:"当然记得,不就是那个会占卜的术士嘛!"

"对了。当年他为我占卜,说在东宫里建一座庶人村就可消灾,结果我却真成了庶人。前天夜里,我差一点又成为太子,我想,就在废园里搭建一座太子宫,说不定我会真复为太子了。"

"可是,"阿七着急地插嘴说,"咱们到哪里去弄青砖、明柱、琉璃瓦呢?"

云昭训被惹笑了:"阿七,你以为当真要造一座宫殿呀!皇子是想用这些枯枝败草搭一间房子,起名叫太子宫罢了。"

"对极了!"杨勇击掌说,"还是夫人聪明。"

"别找麻烦了。搭个破草棚就敢称太子宫,让太子知道,又是一条罪过!"

"这不用担心,我自有办法。阿七,你们先在这里搭建宫殿,我回去拿笔墨来,写一块匾额挂在房子上。"不多时候,一间小小的草房搭好了,远远看去,还真像那么回事儿。只是不能进入,因为它太矮小了,充其量能算作一个大大的草房模型。

杨勇回来了,两手抱着一块比那草房矮不了多少的木板,他将木板斜倚在草房正面,只见上面写着两个大字:"泰宫"。

他对云昭训和阿七解释说:"五岳泰山的'泰'与太子的'太'相通,所以我就写泰山的'泰',中间又隐去了一个子字,这样谁也挑不出刺来。"

云昭训说:"如果是这样,还不如叫泰来宫哩,取否极泰来的吉祥之意。"

杨勇一拍巴掌,高兴地说:"哎呀,夫人的见识在杨勇之上,对,就叫泰来宫。阿七,快去拿笔墨来!"

阿七跑着取来笔墨,杨勇工工整整地在泰宫两字中间又写了一个"来"字。由于事先没想到添字,字隙不大,来字略嫌小了一些。不过看上去三个字的排列搭配很谐调,不知情者会以为是书法家故意而为之。

云昭训欣赏着"泰来宫",她企盼着早日泰来,脸上绽开了灿烂的笑容。

杨勇也在微笑,他不是为"泰来宫",而是看到自己终于把云昭训哄得高兴了,心里感到无比舒畅……

就在这时,一声突然爆发的叫喊,打破了废园的宁静:"庶人杨勇接旨!"

这声凶吉难卜的叫喊,把云昭训吓得脸都白了,她用僵直的目光盯着杨勇。杨勇却显得十分镇定,依然微笑着,拉起云昭训的手,说:"走,去听听皇上又来了什么吩咐。"

宫中御史手捧圣旨威严地站在屋前,两侧各列一排带刀士卒,个个阴森着面孔。

杨勇和云昭训刚刚跪下,御史又喊一句:"庶人杨勇听旨!"然后高声宣读:

"大隋皇帝诏:庶人杨勇罪黜已久,不思悔过自新,近又包藏祸心,与柳述同谋篡乱,陷害太子,欲夺嗣位。如奸谋得逞,必使宗社倾亡,苍生涂炭。朕恭天命,实畏上灵,岂敢惜不肖之子而乱天下?敕赐庶人杨勇自尽,免污刀斧,囹圄其身!"

御史读完,说:"庶人杨勇,快谢皇上囹圄其身的恩典呀!"

杨勇站起来,根本没有谢恩的意思,只怔怔地盯着御史,一声不响。那个御史被他这样盯得心慌,赶紧对身边的随从说:"庶人杨勇已经吓呆了,快把御赐的砒霜给他,让他遵旨自尽!"

随从将手伸向斜挎的锦囊里,掏出一个小纸包,递给杨勇。杨勇接过纸包,轻蔑地看看,冷笑着问御史:"你刚才念的那些,到底是父皇的旨意,还是杨广的意思?"

御史一听这话,陡然色变,厉声呵斥:"杨勇,你是耳朵聋了,还是吓傻了?御诏上明明写着大隋皇帝,我也念得清清楚楚,你胡言乱语些什么!"

杨勇仰天大笑,说:"你慌什么?怕我弄明白真情,就不肯死了?你念得清楚不假,可这诏书是谁授意写的,你却不一定清楚。既然如此,苟活在世上有什么意思!我会自尽的,但是我绝不用这东西。"杨勇说着,打开手里的纸包,一扬胳膊,一团白色粉末抛向空中,随风飘散,一会儿便化为乌有。只有那张纸片摇摇荡荡,最后落在御史脚下。杨勇指了指那棵槐树:"我已给自己找好了归宿。回去告诉杨广,皇子杨勇是在这棵古槐上自缢而死的,古槐即我,我即古槐!"

御史想的是，只要杨勇肯自尽，就能即时回去复命，用什么方法死倒不必认真。于是爽快地说："御诏上说'敕赐庶人杨勇自尽，免污刀斧，囫囵其身'。自缢也合旨意，你就快些行动吧。"

杨勇走到古槐旁边，带刀士卒已选了一根枝杈，系好丝带，还抬来一块大石头垫脚。

杨勇仰天长叹，大声叫道："父皇啊，多少年前你曾在大殿上自豪地对文武群臣说，前世诸多帝王，因宠幸嬖妾，生养了一大群儿女，常常引发皇位之争。而朕旁无姬侍，五个儿子同出一母，是真正的亲兄弟，绝不会发生自相残杀的事情，故引以为荣！父皇言犹在耳，恍如隔世啊！"

说完，他站到了石头上，将丝带套在脖子上……到这时他还不知道，他对父皇的喊话，父皇已不会听到。此刻，父皇已在黄泉路上等候着他呢！

云昭训见杨勇已死，哭嚷着扑倒在古槐树下："皇子，你死得好冤枉啊！杨广，你手足相残为了什么？不就是为了大殿上的那个椅子吗！苍天啊——"

突然，云昭训的哭嚷戛然而止，只见她两眼一翻，顿时气绝。

御史见两个人都死了，就带领人马回仁寿宫复命。

阿七这才敢走过来。他把杨勇的尸首解下来，说："皇子，你不让我劈了这棵枯树，原来是要派这样的用场啊！"说着，泪如雨下。

阿七在古槐下挖了一个大坑，草草将杨勇和云昭训合葬在一起。他没做坟头，更不可能竖碑，他想，这古槐就是坟头，也是墓碑。现在，他要离开这里了，废园里没有了主人，仆役自然也就无事可做，只有回家。

阿七站在园子里，留恋地环顾四周，看看这房舍，这树木、花草、甬道、围墙，这里的一切都那么熟悉，那么亲切。马上就要离开了，而且再也不会回来了，他真有些舍不得。

夕阳把园子里的景物涂抹得一片辉煌，远远的，有一个东西闪着光芒，非常耀眼。阿七定睛一看，哦，是皇子刚刚立在那里的那块木板，上面还有他亲笔写下的三个大字："泰来宫"……

再说，京师的皇宫里没有一人知道文帝驾崩的消息。他们只知道皇上在仁寿宫避暑，得了重病，所以需要些时日治疗，等病好之后就会驾返长安。大隋权柄当然应在文帝掌握之中，这一点没有人怀疑，也没有人敢怀疑。

与文帝驾崩的消息一样，还有一个消息被极为严密地封锁在仁寿宫中，那就是皇太子杨广已按先皇遗诏继位登基了。遗诏是尚书左仆射杨素当着仁寿宫所有官员和仆从的面宣读的。那是文帝驾崩的当天下午，在大宝殿

的台阶前，杨素言语铿锵，掷地有声；遗诏白纸黑字，加盖着鲜红的玺印。也就是说，眼下只有仁寿宫里的人知道换了新皇帝。而仁寿宫被东宫卫队封锁得风丝不透，先皇的遗体停放在大宝殿里，看不出准备发丧的迹象。

杨广并不急于将自己即位的消息诏告天下，他还有几件事要办，这几件事需要以父皇的名义来办，让人们看到父皇的圣旨。首先是赐杨勇自尽，这事轻而易举，杨勇被囚禁五年了，已经没有了丝毫威风和势力，让他死，他不敢不死。

另外一件事恐怕要麻烦些。那就是杨广的五弟，现任并州总管的汉王杨谅。杨广有些心虚，他感到，如果杨谅知道父皇在仁寿宫突然病逝，而由自己继位，肯定要怀疑。身为并州总管，杨谅握有五十个州的军政大权，不可等闲视之。

于是，杨广已经派人给杨谅送去一道敕书，以文帝病重为由，召杨谅火速进京。当然，敕书上还是加盖了文帝的玉玺。

仁寿宫的金凤殿，是宣华夫人的居所。

暮色四合。宣华夫人斜倚在殿门口，仰头望着深不见底的天空，一动不动。

尽管宣华夫人不知道究竟发生了什么事，但她已经明显地感到，两天里发生的一连串的事情，其中有着一个前因后果的必然联系。皇上突然驾崩，太子瞬间即位，都与自己和杨广在皇后遗殿里做的那事有关，或者直接说，是完全起因于自己在皇上面前供述了太子行为不端！

宣华夫人知道，自己闯下了大祸，她站起身走向靠墙的一张几案。一只金凤凰立在几案上，细喙长项，姿态优雅，栩栩如生。看着它，宣华夫人百感交集。

这只金凤凰是杨广派人专门送给宣华夫人的，那时，他还是晋王，是扬州总管。宣华夫人清晰地记得宇文述来送这只金凤凰时的情景。宣华夫人问宇文述，晋王为什么送我这只金凤凰？宇文述回答说，晋王说夫人像凤凰一样美丽，只有送金凤凰最为合适。这句话让宣华夫人心花怒放，立时感到自己心底深处一种不可名状的需求得到了充分的满足！女人啊，就是这样可怜。可怜之处就在于爱慕虚荣，只要几句赞美之词，说她多么年轻貌美，说她如何才智过人，说有无数个英俊少年和耄耋老者都对她敬慕崇拜得五体投地，她就会高兴，就会满足，继而就飘飘然了。这时候，那些穿金戴银、华裳丽服就会退居其次。有时明明知道那些赞美是虚妄的恭维，她们也会坚信不移。

宣华夫人是女人，既然是女人就难逃虚荣的拘囿。她知道杨广送金凤凰的醉翁之意，是要换取自己在皇上面前对他的美言。即使如此，她也高兴，也满足。因为她也崇拜晋王，不是连皇上都不止一次地夸奖晋王聪明能干，会办事吗？

宣华夫人想着往事，一边掏出丝巾来擦拭着金凤凰，虽说上边并没有丝毫灰尘，她还是呆呆地擦着。物是人非，昨天的晋王成了今天的皇帝，他会怎样处治那个出卖他的女人？

这时，一名随侍宫女走到宣华夫人身边，禀报说："夫人，皇上派女御史送来一个匣子，说是赐给夫人的。"

"皇上？"宣华夫人无意识地反问一句。

"哦，是今天新即位的皇上。"

宣华夫人暗想，这么说，新皇上对自己要有个了断了！没想到会这么快。她吩咐说："请女御史进来！"

女御史双手将一只木盒递给宣华夫人。

宣华夫人接过来仔细地看看，木盒制作得非常精致，是紫檀木的，还描着金。盒口开启处贴着一张封条，上边写了一个大大的"封"字，旁边题有五个小字："赐宣华夫人"，看样子是御笔亲书。

宣华夫人将木盒放在几案上，与那只金凤凰并列一起，自言自语地说："这里面是不是赐妾自尽的鸩酒呢？"

听了这话，旁边几个随侍宫女吓坏了，忙问："夫人，你怎么了，好好的，皇上怎么能赐你自尽呢？"

宣华夫人平静地说："你们不知道，我曾经伤害过皇上。"

"什么！夫人你……哎呀，夫人，如果是这样，我们这些下人也得遭殃了！"

"不会的，皇上要的是我。"

要你？宫女们愣了，要你死呢，还是要你这个活人？这句话让人听不懂。

这时，女御史开口说话了："夫人，里面装的什么我们谁也不知道，还是请夫人快点打开看看，奴婢也好回去复命。"

宣华夫人冷冷一笑："怎么，你是不是以为我害怕了，不敢打开？"

说着，她抱起木盒，走过去放在厅中央的圆桌上，一把撕去了封条。心想：他已经当了皇帝，叫谁死谁就不敢不死，怕又有什么用？

随着啪的一声，木盒打开了，宫女们一下子全屏住了呼吸。她们看到，宣华夫人僵直地站在桌边，脸色灰白，眼珠也不会转了，跟一个木头人似的。宫女们呼啦啦围了过去，探头往木盒里一看，里面哪里有鸩酒毒药，只有两个用红丝带编结而成的形如桃状的结子。

宣华夫人觉得自己体内的血停止了流动，她用右手轻轻地揉搓着左胸口，缓缓地坐在椅子上，神色木讷。

这两枚结子纹路盘曲回旋，扣与扣连环相套，编织得既结实又饱满，体现出制作者的精心。在看到这两个结子的一刹那，宣华夫人脑海里倏然闪过两句诗文：腰中双绮带，梦为同心结。

这是梁武帝萧衍《有所思》诗中的两句，宣华夫人想，难道这就是……

"哎呀，是同心结！"

一名宫女喜不自禁地失声叫道。其余几个宫女也认出了这个物件，都高兴地随着叫起来："是呀，是同心结！"

她们当然都知道，这是用来表达男女之间相互爱慕的信物。虽然她们身居禁宫，不容许有男女私情，然而，哪个少女不怀春？深宫高墙里的少女对美好爱情的向往更加强烈，她们都曾偷偷地编织过这种同心结，用来寄托心中的情思。

"皇上赐夫人同心结了！"一名宫女招呼道，"姐妹们，咱们给夫人道喜呀！"

一群宫女就围拢过来，要给宣华夫人行贺喜之礼。宣华夫人赶忙起身拦下，说："好了好了，别闹了！"

经宫女们这么一起哄，宣华夫人的面色恢复了红润，心也随之急剧地跳动起来。人的命运竟会如此微妙？宣华夫人的生死竟悬系于一个小小的木盒！开启之前，金凤殿笼罩着凶吉未卜的恐怖，随着木盒打开，又是一片雀跃欢腾！人的生命太微贱，太轻渺了。

见宣华夫人阻拦住宫女们的嬉闹，女御史说："夫人，快向新皇上谢恩，奴婢好去复命。"

一听这话，宣华夫人迟疑了。谢恩？如果谢恩，就意味着自己答应了皇上的要求，投入了他的怀抱。当然，这是许多女人盼望已久，求之不得的事。虽然自己也是女人，可是，自己却是与先皇同床共枕的女人，是先皇宠幸的贵妃！现在，先皇殡天未足昼夜，尸骨未寒，他的儿子就送来同心结以表衷情，自己还要应诺谢恩，岂不是有违常伦，遭世人唾骂！

宣华夫人一边想着，一边分开围在身边的宫女，款步走出殿门，拾级而下来到庭院里。她仰望天空，苍穹一片漆黑，几点疏落的星星晦暗天光，让她更加颓丧。一阵秋风吹来，她缩了缩肩膀，感觉到了潮湿冰冷的雾气。她返转身，走上台阶，在宫女的众目睽睽之下回到殿里，她看着这些与自己朝夕相处的女孩，那无助的目光似乎在问：怎么办？

那些久在深宫的女孩子早就看透了宣华夫人的犹豫彷徨，又纷纷围拢过来，七嘴八舌地劝解道：

"夫人，你可得想开点。宫闱中的女人，哪个不是皇上的女人。自古至今，先后同侍先皇后帝的妃嫔多得很呢！"

"是呀，夫人！新皇上年轻有为，英俊威武，朝野上下没有不夸他的。侍奉新皇上是你的福分哩！"

"夫人，你说你得罪了皇上，还恐遭祸患。可是皇上不计前嫌，又送同心结，真是一个虚怀若谷、有情有义的皇上啊！"

你一言，我一语，宫女们的话渐渐打动了宣华夫人。她们的话并不是没有道理，自己在犹豫，犹豫什么？这是宫廷，不是民间。宫妃与民妇是不一样的。民妇从一而终，坚持操守的被誉为贞烈，可以立牌坊，名垂青史。如果有"悖德"之行，就得沉潭活埋。而宫闱中的女人就不同了，一旦进入深宫，只对民女有效的所谓贞节操守就化作乌有了。你必须随时听候召唤，也要从一而终。这个"一"，就是一个权力，一个皇帝，一种符号和象征，并不是一个固定不变的"人"。今夜与你同披锦衾的是父亲，明晚或许就是儿子，后天还可能是孙子……前提只有一个：只要你还年轻漂亮，只要你依然顺从。皇宫里从来没有贞节牌坊，要么苟活，要么就死！

宫女们观察宣华夫人沉思中的表情，就知道她已经心动，又趁势煽风点火：

"夫人，新皇上这是以心相求，不是以势逼人。夫人，你还犹豫什么！"

"夫人，要是为这事再得罪了新皇上，我们做下人的也得受牵连。夫人，你就为可怜我们，答应了吧！"

宣华夫人闭上眼睛，微笑着点了点头，然后面向北方，双膝跪地，把头深深地埋伏下去。稍顷，鸦雀无声的厅堂里回响起一个颤抖的声音："妾陈氏叩谢皇上知遇之恩！"

女御史高兴地笑了，说："夫人，这就对了。奴婢即刻回去复命。皇上知道夫人接受了同心结，一定会高兴的。说不定今晚就要驾幸金凤殿看望夫人，你们也该做些准备才是。"

女御史兴高采烈地走了。金凤殿里却因为她留下的这句话而忙碌起来，充满了喜庆热烈的气氛。

自从文帝避暑来到仁寿宫，宣华夫人就一直侍寝在大宝殿。及至文帝病重，她又日夜服侍，根本顾不得来金凤殿看看，直到今天凌晨被驱回到这里。虽说平日也有宫女洒扫，但终究还是不像迎接圣驾的样子。

　　宫女们争先恐后一阵忙碌，很快使得金凤殿窗明几净、纤尘不染。厅堂中间的圆桌上放置了一只玉盘，用大红锦缎覆盖，盘中摆上了金凤凰和同心结，如果皇上步入殿堂，首先看到这两件东西，他心里会有多高兴呀！

　　一盘盘龙涎香点燃了，氤氲的烟雾缭绕升起，散发出沁人心脾的香气。龙涎香是南越贡进之物，文帝在的时候是不允许点的。现在是新皇帝了，扑鼻的薰香是不是可以算作一个新时代开始的象征？

　　宫女们还翻箱倒柜，找出了贵妃的服饰。文帝在时，只有逢年过节或盛大庆典才可以穿戴这些东西——绘有雉羽的锦衣，九朵用金翠珠制作的珠花，一条一丈七尺长的紫色缎带，一个用金丝织着兽头图案的小革囊，佩一块于阗美玉。

　　将宣华夫人装扮停当，让她安坐在桌边的椅子上，几个宫女又在她面前演练起了歌舞，这些女孩子都能歌善舞，各怀一手技艺。自文帝病重开始，仁寿宫禁止娱乐，两三个月时间已把她们憋得不行。她们也早听说新皇帝喜欢歌舞，就想趁他驾幸金凤殿之际表演一番，博得皇上的欢心。

　　宫女们刚刚把各自拿手的歌舞演练了一遍，就有一名御前内侍跑来禀报：皇上已从大宝侧殿起驾，马上就要到金凤殿了。

　　这一天夜里，原本应该是开心的，但是杨广却突然说出了一句话："夫人，您小点声，不要惊醒了父皇！"宣华夫人感觉全身的热潮迅速冰冷下来，她为在这个时候听到这样的话而感到扫兴与沮丧。她真的搞不清楚杨广怎么会在这个时候鬼使神差地想到自己的父皇。是啊，自己是先皇的宠妃。在这一刻，先皇还躺在大宝殿里，尸骨未寒啊！

第十八章

杨广召见汉王进京　汉王破计起兵反抗

并州总管、汉王杨谅看过京城使节送来的召他进京的诏书，就知道皇宫里出事了！

原来，杨谅与文帝有一个秘密约定：如果召汉王回朝，那诏书的敕字旁边应加一点，再配合以玉麟符，才是真诏。否则，就是其中有诈。这个约定只有文帝和杨谅知道，而之所以作此密约，并非出于文帝的老谋深算，完全是杨谅的主意。

大哥杨勇被废为庶人，四哥杨秀因莫须有之罪身陷囹圄。而与此相对应的是，杨广成了皇太子，杨素晋升左仆射。接二连三发生的这些事，使杨谅感到惊疑和恐惧。他深信在所有这一切的背后有一张巨大的黑幕，有一只手或是一伙人在操纵，说不准哪一天会波及到自己。为防不测，他向父皇提出密约，父皇答应了。杨谅知道，父皇是宠爱信任自己的。

杨谅看过假诏，不由倒吸了一口冷气：长久以来时刻惴惴于心的事情终于发生了！但他还是不露声色地对来使说："请回奏皇上，臣杨谅近日起程回京。"

吩咐侍从送走使节，杨谅把自己关进书房，并传令任何人不得打扰。他在屋里走走坐坐，坐坐走走，焦虑地思谋着对应之策。

皇宫里究竟出了什么事？不得而知。但仅凭这道诏书可以断定的是，皇权已旁落他人，而且这次皇位的改易绝非是正常情况下的顺理成章，自然而然。其中暗藏着凶险。既然有人想以假诏骗自己进京，那么此一去必定凶多吉少，甚至是不归之路。按眼下的情势和自己的实力，唯一的出路就是领兵造反！率领兵将，杀向大兴，捉拿谋国篡位的贼臣，弄他个真相大白，水落石出。

杨谅又细细看了一遍诏书，敕字旁边没有加点，来使也没拿出玉麟符。会不会是父皇一时疏忽？杨谅犯了踌躇。如果真是父皇的疏忽，而自己领兵奔袭京师，这个谋逆犯上的罪名可是担当不起呀！他将诏书卷作一个纸筒，轻轻敲打着额头。不，不会！即使是父皇疏忽，有这道诏书在手，又

有与父皇的秘密约定在先，是完全可以解释清楚的。就是父皇降罪，最多也就是不做这个并州总管了，性命还可无虑，比贸然进京、自投罗网要好得多！

并州总管的权势大得很。崤山以东，直到大海；黄河以北，直至大漠，五十二个州的军事政务统属杨谅节度。当年，由于突厥、匈奴各部屡犯边关，塞外北疆时常发生险情，文帝授予杨谅特权，他可以全权应变，无需拘泥法度规章。杨勇、杨秀相继遭贬之后，杨谅感到了日甚一日的危机，便以防突厥进犯为由，大修武备，积蓄实力。文帝也觉得突厥各部日渐强盛，应该修整军备，以应突变。这样，杨谅的扩军行动更加冠冕堂皇，毫不隐讳。他广罗豪强壮士和亡命之徒充实私人卫队，不足半年，光是这样的官兵就使他的卫队增加了几万人。也许，这也是杨广假借文帝御诏，欲召杨谅回京的一个原因。

然而，文帝并不是对杨谅的所有做法都认可放纵的。有一回，突厥又来进犯，文帝命杨谅派兵抗击。由于指挥节度不利，派去的军队被突厥部落打得大败而归。文帝盛怒之下，下令将八十名将领革职除名，统统发配至大庾岭。这些将领都是跟随杨谅多年的老友旧部，念其感情，杨谅奏请文帝收回成命，从宽发落。文帝坚决不准，并气愤地训斥杨谅：

"身为镇守要冲的藩王，你只能恭从朝命，怎么可以为了自己的亲信而不顾国家的规制？朕这样说，全是因为对你的爱护。你应当明白，朕一旦不在了，你要轻举妄动，人家抓你就像抓笼子里的小鸡一样，你留那些心腹将领又有什么用？"

现在，尽管杨谅还不知道父皇已不在人世了，但他还是下定决心要拼死一搏！

事不宜迟，杨谅找来谘议参军王頍和总管府兵曹裴文安商讨举兵大计。

王頍是个满腹经纶的人物，他好读诸子，熟记史书，可算是无所不知，外号人称"博士"。他性情豪放，还通晓兵法，常有出奇制胜的策略。正因如此，他总认为自己怀才不遇，唯一使他宽慰的，就是汉王杨谅的信赖。他对杨谅起兵造反的意图拍手称是。王頍对杨谅说："大王，自古举兵，都讲究一个师出有名。眼下，我们虽说对朝廷中发生事并不知情，不过有一件事下官自信不会看错，那就是杨素。这些年来，杨素自恃功高权重，横行霸道，把谁都不放在眼里。如果说有人合谋篡国，其中必有杨素！因此，我们就以杨素谋反，天下诛之为旗号起兵，名正言顺。就像西汉吴王刘濞'诛晁错、清君侧'一样。

"再者，大王麾下的将领士卒多为关西人，正好用作讨伐主力，一旦发兵就长驱直入，直捣京都，造成迅雷不及掩耳之势，便能取胜。"

总管府兵曹裴文安在一旁连声叫好："大王，王参军说得极是。我想，井陉以西，完全在大王控制之中；崤山以东的军队也全归大王节度，应该悉数征发作战。要用弱兵据守险要，当然，并不放弃攻城略地。精锐之旅直插蒲津关，拿下蒲津关，就打开了通向长安的大门。大王，我愿充当先锋，大王率众部随后跟进，迅疾挺进灞上，咸阳以东便可以挥手而定。这样，京师就会被震动惊扰，人心离散。我们陈兵以待，发号施令，哪个敢不服从！不出半月，大功即可告成。"

杨谅听了两人的计谋，大为兴奋，立即部署分五路进击：

一路军由大将军余公理率领，从太谷出发，前往河阳；

二路军由大将军綦良率领，从滏口出发，挺进黎阳；

三路军派大将军刘建自井陉出发，夺取燕赵一带；

四路军由柱国乔钟葵率领，从雁门出发进击；

五路军任命裴文安当柱国，会同另一柱国纥单贵和大将军王聃等人一道，挥师直指长安。

汉王杨谅一声号令，并州以下五十二个州之中就有十九州纷纷起兵响应，山呼："杨素谋反，天下诛之！"一时间，京师大兴东、南、北三面狼烟烽起！

驿卒将十万火急的军情飞报仁寿宫。

大宝侧殿里，杨广和杨素却是那么沉稳冷静，真有久经沙场的大将气度。杨广甚至还半开着玩笑说："五弟怎么会看出破绽？是他聪明，还是有人走漏了消息？"

杨素说："陛下，先别管汉王是否聪明愚钝。臣以为，眼下首要之事是发布诏书，告示天下，先皇驾崩，太子即位，新帝执掌国柄。国人应一如既往，遵从皇朝圣旨。"

"朕也是这个意思，"杨广点着头说，"还要将汉王杨谅举兵反叛的事如实诏告国人。自晋以来，南北两朝划江分治近三百年，百姓受尽战乱兵燹之苦。开皇九年，我朝平定南陈，使江山一统，国泰民安，至此才不过十年有余。叛乱之祸会让社稷重陷水深火热。民心思定，也是大势所趋。所以，杨谅此举有违天道人心，必遭世人唾弃口诛，是不能长久的。五弟，你失算了！"

杨素哈哈大笑："陛下之言精辟之至！还有，从时间上看，汉王所辖各部都是仓促纠集，没有什么周密部署和战略，只想以声势取胜。老臣断言，叛军不堪一击！"

　　杨广见杨素胸有成竹、胜券在握的神情，非常高兴，说："这样看来，剿灭叛军还得有劳您老将出马呀！"

　　杨素急声应道："臣遵旨！"

　　"好！"杨广兴奋地叫道，"即刻颁布诏书，明天起驾返回大兴。先皇国丧与讨伐叛军同时进行！"

　　第二天傍晚，当先皇灵柩和新帝御驾浩浩荡荡进入大兴城门的时候，驿卒又传来快报：杨谅叛军已攻陷蒲州！

　　镇守蒲州城的是蒲州刺史丘和。这天夜晚，丘和刚要入睡，忽有一名侍从赶来禀报：汉王应召回京途经蒲州，走在前面的一群使女已叩开城门进入城里。

　　丘和立刻起床穿戴，准备迎接，一边随口说道："汉王真是有趣，出门不要侍卫开道，却用女婢来打前站。有多少人？"

　　侍从回答："看样子有三五百人。"

　　"嗯？"丘和一愣：汉王府全部婢女佣人也不过三五百，难道都随着进京？又问："你看清楚了？"

　　"她们自称是汉王府的婢女，个个身穿面罩长衣，这种长衣只有妇人才用。"

　　"不对！其中有诈，"丘和喊出声来，"即使汉王夜间入城，也该在日落前有快马先报，以便提前作好食宿安排！"说话间，丘和披挂整齐，对侍从说："走，出去看看！"

　　还没走到大门，就听远处传来一片喊杀声，还有阵阵火光映红了夜空。丘和心中暗叫：不好！又见一名守城校尉浑身血迹，一跌一爬地跑来，说："杨谅叛军已攻进城里，蒲州几百豪杰强人随声响应，守城的弟兄们眼看支撑不住了！"

　　丘和火了："简直是一帮废物，那么坚固的城门，叛军怎么会轻易攻破！"

　　"大人，先有数百人诈称汉王府婢女入城，其实全是叛军官兵，在面罩长衣暗藏刀剑，与城外叛军里应外合，打开了城门。"

　　喊杀声越来越近，丘和见大势已去，不能坐以待毙，便匆忙召集几个侍卫，从州府后门走出，又用绳索从城墙上溜了下去，逃离蒲州城。天亮时路过一座驿站，丘和就从驿站要了一匹快马，让一侍卫将蒲州失陷的情况飞报大兴。

　　杨谅也是在天亮以后率大队人马进入蒲州城的。经过了一夜混战，城中大街小巷一片狼藉，少数裴文安部下正在清理战死士兵的尸体。杨谅找来一名军官，要他快去请裴文安来见。军官回答说，拿下蒲州城之后，裴将军留下一支小队守城，自己领大队兵马出城一路向西，去夺蒲津关了。

杨谅急忙说："速派一骑将裴将军追回，就说本王计划有变，不要去攻打蒲津关了。"

裴文安对杨谅突然改变计划大惑不解，他风风火火地返回蒲州找到杨谅，急切地说："大王，自古用兵贵在诡秘神速，大王这样优柔寡断，必定坐失良机，要成大事就难了！"

杨谅叹道："我何尝不想诡秘神速，只是京城中军情不明，尚需时日探察。贸然挺进恐怕会误入陷阱。我已命纥单贵拆断河桥，据守蒲州。我要你做晋州刺史，固守城池。明日起程，我与你一道去晋州，怎么样？"

裴文安明白了，汉王来了个急转弯，将先前制定的进攻战略变为防守，这样，进攻长安，夺得皇权是根本不可能了。

裴文安无可奈何地长叹一声。

裴文安在距蒲津关不足百里的地方突然调头撤回蒲州城，让杨素看穿了杨谅用兵的失误和心虚。他心中暗喜，立刻选拔五千精锐轻骑，亲自率领，于第二天夜晚抵达黄河西岸。

蒲州西面的这段黄河，河面不很宽，水流也不太急，往常有木桥通行两岸。眼下，木桥已被叛军拆掉烧毁，河中只剩下几根木炭一样的桥桩。

杨素派出一队士兵，分头行动，很快就调集征用数百只民用和商用木船。他们在船内铺了厚厚的干草，避免人马踏上去发出响声。为了防止士兵无意中喧哗，杨素下令每个士兵口中衔枚。这个"枚"，就是一根如筷子一样长短的扁圆木棒，两端各系一条细丝带。将枚横衔在口中，把丝带紧紧系在脑后，人就无法发音说话。

在夜幕掩护下，五千人马神不知鬼不觉渡过了黄河，登上东岸。黎明时分，杨素一声令下，五千勇士挺枪策马，向蒲州城发起猛攻。留守的纥单贵方寸大乱，仓皇组织人马迎战，刚一交锋，就感觉自己不是对手，掉转马头落荒而逃。城中将士见此情景再也无心抵抗，索性挂起白旗，大开城门投降了。

蒲州城失而复得，使杨素的部队士气大振，杨素乘胜前进，率领大军朝杨谅叛军固守的晋州、绛州、吕州等重镇围了过去。

其实，杨素扬言同时进攻晋州、绛州、吕州三处重镇是虚张声势。他只向绛州和吕州各派了两千兵马，佯装包围。杨素真正要拿下的目标是杨谅的老巢，并州首府晋州。因为他得到密报，晋州城中，杨谅刚刚平息了一场内讧，已是精疲力竭，军心相当不稳。这正是趁火打劫的大好时机。

汉王府主簿豆卢毓是汉王妃之兄、杨谅的大舅哥。杨谅起兵之初，豆卢毓苦苦劝谏杨谅不可盲动冒险，杨谅根本不听，执意举兵。豆卢毓预感到造反不会有好结果，便考虑为自己留条后路。他找来任显州刺史的弟弟豆卢贤，对他说："汉王举兵绝不会有善终，你我都是朝廷命官，不能为虎作伥。你要寻机逃回大兴，向朝廷禀奏，就说我豆卢毓没有随汉王一起造反，只是暂时假装服从，等待时机，以便与朝廷部队里应外合。这样比我自己单枪匹马逃出去更好！"

豆卢贤果真逃回大兴。不久，豆卢毓也等到了时机。

蒲州失陷，对杨谅是个沉重打击，他知道杨素必定一路北上，直袭晋州，而他最放心不下的就是晋州南边的前哨门户介休。杨谅要去介休督战，把镇守晋州城，看守总管府的重任托付给豆卢毓。杨谅前脚出城，豆卢毓便号召守城士兵倒向朝廷，截断杨谅的退路。不料事不机密，有人跑出城去告诉了杨谅。杨谅听说后院起火，一时也顾不得前方吃紧，迅疾杀了个回马枪。豆卢毓尚在部署防范，没想到杨谅已杀到城下。守城的士兵原本就对豆卢毓存有三分疑心，又见汉王回来，马上开城迎进。可怜豆卢毓报效朝廷之志还没来得及实现，就做了杨谅的刀下鬼。这场事变吓得杨谅魂飞魄散，在官兵中的权威也大大动摇，他再也不想去什么前哨后营督战，关闭四方城门，老老实实守在家里。又命大将赵子开率十万兵马筑起栅栏，切断了并州府周围所有的山径小路，并在峭壁山崖上屯兵据守，长长的军阵蜿蜒晋州城四周足有六七十里。

杨素派出的探子将探得的杨谅军情禀报杨素。他当下决定，各路大军仍如常挺进，自己率一支轻装奇袭部队拐进了深山。这支队伍昼夜兼程，走了几天山路，终于出了谷口。原来，他们到的这地方正好俯瞰杨谅叛军的后背。

安营扎寨后，队伍稍作休息。天色将黑时，杨素吩咐军司："留三百士卒看守营寨，其余官兵迅速集合，随我奔袭晋州外围。"

军司去了半天，仍不见复命。杨素火了，刚要出帐去看个究竟，军司进来了。杨素劈头怒斥：

"无用的东西，一点小事也要这半天，你还会有什么作为！"

军司委屈地说："将军，连日翻山越岭，士兵们累极了，都想留守营寨休息一下，请求留守的人太多，将军吩咐只需三百，我不知让谁留谁走才好。"

"噢？难道这事还非得老夫亲自出面不可？传令全体将士集合！"

队伍集合完毕，杨素来到队前，高声说："今夜奔袭晋州，只需留三百人守营，愿意留守者出列站到前面，以最先站出来的三百人为准。"

话音未落，队伍中一阵骚乱，许多士兵争先恐后脱离队列，站到了前面。有几个出来晚的，看看人数可能过了三百，又垂头丧气地退了回去。

队伍恢复了平静。杨素命令道："军司，清点人数，是否够三百人了？"

军司就一五一十地数起来。一会儿，向杨素说："回禀将军，三百，三百……零七人。"

看来，多出的七个人是不想退回去了。杨素叹了一声，说："既然如此，多七个就多七个吧。"随即，他厉声喝道："卫队，将这些人立即斩首！"

刹那间，山谷里回荡起一片令人心寒的哭号哀鸣……

有这三百零七个冤魂督阵，士兵们哪个还敢怯懦不前？午夜，杨素率军驰马急进，直击叛军大营。一时间鼓声大作，火光冲天，叛军营内顿时乱成了蜂窝，士兵们抱头鼠窜，自相践踏，死伤数万之众，刀枪器械散落遍地，只瞬间便溃不成军。

杨谅得知外围破缺，大惊失色，亲率数万兵马冲出城来布阵抵抗。还未拉开架势，一阵电闪雷鸣，天上下起了倾盆大雨。杨谅即刻指挥撤军。王頍一看急了，喊道："大王，万万不可撤军！"

杨谅问道："为什么？"

"大王，杨素孤军深入，虽然暂时取胜，但已经是人困马乏。大王亲领精锐出击，定能大获全胜。如果还未见到敌军就撤退，会使军心沮丧，更助长了杨素的气焰，很难再转败为胜了。"

杨谅不听，执意退却。杨素果然冒雨追上来。杨谅率部且战且退，被杨素军队杀死近两万人，好歹算是退回了并州首府。雨过天晴，杨谅登城远望，才看清城池四周已被杨素的几路兵马围成了一只铁桶。杨谅明白，照这样子，无需攻城，只静静地包围下去，不出一月，晋州城中就会粮草皆空，还是死路一条。

杨谅绝望地仰天长啸，随后命令在四方城门悬挂白旗，俯首投降了。消息传出，叛军各部顷刻间土崩瓦解。

甚嚣尘上的汉王反叛，喧闹了不足一个月就灰飞烟灭，无声无息了。朝廷重现安宁，天下复归太平。杨广宽大为怀，赦免了五弟杨谅的死罪，只夺了他的爵位，并将其从皇族中除名。曾显赫一时的汉王杨谅，由此成为一个地地道道的平民百姓。

朝政稳固了，天下太平了，官仓府库座座充盈，大隋王朝又翻开了新的一页。

第十八章 杨广召见汉王进京 汉王破计起兵反抗

　　杨广颁诏，改元大业（公元 605 年），以示建树丰功伟业的雄心。隋二世杨广便成了大业皇帝。

　　大业皇帝，就是那个在中国几乎家喻户晓、妇孺皆知的隋炀帝。

　　"炀帝"，是那位后来夺了隋朝天下的唐朝高祖、也是杨广的姨表兄李渊在杨广死后送给他的谥号。

第十九章

德言乐昌破镜重圆　良才失误获得闲职

大业元年的秋天，天高云淡，金风送爽，与往年的秋色没有什么两样。

如果鸟瞰大地，就会感觉出与以往的不同。山川原野当中，纵横交织的一条条官道乡道上，人来车往，尘土飞扬，显得格外繁忙。

这路行人中唯有一个人形影独异。此人就是曾做过陈朝太子舍人的徐德言，陈后主妹妹乐昌公主的丈夫。十五年前，隋军伐陈，攻陷了建康城，在一片混乱中徐德言与爱妻失散，逃到远离皇城的乡下，在朋友王根宝家中隐居下来。十几年里，徐德言一直牵挂着失散的妻子，他怀揣当年分别时的那半面铜镜，四处奔走，寻遍南北通都大邑寻找妻子，然而一直杳无音信。

大兴的东门叫春明门，徐德言从春明门进了城。十几年来，他几乎走遍通都大邑，见过无数繁华街景，是个见过世面的人。可是现在，他依然在心里对大兴的景色发出由衷的赞叹。

徐德言边走边看，又在心中感慨：难怪大业皇帝要营建新都，开挖大河！哪朝哪代哪个皇帝有这样的福分，继承了一份如此繁荣兴旺的家业。文帝治下所呈现的国运昌达，前朝历代都没有过。看来，陈亡隋兴并非天意，全在人为。正如古语所言：吉凶由人，妖不妄作啊！

第二天，徐德言起了个大早，草草吃了点东西，便按照店主指点的道路朝市场走去。日中鼓响，市场正式开市。

顷刻间，人群涌动起来，一帮一伙地挤进沿街店铺门市。徐德言哪家店铺都不进，只在街面上蹭蹀，外人看来，这叫真正的逛街。

徐德言走着走着，看到前面有一位老者背着什么东西。到了近处细看，那人是个家仆模样的老者，肩上背着一个丝网，网中的半面铜镜从外面看得清清楚楚。老者手里举一块硬纸牌，上面几个大字非常醒目：

"铜镜半面，售价千金！"

徐德言的心陡然急跳起来！

徐德言紧跟老者，两眼死死盯着丝网中的半面铜镜，看了又看："是它，是我踏破铁鞋、走遍四方要找的东西。跟我手中的另外半面一模一样！"

他分开众人，走到老者身边，拍拍他的肩头，悄声说："老人家，你这铜镜我买了！"老者木然地一扭头，伸出手来，说："一千两金子。"

"千两黄金，我还拿不出来……"

不等徐德言说完，老者一转脸，继续走他的路。"老人家请留步！"

徐德言叫了一声，扯着老者的胳膊说："千两金子怎么能随时带在身上？请跟我到投宿的旅店里去，行吗？"

人们纷纷从各家店铺里奔出来，挤在街两旁观望。三五个儿童在争抢……人们在悄声议论："这是两个疯子吗？"徐德言与老者似乎没听见一样，一起朝旅店走去……

左仆射杨素的宅第不仅宽敞华丽，还有亭台水榭、假山荷池，是长安各王公大臣府邸中最美的。

杨素府中的后苑里有一座小庭院，别看庭院不大，只有十间瓦房，却是前回廊、后花园俱备，相当优雅。庭院门的上方，一块杨素亲笔草书"藏娇"二字的匾额镶嵌在白墙之中。那草书字体狂放，一笔而成，偶有不连贯的地方，却气脉不断，深得汉末张芝的真谛。

"藏娇"二字，当然是取"金屋藏娇"之意。故事出自汉武帝刘彻。传说刘彻才几岁时，姑姑抱他坐在腿上，问他："想不想要个女人？"刘彻说："想。"姑姑指着身边几十名侍女问："想要哪一个？"刘彻将侍女看了个遍，摇摇头说："这些都不要。"姑姑最后指指自己的小女儿阿娇，问："要阿娇好不好？"刘彻立刻笑着说："好！如果能得了阿娇，我一定造一间金屋子将她藏起来！"

十五年前，杨素为行军元帅，渡江伐陈立了大功。在庆功大典上，文帝把陈后主的大妹妹乐昌公主赐予杨素为妾。当时乐昌公主才十八岁，与妹妹，即当今的宣华夫人俱有绝色，有"江南二陈"之称。杨素对乐昌公主一见倾心，立即修建了名作"藏娇"的庭院，专供乐昌公主居住。

入夜，乐昌公主坐在房前的回廊上，仰望天空那个半圆的月亮，痴痴地发呆。

再过几天就是八月十五，到那一天月亮就会圆起来，而且，据说是一年当中最圆的月亮。要不人们怎么会将八月十五作为团圆节呢？天生造化，命运轮回，月亮都有圆有缺，就像她手中的这面铜镜，十几年来一直是两个半圆，天各一方。今天，两个半圆合在了一起，月亮圆了。

月亮可以圆的，人间的破镜真的可以重圆吗？乐昌公主的思绪，又飞回到十五年前的建康都城。

隋兵势如破竹，陈军节节败退，在这千钧一发的危急关头，皇宫的临春阁里依旧丝竹声声，哥哥陈叔宝怀抱着贵妃张丽华，兴致十足地唱着《玉树后庭花》。

亡国之日可数，而国君仍然沉溺在声色舞乐之中，使丈夫徐德言痛心疾首，泪沾衣襟。独自悲叹，陈国将亡，这是天意啊！又对妻子说，一朝城陷国亡，时局肯定一片大乱，我与根宝逃到乡下，恐怕难有机会接应夫人。说着，他拿起一面铜镜，挥拳砸为两半，递给夫人一半，说，若是真的夫妻离散，半面铜镜权作思念之物。只要徐德言不死，即使踏平五岳，我也要找到这面铜镜，与夫人相见！

丈夫的音容笑貌犹在眼前。十多年里杳无音信，乐昌公主以为徐德言可能早已不在人世了，他曾是陈朝太子舍人，即便不死于兵祸，也难逃战后的搜捕追杀。她之所以年复一年坚持让人背着破镜走街过市，不过是为了履践丈夫离别时的信约，以慰亡灵，已经没有了重圆相见的指望。

万没想到，今天他终于找到长安，圆合了破镜，并且请求与乐昌公主见上一面。当年强烈地希望，年深日久渐渐绝望的事情，现在突然出现在面前，竟让乐昌公主悲喜交加，一时不知所措。徐德言的那半面铜镜上，写着他作的一首诗：镜与人俱去，镜归人不归。无复嫦娥影，空留明月辉。默念着这摧人肝胆的诗句，乐昌公主不禁潸然泪下。此情此心，她和丈夫是相通的。破镜上涂有圆月的余晖，然而人却难圆。铜镜虽破，旧梦难断啊！

她想起昔日丈夫对自己的百般温存体贴，想起他温文儒雅的气度，想起他卓越不凡的才华……此时此刻，她多么想立即与丈夫相见啊！

但是，不行。现在身不由己了，自己深居杨府，早已是左仆射杨素的人了。十五年来，杨素待自己不薄。居有专馆，出有专车，锦衣玉食，相敬如宾。与陈国公主的待遇相差无几。如果没有杨素的倾心呵护与爱抚，很难想象自己会苟活到今天。

大业伊始，皇帝下诏营建东京新都，命杨素为营造总监。

乐昌公主虽然不甚知杨素在朝廷中忙些什么事情，但是知道他确实很忙。皇上对他也极为信赖，正因如此，杨素为了皇上无不尽其所能。当初到洛阳为新皇城选址的时候，就是杨素陪伴皇上一起去的。

到达洛阳后，大业皇帝同杨素及一帮臣僚登上了北郊的邙山。

邙山峰峦起伏，绵延三百余里，北枕黄河，隔河与太行、王屋二山遥相对应，构成了洛阳北面的天然大屏障。洛阳的西面、西南面、南面和东

南面，则有流灌伊洛平原的涧水、伊水、洛水几条河流，正南方向还有伊水流经而出的伊阙山。两座山峦隔伊水相对而立，形似阙门，故又称龙门山。北魏时耗尽巨资修建的鬼斧神工般的龙门石窟就在这里。

洛阳就在这山河环抱之中。当年，汉高祖刘邦路过此地时说过："我走过天下许多地方，唯有洛阳最好。"

现在，大业皇帝杨广与重臣杨素也来到了这里，登上邙山之巅的翠云峰。这里古木参差，苍翠如云，相传老子曾在此炼过仙丹。

登高望远，洛阳城尽收眼底。洛阳曾经是汉魏都城，但遭历了战火兵燹的洗劫，宏伟的故城宫阙早已化为一片废墟，这不免使大业皇帝心中稍稍有些遗憾。

但天然大势依然仍旧。

杨广向南远眺，指着二十多里开外的伊阙山，问道："这不就是龙门吗？天造地设了龙门，自应在这里建造京都呢？"

于是杨素坐镇洛阳监工，除有大事须亲自向皇上奏报，平日难得回长安一次。乐昌公主想，如果自己此时趁机与丈夫相会，倾诉私情，于理于情都说不过去。所以，只好委屈丈夫多等几天。因为前天有人从洛阳捎回口信，说杨素要在八月十五前回来，在家里过中秋节。

乐昌公主一连数日思前想后，茶饭不思，往往半夜醒来，就大睁着两眼再也无法入睡，直到黎明。

中秋节的前一天，杨素回到长安。一回到家，他就直奔后苑，来到藏娇馆。没想到一见乐昌公主，竟让他大吃了一惊。分别才没有多久，乐昌公主怎么会如此形销骨立，像换了一个人似的。他急忙问："公主哪里不舒服？"

乐昌公主摇摇头。

"那……是家里哪位夫人或是哪个下人让你受气了？"

乐昌公主又摇摇头。

杨素真急了："哎呀，公主你别光摇头呀！这也不是，那也不是，难道还有别的让你伤心为难的事吗？"

这回，乐昌公主点了点头，说："妾有一件心事，只是很难开口。"

杨素听她这么说，不以为然地挥挥手："嘻嘻！你我在一起十好几年了，还有什么不能对我说的心事？"

乐昌公主稳定一下情绪，忍住泪水，把十五年前与丈夫砸破铜镜，各执一半为后会凭信，不久前徐德言颠沛流离，从江南找来长安，重合破镜，请求见面的事说了一遍。接着，乐昌公主动情地说：

"仆射公，说句心里话，妾十分想见他。可是，妾身早已是杨府的人，况且仆射公又不在家，私会旧人，有逆于妇道情理。回绝不见，毕竟夫妻一场，着实于心不忍。唉，就为这，妾真是左右为难，好多天来一直心忧气闷。"

杨素听了乐昌公主的叙述，大为惊异。他手里掂着两半铜镜，看看镜上的题诗，心下暗叹：天下少有如此痴情忠心的男子汉呀！凄然之间，动了恻隐之心，他想：徐德言千里迢迢，手拿半个铜镜寻到长安，就为了能见妻子一面，自然是人之常情。我身为七尺男子，堂堂尚书仆射，绝不能小肚鸡肠从中作梗，让外人讥笑！

"公主，"杨素将两半铜镜还到乐昌公主手里，坦然说道，"明天就是中秋节，我想略备水酒，请德言贤弟来家里小酌几杯，共赏圆月！"

倏然间，乐昌公主泪如泉涌……

第二天傍晚，徐德言应约来到杨府，客厅里酒菜已经备齐。

徐德言向杨素行过见面之礼，随即说："仆射大人虚怀若谷，不计学生冒昧之罪，召到贵府相见，徐德言不胜感激之至！请仆射大人相信，学生这次来长安绝无额外奢求，只想见乐昌公主一面，以践旧约。若是今晚能见到乐昌公主，明天一早学生即起程返回江南，不会滞留京城打扰仆射大人！"

杨素见徐德言年轻俊逸，举止言谈彬彬有礼，虽然沦为布衣百姓，在高官面前却依旧不卑不亢，尽显儒雅仗义之气，心里就有了三分钦佩，说："贤弟请先入席宽坐。中秋佳节你我能在这里对酌赏月，真是天赐的缘分。有什么话咱们边喝边谈。"

三杯过后，杨素对徐德言说："贤弟曾是陈朝太子舍人，才华闻名江南，今天一见，看贤弟风貌言谈，果然不是等闲之辈，名不虚传。以贤弟旷世之才，埋没乡野，真是太可惜啦！而今大业皇帝登基，满腹雄才大略，有许多宏图正待施展，也是亟需用人的时候，贤弟不如就在长安住下，重登仕途，辅佐新帝。如果你同意，皇上面前，杨素一定极力举荐。"

徐德言说："自陈朝灭亡，学生历经丧乱，心灰意冷，早就无意于仕途了。如今，德言在江南乡下，与患难之交共造茅屋数间，聊避风雨。还有六七亩薄田，也够温饱所需。稍有闲暇的时候，就读读书，写几句诗，自得其乐。只愿仆射大人正身以治天下，竭力辅佐新皇，换来个政通人和，国泰民安，德言也就受益多多了，大可不必亲身出仕。"

杨素叹息道："真个高士清操！既然如此，我就不勉强了。"

两个人越谈越投机，不觉论起治国之事来。

杨素说:"新皇登基不久,朝野间就对建都开河等等一些国事有许多非议指责。依贤弟之高见,听到百姓对朝政国事的非议指责,应当如何处治?"

徐德言说:"以学生愚见,平息非议最好的办法,莫过于不辩解,不追究。听到别人的非议指责就发怒,就觉得损害了自己的尊严,就要想方设法封住他人之口,往往适得其反,还容易被小人利用。听到指责而怒发冲冠,谗言便有了可乘之隙;见到赞誉而喜形于色,奸佞之人就来投其所好。怒谤、喜誉都不应该是一个成大事者的胸怀。无论谤誉均处之泰然,世事就会如秋水波澜不兴,谗言奸佞自然也就避而远之了。当然,所谓非议,往往也并非无一是可取,听到之后,如能从它另一面想想,或许还大有裨益呢!"

杨素听了,大为折服,拍手连称"高论!高论!"随即,他吩咐侍从,"请乐昌公主进来,与徐贤弟相见!"

不一会儿,乐昌公主在几位侍女扶持下,娉婷走人客厅。

杨素感慨万千地说:"公主,十五年了,你与徐贤弟关山隔阻,天各一方,手中的铜镜不能合二为一。今天是中秋佳节,月圆,镜圆,你们二人也团圆啦!快与徐贤弟相见,有什么心里话尽管放开说吧!"

十五年前的夫妻相互施礼拜见,想起当年离别情景,只是流下四行热泪,竟一句话也说不出来了。施过礼,乐昌公主退到一边,满脸羞涩之色,泪流不止。徐德言也是垂手侍立,低着头,不敢正眼看乐昌公主。

杨素一见这种情景,心说还得由老夫来打破僵局,就说:"哎,二位,今天破镜重圆,旧人相见,是大喜事,哪能光流泪而不说话呢!""来呀,"他向侍从喊道,"重新添置酒菜,老仆射要为公主和贤弟的重逢庆贺!"

酒菜添上,各自斟满了杯。杨素见乐昌公主仍然不说不笑,就说:"公主诗才不凡,平日常有佳作。今天躬逢喜事,可不能没有诗啊。我看,就即席赋诗一首吧!"

随即命仆从摆上文房四宝。

乐昌公主只有从命,站起身略作沉吟,提笔写道:今日何异梦,新宫对旧宫。笑啼俱不敢,方验做人难。

待写完,杨素凑上前去读了一遍,哈哈大笑着说:"公主这种笑啼不敢,进退两难的心境,杨素全能理解。仆射虽老,心有灵犀,我想出一个解脱公主尴尬处境的良法。贤弟,请在府上屈尊小住几日,容老夫稍置绵薄行装,派人送公主上路,与徐贤弟同返江南,从此使破镜永圆。二位意下如何?"一听这话,徐德言连忙摇头说:"仆射大人,万万不能这样!德言已有言在先，此次来长安，只求见公主一面，了却心愿，绝不敢再有他求。今天承蒙仆射大人盛情接待，又见公主在府上生活得舒适安乐，我也就心满意足了。明日我独自启程返回江南，决不在长安给大人再添叨扰！"

乐昌公主也说："仆射公知遇之恩，妾终生难报，绝没有萌生其他想念！"

杨素摇头叹息："唉，你们俩旧盟犹在，情缘未断，如果我在其中作梗，岂不让世人骂我无情无义！做一件好事，留一个美名，二位就成全老夫吧。"两人见杨素说得诚恳动情，句句由衷，感激得热泪盈眶，双双无言地屈膝跪地，朝杨素深深叩下头去。三个人重新入座举杯，席面上出现了活泼欢愉的气氛，乐昌公主脸上也浮出惬意的微笑……

今天，大业皇帝陪宣华夫人出来游玩散心。近来，宣华夫人心绪不佳，在不长的时间里，她遇到了两件怅惘哀伤的事。

第一件，是她的姐姐乐昌公主与前夫徐德言双双携手返回江南去了。当得知乐昌公主与徐德言十五年后破镜重圆，左仆射杨素慷慨大义，恩准他二人再续前缘、重归故里，宣华夫人实实在在地为姐姐高兴了几天。可是，当姐姐与徐德言相携登途，真走了，她很快又笼罩在一种无边无际的怅惘之中。

过去，姐妹二人同居大兴，一个在宫廷，一个在仆射府，还能时常见面，相互叙说一下各自心中的喜怒哀乐，排遣寂寥。可是现在，姐姐走了，姐姐自由自在了，只把妹妹留在大兴，享受着一辈子也享受不完的荣华富贵。今后妹妹心里的那许多话去对谁说呢？自此一别，哪年哪月才能再与姐姐相见呢？

姐姐走了不久，幽居大兴的哥哥陈叔宝便抑郁而亡，这更让宣华夫人伤痛不已。

哥哥陈叔宝是个庸主，只知道吃喝玩乐，不问政事，很快就把一个原本不很强盛的陈国断送了。国亡家破，兄妹三人被俘入隋，来到大兴。

幸得文帝宽厚开明，陈叔宝受到了特殊优待。虽然是亡国之君，也有专馆居住，衣食丰厚，与王公待遇不相上下。陈叔宝是个平庸之人，然而平庸自有平庸的好处，他少愁无忧，既不想亡国之痛，也没有寄人篱下之耻。衣食无虞，歌声盈耳，日子过得非常平稳宁静，心安理得。宣华夫人和乐昌公主偶尔也去探望哥哥，兄妹间还能尝到一点人伦之乐。

然而，庸人毕竟还是人。乐昌公主重返江南，终于勾起陈叔宝对故国的思念。徐德言不肯羁留大兴，不愿吃嗟来之食的豪气，也让他这个昔日的国君汗颜。他终于也尝到了忧愁的滋味，以至抑郁过重而身亡。

陈叔宝死后，杨广下诏厚葬，还追谥他为长城公。可是，宣华夫人心中的哀痛仍然不能自已。哥哥、姐姐，死的死，走的走，更增添了她形单影只的孤寂和忧愁。

杨广对宣华夫人十分体贴，见她遭遇了骨肉离散的变故，生怕她哀伤成疾，千方百计为她解闷散心。虽然他新登大位，百业待举，日理万机，依然忙里偷闲，尽量陪宣华夫人玩得开心。

船舫擦着荷叶穿行，宫女顺手采了几个莲蓬，献给杨广和宣华夫人。杨广剥开蜂房一样的莲蓬，取出一粒翡翠色的莲子放在嘴里嚼着，细细品味，一股淡淡的香气沁人肺腑，青莲子果然格外鲜嫩、清甜。

宣华夫人接过莲蓬，却不剥开，只是拿在手里观赏。

杨广一边吃着莲子，一边问："这么鲜嫩可口的莲子，夫人怎么不尝尝？"

宣华夫人凄然一笑，说："这荷莲原本是产于江南水乡，现在这里见到，竟有些他乡遇故人的感觉。所以就舍不得吃。"杨广知道她又在触景生情，就说："夫人家在南方，看到荷莲，思念江南水乡，也是人之常情。古今骚人墨客，多有描绘江南秀丽景色的文字。凡读过的无不心向往之。就是朕这个世居华山脚下的人，在扬州做了十年总管之后，也对江南风物恋恋不合。自朕立为太子，奉召回京至今六年了，楚山吴水，时时在梦中出现，常常思念着再回江南。夫人，还记得在仁寿宫为先皇侍疾的时候，朕曾说过要挖一条通达南北的大河吗？大河已经开工了，它将连结黄河、淮河、长江诸水系，直达江南，几百万民工劳作在千里河道上，不分昼夜，很快就可完成，到那时，朕定要乘龙舟偕夫人同游江南，怎么样？"

宣华夫人终于笑了，说："若能这样，臣妾真是感激不尽了！"

这时，有内侍奏报，薛道衡奉召进宫见驾。

杨广一听，立刻吩咐："让他在廊下稍候，朕即时升殿！"又对宣华夫人说："夫人，失陪了。朕要去见的这位老头儿，是当朝学富五车的鸿儒。大业初兴，朝中亟需人才啊！"

薛道衡是杨广的老部下，平陈时他曾任淮南道行台尚书省吏部郎，兼礼部文翰，跟随场广左右，也算得上忘年之交。平陈后不久，薛道衡被文帝召入朝中，拜为吏部侍郎。可是干了不到两年，突然一道诏旨将他调任播州刺史。一个宫廷中的官员，忽然外放岭南，就有点发配的味道了。可谁也不知道他犯了什么错，怎么得罪了皇上，大臣们纷纷猜测，薛道衡极可能是言多有失，说了皇上不爱听的话。

薛道衡自恃才高八斗，经常高谈阔论，而且不分场合与对象。他生性耿直，好固执己见，是个不撞南墙不回头的角色。文帝爱才，也好读书，常约薛道衡一起切磋学问。而薛道衡却往往表现得不识抬举，遇到自己的观点与文帝不合的时候，就直言不讳地指出文帝的谬误，并且将谬误之处批驳得体无完肤。同时把自己的正确高论引经据典，如数家珍地逐条讲给文帝，大有让文帝"胜读十年书"的意味，这就犯了官场大忌。在官场上，如果让一位上司感觉到某个下属比自己聪明伶俐，比自己有学问，比自己有能为，那么，这个下属离厄运就不远了。

薛道衡遭贬的消息传出，在扬州做总管的杨广立即托人捎信给他，要他离京后取道扬州。杨广想等薛道衡到扬州后将他留住，再奏请文帝恩准薛道衡在扬州总管府为官。

不知为什么，薛道衡却不领受杨广的美意，没有从扬州路过，而是直接由江陵南下去了播州，让杨广好一阵不痛快，这些做学问的人总免不掉那种穷酸清高，把面子看得太重要，往往因面子而丢了性命。

杨广即位后，薛道衡上表请求告老。杨广借此机会下诏让他进京见驾，心想，他来京之后便将他留在朝中，并打算让薛道衡做秘书监之职。这回，看薛老头儿还有什么推托之词？

杨广看重薛道衡的文才，他常读薛道衡的诗文，有些佳作他已烂熟于心，像那首《人日思归》，更让杨广一咏三叹："入春才七日，离家已二年。人归落雁后，思发在花前。"按节历，正月的初一为鸡日，初二为狗日，初三为猪日，初四为羊日，初五为牛日，初六为马日，初七为人日。《人日思归》，抒发了初春时的思念。

薛道衡是北方人，曾受聘于南朝陈国，初春时看雁阵北归，自己却不能回河东汾阴家乡，故曰"落雁后"。入春时节春花未发，而人的归思已动，故云"在花前"。

杨广从御花园来到前殿坐稳，即传旨召薛道衡进殿。

薛道衡来到殿下，杨广看见他长髯垂胸，却是鹤发童颜，精神矍铄，大为惊异，高兴地说："朕以为老先生年近古稀，已渐衰退，想不到依旧这样健壮，无异于从前。想必老先生有什么养生健身的秘诀，能不能说给朕听听？"

薛道衡哈哈大笑，声如洪钟，说："陛下，老臣这么多年身居偏远之地，不受喧嚣烦扰，淡泊功名利禄，整天就是读读书，写写文章，心境平和，无焦躁之气。要说养生健身还有秘诀，老臣以为这就是。"

刚一见面，薛道衡就让大业皇帝笑不出来了。向他讨教养生秘诀，不过是杨广恭维他的话，他却当了真，把自己的秘诀说了出来。什么淡泊功名，什么心境平和，都是杨广不愿意听的。你淡泊名利，那别人就是追名逐利之徒？你心境平和，别人都浮躁不稳？大殿里只有你我君臣二人，你这是说给谁听，所指为谁？或许说者无意，可是既然说出来了，就由不得你不让别人往那些方面去想。

杨广干笑了几声，说："是啊，心境平和确是养生良方。老先生从岭南来京，一路上定有不少见闻，能否讲给朕听听？"

薛道衡捋着长须，点点头，说："老臣从播州北上，一路上只有一条见闻：官道小路上拥塞了不计其数的车辆民伕，都是赶去挖河开渠的。听地方上的官员讲，全国征调的民伕劳役有三四百万了！"杨广点头："昨天奏报来的数字，是三百五十几万。"

"陛下，听说正在修一条南北大河，连通黄河、淮河、长江。陛下要乘龙舟沿河而下，游幸江南？"

杨广未置可否，只微笑着说："江南可是个好地方啊！老先生一定熟知丘迟的那篇《与陈伯之书》吧？"说到这里，杨广从御座上站起，忘情地背诵起来："……暮春三月，江南草长，杂花生树，群莺乱飞。见故国之旗鼓，感平生于畴日，抚弦登陴，岂不怆恨……"

诵毕，杨广又啧啧称赞说："丘迟把江南景色写得多美啊！陈伯之原在梁朝做江州刺史，梁武帝天监元年叛降北魏，当了个淮南都督。天监四年，武帝命临川王萧宏率军北伐，陈伯之领魏兵抵抗。当时，丘迟是萧宏记室，萧宏就命丘迟给陈伯之写信劝降。丘迟在信中以陈伯之的前途命运和江南故国之情打动了他。陈伯之读了书信之后，即从寿阳率兵归梁。老先生，江南景物竟有如此魅力，难道不值得专程重游吗？"

"陛下也是为了抚慰宣华夫人的思乡之情吧？"

薛道衡才华盖世，且为官多年，竟迂腐地将不该点破的事一语击中。

杨广宽宏地回敬了一句："思念故乡，人之常情。老先生怎么就忘了当年的那首《人日思归》？"

薛道衡似乎还未品出咸淡，又说："人之常情也是大有差异的。陛下为了游幸江南，就不惜广征伕役，动伤府库，挖一条南北千里的河渠，百姓们对此举可是多有怨言非议啊。"

杨广哈哈大笑："百姓民间的怨言非议，可以解释为燕雀安知鸿鹄之志哉？然而，像老先生这样学识渊博的人，就不该人云亦云了。开河挖渠，巡历淮海，首要是为了观察风俗，听采舆论，以审政刑之得失。也为了沟通南北，畅通漕运，以便利百姓往来，繁荣农商。秦皇修筑长城，汉武开拓疆土，都为天下社稷建立了大业功勋，而且名传不朽。朕开挖千里大河，其功绩不下于秦皇汉武，也是一件千古不朽的大事啊！"

凡读书人，听到秦始皇这个名字，首先想到的就是焚书坑儒，并由此怒不可遏。薛道衡听杨广说要效法秦皇，心中顿生厌恶，但他不想再争辩下去，因为他看见杨广那种踌躇满志、洋洋自得的神气，知道再说什么也没有用。

其实，杨广也不想再谈这个话题，他见薛道衡没再言语，便话锋一转，问道："老先生说在岭南天天读书属文，有什么华章美文让朕一睹为快吗？"

这话倒是提醒了薛道衡，他说："陛下，高祖文皇帝躬节俭、平徭赋，爱民省政，深得天下拥戴。先皇殡天，老臣未及进京扶丧，为此深感愧痛！就写了一篇《高祖文皇帝颂》，以表老臣的敬仰和忠心。今天呈上，恭请陛下御览赐教！"

说着，就从宽大的袍袖里取出一本奏折，双手举过头顶，跪献给杨广。内侍接过来，又转送到御座前。

这是一篇洋洋三千言的文章，从开篇至结尾，字里行间充满了对文帝的赞誉和歌颂。历数了自开皇至仁寿二十四年间，文帝的丰功伟绩，善行美德。文字如行云流水，酣畅淋漓，抑扬顿挫，通篇都倾注了作者的真情实感与无限忠诚。

杨广读着读着，脸色渐渐阴沉下来。他想：薛道衡写的文章很多，为什么偏拿这篇给朕看？他如此赞美先朝父皇，岂不是暗藏鱼藻之意！

他想起了《诗经·小雅》中的一首名为《鱼藻》的诗："鱼在在藻，有颂其首。王在在镐，岂乐饮酒……"这首诗写的是周幽王治下的臣民，怀念周武王时候的快乐生活，暗念着对幽王的不满和讥讽。杨广由薛道衡赞美文帝而想到了《鱼藻》，事情就变得严重了。

如果往好里想，这原本应是一件好事。文帝是杨广的父亲，在儿子面前夸赞父亲，当然是为儿子增光添彩的好事，一般说来，儿子都会高兴的。

然而，薛道衡偏偏忽略了至关重要的一点：父亲和儿子都是皇帝！所以，这件事若是往坏里想，却是坏得不可饶恕。先皇已去，新帝即位，你在当朝皇帝面前，极尽歌颂赞美先朝国君之能事，那言外之意……是添彩，还是抹黑？

薛道衡犯了官场又一大忌：千万不可当着现任上司的面，夸赞他的前任如何英明伟大，不论他们俩是父子，还是亲兄弟！

薛道衡啊，聪明一世，糊涂一时。

当局者迷，而谁又是旁观者？

但是，从薛道衡文章字面上看，毕竟是歌颂先皇的，杨广也挑不出刺，

第十九章　德言乐昌破镜重圆　良才失误获得闲职

只好把文章往御案上一放，同时改变了对薛道衡委以重任的初衷。

"老先生刚刚到京，诸多事情以后慢慢再议，来日方长嘛！朕拜老先生为司隶大夫，请到职理事吧。"

司隶大夫，是个总管京畿安全的官，其实是个闲差，并无实权。薛道衡听了御旨，心里有些不快。好在他是个淡泊名利的人，当即跪拜谢皇上隆恩，领旨上任去了。

第二十章

修建桥梁造福百姓　隋朝达到繁盛时期

三月春风轻轻吹拂着，洨河两岸桃李盛开，枯瘦了一个冬天的洨河，涌着河床里满满荡荡的桃花水，从太行山一路流泻下来。洨河流到赵州城南，水面也变得更加开阔了。

方圆几百里内，赵州是最大的城邑。城里有州郡衙门，有热闹的街市和繁多的商货，商旅往来，熙熙攘攘。但是因为洨河的水势太大，入春之后又下了几场大雨，雨水山泉并流而下，沿途又汇入几条支流，到了赵州一带便形成了滔滔洪水。南来北往、进城出城的客商行人，全凭几条木船摆渡，既慢又险，很不方便。

洨河上也曾修造过几座木桥，但是不经年月，就被洪水冲垮了。赵州一带的百姓绅士都盼着能建造一座坚固的石桥，只是二三百年来朝分南北，战祸连绵，人们总在忙碌着逃生糊口，哪里还有修桥铺路的念头？

自隋皇禅位，国家中兴。文帝武略文韬，使华夏山河一统。开国不过二十年，休养生息，商农兴旺，民有余粮。于是，赵州一带的绅士百姓又串通商议，在洨河上集资兴建一座石桥。洨河石桥动工至今快十个春秋了，估计顶多再有一年工夫，人们进出赵州城就不用乘船摆渡了。

城南岸的渡口上，等待渡河的人和担子排成了一条长蛇，其中多半是进城贩卖山货，返程买回犁铧锄镢、准备春耕播种的农夫，也有闲来无事，进城喝酒听曲的士绅。有人等得不耐烦了，问："这么大一个赵州城，这么宽的一条河，怎么就一条木船摆渡，别的船都干什么去了？"

旁边有人指了指上游，说："看看，都在那儿运石头修桥哩！"

上游半里多远的地方，一座石桥已具雏形，工匠们正在忙忙碌碌地砌筑桥面。手起锤落，铁錾凿石，叮叮当当一片清脆悦耳的声响。

好不容易盼到渡船从对岸摇了过来，靠岸停稳，等船的人纷纷抢先上船。这时候，渡口边站起两个人来，双臂一展，说："诸位，先别忙着上船。大家先留下桥捐，捐多捐少都不要紧，尽力而为，算是个心意。等石桥造好了，得便利的还是大家！"

要过河的人听了纷纷说："应该，应该。自古以来修桥铺路是积德行善的大好事！"

大家纷纷解囊捐资，个个都作出财大气粗的样子，掏出一把把新铸的"五铢"铜钱，哗啦啦扔进那两个人中间的一口缸里。不一会儿，铜钱收了小半缸，渡船也渐渐载满。老艄公起了船锚，摇船的姑娘刚要展臂摇桨，只听远远传来一个人的高叫："赵大伯，等一等！"

老艄公将手搭在额前向南眺望。摇船的姑娘听到喊声，紧握双桨的两手微微一抖，也转过脸来。

伴着喊声，一个三十来岁的汉子风风火火、大步流星地朝渡船跑过来。

看着汉子跑下河滩，老艄公布满皱纹的脸上绽开了笑容："嗨！年轻人，你回来了！"又回头招呼摇船的姑娘，"桃花，把船往岸边靠靠，让你李春哥上来。"

还没等桃花摇桨，就见那个叫李春的汉子纵身一跃，跳上船板，把渡船震得左右摇晃了几下。李春走到船梢，将背上的褡裢哐地扔在船板上，对桃花姑娘说："我来摇！"

渡船缓缓离了南岸。桃花低眉眼看着河水，小声问："春哥，你这一趟出门，时间可真长啊！"

李春目光炯炯望着对岸，双臂奋力，木桨拨水，发出哗哗的声响。

"是啊，这一去就是快半年了。洛阳那地方离咱这儿上千里，别说修桥，光是来回走路也得一个多月。"

"那，旅人桥修好了？"桃花又问。

"修好了。嘿，那可是座了不起的桥！三百多年了，还好好地立在洛阳西南的谷水河上。听说，那是中原地面上的第一座石拱桥，是我的十世祖他们一帮石匠修造的。他们这些石匠，最初是在洛阳北边的邙山一带，给帝王将相修造陵墓的。我那位十世祖修造的石拱墓门又漂亮、又结实。有一年，谷水河上的木桥又被洪水冲垮了，京兆府贴出告示，重金征聘天下能工巧匠，要在谷水河上造一座洪水冲不垮的桥。我的祖上就去揭了榜。京兆尹问他，你打算用什么木头造这座桥？他说，不用木头，用石头。那时的石桥，都是用条石平架起来的。京兆尹摇头说，哪有这么长的条石？中间得修多少桥墩？我的祖上回答，一个桥墩都不要就能叫石桥过河。要是修不成功，甘愿受罚。"

桃花听得出神，好奇地问："那他用什么办法造石桥？"

"嘿，说起来也简单，他就是借用了修石拱墓门的方法，造了一座不用桥墩的石拱桥……"

说着说着，李春的目光盯在了不远处那座正在建造中的石拱桥上，自言自语地说："没有谷水河上的旅人桥，就没有今天汶河上的石拱桥……可是，旅人桥两头的桥座太笨、太厚重了。不仅不好看，还阻挡洪水。大水一来，常常冲塌两头桥座的石块。隔些年月，就得动工修理。这也是咱洨河石桥必须解决的缺憾呀……"

　　一个浪头打来，渡船晃了一下，从李春扔在船板上的褡裢里滚出一样东西来。桃花弯腰捡起一看，是个石刻的送子观音，立时脸色绯红，连忙又把它塞进褡裢里。李春留神到了桃花的表情，腾出一只手，从褡裢里又把送子观音掏出来，端详着说：

　　"这是我仿照着洛阳龙门石窟里的一个送子娘娘刻成的，原像比我刻的要精美好看得多。我就是有这嗜好，看见好的石像，手就痒痒。桃花，你看这尊送子娘娘刻得还行吗？"

　　说着，李春把送子娘娘递到桃花手里。桃花有些难为情地接过来，心里却在想：是呀，春哥是个早该成家的汉子，自己也到了出嫁的年纪。怪谁呢？谁让他当着众乡亲的面发了誓，不修成赵州桥决不娶妻呢！要不……

　　桃花无意中抬起头，才发现李春正目不转睛地盯着自己，她红着脸嗔怪地说："你这样看着人家干什么？小心把船给摇翻了！"

　　李春傻笑着说："你看这送子娘娘，做得多漂亮啊！手里抱着两个，背上背着两个，肩上还一边蹲着两个。这位造像的师傅真聪明，要是没有左右肩膀边蹲着的两个孩子，就减色多了。"

　　桃花扑哧一笑："要不人家就叫送子娘娘嘛！"

　　李春心里怦然一动，脑子里忽然萌发了一个主意，顿时，脸上增添了神采，两眼闪闪发光……

　　这时，船到河心，渡客们站上船头，举目眺望河面上正在施工的那座气势宏伟的石桥，发出了声声赞叹："这桥修得真漂亮啊，就像雨后初晴的一道彩虹。"

　　"得有十几丈长吧？跨径这么大的石拱桥，咱还真没见过。"

　　"别看跨度这么大，从拱脚到拱顶才不过两丈多高，这样桥面就得平缓，行人走车都省许多力气。"

　　一片赞扬声中，忽然冒出一声长叹："唉！这桥好是好，可惜美中不足啊！"

　　渡客们都觉奇怪，转问那个叹息的客人："你说哪里有美中不足？"

　　"诸位请看那拱脚两端，照这样一块块大青石垒砌上去，等到跟拱顶平齐，就成了两道高数丈、宽数丈的大石墙。这两堵大石墙得有多重啊！压在两头拱脚上，那地基可承受得起？就算地基承受得起，一有大水，石墙一定阻碍泻水，洪水受阻后的力量更大，经年累月，石墙是否禁得住洪水冲击？"

渡客们听了，有的连说有理，有的却不以为然："石拱桥从来就是这种修法，哪算得什么美中不足！"

人们的议论惊动了在船艄摇桨的李春，他把双桨交给桃花，走了过来，打量一下那个说石桥美中不足的年轻人，对大家说："这位兄弟说得对，拱脚两端过于厚重，正是桥的缺陷。"他朝那年轻人拱手一揖："兄弟，看来我遇到行家了。既然能一眼看出石桥的不足之处，想必心中也有治这毛病的高招，望不吝赐教！"

年轻人连忙摆手："不敢，不敢！小弟不过略会抡锤使凿，也造过几座小石桥。苦于拱脚石墙厚重，既费工费料，还减少了拱桥的寿命。就想看遍天下名桥，求得解决的办法。所以，只能看出毛病，也还没有医治的良方。"

"哦，原来是这样，"李春说，"我有一个想法，还不知可行不可行。兄弟若不怪我冒昧浅陋，咱二人是否商讨商讨？"

年轻人说："太好了，我愿意向大哥求教。"

李春将送子娘娘托在手上，指点着说："你看这送子娘娘的造像，前抱后背，左右两肩还各坐着两个孩子，显得匀称好看。要是在大拱背上两端各加两个小石拱，就像娘娘托子一样，这大石桥不就变得轻盈匀称、好看多了吗？有了四个小石拱，洪水暴涨的时候，大水就会从这四个小石拱当中分流而过，减轻桥身受洪水冲击的力量，也就不会冲塌拱脚……"

不等李春说完，年轻人大叫一声："太好了！妙极了！谁能想出这样的高招！你一定不是凡人，请问大哥尊姓大名。"

站在船头撑篙的老艄公哈哈大笑，说："他就是领头修造这赵州桥的石匠李春！"

年轻人屈膝就拜："原来你就是李春师傅，果然名不虚传！小弟不知高低，刚才信口开河，多有冒犯。"

李春连忙扶起他："快别这样。兄弟刚才说的很有见地，也十分中肯，正是我求之不得。请问兄弟叫什么名字，家住哪里？"

年轻人回答："小弟叫李通，祖籍唐山。"

李春高兴地说："哎呀，原来咱俩同宗，一笔写不出两个李字，都是老子的后代呀！"

李春的话又引来渡客们的一阵笑声。

渡船靠岸，渡客们纷纷收拾东西下船。李春走到船尾，将送子娘娘悄悄塞给桃花，说："回头我再来看你。现在我要跟上李通，我想劝他留下来一起造桥，不知他会不会答应。"

李春一个跳跃上了河岸，回头对老艄公拱拱手："赵大伯，改天专程登门拜望你老！"

赵大伯吟吟一笑："还等什么改天，明天就是三月三，我和桃花等你来一起过节，包饺子吃。"

李春一愣："嗨呀，明天就是三月三了，日光过得真快！好，赵大伯，我一定来。你老可得多准备些肉馅，做石匠的饭量大！"

一番话，让站在船尾的桃花荡漾起一脸幸福。

李春甩开两只大脚，几步就登上了河堤，往通向城门的路上望望，已经不见了李通的人影，他急了，将双手在嘴边拢作喇叭，大声喊着："李通兄弟，李通兄弟！"

"大哥，我在这儿哪。"

李春闻声转身，只见李通正从一棵大柳树后边绕出来，他高兴地跑上去拉起李通的手，说："嗨，我还以为你走了呢！"

李通笑着说："大哥，小弟游历四方，为的就是拜访名师，学点造桥的技艺。今天有幸见到大哥这样的高人，又看到了赵州桥这样气势宏伟的奇桥，大哥，你总不能让小弟身入宝山空手而归吧？"

李春激动起来，问："兄弟，你想怎样？"

"小弟想留下来，给大哥打个下手，不知大哥收不收我这个伙计！"

李春高兴地一蹦，离地足有二尺："太好了！刚才我到处喊你，就是想请你留下来帮我造赵州桥呀！兄弟，走，咱们先到桥上看看去！"

洛阳是九州腹地，水陆交通比起长安来要方便得多，即所谓：贡赋易达。这就是大业皇帝新建东京的因由。

其实，建京迁都还有一个原因。

文帝驾崩，杨广登基，从仁寿宫返回长安之后，就按照文帝遗嘱，释放了被囚禁了半年多的术士章仇太翼。章仇太翼对杨广感激涕零，千恩万谢不杀之恩。因为文帝临去仁寿宫前说过，等回来时就将他斩首。现在他无罪获释，只感激新皇的恩典，却不知是先帝的嘱托。

杨广释放章仇太翼，不仅是遵从先皇遗嘱，更出于对他的佩服，甚至是畏惧。章仇太翼曾极力劝谏文帝不要去仁寿宫避暑，并说此一去很可能就回不来了。文帝不听，反而囚禁了他。结果，真的一去不回。杨广佩服

他善观天象，料事如神。既然能占卜吉凶，当然也有办法化险为夷，这样的神人对朝廷大有用处。

果然，章仇太翼出狱后不几天，就向杨广呈上一纸奏表，说："陛下本是木命，而长安一带是破木之势，不可久住。洛阳北面有山，三面有水，木生长在山上，又得水的滋养，定能千秋不朽。开皇初年就有民谣唱道：'重建洛阳，恢复晋朝天下。'陛下曾封为晋王，民谣真是灵验啊！"

看了章仇太翼的奏表，杨广决意将自己这株参天大树移到洛阳，以期千秋不朽。

大业二年，春夏之交，四方各国使者云集洛阳，庆贺大业皇帝乔迁新都。北边的突厥、契丹、匈奴，南方的骠国、真腊，东面的倭国、高句丽，西边的天竺乃至波斯，都有使者带着本国进贡的特产珍宝前来朝贺。

九天阊阖开宫殿，万国衣冠拜冕旒。盛况空前，自古未有，泱泱之大中国，当然要趁此大好时机，张扬一下自己的声势与国威。

新建的都城规模宏大，气势雄伟。城南面对龙门，北依邙山，东逾伊水，西至涧河，洛水穿流其间。都城分为宫城、皇城、东城和外郭几大布局。

宫城，也就是禁城，东西宽五里二百步，南北长七里有余。与大兴的宫城不同，洛阳的宫城并不位居都城中央，而是在北面。宫城里建有乾阳殿、大业殿、文成殿、元清殿……是皇上执政议事的殿阁和寝宫所在。

皇城围绕在宫城的东、西、南三面，是宫城的外围。皇城内有许多殿堂院落，皇族儿孙及公主的府第，百官的府署都设在这里。皇城的正门在南面，叫端门。

外郭也称罗城，是百官的府第和百姓的住所，在宫城和皇城的南面偏东，总体布局呈方形，东北一面和洛河南岸为里坊。"坊"是民居区域的称谓，因每坊的东西和南北的长度各是三百步，正合一里，因此叫作里坊。新都洛阳共有一百零三个里坊，三个大市场。洛河南岸有二市，东面的叫丰都市，西边的叫大同市；洛河北岸的市场叫通远市。三市都临近可以行船的漕渠，往来极为便利。仅一个丰都市，周围就达一千八百余步，四面有十二个门可供出入。市场内有一百二十行，三千多个肆，四百多家客栈。市内重楼延阁，鳞次栉比。道路两旁遍植榆柳，交错成荫。

皇城正南，是一条宽近百步的大街，叫天津街。它北起皇城的端门，向南跨过护城河上的天津桥，直达外城正门——建国门。

从端午节开始，天津街上，从天津桥南端至定鼎门以里，一片喜庆祥和的景象。大街两侧陈列百戏，唱曲的，跳舞的，杂耍、皮影、龙灯、旱船，五花八门，应有尽有，鼓乐喧天，从日出到日落。傍晚时分，来自全国各州府县的一万八千名乐工分列天津街两侧，吹拉弹奏，管弦之声不绝于耳，直至东方既白。这些都是大业皇帝下诏安排的，不过，这道诏书没有四处张贴，而是由各级官吏层层口头传令下去，不能让外国来使知道这些繁荣喜庆景象是皇家拼凑起来的，而是百姓自发的，或者说，昌达富庶的中国一年到头都是这样。

皇帝还密令：自五月端午起一个月内，为诸国使节朝贺时间。在这期间，洛阳臣民都要锦衣盛饰，以示大国威仪。街市上，如有车服不够鲜艳华丽者，一律由京城禁卫拘捕，遣送至开河工地服徭役。

东都城内各店铺商家，都要备足各色货物，作琳琅满目状。货物不丰盈、花色不全的，勒令停业。

各酒肆饭庄，一旦发现有外国客使从门口路过，定要鞠躬微笑，盛情邀入店内，全力款待，直至其酒足饭饱，但不准收取分文。

皇帝密诏，谁敢稍有不遵从。还好，皇帝事前已号令天下数万家富商巨贾迁入东京，由他们支撑着，洛阳市面上倒也真显得一派繁荣。一般百姓为避免发配开河工地，只好东借西凑或变卖家私，添置衣裳服饰，打肿脸充胖子。也有少数实在无计可施的穷人，就多多储备下柴米油盐，躲在家里闭门不出，熬过这一个月。

这一天，一队京城禁卫在城中巡逻。走过整个天津街，又转遍外廓城的里坊和丰都、大同、通远三市，所到之处，只见商铺货物充盈，市民锦衣华饰，一切都符合皇上诏令的要求。

巡逻士卒在返回途中，又路过天津街时，忽然看见一顶青篷小轿迎面而来。这顶轿子没有作任何装饰，而且轿身也很陈旧朴素，在满街车服鲜丽的人群当中显得格外寒酸扎眼。

巡逻士卒迎着轿子走过去，领头的尉官大喊一声："喂！是谁这么大胆，坐这样的轿子也敢出门上街？想违抗圣旨吗！"

抬轿的轿夫和旁边的随从并不害怕，继续朝前走着，一个随从边走边说："轿子里坐的是兰陵公主，咱们皇上的妹妹，你们想怎么着？"

听说轿子里是兰陵公主，士卒们根本不在乎。他们知道，兰陵公主的驸马是从前的兵部尚书柳述，因勾结庶人杨勇谋反，妄图重新废立太子，早被大业皇帝发配到岭南去了。当时，皇上曾命兰陵公主与柳述离绝，公主誓死不肯，皇上为此十分恼火，兄妹俩已形同路人。所以，得罪兰陵公主，是绝不会触怒皇上的。因此，一队士卒横列轿前，挡住去路。那个领头的大着胆子使劲一拉轿杆，说："皇上有诏：自五月端午起一个月内，洛

· 193 ·

阳臣民都须锦衣盛饰，以表我国威仪。你们这样的青篷小轿上街，招摇过市，就是违抗圣旨，我倒要问问，你们想怎么着？"

说着，就与轿夫撕扯起来。拉来搜去，轿子摇晃得厉害，里面的兰陵公主忍受不住了，一掀轿帘，露出半个脸来，杏眼圆睁，怒气冲冲地说：

"怎么，你们想拘捕本公主，把我也发配到开河工地上去担筐挖土吗！"看到兰陵公主的模样，士卒们一个个都呆了。屈指算来，兰陵公主也有三十多岁了，想不到依然这么年轻美丽。她一身素装，不施粉黛，但端庄娴淑，气宇轩昂，透着皇族威仪。巡逻士卒刚才那有恃无恐的气焰顿时止熄，领头的也垂下手来，说："公主息怒，不是小人有意为难公主，实在是皇上严诏在前，不得不公事公办。"

"那，你们要我怎么样？"

"回宫去，换上彩轿和公主锦衣之后再上街。"

兰陵公主冷冷一笑："我要是不换呢？"

"只好委屈公主与小人们一起去面见皇上，只要皇上恩准，小人们也绝不敢纠缠。"

"哼！"兰陵公主气恨恨地说，"好一帮奴才，说话这么不知深浅。好吧。本公主就陪你们去宫里走一趟，看皇上能把我怎样！"

兰陵公主缩回头去，将轿帘狠狠一摔，命令轿夫："回轿，见皇上去！"

杨广正在宫中披览各国来朝使者献上的奏章。

这些奏章有长有短，说什么的都有，就是没有不好听的，全都是吉祥称颂之词。

有的自称蛮夷小国，称颂大隋皇帝上合天意，下顺民心，拥有四海。天地之所覆载，七曜之所照临，莫不委质来宾。

有的说，敝国近年气候清和，风调雨顺，想必华夏有圣德大兴，果然欣悉大业皇帝嗣位，天意确实应验。

有的则表示，久沾神州德仪，向慕中原淳风，心归有道，屈膝稽首，愿永为藩属。

还有西域的一些小国，摄于邻国侵扰，甚至愿献地数千里，以求大隋庇护。

杨广看了一封又一封，心里十分高兴，随手又取过一封奏章，展开一看，是倭国国王写来的，开头第一句就是："日出处天子致书日没处天子无恙。"杨广看了，一股火攻上心头：区区倭国小王竟如此傲慢无礼，自诩日出处天子，却称朕为日没处天子，岂有此理！

他耐着性子往下看："闻海西菩萨天子，重兴佛法，故遣朝贡使者暨沙

· 194 ·

门数十人前来学习佛法……"

能来中国朝贡，学习佛法，倒还说得过去。但是，那句"日没处天子"却似骨鲠在喉，杨广命内侍传鸿胪卿速来见驾，训斥说："有无礼之语的蛮夷奏书，不要呈给朕看！"

说着，将那份日本国的奏章摔在地上。鸿胪卿吓得浑身发抖，点头连声称是，退了下去。

憋了一肚子火的杨广刚刚斥走了鸿胪卿，就听内侍来报："京城巡逻禁卫与兰陵公主发生纠纷，一起来到殿下，求见皇上明断。"

杨广的密诏发出后，随后曾又有严令，要求朝臣庶民，以至皇亲国戚，一律按诏执行，共同维护大国威仪。旨令京城禁卫巡逻纠察。抗诏违旨的，或纠察不力的，都要严加查处。

按照惯例，皇帝诏令既出，就得找那么几个抗诏违旨或纠察不力的典型来按律令办一办，以儆效尤。只是杨广没有想到，第一个被弄上竟是御妹兰陵公主，不禁让他大伤脑筋。

早先，杨广对自己的这位妹妹是很有好感的。兰陵公主也真如别人称道的那样，美姿仪，性婉顺，好读书，总而言之是既长得漂亮，又知书达理。她排行第五，从小时候，兄弟姐妹们就亲昵地叫她"阿五"。

可是后来杨广觉得，兰陵公主自从前夫早丧，由父皇做主嫁给了柳述之后，就渐渐她变了。尤其是自己被立为皇太子以后，妹妹明显地疏远了自己。

柳述渐掌兵部大权，竟狂妄地参与密谋召杨勇到仁寿宫，共图废立太子，是杨广恨之入骨，绝不容忍的。嗣位之后，杨广下令将柳述发配岭南，而对兰陵公主手下留情，只劝她与柳述离绝，改嫁他人，便一切不咎。

谁知性情一向婉顺的兰陵公主，却变得极为执拗倔犟，偏不领皇上哥哥的情，以名节自诩，誓死不再另嫁。甚至也不再朝谒皇上，还写了一章奏表，请皇上免除自己公主封号，与柳述同去岭南。

杨广大怒，派人找来兰陵公主，呵斥道："难道天下的男人都死绝了？你何必非要跟柳述一起流放不可！"

公主说："先帝将我嫁给柳家，我就要生死相随。柳述有罪，为妻的也应连坐，不想让皇兄屈法施恩。"

杨广气得说不出话来，不再搭理她，没有允许她跟随柳述发配岭南，却也没处罚她。是想给妹妹一个机会，盼她能反省悔悟。

可是，兰陵公主不但执迷不悟，今天又弄出了这样的是非……

巡逻士卒的头领奏明事情的缘由，杨广一听，就知道是实情。凭一个

小小的禁军尉官，他绝不敢在圣殿之上诬陷公主。再一看御座下兰陵公主的一身素装打扮，也就什么都明白了。

杨广板起面孔问："阿五，你从小在宫中长大，熟识礼仪，难道不知道公主的服饰吗?"

兰陵公主心平气和地回答："阿五知道，公主应该穿画描雉羽的锦衣，头戴金玉珠宝制成的钿花，身佩玄色玉石，腰挎兽头革囊。出门车轿，要用紫色幔帷，朱色网罩。"

听了这话，杨广更加气愤，这岂不是明知故犯? 又问："你既知公主服饰，为什么不按礼仪行事，是有意抗旨，损我上国威仪，给朕难堪吗?"

兰陵公主说："我一个柔弱女子，怎么敢故损上国威仪，给陛下难堪? 阿五早已上表皇上，请免去公主封号，随柳述发配岭南。既然已不想再做公主，我怎么能再用公主车服呢?"

一句话堵得杨广张口结舌，脸色铁青，喘了半天才一拍御案，吼道："反了! 你不念皇恩浩荡，屡屡宽宥，反而三番五次与朕作对。若再不惩罚，情理难容!"随即传令侍卫："将兰陵公主解送冷宫，幽禁起来!"

兰陵公主问："我既然有罪，为什么只是幽禁，而不流放?"

杨广不再理她，只对几个侍卫和宫女吼道："快把她押出去!"

几个宫女走上去，连拉带扯地推操着兰陵公主走向殿外。兰陵公主身不由己，边走边喊："阿五甘愿随柳述发配岭南!"

杨广气得嘴唇发紫，浑身颤抖，猛然间一阵晕眩……

陆续来到新都洛阳的各国使节，在献上贡物、贺表，接受了皇宫的酒宴之后，便无他事可做，整天在洛阳城内东游西逛，领略泱泱大国的风采。

走在洛阳街头，随处可见搭台歌舞，丝竹之声不绝如缕。最吸引外国使者的还是杂耍。五湖四海的杂耍艺人个个身怀绝技，大变活人、吞吐铁丸、鼻孔喷火，都是见所未见，闻所未闻，令人耳目一新。更有惊险的是，在一个木板搭起的台子上放了一口明晃晃的铡刀，一位虎背熊腰的汉子走上来，朝台下看客拱了拱手，坦然卧在铡刀之下。随即过来两个刽子手打扮的壮士，朝掌心吐口唾沫，运运力气，然后四只手共握刀柄，奋力向下铡去，同时大吼一声："嗨!"只看到铡刀落下，鲜血四溅，刀下大汉截作两段，台下看客都惊恐地发出嗷嗷惨叫。就这一瞬间，明明是铡断的两截身子却来了个鲤鱼打挺，站起来的竟是一位窈窕淑女!

台下欢声雷动。那些外国使者都看呆了，看傻了。一位金发蓝眼的老头儿痴怔怔地自语："真是太厉害了! 此举非中国莫属。在我们国家，谁敢拿活人玩这种游戏，不杀头也得坐牢!"

外国人中，有一位显得格外忙碌，目不暇接。他用白紅麻缠发，头戴鸟羽做成的帽子，上面装饰着珠贝，一看就知道是琉球国来的使者。

这位使者从琉球登船，横渡大海，偏偏遇到风浪，船在海上颠簸了多日，晕得他连苦胆水都吐了个干净。登陆以后，又加车马劳顿，好歹熬到洛阳，把贡品、奏章呈向皇宫，便一头栽倒在旅店，五六天没爬起来。躺在旅店的这几天里，只见其他外国使者每每从街上归来，油光满面，大谈中国饭菜如何好吃，而且是白吃不要钱，急得他心里跟猫爪挠的一样，还不敢相信：天下真有免费的午餐？

总算捱到今天，精神体力都恢复如初，便迫不及待地来到街上，先看遍了歌舞杂耍之后，就朝着饭庄酒肆集中的地方走来。

刚到一家饭庄门前，还没看清招牌，饭庄老板便三步两步急走出来，躬身微笑，相邀入内，琉球使者点点头跟了进来。

店内伙计见有外国人进来，立刻专备一桌，摆上各色精致美味的酒菜，店主亲自坐陪，让琉球使者受宠若惊。

琉球人端起酒杯，先报出自己姓名："欢斯·罗檀！"随后一饮而尽。

接着，他又端起酒，要敬店主一杯。手端酒杯，他先问店主尊姓大名。店主说了，他便先呼店主姓名，然后才敬上这杯酒。

店主接过杯喝了，笑着问："在贵国，若是敬国君的酒，也能先呼其名吗？"

"当然，"使者回答，"在敝国，谁也不避名讳。国王设宴，我要敬他酒，必然先叫一声他的名字：欢斯·柯剌斗！"

店主听了哈哈大笑，扭头对伙计说："这算什么风俗，没大没小的！"店主一脸的不屑。

然后，店主用筷子点着盘中的饭菜，劝他多吃。使者看看菜盘，又看看筷子，面有难色。店主明白了，他使不惯筷子，就问："在琉球国怎么吃饭？"

使者作了个抓吃的手势。

店主说："随便，随便。"

使者便不再客气，左右开弓，边抓边吃边喝，看样子他从来没吃过如此可口的饭菜。店主看在眼里，又扭头小声对伙计说："蛮夷小国，还没开化，咱不跟他一般见识！"

琉球使者直吃得酒足饭饱才住了手，他听到店主在感叹："真是千里不同风，百里不同俗啊！"还高兴地点点头，连声称是，他觉得这位中国人在褒扬自己。

他洗了手，从帽子上摘下一颗珍珠，交给店主，说："我还没兑换银子，这颗珍珠就作酒饭钱吧。"

那颗珠子比菽粒还大，璀璨耀眼。琉球是海岛之国，盛产珠贝，这些东西或许不算稀罕之物。而在中原内陆，这么大的珍珠却很鲜见，价值少说也要百金。店主看着珍珠，心中痒痒得难受，眼睛里要伸出小巴掌来，他恨不得一把抓过那颗珍珠装进兜里。可伸出去的手在半途中缩了回来：不敢，有违皇上圣旨的事可不敢做，一旦查出来，就是死罪。珍珠与性命相比就显得微不足道了。

店主收敛起贪欲，微笑着说："请把珍珠收起来吧。中国地大物博，富庶丰饶，在我们这里吃饭喝酒，向来不要钱！"

琉球使者惊诧地两眼圆瞪："哎呀，中国这么大，百姓这么多，吃饭能不花钱，真是奇迹！奇迹啊！"

琉球使者躬身致谢告辞，店主把他送出店门。使者看到路两边的树干上都缠裹着绢帛，就指着问："我看到洛阳城里的树木都用绢帛缠着，不知这是贵国的什么风俗？"

店主一笑，说："中国是丝绸之国，产出的绢帛太多，人都穿不了，所以，就给街树打扮打扮。"

这回，琉球使者有些怀疑了，说道："我从贵国东海登岸后，才来到洛阳，一路上看到了许多衣不蔽体的穷苦百姓，这么多绢帛为什么不送给他们做衣服，反而拿来缠在树木上？"

"这，这个……"店主回答不上来，脸色极其尴尬，支吾半天才说："这件事我也说不清楚。等到哪天你去宫里的时候，问问朝廷官吧。"

琉球使者点了点头，狡黠地笑了，从店主的言语表情里，他似乎悟到了一点什么奥秘。

第二十一章
石匠充当开河役夫　大材小用怨声四起

在赵州桥的工地上，李通的确跟李春学了很多造桥的技艺，也为赵州桥的建造出了很多好的主意。

李春使用纵向并列砌石的办法，使桥形成二十八道拱圈，每道拱圈都能够独立支撑桥身重量。哪道拱圈如有损坏，也可以单独分段修理，并不影响桥上通行。这个办法，还节省了一大批物料。

拱圈之间有钩石装置连接，这是李通的主意。就是在两道拱圈中间，垒砌一些起连接作用的石块，再用铁拉杆将拱圈横向拉紧，加固桥身。李通亲自绘制了铁拉杆的图形，监督工地上的铁匠打造。

这天，工地上的铁拉杆眼看就要用完，铁匠还没有把新打造的拉杆送来，李通等不得了，就去铁匠的工棚去催促。

李通走进工棚，只见里面冷冷清清，洪炉虽然已经生火，却听不到风箱咕哒声响，一个小徒弟歪在炉旁打盹儿。

李通走过去，大声问道："喂，你师傅呢？"

小伙计猛地惊醒，揉着眼睛回答："师傅病了，在家里躺着哩！"

嗨，这边急等着用铁拉杆，铁匠师傅却病了，真急煞人！

李通着急地搓搓手，对小伙计吩咐："来吧，你拉起风箱，我先打几根拿到工地上应急。"

小伙计疑惑地朝李通眨眨眼，笑着问："李师傅，赵州城里里外外都知道你和李春师傅的石匠手艺高，没人能比。可是，这……打铁，你也行？"

李通说："试试看吧。"

小伙计用力呼呼地拉起了风箱，洪炉的火苗很快一闪一闪窜了上来。李通用铁钳夹起一块铁，放在火里烧。

不一会儿，铁块烧红了。李通从火里夹出铁块，放在铁砧上，举锤就打。小伙计连忙提起大锤，抡圆臂膀，在李通的小锤的指点下，叮当地帮锤。小锤、大锤此起彼落，叮叮当当，在铁钻上敲打出一串串脆亮和谐的音响。

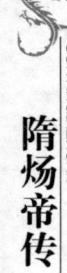

　　李通一手抢锤，一手持钳翻动红铁，动作机敏灵巧，就像一个技艺熟练的铁匠。铁块在铁锤敲打下渐渐变硬，成为灰色。

　　李通把变硬的铁块又投入炉火，烧红后再钳出来锻打。这样反复了几次，一根铁拉杆终于打造成了。

　　他把铁拉杆扔进水桶，"哧"地一声，水桶里冒出一股迷蒙的水汽。然后把淬了火的拉杆钳出来，当地一下扔在地上，问小伙计："你看这活儿干得怎么样？"

　　小伙计咧着大嘴笑得很开心，说："啊呀，没想到你这位手艺高超的石匠，还会抢锤打铁，手艺照样很高！"

　　李通也谦逊地笑着："什么高不高，只能算凑合。哎，我说小兄弟，艺多不压身，多会几手终归有好处。"

　　对李通的教诲，小伙计感激地点点头。

　　很快，两个人又打成了几根拉杆。李通找了一段绳子，一边捆扎着，一边问："你师傅得了什么病？前天我见他好好的，那么壮实的汉子，怎么一下就病倒了？"

　　刚才一阵，小伙计与李通谈得热乎，也就不再避讳，说了实话。

　　原来，铁匠师傅并没得病，而是把挣的几个钱都拿到街上的酒楼喝酒，听妓女唱歌花净了。师娘为此跟他大闹一场，一把在他腮上抓出五道血印来。铁匠师傅怕人笑话，羞于出门，便称病在家不到铁匠棚上工。

　　李通一听是这么回事，就说："小兄弟，劳驾你把拉杆送到工地上，我得去看看你师傅。"

　　铁匠师傅的家离赵州桥工地不远，是一座向南的三间茅屋。李通曾来过两回。他推开堂屋的柴门，径直进了东里间，同时叫了一声："师傅在家吗？"

　　铁匠躺在炕上，听见李通来了，连忙侧身向里，还想装睡。

　　李通在炕沿上坐下，叹口气说："你这是何苦呢？为了一时欢乐，闹得家里不和，还耽误了桥上的活儿！"

　　铁匠知道瞒不过去，索性翻身坐起，气鼓鼓地说："兄弟，你说说，哪个男人不逢场作戏，寻点欢乐？那个贱婆娘发疯撒泼，一爪子掏了我脸上五道血印子，叫我怎么出门？要不是我忍着，早就一锤把她脊梁骨砸断了！"

　　刚说完，西里间那边传出一个女人的尖声喊叫："怎么，你还没锤过吗？你个挨千刀的，使出抢铁锤的力气打老娘。打得我骨架都散了，到今天还生疼！"

随着叫喊，铁匠的老婆冲了进来，她怀里抱着一个孩子，身后还跟着一男一女两个孩子，都拖着鼻涕。看到父母吵架，两个孩子吓得哇哇大哭。

女人一边抹泪，一边继续大声说："李通兄弟，你给评评理，我们娘儿三个，吃没吃的，穿也没有像样的衣裳，这个挨刀的却把几个钱都扔给贱娼。你说他是不是人，牲畜还知道舔舔自己的犊子哩！"

铁匠师傅刚才还气壮如牛，这会儿见老婆蹦到面前，又闹又嚷，一下子蔫了。

李通忙说："嫂子，别吓着孩子。你先回那屋去，我来劝劝他。"

女人转身对两个孩子训斥："两个冤家，老娘走到哪里，你俩跟到哪里。等哪天老娘死了，你还能跟到坟里去！"

孩子们哭得更厉害了。女人抱一个，拽一个，另一个跟在身后，哭哭啼啼，骂骂咧咧地回西里间去了。

李通对铁匠说："大哥，你还看不出来？南门里的那些歌楼酒店，都是冲着咱们桥工的几个血汗钱来的。你进去逛一趟，一个月的活儿就算白干了。歌楼酒店是无底洞，多少富家公子都栽到里面，倾家荡产。咱是正经的手艺人，挣钱是为养活老婆孩子的！"

铁匠哭丧着脸说："这些道理我都懂，可就是有时候管不住自己。"

"你得学学李春大哥，一门心思扑在修桥上，就想着给赵州百姓办点好事，三十多岁了还没娶亲。人家桃花整天在河里摆渡，可两个人半月二十天都难见上一次面。"

铁匠心服地说："李春没人能比。弟兄们都说，他是鲁班爷再世，是圣人。常人谁能做到他那样？"

两人正说着话，忽然听见屋外从石桥工地那边传来一阵杂乱的吵嚷声，李通站起来愣了一下，说："恐怕是桥上出事了！"转身走出房门。

铁匠说："等等，我也去。"骨碌一下滚到地下，也顾不得脸上的手指印了，跟在李通后边跑向石桥工地。

石桥上，几百名桥工都停止了手上的活儿，正闹闹嚷嚷，里三层外三层地聚成一团。李通看到一伙士兵和李春被围在当中，桥工们在嚷着：

"把李春拉走了，这桥还怎么修？"

"不行，不能让他们带走李春！"

李通挤进人群，向那伙士兵的头目问道："你们要把我李春大哥带到哪里去？"

小头目很傲慢地看着李通，哗啦啦展开手里的一张告示，说："皇上有旨，征召天下技艺精湛的石工去中原开挖通济渠，我们是奉命来请李春师傅的。"

李通看了一眼告示,上面盖着州衙的大印。他朝士兵们拱手一揖,说:"弟兄们,咱们是不是通融一下。修通济渠,我去。李春大哥不能走,他是赵州桥的领工,他一走,这桥真的就没法修了。""什么,你去?"小头目冷笑一声,"你是干什么的,能替得了李春?老少爷们儿,不是我们不讲理,谁不知道这石桥对赵州的好处?可是官差不由人,京城里是冲着名气和手艺,点着名要李春师傅呀!"

桥工们又喊起来:"那也不行!"

李春见双方相持不下,就朝桥工们摆摆手说:"众位师傅们,官府执意要我去,我就去走一趟。我走以后,由李通兄弟领头,大家定要齐心协力,把赵州桥造好。说句最实在的话,咱得对得起捐款造桥的千万父老乡亲啊!"

士兵头目一听,说:"好,还是李春师傅爽快!咱们走吧。"

李通大吼一声:"谁敢带走李春大哥!"展开双臂,挡住士兵的去路。众桥工也纷纷聚在李通身边,形成了一道人墙。

士兵头目一看,"嗖"地拔出剑来,随行的士兵也都刀剑出鞘:"谁敢阻拦,以抗旨论罪,刀剑无情!"

正在不可开交的时候,忽听远处有人喊道:"少府监兼通济渠副监何稠大人到,众人闪开!"

随着喊声,桥工们闪出一条路来,只见一队侍卫护着一顶小轿颤颤悠悠走了过来。那些士兵连忙收起刀剑躬身迎接:

"恭候何大人!"

轿帘掀起,里面走出一位四十多岁年纪的男人,虽然身穿四品官服,却不像常见的官吏那么威严。他走下轿子,并不理睬那些迎候他的士兵,而是细细地观察起正在修造的石桥来。一边看,一边不住地点头,赞许地自语说:"果然是巧夺天工!"

看了一遍石桥,他走回来问聚在一起的桥工:"哪位是李春师傅?"

士兵头目抢先回答:"禀大人,石匠李春刚刚抓到,正要押送州衙去见大人!"

那人听了,脸色一沉:"抓?谁让你们抓的!我不是让赵州刺史派人来请李春师傅的吗?"

小头目看事不好,赶忙解释:"大人,我们是来请李春师傅的,可是,他们……"他指指桥工们:"他们不让。"

"真是一帮成事不足、败事有余的粗鲁武夫!"何稠挥挥手,"这里没你们的事了，回州衙去吧。"

士兵们灰溜溜地走了。

何稠一拱手，对李春说："下官来迟一步，李师傅受委屈了。"

李春也拱拱手："不敢。这在小民百姓来说，是常有的事，算不了什么。"

何稠笑了，并不在意。又问："不知李师傅听说过江南何家没有？"

"当然听说过，天下工匠谁不知道江南何家？祖传技艺名闻四海！何稠大人的名字我也早就知道。"

"那好。何稠这回到赵州来，别无他意。一是看看你造的石桥，二是向李春师傅讨教。"

"何大人过谦了。天下工匠虽有南何北李的称誉，可是到了何大人这一代，已经是朝廷命官，而我们李家，却祖祖辈辈都是草民，靠手艺糊口，我倒是该向何大人请教！"

"哪里，技艺不分是官是民，咱们相互切磋，怎么样？"

"好吧。"李春也不再跟他客套，又转身对桥工们说："弟兄们，别围着了，桥上的活儿耽误不起呀！"桥工们见李春已经没事，都放心地回桥上干活儿去了。何稠说："李师傅的住处离这儿不远吧，能不能去那里说话？"李春有些为难，说："茅屋又脏又破，恐怕不便接待贵客。"何稠皱皱眉头："看看，又客气起来了。走吧。"说完，吩咐一队侍卫和轿子都等在这里，步行着跟李春朝他住处走去。何稠是江南人，祖上也是有名的石匠，听说和李春祖上还有同师之谊。时称天下石工之冠，江南何家，江北李家。何稠的父亲兄弟二人，何稠的叔叔何妥在京里做一个国子监祭酒的官，而何稠的父亲何通，仍继承了祖传的技艺，不同的是，何通除了凿石，更擅长斫玉。何稠从小跟父亲学艺，他心灵手巧，又爱刻苦钻研，不仅学会了石工、玉工，又无师自通地学了织工、木工技艺，还习文墨，能诵读古籍。叔叔何妥见他聪颖灵巧，十几岁时就把他带到大兴，先在宫中的细作署干活，研制玉器和金银饰物。

在宫里，何稠第一次见到了西域出产的琉璃，就拿它雕刻饰品，十分精美别致。皇上和大臣们都非常喜爱。可是琉璃这种东西太稀少，得之不易。何稠又琢磨着用绿瓷凿刻出仿琉璃饰品，竟足以乱真。由于他技艺不凡，又忠心朝廷，被皇上看中，大业元年初，拜为太府少卿。皇上诏令开修通济渠，何稠又被委以开渠副监，专管运河河道的设计、测量和开挖事项。

何稠随李春来到离石桥工地不远的一间茅屋，这间茅屋与桥工们住的

工棚拥挤在一起。李春推开柴门，何稠探头往屋里看了看，摇着头说："身怀绝技的能工巧匠，住所竟这样破陋，真是难以想象！"

李春真想说：当年你的父辈祖辈做石匠的时候，住的不也是这么破陋的茅屋吗？但是他没说出来，只说："屋里实在无法落脚，就在门口的空地上坐坐吧。"

李春从屋里搬出一张凉席、一张小几，在门前的空地上摆下，与何稠坐下来。

何稠说："早就听说李春师傅带领一班石工，在赵州洨河上造一座亘古未有、十分精美的大石桥，我早就想来看看，只是未得闲暇。今日有缘，一饱眼福。百闻不如一见，赵州桥果然巧夺天工，不说绝后，确是空前，实在令人叹服。正如百姓传说的，堪称天下第一桥。李春师傅技艺奇绝，何稠五体投地。"

李春说："何大人是宫中巨匠，雕刻的玉器、饰物，建造的舆车、宫殿不止千万，皇上都极为赏识。我只不过修了一座石桥，与何大人的技艺相比，真有天壤之别，实在不值得一提。"

两人寒暄了一番，何稠的话才转入正题，他说：

"何稠这次来赵州，除了观瞻石拱桥，还有一个目的，就是请李春师傅出山。想必你也早就知道，大业皇帝诏令天下，征调民伕百万，开挖通济渠，沟通长江、淮河、黄河。何稠承蒙皇上重用，为开渠副监。这是旷古少有的工程，凭李春师傅一身绝技，要是去开河工地，一定更是大有作为！"

李春笑笑说："我说句心里话，何大人不要怪罪。如果像刚才那样，官府派兵来抓李春去充开河役夫，我不敢不去。而现在，何大人以礼相见，并不是威逼，李春实在不敢从命。"

"这是为什么？"

"何大人，我不过是个石匠，粗鲁愚钝，不懂礼法，又懒散惯了，绝不是当皇差的材料。"

何稠诚恳地说："你这是推托之词。何稠虽在朝廷做一个四品官，但管领的都是工程事务，从心里爱惜天下每一个技巧能人。你我二人虽说一个在山野，一个在朝廷，毕竟祖上有同师之谊。所以，今天想面进几句肺腑之言。以你李春的才技，若用在朝廷，品位绝不在何稠之下。当今皇上不同于文帝。文帝节俭省政，有功于休养生息，却不敢有大修大造的建树。大业皇帝早在年轻时候就有勃勃雄心，况且北却突厥，南平吴地，几个皇子当中，唯有他政声显赫。即位之后，又接承了文帝打下的这个国富民强的厚实基础，就更思谋着要大有建树作为，追比秦皇汉武，才有了营造东都洛阳、开挖通济渠沟连江河的壮举。这正是我们这些技巧人才大显身手的好机会。何稠想，李春师傅身怀绝技，埋没山野，实在太令人惋惜。"

李春笑了，说："何大人一片好心，李春至死不忘。只是我一个平常石工，不敢有非分之想。山间的石料很多，河上的桥梁却很少，只要有石料可采，能多造几座桥梁，方便世人，李春就是粗茶淡饭、茅屋柴扉过一辈子，也满足了！"

何稠听了，无奈地长叹一声："真是人各有志啊，何稠就不勉强了。"又问，"赵州桥修造得这样精巧，工地上定有不少能人。李师傅既然不愿出山，能不能推荐一两个人，帮我开修运河？"

李春想了想，说："有唐山来的李通技艺不在我之下，刚才他还说要替我去开河工地。不知道何大人看不看得上。"

何稠笑笑："只要是李春师傅荐举的人，何稠一定看得上。"

说到这里，何稠起身告辞，说诏命在身，且千里河段已经开工，不敢久留。临走，何稠对李春说："李春师傅要有用得上何稠的事，请尽管直说，我一定尽力而为！"李春说："我一个石匠，只要有石头，就万事齐备，不再有别的奢求。只是……何大人，开修几千里的运河，征调百万民夫恐怕难以应付。我想，一旦土木大兴，定会徭役不断，我这赵州桥也难安宁了。何大人如能在皇上面前美言几句，赵州桥未成，不派桥工徭役，好让我这十几年心血顺利完成，李春就感激不尽了。"

何稠痛快地答应："我一定把你的请求面奏皇上。建好赵州桥，不光是造福赵州父老，或许能与南北运河一起，载入史册，彪炳千古，这是大隋治下两件不朽的盛事，我想皇上一定会恩准的！"

最后，何稠又叮嘱李春，要催促李通尽早上路，到洛阳找他。运河引谷水、洛水到黄河的一段工程复杂，亟需用这样有技艺的人才。

在东京洛阳，还有一项规模宏大的工程，与新皇宫几乎同时竣工，这就是显仁宫和西苑。

显仁宫建在洛阳西南数十里的寿安，南连洛水支流皂涧，北抵洛河北岸，方圆十里。由大将军宇文恺和内史舍人封德彝监造。

西苑在显仁宫西面，与显仁宫相辅相成，浑然一体，方圆占地二百多里。负责监工的是内史侍郎虞世基。

大业皇帝杨广在决意迁都洛阳，新建皇城的时候，就萌生了修建显仁宫和西苑的念头，尤其是西苑。

杨广年少时候就在王子相辅导下熟读《史记》《汉书》，对秦皇、汉武

的上林苑羡慕不已。秦皇嬴政在渭南开辟了上林苑，听政之余，可以到苑中游赏狩猎。辉煌华丽的阿房宫，就修建在上林苑里，只可惜让项羽那愚夫放了一把火，烧掉了阿房宫，也毁了上林苑。后来，汉高祖刘邦还假作正经，准许百姓庶人进上林苑开荒种地，收获菽粟。还是汉武帝有气魄，不愧是雄才大略的君王，他又将上林苑收归为皇家宫苑，方圆有二百多里，苑内放养了无数珍禽异兽。武帝兴致所至，就驰马入苑，打猎游乐。在长安皇宫住腻了，就到上林苑住一阵子。苑中有离宫、观、馆几十处，最适合怡养身心，陶冶性情。谁说秦皇汉武不是好皇帝？他们抵御外族入侵，大力开拓疆土，杨广认为为黎民百姓办了那么多好事，把国家治理得井井有条，修几座宫殿林苑享受一下，百姓们不该有什么怨言。

唯使杨广感到不足的是，他不知道上林苑究竟是个什么样子。但是，西汉司马相如大肆铺陈上林苑华丽及汉武帝射猎盛况的那篇《上林赋》，却让杨广久久不能忘怀：

"……娱游往来，宫宿馆舍，庖厨不徙，后宫不移，百官备具。于是乎背秋涉冬，天子校猎，乘镂象，六玉虬，拖蜺旌，靡云旗，前皮轩，后道游。孙叔奉辔，卫公参乘，扈从横行，出于四校之中……"

这种气势磅礴，波澜壮阔的描绘，使大业皇帝心旷神怡。既然要追比秦皇汉武，就要修建一座绝世宫苑，赶上和超过上林苑。好在，史书对上林苑没有详细记叙，赶超秦皇汉武也就好办得多了。

杨广主意既定，就召来内史侍郎虞世基，说了要修一座胜过上林苑的宫苑的打算。

虞世基原是陈朝尚书左丞，写得一手漂亮的隶书，且博学多才。有一回，后主陈叔宝在幕府山打猎，命虞世基作一篇《讲武赋》。他出口成章，即席呈上一篇，洋洋洒洒，让陈后主称赞不已。

虞世基出生在江南，对江南水乡园苑的妙处非常熟悉。他听皇上说要建造宫苑，没费多大心思就讲出了一套修建园苑的规划，这些意见正和杨广的心意，就当即命他为宫苑监造。

方圆二百多里的西苑，中央是一个人工挖出的海，方圆十多里，水深一丈多。海中建筑了蓬莱、方丈、瀛洲三座仙山，分别高百丈，西可回望大兴，南可远眺江淮。这三座仙山，是杨广指名建造的，这其中还真有些讲究呢！

第二十二章
流萤巧逗宣华夫人　役夫感恩意外丧生

在战国时期，燕国人宋毋忌与羡门子高是两位非常有名的术士，自称为仙道，会尸解销化之术。宋毋忌、羡门子高说，东方渤海中有三座仙山，名蓬莱、方丈和瀛洲，山上住着许多神仙，常年炼制着长生不老的丹药。齐国的威王、宣王，燕国的昭王相信了二位术士的话，多次派人入海寻山求仙。但是，三座仙山在大海烟涛微茫之中，很难找到。常常是远望如云，船到跟前时，仙山又隐没在水下，有时眼看要登上山脚了，又一阵大风骤起，将船吹得老远。所以，始终没人登上那三座仙山。

汉武帝东封泰山的时候，曾顺道亲临渤海，久久驻足海边，他希望亲眼看看蓬莱胜景，亲自登上仙山。但是，他也未能如愿，仙山太渺茫难求了。汉武帝干脆在建章宫太液池中，建造了蓬莱、方丈、瀛洲三座仙山的微景，聊寄思仙之情。

为此，大业皇帝也要在西苑人工海中建造三座仙山。还把这个海叫作内海，内海里有了三座仙山，神仙们就会留居于此，不至于跑到外面去了。

按虞世基的设计，在内海外围，又挖了五个湖，暗寓天下五湖之意。每个湖方圆十里，湖边砌有长堤，栽种了奇花异草。沿湖百步一亭，五十步一榭，以便游玩时驻足赏景。亭榭两边，还栽植了红桃绿柳。五湖的流水，都与内海相通，是一个内海外湖的格局，从一处乘船，便可游遍湖海。湖海里放置了许多游船，诸如青雀舫、翠凤舸，等等，还有一艘龙舟，是供皇上专用的。

在内海北面一带，筑有一道长渠，渠水自内海引入，淙淙流过。沿渠每有风景胜处，便建造一院，共十六院，以作三山五湖的点缀。

听说宫苑大部已经完工，只差苑门还有一点尾巴，不日即可落成，杨广高兴极了，似乎也有点等不及了，命内侍传旨："告诉虞世基，朕要去宫苑看看。"

杨广兴致勃勃，由虞世基陪着在新宫苑里走了一遭。所到之处，但见海天一色，绿水荡漾，真是人间仙境。杨广兴奋地对虞世基夸赞说：

"秦皇汉武的上林苑，是陆地苑囿，适于跑马打猎。爱卿建造的宫苑，以水见长，比上林苑的景色更胜一筹。爱卿应该为此苑取个名字呀！"

虞世基连忙回答："陛下才华盖世，文思泉涌，这苑囿名称，应由陛下圣裁！"

杨广得意地信口说道："此苑造在东京之西，就叫西苑吧。"

虞世基拍手叫好，又说："陛下，这五湖十六院也该命名啊。"

"说得极是，朕也在想着呢。不过，一下取这么多名字，只朕自己不行，还得爱卿帮忙。"

虞世基受宠若惊。于是，君臣二人你一言，我一语，相互唱和，不大一会儿，就给五湖十六院取出了名字。

五湖布局按东西南北中方位，东湖称翠光湖，西湖叫金光湖，南湖是迎阳湖，北湖为洁水湖，中湖则取名广明湖。

十六院的名字也很文雅别致：景明院、迎晖院、栖鸾院、晨光院、明霞院、翠华院、文安院、积珍院、影纹院、仪凤院、仁智院、清修院、宝林院、和明院、绮阴院、降阳院。

内侍将五湖十六院的名称一一写下来，呈给杨广审阅是否有误。杨广仔细地看了一遍，嘴角浮着美滋滋的微笑。最后，他又对虞世基说："这些名字都合朕意。只是，爱卿，朕想把十六院中的仪凤院，改作金凤院，你看如何？"

虞世基大悟："对呀！陛下，宣华夫人的金凤院！"

这正是杨广的意思。几年前，他送给宣华夫人一只金凤凰；在仁寿宫，宣华夫人住的是金凤殿。东京建成，杨广不想让宣华夫人长住后宫。高墙壁垒、殿宇阴森的环境越来越不适宜宣华夫人了。他要让宣华夫人住到西苑来，这里大有江南景色，可以使她静养身心，免去许多乡愁。所以，十六院之中就该有一座金凤院。

杨广和虞世基为十六院取的名称，都隐含着浓烈的脂粉气味儿，这也是大业皇帝追比秦皇的结果。

当年，秦始皇梦想长生不老，派人四处寻仙求药，都无果而终。有一个叫卢生的术士对他说："皇帝应经常微行才能避恶鬼。恶鬼避，真人至。陛下每日所居住的宫殿不要让外人知道，这样就能得到不老之药了。"

秦始皇马上就说："朕早就仰慕真人！"从此，他自称"真人"，不再称"朕"。又令咸阳周围二百里内的二百七十座宫观，都修复道和暗道相连，每座宫观都有刻意挑选的美女居守。秦始皇常在晚上才临时决定到哪座宫观住宿，这样，他的行踪，外人都很难知道。如有泄露他住处的人，定杀不赦。

有一回，秦始皇游梁山宫，从山上望见咸阳城中丞相李斯的车骑前呼后拥，不满意地说了句：丞相车骑如云，太奢华了！侍卫中有人告诉了李斯，吓的李斯立即减少了车骑。过了两天，秦皇见李斯车骑减少，暴跳如雷，说："一定是身边的人泄露了真人之言！"就派人查问，哪里有个敢承认的？秦始皇一怒之下，将那天跟随在身边的人全部拘捕斩首。

杨广建西苑十六院，就是仿秦皇所为，不过无意避恶鬼，只在每院中安置美女，以备他随时游幸。西苑还在营造中的时候，杨广就派人分赴四方，采选天下美女。此时，采选的美女都陆续到达东京。杨广从中挑选出十五名佳丽，除金凤院以外，每院分派一名，封为四品夫人，分掌各院事务。虞世基又亲自监制玉印，上面刻了院名和四品夫人姓氏，发给各院。每院又挑选二十名美女，学习吹弹歌舞，礼仪知识，以备服侍皇上。西苑的各处楼台亭榭，也都分派了人数不等的美女，充作使役。

经过一番精心的设计布置，西苑终于成了一座湖光山色齐备，胜景美女俱佳的皇家宫苑。杨广十分惬意，他从心里觉得，自己的西苑已经超过了秦皇汉武的上林苑。

自从住进西苑，宣华夫人的心境真的敞亮多了。这里的湖水、假山、曲堤、岸柳都与江南风景大同小异。就连西苑里的风，也比外面的柔和，这是水多的缘故。金凤院中的馆舍、回廊、拱门、天井，白墙黑瓦，翠竹掩映，与建康一带的庄园相差无几。最让宣华夫人欣喜的是，金凤院里的二十位姑娘，也都是从江南地方采选来的。她们一颦一笑，一言一语，都与北方女子不同。吴语呢喃，乡音浓浓，使宣华夫人倍感亲切和温暖，的确缓释了许多忧郁和思乡之情。

她非常感激善解人意的大业皇帝让自己住到这里。而且，大运河已经开挖，西苑附近便是运河北端的源头。等运河挖通了，从这里登船回江南，要比再从大兴赶来方便多了。江南，魂牵梦萦的故乡，正在一步步向着眼前走近。

这是一个风和日丽的早晨，宣华夫人带了几个院里的侍女，驾着轻车，游荡在西苑中。

十六院的院门都是西向而开，从内海引来的渠水潺潺流过，渠边垂柳轻摇，枝条拂肩。不陪侍君王的时候，自己就是主人，宣华夫人显得轻松自在。西苑宽广无垠，一眼望不到边，不像皇城里，四面是高高的宫墙，抬头只看到方方正正的一块天空。

轻车驰骋，微风扑面。宣华夫人边走边玩，不知不觉已经走出了很远。

第二十二章　流萤巧逗宣华夫人　役夫感恩意外丧生

抬眼看看，前面就是西苑的围墙。渠堤上可以望见墙外的田畴。田野上，一群农夫正在忙碌。他们一边劳作，一边唱歌：挖河开河，百万离索。美人思故乡，君王游兴多！

歌声里含着哀怨，随风飘来，宣华夫人听得清清楚楚，一阵惆怅郁闷陡然袭上心来，让她游兴全无。

还在大兴的时候，就有一些闲言碎语传到她的耳朵里，说有一位叫薛道衡的大臣当面劝谏皇上，不该为了美姬爱妃的乡愁游兴，而征发百万民伕大修运河。宣华夫人当时就觉得非常委屈：我思念江南故土不假，可何曾为此而请求皇上开挖运河？何况，皇上开挖运河的打算并非始自今日，在他还是太子的时候就已在心中酝酿，不过未对外人张扬而已。再说，朝臣百姓只认为开挖运河是为皇上游幸，哪里看得透皇上为天下谋福利的雄心大志！

几句闲话引起的委屈，思虑一阵也就过去了。皇上的每次决策，总会有大臣劝谏，这也算不上是坏事，不足为奇。可没想到薛道衡的说法流传到民间，百姓们今天竟把它编作歌谣来唱了。百万民伕离乡背井服役修河，这劳民伤财之举起因于我宣华夫人！这个千古骂名不是一个柔弱女人所能承担得起的，不论她是农妇还是皇妃。

皇上啊，你何必去挖那条大河？真的是为我回乡之便？如是，宣华夫人宁可今生今世永不还乡！秦始皇修了一座长城，落了个暴戾昏君的名字。尽管今天的人们说起长城、看到长城时，无不为它绵延万里的雄伟壮观而惊叹，而称颂不已。但这惊叹和称颂都跟秦始皇没有关系了。同样，将来人们乘船穿梭于运河之中，或步行徜徉在岸柳之下的时候，有几个人会想到你大业皇帝？你还能以一时之功而千秋不朽吗？自古以来，越是追求不朽的人，腐朽得越快！谁能说得清楚，这是因为什么吗？

宣华夫人只觉得头眩胸闷，浑身无力，吩咐侍从调转车子返回金凤院。

一连几天，宣华夫人像遭了风寒侵袭，精神萎靡，脚下如踩了棉花似的没有根基，田野上传唱的那首歌谣不时在耳边响起，使她心烦意乱。

夕阳西坠，宣华夫人慵懒地倚在床上，百无聊赖，黄昏的沉沉暮气笼罩着她的身心。处在这种氛围里的人，最容易回想起自己曾拥有过的幸福时光。

当年身为帝王之妹，皇家公主，多么荣华富贵，威势赫赫。长江之南，华夏神州的半壁江山统归陈国，万千百姓都听从陈氏召唤。凭眺烟雨楼台，静听渔舟唱晚，那感觉，那心境，如醉如痴，飘飘若仙。没想到一觉醒来，国家覆亡，自己与哥哥、姐姐同沦为大隋臣虏。虽说隋皇并不虐待她们兄妹，但毕竟是在他人屋檐下，往昔的威严和荣华已成过眼烟云，每每回想起来，总免不了无限感伤。沉沉的感伤，使宣华夫人不自觉地吟咏起宫里流行颇广的一段宫词：

"红颜几许？玉貌须臾。一朝花落，白发难除。明年后岁，谁有谁无……"宣华夫人自言自语地吟咏着，不知不觉竟哽咽起来。过去，虽然同为臣虏，兄妹三个毕竟还同在大兴，承蒙皇上恩典，每逢假日节令，兄妹们都会聚在一块儿，叙谈叙谈。谁知才一年多光景，姐姐破镜重圆，哥哥忧郁而亡，只撇下自己一个人经受着孤寂惆怅的煎熬。

"红颜几许，玉貌须臾。"这话说得太对了。江南国破，被掳往大兴的时候，自己才十几岁。当时到宗庙里仓皇辞别列祖列宗，宫娥们哭哭啼啼的凄惨情景历历在目，就像发生在昨天。转眼十多年过去了，一个情窦未开的女孩儿，成了一位年届而立的妇人。自己的身体本来就虚弱，像这样一天到晚愁闷不乐，无精打采，又能熬得过多少日月时光？"明年后岁，谁有谁无？"

宣华夫人正独自哀伤抹泪，一位侍女跑进来报："夫人，皇上游西苑，自内海乘龙舟，沿长渠到金凤院来了！"

宣华夫人动也没动，问："长渠沿岸共有十六院，你怎么知道皇上的龙舟是专奔金凤院来的？"

"哎呀，夫人，这还有错？"侍女急了，手指着院外渠岸，"人家十五院的夫人都在门口摆了香案果品，盛装接驾，可是皇上哪个院都没去，龙舟在金凤院对面的渠边停下，皇上已经离船登岸，上了銮驾了！"

宣华夫人翻身坐起，擦拭着眼角向窗外看去，透过院门，果然看见一班侍臣簇拥着銮驾，径直朝金凤院走来。

宣华夫人一阵急剧的心跳，她这时才明白，原来自己一直在心里盼望着他的到来。更衣打扮已经来不及了，她抹了两下脸上的泪痕，一边整整衣裙，一边急急地走向院门。院里的姑娘们也不用吩咐，一个个跟在她身后，出院接驾。

宣华夫人刚刚走出院门，銮驾已在面前停下。内侍掀起帘幔，杨广跨出轿门，她连忙就此跪下，惶惶地说："不知皇上驾到，臣妾接驾来迟，望陛下恕罪。"

长渠沿岸十六院中，十五院的夫人都备了香案，身着盛装跪在门前接驾。皇上要去哪个院里，她们心里没数，但迎送之礼是不能马虎的。唯有金凤院门前不见动静，皇上却径直去了那里。急慢万乘之尊可不是闹着玩的，然而皇上却无丝毫不悦，反而满面春风，喜气洋洋，亲自拉着宣华夫

人的手，将她搀扶起来，说："朕听说夫人近日身体不适，就没想让你出院接驾，是否让夫人感到突然了？"

"哦，没有。妾正在盼着陛下来呢。"宣华夫人说出了心里话，使杨广更为兴奋，他上下打量着宣华夫人，一身平常打扮，没有矫饰造作，反倒将她的天生丽质充分地显现出来。多日不见，她脸变得更白了，人也消瘦了一些，更现出江南女子独有的俏丽纤秀。只是那愁苦病弱的脸色没有改变，甚至又重了几分。

杨广爱怜地说："夫人，是不是西苑里太清冷，夫人不太习惯。要不，还是回洛阳皇宫里住吧？"

"不，不，"宣华夫人连忙推辞，"西苑很好，金凤院更好。湖海长河，碧波荡漾，安静幽雅，园林也这么宽阔，林木茂盛，妾觉得住在这里，比哪里都好！"

这是她的真心话，她真的喜欢这里幽静的环境和优美的园林。她不喜欢皇宫的森冷和威严，况且，皇宫里还住着正宫娘娘、大业皇帝的元配发妻萧皇后。听说萧皇后也是江南女子，出身梁朝帝室，而且性情婉顺，知书达理，待人宽厚。即使如此，宣华夫人也不想往正宫娘娘身边靠拢。在金凤院，只要皇上不来，她就是主人。主人是自由的，自由太诱惑人了！

杨广听她说不愿到皇宫去住，也不勉强，只说："那好，往后朕经常来看你就是。这一阵子，国事太忙。又是新都落成，又是接受各国朝贺，还得忙着开挖通济渠，真有些首尾难顾，不可开交。"

杨广如数家珍，宣华夫人默默听着，不置可否，只领着皇上往院里走。

这时，院里已摆好了茶点果品，杨广和宣华夫人刚刚落座，笙箫齐奏，姑娘们表演起歌舞来。皇上在兴致勃勃地欣赏，宣华夫人却显得神情恍惚，心不在焉，轻歌曼舞并没有让她快乐，只在有时候抿抿嘴，造作出一丝勉强的微笑。

太阳终于沉到西苑的密林中去，天色渐渐黑暗了。

内侍进来禀奏："陛下，百斛夜明珠运到。"

杨广高兴地说："好，快搬进金凤院里来！"

宣华夫人听了一愣，百斛夜明珠！一斛是五斗，百斛就是五百斗，哪里去弄这么多夜明珠？她不解地问："陛下，运这么多夜明珠做什么？"

杨广脸上露出诡谲的笑意，说："天黑了，将夜明珠挂在院里，与夫人同赏夜景啊！"宣华夫人惶恐不安起来，她想起农夫们唱的歌谣，如芒在背，急声说："陛下，夜明珠是国之珍宝，不可轻易动用。若是为妾欣赏夜景而运来百斛国宝，妾身万不敢当。还是将它运回国库吧。"

"运回国库？"杨广哈哈大笑，"既然运来了，就欣赏一夜，等明天再运回去也不晚。"

"陛下，别……"宣华夫人见皇上执意不听劝谏，心里慌了。百斛夜明珠弄进院里，仅仅是为了赏夜观景，这事传出苑外，朝臣百姓还不知会把她描绘成怎样的一只妖精！她看看天已经黑了，就果断地吩咐院里侍女："姑娘们，为陛下掌灯！"

"慢！"皇上手臂一挥，传令内侍："按朕旨意，为宣华夫人悬挂夜明珠！"

圣旨一句，顶宣华夫人万句。皇上有旨，要悬挂夜明珠，而且还是为宣华夫人，这样，谁敢再去掌灯？一时间，院里院外传来阵阵搬箱开箱的声音。不多会儿，就见一颗颗夜明珠纷纷升起，晶莹闪烁，驱赶着夜幕，照亮了金凤院的亭台馆舍。宣华夫人目不暇接，仿佛置身于水晶宫里，顿时心澄目澈。

宣华夫人心中豁亮，可她却不明白，这千万颗夜明珠是怎样在顷刻之间升上树梢、檐角，腾上夜空的。她正在疑惑，忽然见一侍女伸手抓到一颗撞在脸上的夜明珠，随即听到她惊喜的叫喊："哎呀，是萤火虫！"

是萤火虫？宣华夫人恍然大悟，这漫天飞升的夜明珠，原来是千万只闪闪发光的萤火虫！这么多萤火虫，得需多少人、费多大的工夫才能捕捉采集起来？皇上真是用心良苦啊！

一只只萤火虫，携着一盏盏小灯笼，一明一灭，渐渐随风飘散，飞向院外，飞向渠边，飞向苑里的丛林、岩石，使御苑空旷的夜空中，散开着点点繁星。

忽然，杨广叫道："宣华夫人说了，夜明珠是国之珍宝，不可散失。快把它们收集回来，装进箱子里，等明天运回国库！"

一声令下，忙坏了左右侍从和院里的姑娘们，大家伙儿手忙脚乱，扑的扑，抓的抓，绕着那点点星火东跑西窜。可是，无论如何也不能全部捉到，扑住这个，跑了那个，有许多已逐渐飞高飞远了。

看着一群大男小女捕捉流萤的慌乱样子，宣华夫人开心地笑了。她一面笑，一面说："陛下，刚才妾说的是一句傻话，陛下不必当真。飞散了的萤火虫，怎么能全都捉回来？快传旨让他们住手吧！"

杨广笑着点点头："好了，既然夫人是开了句玩笑，朕也就收回成命，你们别忙活了！"

内侍和姑娘们这才住了手脚，松了口气，不禁相对着偷笑，觉得今晚玩得有趣。有几个巧手姑娘，去长渠边采了一些长长的茎草，编成一个个

精致的草笼，将捉到的萤火虫装进去，提在手上。草笼就成了灯笼。

几斛流萤渐渐飞散，又有几斛萤火虫放飞出来，金凤院内外的草地上，树丛里，一片晶亮，真像是一个缀满夜明珠的天地。

宣华夫人从未经历过这样新颖别致、独出心裁的游乐场面，此刻，乡愁和郁闷暂时离她远去，她真的开心了，兴奋了，脸上浮现着天真无邪的笑容，焕发出一种青春的灿烂光彩。

杨广握着她的纤纤细手，深情地说："看到夫人这么快活，朕心里有说不出的高兴啊！"

宣华夫人羞赧地低下了头，感觉两腮热得发烫。

金凤院里，长渠岸边，林间岩畔，以及远远近近，高高下下，全被不断放飞的流萤装点成一片流光溢彩的世界。

萤光下，姑娘们又载歌载舞起来。歌声里还唱出了新编进去的词句：流萤升作夜明珠，照我御苑踏歌行。

再说这洛阳西边的开河工地上，人山人海，尘土飞扬。老少伕役，有抡锄舞锨的，有背扛肩挑的，各自忙碌，挥汗如雨。在他们中间，一个个提刀携棍的监工走来走去，巡察监督。

一只布谷鸟从人们头上掠过，飞向田野，发出声声鸣叫："布谷，布谷！"

田野里耕种的农夫稀稀落落，与开河工地人聚如蚁的情景对比，显得格外冷清。

一个老汉上身赤裸着，露出层层褶皱的黑瘦的肌肤，肩上背着沉沉的土筐，手里捏着一个黑乎乎的菜团子，一面啃，一面走，步履蹒跚。

一个小伙子挑着满满一担土，也打着赤膊，热汗淋漓，大步赶了上来，走到老汉身边，两个人并排而行。小伙子擦擦额头上的汗，看看正嚼着菜团的老汉，问："大爷，今年高寿？"

老汉回过头，松树皮一样的脸上，飘着一蓬乱草似的白胡须，胡须上沾着星星点点的菜团渣子。老汉咽下嘴里的食物，嘿嘿一声苦笑，说："高寿？不高，老汉今年七十有三。"随即，他又风趣地念道，"七十三，八十四，阎王不请自己去！"

"啊，七十三了！"小伙子吃惊地叫道，"这么大年纪也来挖河？诏书上不是明明写着只征发丁男吗，怎么把你这么大岁数的老人也弄来了？"

"唉，地方上分段立了军令状，怕到时候完不了工，交不了皇差被朝廷问罪，只有多征人呗。管你老的、小的，是不是青壮丁男！"

老汉说着，慢下脚步，使足了劲儿将肩上的土筐往上扛了扛。小伙子同情地说："大爷，把你的土筐放在我担子上，我帮你挑着。"

"不，不，这可不行，你也不是铁打的。再说，你就是帮我挑一趟两趟，还能帮我挑一天两天？这段河渠完工还早呢！"

"大爷，别管那么多，能轻松一时算一时。"

小伙子放下担子，不由分说，从老汉肩上卸下土筐，往自己担子上一放，挑起担子就走。

老汉顿时感到了轻松，在小伙子身边走着，感激地说："小伙子，你真是个好心人哪！"

"嗨，年轻力壮，多挑点土算什么！"

老汉一边继续啃着菜团子，一边唠叨：

"多少年没服过这么重、这么紧的徭役了。一条千里长的河渠，限期半年完工，这不要人命吗？没白没黑地干，连饭也不让安安稳稳地吃一顿，就发这么几个菜团子，叫你一边吃，一边干活，谁能受得了这份罪！时候长了……"

老汉话没说完，就听头顶上"嗖"地一声呼啸，一条皮鞭啪地抽在他赤裸的脊背上，立时现出一道又粗又长的血印。老汉猝不及防，朝前跟跄几步，一头栽倒在尘土里。

一个监工一手叉腰，一手提着皮鞭，狞笑着说："你这老东西倒是自在，两手空空，一边唠叨，一边走路，逛街呢！"

小伙子咚地扔下担子，上前扶起老汉，回头瞪圆了两眼盯着那个监工，大喊："打一个七十多岁的老人，不怕伤天害理呀！是我要帮他挑的，要打，打我！"说着，朝监工面前跨了一步。

"嗬，好一条硬汉子！"监工又是一声冷笑，"你以为老爷我不敢抽你，嘿嘿……"

笑声未停，突然间猛抬手臂，那鞭子像一道闪电，劈头盖脸朝小伙子打来。小伙子把头一歪，身子却来不及躲闪，"叭"，鞭子重重地抽在肩上，又是一道血印。

小伙子原地站着，纹丝未动，两只眼睛里冒着火，死死盯着虎狼一样的监工，两只拳头攥得咯巴巴直响。

监工也有些心虚，往后倒退一步，高高地举着鞭子，"怎么，你还不服？"

忽然，身后响起一阵咴咴马嘶和隆隆车轮声。监工放下鞭子，警觉地转回身去。挑土的伕役们也连忙闪身让道。

一路车队、马队呼啸而过，人们都没看清坐车骑马的是些什么样的人，

第二十二章　流萤巧逗宣华夫人　役夫感恩意外丧生

从高高扬起的尘土中，猜测这些人气派不凡，来头不小。这时，又见从车尘中钻出一骑，向这边折了回来。来人到了老汉跟前，翻身下马，说："老汉，把你手里的菜团子给我。"

老汉看看手里的大半个菜团子，刚才被鞭子打倒在地，这菜团子竟没舍得扔掉，只是沾满了尘土。他又看看眼前这个人，穿得威武整洁，心想：他是谁？要菜团子干什么？

那人见老汉怀疑愣怔的样子，笑着说："老人家，不要误会，是皇上要看看你们吃的什么。"

听说是皇上要看民伕们吃的食物，站在一边的监工连忙上前，赔着笑说："大人，这种脏东西恐怕会玷污了皇上的眼睛。皇上要看役伕的饭食，等小人去拿两份干净的呈上，怎样？"

来人把脸一沉："谁要你多嘴！皇上要的就是这个，怎么，你要抗旨吗？"

监工打了个寒颤，连说："不敢，不敢……"躬身退到一旁。

老汉这才将那大半个菜团子吹吹灰土，双手捧着，小心翼翼地送给来人。那人接过菜团子，翻身上马，加了一鞭，追赶前面的车驾去了。

老汉目送快马远去，双唇颤抖着，自言自语："哦，皇上，是皇上要看咱们吃的东西。看看吧，皇上，都说你爱民如子，为天下百姓造福，唉，开皇、仁寿年间，咱也没吃过这种东西呀！"

小伙子不以为然地说："大爷，你就别念叨了，皇上也听不见。就是他听见了又有什么用？说不定，他要了那菜团子去，只是装装爱民如子的样子罢了！"

话刚出口，他又怕了，连忙四下里看看，见刚才那个挨了抢白的监工已经走远，这才放心了。

离开河工地数里远的旷野上，平地耸立起一座新城，周围有八九里，城墙带同雉堞高约十仞，城上布满守卫的兵士，身穿铠甲，手执兵器，城头飘扬着旗帜。

城的四角有瞭望台，四面各有一座城楼，楼下各开三个城门。

杨广从车驾中远远望见这座城池，不禁愕然，向随行的侍卫问道："什么时候又在京西修了这座行宫？"

侍卫个个茫然，无以作答。

这时候，太府少卿何稠驰马迎了上来，躬身向杨广说："陛下，臣何稠为陛下巡视开河工地，特意设计制造了这座六合城，以便利陛下起居。"

"六合城？"杨广头一回听说这个名堂。

"是取东南西北天地六合之意，为天子之居。陛下，这六合城一朝可以合成，一夕又能拆卸运走，非常方便，适于远行。如再有陛下亲征大漠北疆之类的事，比住帐篷舒适得多。"

"哦，还有这么巧妙的宫城？"杨广高兴了，"何卿，你真为国事，也是为朕费尽了心机呀！"

原来，这是一座用木板拼合的城池，城中也有拼合的殿宇，起居坐卧及饮食器物一应俱全。

车驾进了城门，杨广越看越高兴，立刻吩咐入殿休息。

杨广在殿中坐稳，内侍呈上了那个从老汉手中要来的菜团子。这时，菜团子表面已用水冲洗干净，用一个玉盘盛着，放在御案上面。

杨广对着菜团子左看看，右瞧瞧，端详了半天。菜团子是黑绿色，其中有七八成是菜梗菜叶，只用了二三成黑乎乎的面把菜粘合成一团。杨广愤愤地一拍御案：

"役夫吃这种东西，怎么会有力气干活，通济渠到哪年哪月才能挖成？朕早有旨令，各地都要开官仓、义仓，供河工食用。地方官员为什么总是阳奉阴违！"

自开皇以来，文帝便制定了置仓积谷的制度，以防荒年。仓有两类，一种是官仓，一种为义仓。官仓积储租调粮米，供朝廷使用，荒年时也赈济饥民。义仓是民间自置的公共粮仓，丰年按贫富分等纳粮储入，委以乡官掌理，遇有灾害歉年，就在当地赈给。

杨广在诏令修建东京新城时，就令在洛阳置造了兴洛仓，仓城周围二十余里，有三千个粮窖，每窖可储谷八千石。又在洛阳北面七里处置回洛仓，仓城周围近十里，有三百个大窖。仅洛阳附近两个官仓就储备谷米两千八百万石，何况还有地方官仓、义仓。开河役夫再多，供他们吃饱肚子还是绰绰有余的。

从洛阳西引谷水、洛水入黄河一段河渠工程，由洛阳令立军令状承担。何稠兼任开河副监，看到皇上动了肝火，立即吩咐下官将洛阳令召来查问。

洛阳令也在工地监督，听说是皇上召见，不知自己这段在哪里出了纰漏，慌慌忙忙赶来六合城拜见。

杨广见洛阳令跪在殿下，反倒用很和蔼的口气叫了一声："洛阳令。"

殿下跪着的那位赶紧应答："臣在。"

"你吃过饭了没有？"皇上问道，语气越发亲切和蔼。

"这个……陛下，微臣午饭已经吃过，晚饭……还没吃。"洛阳令嘴上答着，心里犯了嘀咕：皇上怎么了？未时刚过，哪有在这个时辰吃晚饭的！

"哎呀，洛阳令，"皇上叹道，"你为开河督工，十分辛苦，千万不可饿坏了身体。朕将这玉盘里的食物赐给你，就在这里吃下去，权当垫补垫补。"

内侍将玉盘端到洛阳令眼前，他只看了一眼就傻了：这、这是什么东西，也是人吃的？但是只在心里想，嘴上却说："谢皇上隆恩！"

洛阳令哆嗦着双手，把菜团子送到嘴边，硬梗着脖子，翻着白眼，使出浑身的力气，才一点一点把菜团子咽下去。他原以为是自己管辖的哪段河道出了毛病，却没料到皇上召他来是赐给他这东西吃。他心里发毛，又不敢多问。

皇上又开口了："洛阳令，这个东西好吃吗？"

"陛下，好……"他本想说好吃，按常规，皇上赐的食物能说不好吃吗？可是一想，不对。因为他发现皇上的脸色越来越不对。要回答说：好吃。他再端来十个二十个的赐给你吃下去，还要不要命？再说，难道皇上自己不知道这玩艺儿好吃不好吃吗？睁着眼说瞎话，找死啊！

洛阳令的心眼在瞬间转了几转，终于如实禀奏："陛下，这种食物实在难以下咽。"

果然不出他所料，皇上的脸面耷拉下来，比刚才长了许多："你倒是说了句实话。既然如此，你怎么能让河工吃这种东西？怎么不遵朕的旨意开放官仓、义仓，供河工吃饱？还是你把河工的口粮克扣了？"

一连串的发问，才让洛阳令明白了皇上的意图，他连忙伏地稽首，说："陛下，小臣冤枉！小臣怎敢克扣河工的口粮？供给河工的粮食都是开官仓，按人定量逐日发放，斤两不少。如有克扣，一定是下属中出了仓鼠蛀虫！"

杨广严厉地说："下属所为，也是你疏于监察所致。朕限你三天之内查清此事，将那些胆敢克扣河工口粮的人依律问斩，有一个算一个，绝不姑息。然后专本奏来。三天之内，如查不清楚……"

不等皇上说完，洛阳令又连忙叩头："小臣自缚面驾，任皇上随意处治！"

听了这话杨广的脸色才有了点缓和，说："开挖通济渠，沟通江、淮、河，是千古盛事，上下务必齐心协力，克期完成，怎么能吝惜一点粮食？役夫要出工出力，吝啬体力，偷懒怠工者，严加惩处。官府的粮食也要给足，官员皂隶有克扣粮食，私肥中饱者，更要严加惩处，直至问斩！"

说着，又转向何稠："何卿，此旨由你口传开河全线，一体遵行！"

何稠立即跪伏应道："领旨。"

当晚，杨广驾宿六合板城。

城墙上，提刀执枪的铠甲禁卫彻夜巡逻，在城外四周，距城墙十几丈远的地方，还安置了几张弩床。这当然也是何稠设计的。弩床的机关由绳子连接，只要有人接近六合城，绊动绳子，弩机便会自动旋转，向着绊动绳子的方向放箭。机关极其灵敏而且准确，放出的箭几乎百发百中。

第二天清晨，巡守士兵出城查看，只见果然有几处触发了弩机，除射倒了几只野兔外，还射杀了一个老汉。

看他一身尘土、两脚黄泥的样子，就知道老汉是从开河工地那边来的。可是，一个开河的役夫半夜三更摸到皇上的行宫外面来干什么？巡守士兵和闻讯陆续赶来的几个内侍，围着老汉的尸首，纷纷议论猜测。说他不愿服役开河，心怀怨恨，想趁夜色摸进行宫图谋不轨？不像。他身上没带任何利器。相反，在他中箭倒毙的地上，散落着几个白面馍馍、几根线香和一个长生牌位，像是来祭天祈福的。那个牌位上却写着："大业皇帝万寿无疆！"

这时，从城中又走过来一位内侍，分开众人，躬身仔细瞅了瞅老汉的模样，说："哦，原来是他呀！昨天，我就是从他手里要来菜团子，呈给皇上的。怪了，他怎么拿着白面馍馍跑到六合城外来了！"

经他这一说，大家都猜出了七分缘由。大概是洛阳令在御前受了申斥，奉旨回去查办克扣河工口粮的属吏，又做了白面馍馍分发给河工们吃。这老汉感激圣恩，无法表达，就在夜里怀揣馍馍，拿了线香和皇上的长生牌位，到行宫外边来祭天，为皇上祈福。没想到触动了弩机，被乱箭射死。

一伙人都为老汉空怀一片好心，却屈死在六合城下而叹息。

百姓真是可叹可怜，平生别无所求，只盼着地方上有一个好官，国家有一个好皇帝，好让自己能安安稳稳地过几天衣食温饱的好日子。受了些许恩惠，就感激涕零，躬腰屈膝，山呼万岁，还要想方设法献礼报答，生怕皇上不懂得自己一片赤诚忠心。就像这位老汉，得了几个白面馍馍，就感到皇恩浩荡，消除了开河苦役的疲劳，半夜里跑出来祭天祈福，祝愿好皇上万寿无疆。然而，皇上的寿命能否无疆尚未可知，他的生命却被皇上的弩箭射杀了。

归根结底，一个河工的性命无足轻重。即便他不在半夜误触弩机而死，不知道哪一天也会累毙在开河工地上。开河以来，由于工期紧促，立了军令状的官吏们催命似的逼迫河工没日没夜地干，累死病死的役夫不止千万。他们被随便掩埋在工地两边的土地里，连个坟冢也没有。

射杀的野兔，被禁卫们提去开膛剥皮，成了餐桌上的佳肴。误触弩机

的老汉也在附近挖个坑草草埋掉了事。

内侍将此事禀奏皇上，杨广极为高兴，即刻召见何稠，夸他的弩床、弩机、伏箭一套机关造得好，为保圣驾立了大功。为此赏赐何稠千金，以资鼓励。

皇上巡视开河工地的车驾继续前行，六合板城及城外设置的弩床、弩机也已拆卸装车，随驾同行。

何稠依然随行左右，坐在行进的车子里面，闭着眼沉思着。一方面他为自己的发明得到了皇上的嘉奖而高兴，另一方面，他又在冥思苦想，时而眉头紧锁，而是用手指在自己的衣襟上面画着什么。他要再设计制造几样新奇巧妙的玩意儿，博得皇上的欢心。

第二十三章

李通不幸命丧坟墓　杨素出头惹烦君上

　　李通来到洛阳找到了何稠，何稠让他监管从板渚引黄河水入汴一段河道的测量设计事务。这是一个十分重大的差事，首先测量好河渠走向，在挖河的地方划出线路，大批河工才能动手。让李通专职此事，足见何稠对李春荐举的人十分信任。

　　李通身背罗盘，带着一帮河工，丈量线路，划线打桩。为了减轻劳役，缩短工期和便利将来船只航行，河道要尽量取直。除非遇到山坡土冈，或人烟稠密的村镇，河渠绝不绕道。

　　一面丈量，一面打桩划线，一路进行的还算顺利。这天，他们来到一片坟茔跟前，李通独自走在前边，回头看时，几个河工停住不动了。李通奇怪，转身返了回来，问道："几位弟兄是不是累了，想休息一会儿？"

　　其中一个河工摇摇头，说："李师傅，你不是本地人，不知道这片坟地的来头。这是当今俺荥阳、开封一带最有名的望族郑家的坟地。郑家世代高官，这一代子孙叫郑元璹，如今在朝中做禁卫将军。郑元璹的父亲叫郑译，听说早年和先皇文帝有同窗之谊，后来封做沛国公。你想，这样的坟地咱敢动吗？"

　　李通说："不敢动怎么办，让运河改道？"

　　河工嗫嚅说："八成是得改道。"

　　李通回身仔细看看，这果然是一片气势不凡的坟茔，占地广袤，少说也有一百二三十亩。坟地四周有城垣围绕，墙内栽植了一排排松柏树，拔地参天，显得非常庄严肃穆。坟地门前，笔直的道路两旁还立着石人石兽。的确不同一般。

　　那个本地的河工又说，这地方名叫龙伏原，地势起伏的形状像一条巨龙抬头摆尾。原上生长一种花树，每棵树有七八尺高，当地人叫它聪明花树。据传说，当年有个风水先生与郑家是至交，走遍荥阳、开封一带，终于在龙伏原为郑家选了这块坟地。风水先生说，祖宗安葬在这里，会保佑子孙辈辈聪明，会写文章，一定世代做大官。

李通听了，笑笑说："这些话可信可不信。郑家世代为官不假，可这一代做的却是武官，恐怕不一定会写文章。"

一帮人在李通带领下朝坟地的大门走去。还没到门口，坟茔的城垣里出来了几个人，看样子是看守坟地的家丁。为首的一个远远地就挥手嚷道："嗨嗨！你们这伙人在这里东张西望好一阵子了，怎么的，想瞅准门路，夜里来盗墓呀？走开，走开！"

一个河工说："我们是奉旨开通济渠，来这儿丈量河道的。"说着，就来到了家丁们面前。

听说是奉旨开渠，丈量河道的，为首的家丁换了个脸色，也变了口气，问："请问你们领头的官人在哪里？"

河工们指指李通："这位李师傅就是。"

家丁们一看，所谓领头的官人竟是一个工匠模样的人，跟着的那几个不称他官衔而是叫他师傅，立时就悟到，这伙奉旨开河之人的级别绝不会比一个看守坟地的家丁高到哪里去。于是，为首家丁的神色语气又重新傲慢起来："你知道这是谁家的坟地吗？"

李通说："皇上钦点的开河副监何稠大人，只要我丈量出最便捷的河道，划线打桩，以便工役开挖。御旨也没有说，遇有贵人的坟茔，运河就要绕道。所以，你刚才说的，李通实难从命。"又转身对河工们说，"请出御旨牌，进坟茔划线打桩。"

听说要请出御旨牌，家丁们慌了。只要那御旨牌亮出，谁也不敢再阻拦，他们这才醒悟，真是小看这位李师傅了。于是，一扫刚才的骄横之气，赔着笑脸，好言相求："李师傅先别着急。你给朝廷办差，我们给老爷家守坟，看似各为其主，说到底还都是为了皇上。有什么事咱慢慢商量，慢慢商量。"

还有几个家丁围上来，连拉带拽，非要请李通他们进里边的门楼里喝茶不可。李通坚决不去，家丁无奈，只好央求：暂且不要进坟地打桩划线，等他们回去禀报主人，明天再说。那样，再有什么事，罪责就不在他们身上了。如果现在就在坟茔里丈量，主人一定怪家丁守护不力，处罚下来，他们担当不起。

李通见他们低声下气地央求，说的话也还有些道理，只好答应明天再来，就领着河工们回去休息。

吃过晚饭，李通刚要睡觉，就听一个河工在窗外喊："李师傅，郑将军家的人来见你了！"

话音未落，一个人先跨进门来。李通抬头看，正是白天见过的那个为首的家丁，只见他满脸微笑，双手一揖："我们郑府的管家老爷专程拜会李师傅来了！"

接着又躬腰展臂，说了声："管家老爷，请！"

管家老爷一见李通，双手抱拳，腰身下躬，竟朝着这个年轻的石匠深深一揖，李通一时手足无措，急忙上前阻拦，说："管家大人，李通无名之辈，不敢受此大礼！"

管家哈哈大笑："过谦，过谦了！李师傅名闻海内，如雷贯耳。今日幸会，实在令老朽激动不已，兴奋不已呀！"

李通说："管家大人过奖了。黑灯瞎火的，管家大人屈就茅舍，是有什么要紧的事吧？"

管家一笑，说："无事不登三宝殿。不过，也是专程拜会李师傅，交个朋友。"说着，朝身边的家丁递了个眼色，有两个家丁各扛一口沉甸甸的大木箱走进屋来。两人将木箱放在地上，啪的一声打开，一箱白花花的银子，一箱黄澄澄的金子，每箱足有上千两。

李通虽说长年在外，走南闯北，也算见过一些世面，可从来没亲眼见过这么多黄白之物，一时竟有些慌乱起来："管家大人带这么多金银来，到底为什么事？"

"一点小事有劳李师傅，我家主人请李师傅丈量河道时绕过祖上坟地。这点薄礼，是酬谢李师傅的。"

李通听了，心窝里一下堵了块石头似的，认真地说："我是个石匠，只能老老实实遵循祖师爷的遗训。开河要取直道，这理儿谁都明白。再说，我受朝廷命臣的重托，受人之托，忠人之事，古来如此。所以，李通不敢胡来。请管家大人收起这些金银，还请郑家主人体谅李通不能从命的难处。"

管家讨了个没趣，又见李通态度坚决，就没再相让，吩咐家丁收起箱子，悻悻地走了。

第二天，管家一大早又来找李通，对他说，李师傅是奉了御旨，受开河大臣差遣来丈量河道的。为取直道，一定要让运河从郑家坟地经过，我家主人也不敢违抗。只是，为了让列祖列宗九泉之下免遭水淹之灾，我家主人已决定即刻将祖坟迁走，另寻宝地安葬。郑家的祖坟大都是石头造的，迁葬时须有一位技艺高明的石匠在侧指点，才不至于将墓室里的东西损坏。我家主人仰慕李师傅大名，想请李师傅亲临指点掘迁事宜，酬金一定丰厚。

李通听说郑家愿意迁坟，心里十分高兴。至于指点掘迁，对李通来说不过举手之劳，当时便一口答应下来。

最先掘迁的就是郑译的坟墓。那墓门灌了生铁，一班人从早晨凿到后晌，才把它打开。墓门刚开，就从墓穴里冲出一股黄色的烟雾，一扑到人的脸上，就辣得淌鼻涕、流眼泪，谁也靠不到墓门跟前。只好又等了一天，待毒气散尽，李通才带着几个河工，还有几个郑府的家丁，进入了墓道。

李通是个技艺高超的石匠，以往开河架桥，也修造过一些墓穴。他之所以痛快地应承了郑家的要求，其中一个主要原因，就是他想多见识一些各种各样的墓穴，从中学一些石工技艺或机关设置。

郑译的墓穴就建得十分精巧。在砌得很细致的汉白玉墓道中走了几丈远，就来到第二道石门前。石门两旁，各有三个石人侍立，都是武士打扮，带刀佩剑。这几个石人雕刻得极为精致，举止神态，惟妙惟肖，栩栩如生，让李通不住地发出啧啧赞叹。石门紧闭着，他们几个人试了试，推不动，拉不开。

李通让河工和家丁们在一旁休息，自己把那两扇石门上下左右观察了半天，终于发现门右侧的石墙上，有一块稍稍突出的方石，双手用力一推，石门霍然洞开。

李通留下几个家丁，叫他们把那六个石人小心地移出墓穴去，切记不要碰损。就带着河工进了石门。

顺着墓道走了不多远，就有一条横向墓道与主墓道形成一个十字路口。往右拐，是一座石室，石门敞开着，里面有几张石床、石桌，石桌上摆着妆奁、铜镜之类的物品，石床上躺着一些殉葬女俑。他们又来到左边的石室，里面的陈设与右边石室差不多，只是躺在石床上的是一些殉葬男俑。

李通大略地看了一下，就领人退出来，继续沿主墓道往前走，去寻找安放郑译棺椁的石室。迁葬最主要的当然是将郑译的棺椁完好地搬出去。

走不多远，又遇见一道石门。这座石门特别宽大，也特别厚实，上面还刻着许多花草树木和飞禽走兽的图案。李通明白，这就是主墓室。

李通正想寻找那开门的机关，忽听一个河工说："李师傅，机关在这里！"

李通转脸一看，见有一截圆圆的石柱非常明显地暴露在石墙上，李通觉得有点反常，正想说："先别动！"可是那个河工已将石柱按进墙里，李通大喊一声："趴下！"已经晚了。随着轰隆隆一声巨响，石门大开，同时，嗖嗖一阵冷风，乱箭如雨。李通和几个趴下的人，幸而没有受伤，那个按动机关和未来得及趴下的河工都中箭倒地。这是一种被浸泡过的毒箭，一旦被它射中，就会很快七窍流血而死。

活下来的几个人都吓得魂不附体，说什么也不敢再往里走了。

李通说："既然进来了，就不能半途而废。再往里走，你们一定要听我的，千万不可乱动！"

河工们服从李通，又捡起地上的火把，跟他进了石门。

这主墓室像是一座两间房屋的套间，中间有一道石门，却没有门扇，看样子，里间是安放棺椁的地方。这个只有门框而没有门扇的通道，引起了李通的怀疑。他从一个河工手中要过一根木棍，伸到门框里晃动几下，果然有几十个木人张牙舞爪，挥剑而出，一阵乱劈。李通心说，真是万幸，贸然进去，定逃不过这一劫。他用木棍将木人手中的刀剑一一打掉在地，小心地跨了进去。

李通举着火把，转着圈将石室细细地看了一遍，不由地惋惜说：

"可惜李春大哥在赵州没来，他要是看到这么精美的石工雕刻，一准能高兴得跳起来！"

这就是墓穴的正室，高大而宽阔。四面墙上雕刻着一队队兵勇战车、武将骏马，一派整装待发，即将远征的阵势。偏墓室南侧，有一副大漆棺木，用铁索悬在半空中。棺木下面是两个大石函，里面装满了金玉珠宝。河工们怕再有暗道机关，谁也不敢上前去看。

李通说："终于找到郑译的棺木了！"

正在这时，就听见从石室四角传出沙沙声响，好似起风了。还没等李通他们醒过神来，一阵巨大的阴风从头顶扑下，随风倾下一股如注的黄沙，眨眼间平地堆积了一尺多深，埋住了小腿。

李通大叫一声："快走，我们遭人暗算了！"可是回头看时，那座无扇的门框上，落下一整块石板，将退路堵了个严实。火把熄灭了，室内一片漆黑。黄沙很快埋到了腰间，堆上胸前，淤到了脖子……

李通只听到耳边哗哗的黄沙声响，再也发不出一丝哪怕是微弱的叫喊。

管家领着家丁和几个河工站在墓穴外面，只听见墓室里阴风呼啸，一个个面如土色。

过了半个时辰，墓室里没了动静，一切复归死寂，也不见李通他们出来。

管家说："李通他们闯进墓室，触怒了守墓的神灵，恐怕是凶多吉少！"又看看身旁的几个河工，问："你们谁再进去找找李师傅？"

河工们面面相觑，瑟缩往后倒退，没人再敢应声。

过了几天，仍不见李通他们从墓道里出来，管家便命家丁将墓穴重新封死。

与此同时，种种关于郑家坟茔的神话在开河工地上传得沸沸扬扬。有

的说，李通不信神灵，借开河为由挖掘郑家祖坟，结果被厉鬼杀死。当时守在墓外的人，真切地听到了里面传出的喊杀声。

还有的说，第二天傍晚，守墓的家丁及住在坟茔近处的百姓看见，有天神显灵，在半空中宣谕：河渠务必改道，绕过郑家坟茔。如不听神灵之言，触动了龙脉，近灾主事之人，远殃两岸百姓。将来此段运河必将岁岁崩堤，年年遭淹。

这些神话传到何稠耳朵里，他心里明白，什么天神显灵，厉鬼杀人，纯属子虚乌有，李通遭了暗算才是真的。他暗暗惋惜，这个精明技巧的年轻石匠竟然落了个死不见尸的下场。

这时候，朝中禁卫将军郑元璹派人送来两个木箱，一箱是白花花的银子，一箱是黄澄澄的金子，每箱足有千两。随两个木箱还有一封书信。信中请求何稠通融一下，让运河改道绕过郑家坟茔，日后还有重谢。

何稠心中更明白了，同时他也费了思量：如果就此罢休，迁就郑家，那运河沿途经过的豪门田庄坟茔多得很，要是都来要求改道，这运河还怎么开？自己又怎么向皇上交代？

如果深究此事，一定会与郑家结仇。郑家世代为官，盘根错节，势力极大。自己不过是一个以技艺近幸的新贵。凭这点浅薄的资历，能斗得过郑家吗？

何稠左思右想，一时没了主意。

而此时，显仁宫里，大业皇帝又在大宴群臣。这一回，是为庆贺显仁宫落成。

显仁宫与西苑几乎同时开工，但是，建造一座方圆十多里的宫城，要比建一座挖湖造山，栽花种树的园林复杂得多。所以，显仁宫的竣工要比西苑晚一些。

杨广对由宇文恺监造的这座显仁宫极为赞赏。如果说，东京的皇宫是他执掌朝政、总理国事的地方，西苑是他游山玩水欣赏歌舞的地方，那么，显仁宫就是他大业皇帝修身养性、读书论文的所在。当初设计显仁宫的时候，宇文恺就是这么打算的。

杨广觉得，显仁宫最值得称道的是观文殿，此殿是专供皇上藏书和阅读的地方。殿内典籍汗牛充栋，从经术文章、兵农地理、医卜释道、博弈鹰狗，各类书籍应有尽有。

观文殿的主事是由秘书省少监兼任，下领一班著作郎、校书郎、楷书郎。著作郎专职撰写编录文史资料，校书郎考证校订经史典籍的异同正误，楷书郎抄写秘籍，蝇头小楷，一丝不苟。这帮书生学究整日伏身案桌，心中牢记大业皇帝的谆谆教诲：

古人说得好：容体不足观，勇力不足恃，族姓不足道，先祖不足称。然而显闻四方，流声后世者，其唯学乎。朕对此言坚信不移，还望众卿牢记在心！

也许是杨广看重观文殿的缘故，爱屋及乌，今天设宴，也请了观文殿的一班书生学究列坐一侧。

今天的酒宴，气氛非常热烈，群臣百官喝得都很尽兴。只有皇上余兴未尽，酒宴过后，内侍传旨：在座百官都到殿外校场，皇上赐群臣竞赛骑射。

像显仁宫这样专供皇上休息的宫殿，宫墙内都要修一个广场，皇上兴致所至，可以在广场上骑骑马，射射箭。

广场的柳荫下竖了一个箭垛。

杨广笑呵呵地对群臣宣布："王公以下，每人赐射三箭。三箭全射中红心的，赏锦袍一件；三箭都射不中红心的，罚酒三大杯！"

"好！"

皇上话音未落，就有人大声叫好。叫好的是坐在皇上身边的尚书左仆射杨素。可能与喝了不少烈酒有关，杨素今天格外红光满面。

皇上看了一眼杨素，说："仆射公年事已高，今天竞射可以不劳弓马，与朕同作壁上观吧！"

杨素一听，心里老大不高兴。骑马射箭是他这位老将军的拿手好戏，今天文武百官都在，正是露一手的大好时机，皇上却不让他参加，还说他年事已高。当着众臣僚说这些话，别人会怎么想？杨素越想越不得劲，心里觉得堵得慌。

王公大臣们张弓驰马，开始竞射。有一箭中红心的，有两箭中红心的，还有三箭都不中的，被罚酒三大杯，惹起一阵阵哄笑。场上气氛欢快热烈。

这时，群臣中走出一个长腿粗臂，雄健孔武的将军，朝着皇上这边抱拳鞠躬，瓮声瓮气地叫道："陛下，请看臣将三中红心，领取锦袍！"

杨广高兴地说："好啊，朕正愁着那件锦袍赏不出去呢！"

这个人是车骑将军麦铁杖，朝中有名的武将，骁勇且有膂力，十八般兵械样样精通。腿脚敏捷，尤其善走，日行五百里，能追上奔马。

最初，麦铁杖在江湖为盗，后来投到杨素帐下。平定陈国的第二年，一些陈朝旧部在江南聚众反叛，杨素奉旨率部前往围剿。有一天，杨素派麦铁杖头缚草束伪装，半夜里游过长江，刺探叛军消息。第一次成功了，他将军情带回帐中。当麦铁杖再次渡江刺探贼情时，却被叛军俘虏。叛将把麦铁杖绑了，派几十个人将他押送主帅大营。走到半路，押送他的士卒停下来休息吃饭，麦铁杖便装出一副饥饿难捱的可怜相，士卒们不忍心，就解开他的双手，给他饭吃。麦铁杖乘机夺刀，杀尽押送士卒，逃了回来。

杨素很佩服赞赏麦铁杖的骁勇，可是，等到平叛获胜，上表请功封赏时，他却把麦铁杖给忘了。班师回朝，杨素骑快马走在前面，麦铁杖步行追上，夜夜在杨素帐前宿卫。杨素终于想起奏表上忘记给麦铁杖请功。回到大兴，他又特奏文帝，授予麦铁杖车骑将军一职。

广场上，人们都屏住呼吸，看麦铁杖射箭。

别人射箭，都张弓骑马。麦铁杖不骑马，是在大步流星的疾行中放箭。他伸伸双臂，舒展一下筋骨；又拉拉弓弦，试试气力。接着，快步如飞，奔向箭垛。在离箭垛还有一百二三十步的地方，麦铁杖开始拉弓，快步不停，行进中嗖、嗖、嗖连发三箭，箭箭都正中红心。三箭放完，他猛然止步，双脚刚好踏在那条百步红线上。麦铁杖脸不红，气不喘，安然自如。

刹那间，在场的文武百官一齐拍手叫喊起来，为麦铁杖喝彩。

喝彩声中，麦铁杖甩开大步向柳树下走去，他要去拿下那件皇上赏赐的锦袍。才走出几步，就听御座旁边有一个声音高呼：

"麦将军先别急于领赏，看老夫左右开弓，用六箭射中红心！"

麦铁杖回头一看，要跟他赛箭的正是自己的恩师，尚书左仆射杨素大人。虽然麦铁杖一向性高气傲，但对杨素他历来毕恭毕敬。他收住脚步，谦恭地说：

"太好了！仆射大人不吝赐教，麦铁杖也可以一饱眼福！"

朝臣们都听说杨素善骑射，能左右开弓放箭，有百步之外可以射断悬物发丝之功，但多数都没有亲眼目睹。此刻听杨素说要亲自展示一番，一个个用好奇的目光盯着这位久经沙场的老将重臣。

杨广心里却有些腻味，刚才他已经说过，叫杨素不必亲劳弓马，别参加这次竞射，可他偏偏按捺不住，自己又跳了出来。杨素这老头儿，是故意不给朕面子吗！

杨素走下座来，在广场边拿了弓箭，牵过一匹马飞身跨上。那马一声嘶叫，腾空跃起两只前蹄，将身子直直地立起来，想把背上的杨素栽下来。杨素不慌不忙，猛地一收缰绳，两腿用力朝马肚子上一夹。这一夹有千斤之力，那匹马立刻失去了骄狂，落下前蹄。它知道背上这位来者不善，不可小看了他。就驯服地撒开四蹄，平稳地跑了起来。

杨素左手张弓，右手搭箭，嗖嗖嗖连射三箭；接着换过手，右手张弓，左手搭箭，又是连发三箭。

只听在箭垛旁报靶的士卒高喊："六箭全中红心！"

远远看去，六支箭羽呈一朵大喇叭花状，牢牢地钉在箭垛的红心上。

广场上沸腾了，满场文武齐声喝彩，麦铁杖也咧开大嘴，笑着跑过来向恩师祝贺。

杨素问："铁杖，是不是老夫赢了那件锦袍？"

麦铁杖垂手躬身说："当然，当然。恩师身怀绝技，麦铁杖心服口服，锦袍当然是恩师的！"

杨素又环顾四周，大声问道："还有要跟老夫比试一下的吗？请下场较射！"

满场哑然，无人应对。

杨素得意地哈哈大笑，说："既然没有，老夫可就要领赏了。"

谁也没发觉，这时的皇上皱了皱眉头。他有点反感，他觉得杨素太张狂，太得意忘形，言语举止不像（至少是此时不像）一个年过花甲的老臣所为。

杨素气豪意满，一拍坐骑，朝着挂锦袍的柳树走去。威风凛凛，神采奕奕，还真不像个年过花甲的老人。

这时，杨广喊了一声："仆射公！"

杨素翻身下马，急步来到御座前，躬身应答："老臣听旨。"

皇上微笑着说："一件锦袍，奖赏给六中红心的老将，实在太轻了。锦袍还是给麦铁杖吧，朕另有一套西域贡进的精致金盘和食具，赏给仆射公。"

杨素双膝跪地，说："陛下，老臣酒后一时兴起，忘了旨谕，擅自下场竞射。陛下不治老臣忤旨之罪，老臣已是感激不尽，怎敢再领重赏！"

杨广看着御座前的这位老臣，嘴上说的是谢罪，却没有一点诚惶诚恐、战战兢兢的样子。刚才还那么张狂得意，眨眼工夫又说出这些谦卑之词，完全是内倨外恭，应付朕的矫饰。于是，皇上依然满脸微笑地说：

"酒后余兴，本来就是君臣同乐、逢场作戏的事，何必认真呢？"

随即吩咐内侍："将西域献上的精致金盘、食具一套，赏给仆射公！"

杨素将金盘、食具用双手托举至眉际，向全场文武展示。

那是一个三尺长、二尺宽的镂花大金盘，上面堆满了金杯、金匙、金碗、金碟等全套食具，还配了象牙筷子。一看就知道是专为进献中国皇帝而精心制造的。这一堆金光灿灿的器具，在阳光映衬下迸射出千万道耀眼夺目的光芒，又反射到文武群臣的眼睛里，全都看傻了，看呆了。

这套器具别说是金的，就是铁的，能镂刻打造得这么精细华丽，一定

也价值不菲。群臣们私下交头低语："真是一套价值连城的宝贝！""嘀，皇上可真是慷慨大方啊！"

杨广回到后宫，神情恍惚，若有所失。

内侍捧上一杯菊花水来。御医奏称：菊花味甘，能轻身益气，常年饮用菊花水，能延年益寿。据说，荆州地方有一个菊潭，在泉水源头的山岩水涯，遍布生长着这种菊花，滋液甘甜。山谷里有三四十户人家，谁家也不凿井，全都饮用菊潭里的泉水。这里人过百岁不足为奇，六十几岁死了的就算夭折。

黄澄澄的菊花水飘溢着芳香。杨广端起杯子刚要喝，忽见盛水的是一只白玉杯，就问：

"怎么不用朕的金杯？"

内侍禀奏："刚才在广场上群臣竞射，陛下不是将金盘和全套食具都赏给左仆射杨素大人了吗？"

"噢——"杨广想起来了，竟有些懊恼。他只啜了一口菊花水，便让内侍撤下。

他觉得心烦，想独自静处一会儿，却又有内侍来报：秘书省监来见皇上，说有重要天象面奏。

重要天象？是吉兆，还是凶兆？自古天人相应，天道以星象示人事废兴，切不可等闲视之！

杨广即传秘书省监进见。秘书省中设太史局，下置天文博士。秘书省监根据天文博士的观察禀奏：昨夜有彗星扫翼轸天区。

杨广一听，脸上立时变了颜色。

彗星就是民间所说的扫帚星，也叫妖星，其星象主凶。百姓称那些命运不济的人，是撞了扫帚星。翼轸天区分野在荆州，属南方楚地。按星占之术的说法，地上各州郡邦国都和天上一定的区域相对应。在该天区发生的星象，预兆着所对应地上的吉凶。因此，彗星扫翼轸天区，就预示着南方凶多吉少。

据说，文帝登基之日，曾有一只朱雀在大殿的飞檐上鸣叫，术士占卜后说，隋为火德。此后宫中所有朝会衣裳，全都用火一样的赤色。按五行之说，东方为木，西方为金，北方为水，南方为火。所以，南方星象不吉，也预兆着大隋王朝不吉。

于是，杨广忙问："这种天象预示什么征兆？"

秘书省监如实回答："主有大丧。"

杨广的脸色更阴沉了。

这时，内侍又进来说："陛下，服侍兰陵公主的宫娥求见皇上，说有要事。"

杨广让内侍带宫娥进来。

兰陵公主被幽禁冷宫后就没有了自由，凡事都有服侍她的宫女代禀。不过，以往是先奏报尚书省，再由尚书省转奏，还从未有过宫女直接进见皇上的。

宫女进殿跪在地上，呜咽着禀奏："陛下，兰陵公主昨夜自缢而死，临终前留下遗表，请皇上御览。"

杨广吃了一惊，一阵悲痛涌上心头，心想：兰陵公主自尽，临死还想着上表悔过……他接过妹妹的奏表，一字一句地默念下去：

妇人之德，尽在于温柔；立节垂名，成资于贞烈。温柔，仁之本；贞烈，义之资。非温柔无以成其仁，非贞烈无以显其义。自古贞专淑媛，不以存亡易心，不以盛衰改节，其修名彰于既往，徽音传于不朽！或有王公大人之妃偶，肆情于淫僻之俗，虽衣锦绣、食珍膳、坐金屋、乘玉辇，不入彤管之书，不沾良史之笔……

杨广看不下去了，满腔的愤怒代替了刚才那一丝悲伤。兰陵死了，她在以死示威，以示抗旨，死有余辜！原以为她能悔过，她却在指桑骂槐，说什么"或有王公大人之妃偶，肆情于淫僻之俗"，岂不是暗指朕与宣华夫人？

杨广恨恨地对宫女说："她是自己找死的，你哭什么？退下！"又命内侍："传朕御旨，兰陵按庶人之俗发丧，一切从简！"

等宫女和内侍退出，杨广问秘书省监："兰陵之死，是不是应了彗星扫翼轸天区的星象？"

秘书省监摇摇头："兰陵公主死，只是小丧，还不足被除彗星扫翼轸之大丧。"

杨广眉头紧锁，半响，又问：

"翼轸星宿在荆州之上，也就是说，楚与隋分野了？"

秘书省监点头说："正是。"

杨广忽然计上心头，愁眉也舒展开了，说："爱卿先回去吧，朕一定能想出个祓解之法。"

在大兴时，杨素有居宅百幢，足足占了半条街。迁来洛阳，朝廷又赐东京甲第一片，屋宇相连，也不下百幢。

这天，杨府里张灯结彩，鼓乐喧天，侍从仆役们出出进进，正忙着张罗一场盛大酒宴：尚书左仆射杨素庆贺皇上赐封他为楚国公！

杨府临街的大门楼上，高悬着一块新刻的匾额，上面有四个金光闪闪的大字：楚国公府。门前，已有一班鼓乐在迎接宾客。

大门一侧长长的桌案上，摆满了酒食。洛阳城里的人，无论是官吏，还是百姓，是客商，还是贩夫，来到杨府门前，只要道一声祝贺，就给酒给饭。若是乞丐，还外赏几个铜钱。引得行人从四面聚来，在杨府门前围了黑压压的一片。

杨素喜气洋洋，满脸光彩。他特意穿了一身绛色袍服，这是朝廷仪制所规定的服色。王公大臣不仅上朝要穿绛色袍服，凡是办公事，也要穿这绛色公服，以示大德之瑞。杨素受封楚国公，庆贺谢恩，当然也是公事，要穿公服。

庆贺酒宴开始之前，先领御旨。由一位御前内侍宣读大业皇帝的授封御诏，杨素跪在香案前听封。然后跪领御旨，叩头谢恩，酒宴正式开始。

酒宴的豪华气派，除了皇室，无与伦比。

单说酒，天下名酒全都收集于此。

有昆仑觞。这种水一天只能接七八升，过一夜，储器中水色如绛，拿来酿酒，芳香甘洌，为世间一绝。

有若下酒。这种酒出在乌程，古时属越国。相传有两家善于酿酒的人家世居此地，一家姓乌，一家姓程，就以这两个姓氏作了地名。乌程县内又以若下村的酒最有名。村人取若下溪水酿成，酒味分外醇美，俗称若下酒。

此外，海内名酒还有楚地的富春酒，荥阳的土窖春，渭河岸畔的石冻春，剑南的烧春，大兴蛤蟆陵的郎官清，宜城的九酝酒，浔阳的湓水酒等等。

域外名酒有西域的葡萄酒，波斯的三勒浆。这些名酒多为域外使者贡献。在进贡朝廷时，往往也送给权臣一些。

杨府上还养了一拨南北名厨，菜肴饭食也极为丰盛，别具风味。

酒宴散去，宾客走了，才有家童来报：薛道衡薛大人来了！

薛道衡是杨素的诗友，两个人私交甚深。见了面，杨素一脸嗔怨，说："道衡兄，今天杨素这么大的喜事，你怎么等到酒宴散了才来？"

薛道衡淡淡地一笑："别人为素公致贺，我为素公报忧，当然应该在贺宴之后才来呀！"

杨素不以为然，笑着说："好一个道衡兄啊，一把年纪了，还常常故作惊人之语。我杨素好好的，何忧之有？"

薛道衡收敛笑意，严肃起来，说："刚才来赴宴的衮衮诸公，都是些酒囊饭袋。颠顸而不明事理的人，能吃下这种酒宴倒也情有可原。像素公这样明达渊博，难道也真的看不透其中有诈？"

杨素见薛道衡全不避讳，认真起来，赶紧掩口示意，低声说："这里不是说话的地方，请入内室。"

所谓内室，在一座小巧玲珑的庭院里，院内绿竹笼翠，四时花鲜。室内陈列着一些奇巧器玩、名人字画。如西域传入的羯鼓，样子像个漆桶，用两根木杖击打，声音焦杀鸣烈，中原地方还很罕见。还有西域商人带进中国，杨素以万金买下的夜光杯、玉骆驼、琥珀凤凰等珍稀之物。

内室是只有杨素的挚友心腹才可进入的地方。

杨素工草书、隶书，因而也喜欢收藏古圣时贤的字画，并将他得意的珍品挂在内室四壁上，供好友欣赏评品。如东晋王羲之草书的《十七帖》，当代智永禅师的《真草千字文》，南梁张僧繇画的佛像。张僧繇兼之画龙，民间相传画龙点睛、破壁而去的就是他。

还有一轴本朝人展子虔画的《游春图》，也很有特色。它描绘了王公贵胄游春的情景，春绿设色，金线钩斫，景物浓丽，山峦树石勾勒笔致凝练，匠心独运。

往常，薛道衡只要进到内室，必先在那些名人字画前流连半晌。今天他却直接落座，继续刚才的话题："素公是懂天文的，难道没有留意前些天妖星出现在翼轸天区的事？这种天象不利于当朝，也不利于楚地。皇上在这个时候封素公为楚国公，我觉得不是什么喜事，所以才说报忧。"

杨素默然不语。良久，才长叹一声："唉！杨素哪能不知天象？我明白，皇上对我心怀猜忌，封我楚国公，看似殊荣，其实是咒我早死。楚与隋同分野，这是要用我杨素去为朝廷袚除灾祸！"

薛道衡不解地问："既然明白，为什么还要大摆庆贺宴席？"

杨素苦笑说："如果不这样，皇上岂不是更加猜疑？杨素的厄运来得也会更快些。"

薛道衡愤愤不平地说："素公这样的开国元勋，又刚立了平叛汉王、监造东京的大功，想不到也遭猜忌！这样下去，恐怕用不了多久，满朝文武就不会有几个好人了。"

杨素说："道衡兄前不久上表称颂文皇帝，听说皇上以为你致表先帝，意在贬刺当朝，很不高兴。依我看，往后你还是闭门谢客，夹起尾巴做人为好。不然，言多必失，说不定就惹下什么祸殃！"

薛道衡不服气地说："我肚子里有话就要说，就憋不住。如鲠在喉，不吐不快。年近古稀的人了，还怕什么！"

　　杨素见薛道衡执拗，不再多劝，叫仆从摆上了几样精致的菜肴，两人一人一把酒壶，对饮起来。杨素刚刚喝过酒，这会儿又添了几杯，不觉微醺，感叹说："宦海沉浮，世事难料，我真想远离尘世，独居深山，落得个清静自在。道衡兄，还记得前几年我寄赠给你的那首山斋独坐的词吗？"

　　"那怎么能忘得了？"

　　"如有兴致，就让舍下舞女来唱唱听听。"

　　"那就更好了！"薛道衡高兴地说，"听歌，既能下酒，又能解闷，一举两得！"

　　杨素朝侍从吩咐了几句，不多时，一位十七八岁的妙龄女子婷婷而入。

　　杨素笑着对薛道衡说"我看她容貌纤丽，就给她起了个小名，叫纤纤。她是从大兴带来的，击瓯是她的一绝。"

　　薛道衡已经看见，纤纤一手拿一个小巧的陶瓯，一手拿一根短圆的木棒。他知道，中原喜欢弹奏丝竹，秦地却是击瓯而歌。

　　杨素说："纤纤，唱《山斋独坐》赠薛内史吧。"

　　纤纤含笑凝睇，微微领首，先用木棒在陶瓯上轻轻敲了几个音阶，声韵动听，不亚于丝竹。然后缓缓而歌：

　　"居山四望阻，云风竞朝夕，深溪横古树，空岩卧幽石，日出远岫明，鸟散空林寂……"歌声委婉，如山涧中的潺潺溪水，纯真优雅，空灵之中，隐隐品味得出一种愁思，一缕哀怨。

　　纤纤唱着唱着，杨素忽然慨然长叹，说："甲子之年倏忽即过，老夫两鬓斑白，体力已衰，宦意文情一瞬间荡然无存了！道衡兄，你不觉得太可悲了吗？"

　　薛道衡还没来得及搭话，那位唱歌的纤纤却咯咯一笑，说："曾几何时，妾随军帐下，剿灭汉王叛军，大人还像怒目金刚一样，今天怎么一下变成苦脸罗汉了？"

　　这样一个家蓄的歌女，竟敢出言不逊揶揄主人，薛道衡不禁吃了一惊。

　　杨素不以为然，见薛道衡瞠目的样子，笑着说："这女孩儿娇惯坏了，总是这么没规矩。"

　　薛道衡明白了，这是杨素的一位知心女侍，也就不再装腔作势，调侃说："纤纤说得好。殊不知金刚、罗汉都是佛，金刚怒目才能降妖伏魔；罗汉苦脸，是为慈悲之道。"

　　纤纤聪慧，心有灵犀，拍着手说："哦，知道了，怒目苦脸都是佛法的妙用啊！"

　　杨素笑着挥挥手："去吧去吧，我和薛大人还有正经事要谈呢。"

纤纤吐了一下舌头，手捧陶瓯，婀娜轻盈地飘走了。

薛道衡看着纤纤的倩影，问杨素："府上养了那么多身有绝技的门客，又有这些姿容俱佳的女子，你就不怕门客拐着女童私奔了?"

杨素反问："莫不是道衡兄也看中了这个女童?"

薛道衡哈哈大笑："倒回去三十年，我说不定就会拐着她私奔了。今天? 薛道衡老矣，哪里还有这种雅兴!"又说，"素公，玩笑归玩笑，咱说正经的。皇上以封楚国公咒你，你就没有个对应之策?"

杨素想了一下，说道："天人相应，互为影响。现在彗星侵袭翼轸，这不仅是天道，也是人妖。皇上不从修明政治入手，仅凭封我楚国公来转移灾祸，就算要了我这条老命，也无济于事。古人说得好：德胜不祥而义压不惠。我应当效法古时圣贤，以德义自恃，消除灾祸。"

薛道衡佩服地说："素公高见。如是，定能消灾弭祸!"

两个人又闲谈了一会儿，薛道衡才放心告辞。

第二十四章

杨广智永开怀畅聊　奇特木鹰竟会捉鱼

国清寺主持智永和尚来到洛阳，为东京新都落成，向大业皇帝朝贺。

国清寺就是原来的天台寺，与灵岩寺、玉泉寺、栖霞寺齐名，号称海内四大名寺。大业元年，杨广颁诏，将天台寺改名国清寺，取"寺若立，国土即清"之意。

杨广与国清寺的交往和友谊可以追溯到十几年前。当时杨广是扬州总管，国清寺的主持是佛教南宗禅创始人智𫖮大师。杨广曾几次请智𫖮大师到扬州开课讲佛，智𫖮还为杨广"受戒"，送了他一个"总持菩萨"的法号。两人每次见面，都聚在一起谈经论道，研究佛法，往往一谈就是三五天，休息时就相互切磋书画技艺。两人即使不见面，平日也有书信频频往来，交谊深厚。

开皇十九年，智𫖮大师圆寂，他的徒弟智永和尚做了国清寺主持。杨广没有因为智𫖮大师的死而疏淡了与国清寺的联系。天台山就在扬州总管的管辖范围内，寺里有什么事，无论大小巨细，只要告知杨广，他总是有求必应。直到登基改元，也没忘了给寺庙改一个"国土即清"的名字。

国清寺的和尚们对杨广这位施主、恩人自然感激不尽。杨广在任扬州时，逢年过节，寺里主持就派人去总管府上看望。后来，杨广立为太子，回了大兴，往来路途遥远不便，去看望的次数比以往少多了，但每年至少也有一二次。这回新都落成，智永和尚亲自来了洛阳，一是向大业皇帝祝贺，二来更为叙叙旧情。

碰巧的是，大业皇帝这些天来心情极好。他将杨素老头儿封了一个楚国公，被除了扫帚星对朝廷的不利，至于杨素会遭遇什么灾难，就要看他的八字硬不硬了。更可喜的是，杨素对受封喜出望外，还张灯陈乐，大肆铺张庆贺。真是颠顸无知到家了。杨广有一种精明人看傻子当众痴癫发狂、手舞足蹈的兴奋心情。在傻子的眼睛里，世上所有人都跟自己一样；而精明人却能看出自己与傻子的不同。杨广想，区别就在这里。

心情本来就好，又听说智永和尚到了东京，杨广更高兴了，立即传旨，让智永和尚来显仁宫朝见。研究学问，还是显仁宫这地方适宜。

智永和尚来到显仁宫拜见皇上，行过晋见之礼，杨广便说："智永住持，请随朕到观文殿看看。"

杨广想，既然要研究学问，就得先展示一下自己为做学问而积蓄的实力。

主事观文殿的秘书省少监，得到皇上驾幸观文殿的消息，领着一班著作郎、校书郎、楷书郎跪在殿外迎驾。

杨广降旨："朕与智永住持在殿内走走看看，你们不必随驾。郎员回殿，各司其职。"

郎员们领旨谢恩，鱼贯返回观文殿中，各自伏身桌案上，又开始了抄抄写写。

观文殿里有十四间书室，陈列着常用备览的典籍。每间书室门外都垂挂着锦幔。杨广和智永和尚走进大殿，就有一位侍从过来，手捧香炉，在前面引导他们走向一间书室。来到门口，侍从回头躬身，说"请陛下稍等。"便站到门口一边，没看清他踩了什么机关，只听"叽嗒"一声，门楣上有两个木刻的仙女飘然而下，将遮挡室门的锦幔轻轻收拢上去，这时室门及书室内的书橱门也随即自动打开。

杨广看看智永和尚，得意地问："怎么样？"

智永和尚惊异地说："真是了不起！陛下，这是哪位能工巧匠制造的？"

"工匠？哈哈……"杨广大笑，"这是朝中太府少卿何稠的才智，这点机巧对他来说根本算不了什么。智永住持，大隋朝中人才济济呀！"

智永和尚看着皇上得意的神色，诚服地点点头，又随他逐间书室浏览下去。

前面几间书室是藏经之室。第一间专藏《易经》的历代注疏。自汉魏两晋，到南北朝，四五百年里，各派学者关于易经的注疏，成书传世的就有近八十部，八百多卷，装满了几个大书橱。

第二间里面是《尚书》。《尚书》记载了虞、夏、商、周四代的典章文告，秦始皇焚书，《尚书》失传。到了汉朝，才有济南伏生口述二十八篇，记录下来，称为《今文尚书》。汉武帝时，又从曲阜孔子旧宅的夹壁墙中，找到了孔子后裔孔惠藏匿的《尚书》部，所书文字都是秦以前的古文，故称《古文尚书》。从此，研究《尚书》的著述越来越多，诸如：《尚书百问》《尚书新释》《尚书义疏》等等，不一而足。但凡是与《尚书》有关的论著，这间书室里都有。

第三室收藏的是《诗经》。迎门贴着一张纸，上面写了一篇类似导读或说明的文字："诗者，所以导达心灵，歌咏性情者也。故曰：'在心为志，发言为诗。'孔子删诗，上采商，下取鲁，凡三百篇……"杨广看了，赞许地点头，认为写得扼要精辟，又对智永和尚介绍，这间书室收藏的全都是汉以后《诗经》的各种传本和注释论著。

杨广和智永和尚又来到一间专藏礼乐典籍的书室。杨广从书橱中抽出一卷梁武帝撰写的《乐论》，浏览片刻，问左右侍臣：

"自古天子有没有女乐？这部《乐论》中好像没有记述。"

一侍臣回答："陛下，自古以来，天子无女乐，不仅《乐论》中没有述及，就是《礼记》《乐记》诸篇也不曾记载。"

"哦！"杨广点头，将书放回橱里。

这时，有一个人忽然站出来，说："陛下，自古天子有女乐！"

"哦？"杨广一愣，转身看，是著作郎刘炫，杨广早听说过这个人。据说，他从小就以聪明好学见称，闭门读书，十年足不出户。还传说他两眼十分精明，仰头直视太阳，从不头晕目眩。他的记忆力无人可比。而刘炫真正的绝技在于，左手画方、右手画圆、口诵、目数、耳听，五项同时进行，每一项都丝毫不差。

杨广问他："你说自古天子有女乐，有什么依据吗？"

刘炫回答："陛下，臣以为'窈窕淑女，钟鼓乐之'，就是天子房中之乐，著于《诗》。所以，不能说古来未有。"

杨广呵呵地笑了，说："好，好！难怪孔圣人说，三人行，必有我师呀！"

智永和尚也随声附和："这真是十步之内，必有芳草！"

杨广侧脸看看智永，心中一笑，觉得他说这话挺有意思，一个和尚也想着寻花觅草。

随后各室分藏着历史、地理、历法、相占卜筮、医药、诸子文集、道经、佛经等等书籍经卷。

依次参观完毕，众侍从跟随皇上及智永和尚又回到观文大殿。

杨广对智永和尚说："当年，朕每次与智顗大师相聚，除谈经论道，还必研习书艺。智顗大师是佛门之中有名的书法大家，国清寺众僧也久有临帖摹本的传统。今天，朕想在观文殿与智永住持相互切磋，不知道智永住持肯不肯使朕受益。"

在刚才游览藏书室的时候，智永和尚已看出了杨广的得意之色和踌躇满志，这会儿，他又想炫耀自己的书法。智永和尚虽然心有不悦，但在皇上面前也不敢流露，只好奉陪，就说："贫僧久闻陛下书艺精湛，今天有缘面圣请教，真是三生有幸！"

"哎，怎么说请教。朕与你各书一幅，挂在大殿墙上，大家一起赏评，君臣共同切磋。"

智永和尚明白了，皇上不是想切磋，而是要比赛。两人各写一幅，挂在墙上大家看，不就是想分出一个谁高谁低来吗？智永身在佛门，按说对世间纷争应当回避，但这是皇上要赛，还回避不得。再加上智永尘缘未净，皇上一句话，竟挑起他心里要比试比试的念头。于是，双手合十，对杨广说："智永遵皇上圣谕行事。"

大殿里有一排供郎员们抄写用的书案，杨广指了指两头的案子，说："智永住持在那边，朕在这边，每人一幅，各写四个字，怎么样？"

智永回答："贫僧遵旨。"

随即，侍从在两张大桌案上摆好文房四宝，两人分别走向案旁，脊背相对，都稍作片刻沉吟，接着挥毫泼墨。

一会儿工夫，两个人几乎同时搁笔，回到原处坐下，侍从们分别将桌案上的两幅六尺宣纸提起来，在上端两角点了一点浆水，粘在了皇上和智永面对的墙上。

杨广和智永一看，都会意地笑了。

两幅书法都摹写王羲之的行草书体：杨广写的是"天下第一"；智永和尚写的则是"世上无双"。

杨广笑着说："智永住持，是不是将大作意之所指，说给朕听听？"

智永说："贫僧还当先听陛下赐教！"

"哦，朕写的这四个字，不管是谁，一看就明白。谁是天下第一？朕之大隋天下第一！大隋自先帝开国至今，不过二十几年，国民富庶，亘古未有；剿灭陈朝，统一南北，结束了华夏三百年划江分治的局面，应为中国一大壮举；大业之初，便新建东京，开挖千里大运河，沟通江、淮、河，更是前无古人，天下第一，"杨广狡黠的笑笑，"当然，还有个天下第一，待会儿要请教智永住持。怎么样，现在轮到你说了吧？"

智永和尚不再推辞，也侃侃而谈："陛下所书，意指国家。贫僧所写世上无双，说的是佛门，也就是我们国清寺。虽然国清寺与灵岩寺、玉泉寺、栖霞寺并称海内名寺，然而国清寺沐浴皇恩、备受圣宠一项，即为其他名寺不能相比。本寺寺名即是陛下钦赐。还有，陛下与本寺智顗大师神交已久，自陛下还为晋王时与智顗大师结识，到大师圆寂，书信往来不断。现存在寺内，陛下写给智顗大师的御书即有六十五件！海内任何名寺，也没有如此殊荣，所以国清寺世上无双！"

智永和尚说完，看了看杨广，只见皇上被他一番话说得满脸光鲜照人，于是又问："陛下刚才说还有个天下第一没讲，贫僧正洗耳恭听。"

杨广哈哈一笑："朕想问你，朕与你写的这两幅字，哪个第一？"

这根本不是什么难题，不论是谁听了这个发问，都会立即回答：当然是皇上写得第一！连想都不用想。智永和尚也没想，回答得很干脆：

"若在天下，皇上写的那幅第一；若在佛门，贫僧写的那幅第一！"

杨广一愣，笑意僵在脸上。他没料到智永和尚作如此回答，就问："既然朕写的天下第一，佛门还能在天下之外吗？"

"当然不是。不过，贫僧身在空门，尘世上没有智永，智永的书法就是佛门中第一了。贫僧说的天下，是指尘世而言。"

杨广不能再接着问下去了。如果再问，要是朕在佛门与智永相比，其结果如何？就有些不妥了。那样，谁第一第二倒在其次，只是尘世间，也就是天下，岂不是也没有皇上了吗？

可是杨广并不甘心，看智永和尚是个机智人物，更想难他一下。又问道："智顗大师是书法大家，智永住持与师父相比，能不能分出高下？"

智永淡淡地答道："师父学得王右军之肉，而智永学得王右军之骨。"

"哈哈……"杨广又是一阵大笑，"智永住持真会说话，说得好！"

见皇上这么开心，秘书省少监乘机上前跪奏："陛下，选贤荐能的诏书拟好了，请皇上御览。"说着，呈上一章奏书。

杨广接过来，草草看了几眼，脸上流露出很不满意的神色，说："这是写了些什么！也算文章？若是平常的诏书，辞达意至也就罢了。可这是选贤荐能的御诏，写的没有文采，让天下贤能看了，岂不哂笑朝廷？伺候笔墨，朕要亲拟此诏。"

说完，将手里的奏章扔了回去。

这又是一个显示自己才华的极好机会。其实，杨广也确有才华，自幼喜好读书属文，对文章之事颇有造诣。在任并州和扬州总管时，常常亲拟各种政令告示。

果然，不一会儿，杨广便拟就了一份诏书，交给秘书省少监诵读。诏书主要是听文采，无需看字体，因此，光是听诵读就够了。秘书省少监读道：天下之重，非独治所安；帝王之功，岂一士之略？自古明君哲主，立政经邦，何尝不选贤与能，收采幽滞。周称多士，汉号得人，常想前风，载怀钦仁，永鉴前哲，慨然兴叹！

夫孝悌有闻，人伦之本；德行敦厚，立身之基。或节义可称，或操履清洁，所以激贪厉俗，有益风化。强毅正直，执法不挠，学业优敏，文才秀美，并为廊庙之用，实乃瑚琏之资。才堪将略，则拔至御侮，膂力骁壮，则任之以爪牙。爰及一艺可取，亦宜采录，众善毕举，与时无弃。以此求治，庶几非远。

朕当待以不次，随才升擢。

秘书省少监刚刚读完，智永和尚率先拍手叫好："陛下文章锦绣，才华超群，真正举世无双！"

和尚心里有数，刚才的对答之中，已经显示了自己的机智敏捷，这回该轮到称颂皇上了，可不能得寸进尺，蹬着鼻子上脸！

杨广一脸的灿烂，得意地向一班侍臣说："有些人总以为朕只是承借父皇余荫，才得天下而登大位。其实，如果让朕与士大夫们一起凭才学科考选举，同样也会做天子！"

侍臣们同声唯唯。

这时，有内侍来报：太府少卿何稠有要事进见，已在显仁殿外等候。

杨广起身，对智永和尚说："朕国事繁忙，就不陪住持了。"

随后又吩咐侍臣，一定将智永住持在东京期间吃住游玩事宜安排好。吩咐后就起驾回显仁宫去了。

何稠右臂上托着一只木制的鱼鹰，进显仁殿来拜见皇上。杨广问："何卿臂上的鱼鹰不会飞吗？"何稠回答："不会，这是臣制造的一只木头鱼鹰。""木头的？"杨广大为惊讶，"朕还以为是只活的呢！"何稠说："连陛下都没看出是假的，这木鱼鹰是可以乱真了。不过，陛下，鱼鹰虽是木制的，但它可以捉鱼。"杨广摇摇头："何卿又要开玩笑了。""臣怎敢与陛下玩笑，现在请陛下移驾殿后荷花池，当面试一试。"何稠与一班内侍随驾来到殿后花园的池塘旁边，将鱼鹰放在水面上。鱼鹰漂了不远，便渐渐沉入水中。半响，就听哗啦啦一阵水声，鱼鹰探头浮上水来，嘴里果然叼着一条金鳞鲤鱼，鱼尾还在一个劲儿左右甩动。

杨广及左右内侍无不交口称赞，觉得实在新奇，可谁也悟不出其中道理。

何稠从池面上收回浮游的鱼鹰，按动机关，拿给杨广看。这时鹰口张开，鲤鱼掉出来，何稠指着大张着的鹰嘴说：

"陛下，臣在鹰嘴中安了转动机关，上面挂了鱼饵，连着鹰肚子里的一块石头。石块使鱼鹰缓缓沉入水中，如有鱼来吃饵，触动机关，鱼鹰的嘴立即闭合，含住吃饵的鱼，同时，肚里的石块射出，鱼鹰也就会浮出水面了。"

说完，何稠重新挂饵装石，将鱼鹰放入水中，不一会儿，又得了一条鲤鱼。高兴得杨广咧着嘴直笑。

回到殿内，杨广问："开河工程进展得怎么样？工期紧迫，你身为开河副监，还有闲暇造这种器玩？"

何稠伏首跪奏："陛下，开河工程遇到了难题，无法进展，臣才有闲暇造个玩具献给皇上。"

杨广气恼地将木鱼鹰推到一边，大声责问："你放下开河不管，来造这些个小摆设。朕要这些小玩物有什么用？朕要的是大运河！遇到什么难题了，快说！"

何稠赶紧作诚惶诚恐状，连连谢罪，心里却在暗暗高兴：说话的时候到了。于是，他将荥阳至开封河段因受郑家坟茔阻挠，不能开挖，郑家还借用坟中的机关杀死丈量河道的工匠，并放出谣言，说有神鬼显圣，恐吓河工，扰乱人心等等，一一向皇上禀奏了。

杨广一听事情出在郑家祖宗的坟地里，心里便犯了犹豫。想当初，杨家还未得天下的时候，杨、郑两家同为北周大臣，父皇与郑家父辈有同窗之谊，私交极深。杨广小时候也常和郑元璹一起读书、玩耍，过从甚密。大业以后，郑元琦身为禁卫将官，对宫廷和京都警卫事宜，都还尽力尽心。如果为开运河挖了郑家的祖坟……

杨广问："如果通济渠河道绕开郑家坟茔，是不是也没有多大关系？"

何稠说："如果这样，臣恳请陛下恩准臣辞谢开河副监之职，专事为陛下监制各种器玩、车服。"

"何卿这是什么意思？"

"陛下，开这样一条大河，是为万民所用，为万世留名。河道开得越直就越省时亦省料，将来使用也方便。所以，河监之职责任重大，弄不好会贻害无穷，累及朝廷。再说，从京畿到江南，运河所经之地，王公贵胄的坟茔田庄不计其数，一家破例，百家效尤。那时，运河河道只好今天绕过李家，明天再绕过张家，绕来绕去，最终会无法开挖下去。因此，开河副监一职，臣难以胜任，请陛下恕臣辞谢之罪！"

杨广听了，觉得有理，赶紧说："何卿先别忙着辞职，依你说，这事该怎么办？"

"依臣愚见，还是让郑家迁坟，挖出地下机关，公之于众，打破神鬼显圣的谣言，安定人心。通济渠取直道，直通郑家坟茔而过。郑元璹如敢抗旨，朝廷要给予处罚，不能迁就。并将此事诏告天下，无论王公贵胄、庶民百姓，以后概不得以私产地权为由，要运河改道。这样，千里运河才可能如期完成，才可能成为与秦皇万里长城媲美、名垂万世的皇皇工程！"

杨广听罢，非常赞同，高兴地说："就依何卿所说的办！朕将此事交给你全权处理！"

何稠领旨，拜别了皇上，高高兴兴回家，却没有急于去开河工地。他在家里磨蹭了几天，又画了几样新器玩的图形，才启程上路。来到荥阳、开封河段，就听说郑家已经把坟地里所有灵柩棺木迁走了。

这也在他预料之中。那天他在显仁宫向皇上面奏自己的想法时，就料定会有人给郑元璹暗中送信。郑元璹当然不敢抗旨，会命家人赶紧迁坟。这样，要比何稠亲自与郑家的人面对面交锋要好，所以他才没有急于赶来。现在，万事大吉了。

何稠来到工地，当众口传圣旨。并亲自带人下到郑译的墓道、墓室勘察，将所有暗道机关恢复如初，让河工及附近百姓前来观看。看了郑家的墓道和设置的机关，人们终于明白了李通等人的死因，再也不相信神鬼显圣之说，谣言不攻自破。

在郑译的墓穴里，挖出了李通和其他几个河工被黄沙掩埋的尸体，一一安葬。

李通格外厚殓、厚葬。安葬李通那天，何稠命河工停工一天，为李师傅送行。他自己也朝服衣冠，骑马亲送。河工们扎了纸人纸马，还请了吹鼓乐班，吹奏丧乐，敲锣打鼓，仪式非常隆重。

李通的灵柩上立着一只仙鹤，以示死者乘鹤仙逝。这只仙鹤是何稠亲手制作的。众人用木杠抬起棺木，木杠悠起，棺木上下颤动，那仙鹤便翩翩展翅，像要凌云飞去，同时还发出声闻九泉的清唳。

沿途百姓观者如堵，都在议论纷纷：一个石匠能得朝廷命官亲自送葬，丧事办得如此排场，九泉之下也就可以瞑目了。还说这件事朝廷说得对，办得好，很得民心。何稠大人是青天大老爷，肯为河工做主。

李通的棺木安葬在一个松竹葱茏、清溪环绕的山坡上，视野开阔，高敞干燥。墓前立了一块一人多高的石牌，上刻：唐山石工李通之墓。

石牌的背面还刻了何稠撰写的简短祭文，其中还特别提到了李通协助李春修造赵州桥的事。

两天后，河工们开始在郑家坟地上开挖河道。

由此，朝中官员和天下百姓看明白了皇上开挖运河的决心。从洛阳到扬州，绵延千里的开河工地上，各段官吏督役更急，河工们更不敢懈怠。河道所经之地，穿坟茔、占良田，过村落，不论是官吏百姓，还是在朝在野，没有一个敢抗阻拖延的。整个开河工程的进度也大大加快了。

第二十五章

李春赚的双喜临门　宣华夫人暴病归天

　　大石桥就要完工了，到了这个时候，李春显得比往日忙得多了。前些日子，他带着几个桥工去洨河上游的元氏县一带山里，挑选雕刻桥栏和桥板用的各种石料，几天前刚刚运回赵州。那天夜里，家住河边的一个农夫，半夜出门小解，星光下，远远看见一大片白花花的云朵贴着地面飘来，后面还有几个神仙赶着。那人又惊又吓，赶紧跑回家，紧闭房门，不敢再看。

　　第二天早晨，他出门一看，只见大石桥头堆满了无数极好的石料。他连忙告诉左邻右舍，说他昨夜亲眼看见几位神仙赶了一片白云来，到了早晨，白云变成了修桥的石料。

　　一传十，十传百，神仙赶着石料来帮助修赵州桥的消息，很快就传遍了洨河两岸。

　　李春和几个石工暗中发笑，哪来的神仙赶白云，那是他们趁着洨河涨水，从上游放筏，一夜几百里，把选购的石料运了回来。

　　石料备齐，李春挑选了一班细作石匠，开始雕刻桥的栏板和栏杆。

　　石匠们大展身手，各显神通。雕栏杆的，把栏杆雕成竹节形状，上面有身披鳞甲的蛟龙盘绕。刻栏板的，将龙头刻成怪兽样子，两旁衬有花叶和波涛。桥的装饰多以龙形为主是有讲究的，蛟龙势威，能伏洪水，保证大桥平安。

　　李春要在中秋节前使大桥彻底完工，工期太紧迫了，几天来，他们一直在加夜工。

　　桃花踏着月光来到桥上，她是来找李春的。李春承诺等大桥建成之后，他就迎娶她过门。

　　终于，赵州桥完工了，像一道从天而降的彩虹落在洨河上，雄伟而且壮丽。

　　这天是中秋节，也是通桥的吉日。一大早，人们从四面八方赶来，三丈宽的桥面上，熙熙攘攘挤满了看桥的人。

　　好宽的桥面啊，桥上分出三股道，中间走车，两侧行人。两边的桥栏更吸引着人们的目光，那些刻着蛟龙的栏杆、栏板，图形千变万化，一条条蛟龙在腾飞，在游动，其神形动态各异，没有一条龙与另一条是相同的。人们看着，抚摸着，交口称赞着造桥人的技艺，简直是鬼斧神工！

灿烂的阳光照耀着大桥，一些推车挑担的农夫陆续通过，走向赵州城门。行人当中有不少认识李春的，就跟他打招呼："李师傅，石桥造好了，赵大爷的渡船可就派不上用场了。"

"谁说的！人家桃花还指望用那条船，载着李师傅在河里游玩，说悄悄话哩！"

"李师傅，你造的石桥抢了赵大爷的饭碗，往后可要好好孝敬他老爷子啊！"

在乡亲们的笑声里，李春不时地向他们招招手，点点头，心中的那股兴奋洋溢在脸上。

这时，忽听有人大喊："闪开，闪开，重载来了！"

随着喊声，桥上的人们闪出一条路，只见三头牡牛拉着一辆又宽又高的大车走上桥头，车上小山似的堆满了磨扇、碾盘。赶车的汉子有八尺多高，膀阔腰圆，肩上还扛了一扇足有四五百斤的石磨，看样子，车上实在装不下了。

一个修桥的石工抢上几步，把那汉子连人带车挡在桥头，大声说"嗨，壮汉，你当我们修这桥容易呀，想把它压塌是怎么的？"

汉子哈哈大笑："人都说赵州造了座天下第一的大石桥，没想到连这点东西都担不了。唉，我上当了，上当了！这也能叫桥？"

石工气得蹦起来，指着汉子大叫："你可别欺人太甚！"

这时候，李春分开众人，挤了过来。那汉子一见李春，问道："你就是领头造桥的李师傅吧？"

李春回答："石匠李春，不知壮士有何见教？"

"岂敢。既然这石桥承载不了这车石磨，我只好回去另想办法过河。"汉子说着，就要牵牛调头。

"等等，"李春打量一下牛车，对汉子说，"壮士不必绕路，请从桥上过河吧！"

汉子将信将疑，抬手在牛背上拍了一巴掌，叫声："走！"

三只牛头朝前一拱，十二条粗壮的牛腿使劲一撑，拉着满载石磨碾盘的大车走上石桥。大车的木轮上包了铁皮，滚动在青石桥面上发出嘎嘎声响，让人心颤。

大车走到桥中间，就听咔嚓一声响，桥上的人一下子都屏住了呼吸。

　　赶车的汉子一手扶住肩上的石磨，一手猛拉车套，大叫一声："吁——"大车停了下来。

　　众人围上来一看，车轮下面，一块一尺多厚的青条石被压裂了。

　　汉子面露难色，说："李师傅，你看这……"

　　李春笑了笑："压裂了一块铺路石，没事，走吧！"

　　大车又嘎嘎地向前滚动，终于走过了二十丈长的桥面，停在对岸的桥头。那汉子卸下肩上的石磨，走了回来，拉着李春的手说："李师傅，百闻不如一见。这回我服了！"

　　李春说："听壮士的意思，今天是有意来试试这座桥的吧？"

　　汉子憨笑着，点点头。

　　"那么再问壮士，你这一车石磨石碾到底有多重？"

　　"实不相瞒，石磨、石碾净重五千五百斤，车上装不下了，自己扛了一扇，减去五百斤，加上车重、牛重，这一车少说也有六千斤！不是我吹牛，洨河两岸，方圆几百里，没有第二辆车能拉这么重。赵州桥能承受了我的牛车，路人车辆就尽可放心，安然通行了！"

　　"这么说，我造的这桥应该叫安济桥了？"李春哈哈大笑，又说："壮士，真人面前不说假话，造桥之前，我计算过的，实不相瞒，再有两个六千斤，赵州桥也安然无恙！"

　　那壮汉双手一拱："惭愧，惭愧！多有冒犯，还请李师傅宽恕。告辞了！"

　　汉子走回桥头，又扛起那扇石磨，赶着牛车走了。然而，这时的大车却不像刚才那样沉重，车轮不再嘎嘎作响，三头牛就像拉了一车棉花，走起来那么轻飘。

　　这些，只有李春看在眼里。

　　桥上的人们正在纷纷议论刚才那惊心动魄的一幕，只听一阵丝竹吹打声随风而来。抬头看，见一班乐工吹吹打打着朝桥上走来。乐工后边跟了一匹头系红绸的高头大马。队伍来到桥上，牵马的青年朝李春一揖，大声说：

　　"请新姑爷上马！"

　　桥上一阵喧哗，原来，今天是李春大喜的日子！石桥落成，李春娶妻，双喜临门啊！人们沸腾了，一帮石工拥上去，不由分说抬起李春，把他放到马背上，大家说着笑着，跟在乐班后面，朝赵大爷家里走去。

　　乐班中有一个吹笛子的，那叫一绝。他囊中有三支竹笛，一支粗如合拱，声音响遍行云，震彻山谷；第二支比拇指稍粗，吹起来舒缓飘逸，悦耳动心；还有一支细若笔管，发声尖锐清越，曲调非常。三支竹笛轮番吹奏，音韵变化，其妙无穷，引得跟随在后面的人们手舞足蹈。

赵家门前张灯结彩，蓬荜生辉。桃花已是凤冠霞帔，簪花戴朵，一身新娘打扮，光鲜照人。邻里两位作傧相的姑娘，搀着新娘，与新郎拜天地，喝交杯酒，一条红绸牵着，送一对新人入了洞房。

远远近近的乡邻们得了消息，纷纷前来贺喜，把赵大爷忙得满头大汗，乐得合不拢嘴。一帮年轻石工把洞房闹得热火朝天，他们硬说有天晚上看见李春和桃花在桥上拥抱，只是天黑，又隔得太远，没看明白。非要让他俩当众再演练一次不可。羞得桃花满脸通红，恨不得找条地缝钻进去。

就这样打打闹闹、嬉嬉笑笑，一直闹到太阳落山。

天黑的时候，有一个州府的差役骑马来到赵家门口。他翻身下马，大声问道：

"哪位是李春李师傅？"

李春闻声走出屋来，答道："我就是李春，有什么事？"

"州官派我来传话，明天上午刺史大人要亲临贵府，一来给李师傅新婚贺喜；二来请你去修造州衙新宅。请务必在家等候！"

差役走了，客人们也渐渐散去。赵大爷与女儿、姑爷围坐桌旁吃中秋团圆饭。差役传来的消息大大冲淡了新婚与佳节的喜庆，赵大爷叹息着说：

"唉，大桥刚刚完工，官府就来纠缠，往后，咱这几间茅屋恐怕很难安宁了！"

李春说："是啊，听说开挖运河的工地上，百万民伕病死累死的十有三四，朝廷一定会加重徭役补充。这两年，也多亏何稠美言，朝廷没在赵州征伕。如今石桥造好了，再也无法逃脱服役，我们这些有点手艺的人一定首当其冲。"

赵大爷手握酒杯，自言自语说："还得想个办法呀！"

一轮圆月挂上夜空，赵州桥在涂抹了一身金黄的月色之后，显得有些神秘。洨河水波光粼粼，静谧无声。

一声欢快的歌唱蓦地划破夜的寂静，倏然而过。

第二天一早，赵州刺史前呼后拥来赵家面会李春。却见柴门开着，茅屋里空无一人。叫来邻居询问，都摇头说不知道一家人到哪里去了。再看河边，拴在柳树下的那条渡船也不见了。刺史没办法，只好悻悻而归。

其实，乡亲们知道李春一家走了，而且不再回来了。他们说，赵州桥完工的那天，玉皇大帝派了一位神仙，用牛车拉着东岳泰山、南岳衡山、西岳华山、北岳恒山和中岳嵩山五座大山，来试了试赵州桥，结果大桥安

然无恙，只压裂了一块青条石。神仙回天宫禀奏大帝。

当晚，天河上下来一只木筏，沿洨河而上来到赵家门前。李春和赵家父女三人上了那条渡船，在木筏的引导下顺河而下，经东海到天宫去了。

曾看到过神仙赶着白云的那个人，半夜出门小解，亲眼看见一只小木筏牵引着赵大爷的渡艉从月亮前飘然而过。他发誓说，这回可是看得真真切切！月亮的光辉将他们三人的身影映照在石桥上，同时，还听到桃花惊喜的叫声：

"看呀，春哥，咱们的赵州桥！"

这些故事也传到了开河工地，传到了何稠耳朵里，他不无感慨地说：

"一座石桥可以造出这么多美妙的故事。将来，即便石桥没有了，这些故事一定还一代一代留传下去。"

苍穹漆黑一团，像一口倒扣过来的大锅，笼罩着整个世界，深不可测。天黑地暗，遮掩了山山水水、林木田园，只有流萤点点，闪闪烁烁。萤火的光芒那么短暂，那么昏黄，让眼前的景物更加朦胧模糊，使世界通向天际的道路越发遥远神秘。点点萤火时而烂漫一片，时而又聚成宽宽的一条带子，不，那是一条闪烁着光亮的河流，发源于脚下，向着前面，向着南方蜿蜒而去，伸展进不远处的漆黑之中……

宣华夫人醒了，看看窗外，艳阳高照，才想起刚吃过早饭，怎么就又迷糊过去，刚才是一个梦。

自从皇上那天驾幸金凤院，放飞了当作夜明珠的近百斛萤火虫以后，宣华夫人的身体竟如汇河日下，衰败得厉害。她一次又一次地做那个漆黑一团，满天萤火的梦，一遍又一遍地听到田野里农夫们唱的那首哀怨的民谣，每每醒来的时候，总是思绪万千，想得很多很多，继而便是浑身无力，神情恍惚。

她明白了人们常说的醒悟。醒悟醒悟，只有醒来才悟。醒是前提，悟才是关键。醒来不悟，等于没醒；但是，若真悟出点什么东西来，往往又后悔还不如不醒。人就是这么古怪，难对付。

宣华夫人明显地觉着，或者说悟到：皇上变了。他已经不是几年前人们交口称赞的晋王，也不是先皇文帝引为骄傲的太子，更不是自己心目中所塑造、所企盼的那个皇上。他是变得伟大了，还是渺小了？似乎都不是。也许他原本就是这样，根本就没变。可是，怎么就不一样了呢？是自己变了？那么，自己变得卑微龌龊了，还是崇高无邪了？宣华夫人说不清楚。

其实，宣华夫人想，又有谁能说得清楚？皇上总把自己与秦皇汉武相比，在他心目中，秦皇汉武是伟大的。可是在千万儒生和孟姜女心目中，秦始皇是什么东西？在那些被大兵押着，去大漠荒原去屯田戍边的百姓眼里，汉武帝又是个什么东西？你开拓疆土，把别人的国土占为己有，人们就说你伟大。如果反过来，人家君王率兵打过来，把咸阳占了去，你也从心里歌颂他伟大吗？这些都很难悟得清。反正，皇帝们都愿意伟大，而百姓只是为了活命，不得已才需要个皇上，平常时日，都希望皇上越渺小、越远越好。山高皇帝远的地方，是百姓的乐园。这就像谁也离不了阳光，然而如果让人们都去太阳居住，倒不如立马就死。

　　宣华夫人被不可名状的忧惧和焦虑缠绕着，病倒了。她的这种病也不可名状，时好时坏，每反复一次，身体就大不如从前。此刻，她刚刚醒来，觉得精神又有些清爽，就想到院外去走走。她不必刻意梳妆，她知道皇上不会来的。因为她不愿意让皇上看到自己这副病弱憔悴的样子，就给皇上呈了一份奏表，请求陛下在她患病之时暂免临幸金凤院，不至于以病秽之躯亵渎君王。皇上同意了。

　　宣华夫人在院里几个姑娘的陪伴下走出院门，来到长渠旁的一个池塘。池塘周边安放了许多奇形怪状的太湖石，池中长满了莲花，几只蜻蜓在水面上低低地飞着，还不时地点一下池水。

　　碧水涟漪中，有一株莲花长得特别。莲叶大如华盖，却都卷曲着，一支七八尺长的莲茎，高挑着四朵莲蓬。搀扶着宣华夫人的那个姑娘好奇地说："夫人，你看那株荷花，都说并蒂莲少见，它却一蒂四莲，真是奇怪！"

　　宣华夫人问："你们都觉得奇怪吗？"

　　姑娘们点点头。

　　宣华夫人笑了。北方人见了这种莲花当然觉得奇特，而她见了，如同见到了故人。建康城陈朝后宫里，那些碧水如镜的池塘中有很多这种莲花。尤其那个几十亩水面的荷塘里，全是一蒂三莲，一蒂四莲、甚至五莲的荷花。小时候，公主常在宫女的照应下，划着小船在池塘里采莲子，也是其乐融融。

　　宣华夫人说："这是莲荷中的一种奇特名贵品种，一朵荷花常常开出几个莲蓬。你们看它的叶子，白天卷曲，到了夜晚就舒展开了，所以人称夜舒荷。荷叶舒展往往在月上中天的时候，因此又叫作望月莲。"姑娘们听了，立时叽喳起来："哎呀，望月莲，这名字真美。我们家有望日莲。""去，那是葵花，旱地里栽的！""等到夜里，咱们都来见识见识。"

　　宣华夫人又说："夜舒荷本来生在江南，后来，汉灵帝在洛阳大修园苑宫馆，广征天下奇花异木，夜舒荷才由南国传入洛阳，不过在民间也极为少见。当时，还流传着一支关于夜舒荷的歌呢。"

姑娘们听说还有唱夜舒荷的歌，都说夜舒荷好看，那歌一定也好听，就央求宣华夫人唱给她们听听。宣华夫人把脸一沉，说："真是越来越没规矩了。沿渠这十六院，哪个院里不是姑娘唱歌给夫人听，还有夫人唱歌给姑娘们取乐的？"姑娘们一听这话，吓得立时禁了声。宣华夫人扑哧一笑："看把你们吓的，真是没出息！一句玩笑话就当真了？"

姑娘们听说夫人在开玩笑，又恢复了先前的活泼，更得寸进尺地围拢上来，纠缠着让宣华夫人唱歌。正在笑闹着，一位院里的使女跑来禀报："夫人，萧皇后来看望夫人，凤辇已到了金凤院门前！"萧皇后突然驾临金凤院，让宣华夫人措手不及，她赶紧吩咐说："快备香案接驾！"萧皇后是奉旨前来西苑看望宣华夫人的。杨广接到宣华夫人的奏表，出于对她这种自尊心理的同情，他真的在将近两个月的时间里没有来过金凤院。时间长了，他有些放心不下。另外他觉得，不临幸金凤院可以，但由此而对宣华夫人长时间不问不闻，似乎有点不近人情。于是，他便传旨萧后，让她代表皇上来看望看望宣华夫人。

以前，萧后对宣华夫人是心存芥蒂的，其中有两个原因。其一，宣华夫人曾是陈朝公主，而萧后是梁国萧帝之女。正是陈朝取代梁国而霸了江南天下，陈、萧两家积怨甚深，也就不能不影响到两家的儿女。其二，或许自年轻时受独孤皇后感染，萧后对狐媚邀宠的女人向无好感，她觉得宣华夫人就是这种女人，所以一直不太喜欢见她。在大兴的时候，萧后住皇城后宫，宣华夫人在岐山的仁寿宫。迁到洛阳之后，宣华夫人自己提出不愿住在皇宫里，来了西苑金凤院，更合了萧后心意。

不过，后来萧后对宣华夫人的看法渐渐有所改变，通过来自多方的传闻和观察，萧后看到宣华夫人还不是那种专事狐媚取宠的女人。特别是萧后听说，宣华夫人因听了一首讥讽挖河的歌谣，就数日病卧不起，委屈郁闷得茶饭不思，对她非常同情，甚至有几分敬意。先前心中的宿怨和偏见，被一种同是亡国遗孤的同病相怜所代替。所以，皇上命萧后来看望宣华夫人，她欣然应允。

宣华夫人跪在香案前接了驾，萧后亲自上前扶她起来，仔细端详着她：此时的宣华夫人虽在病中，却风姿不减，就像一幅寒山瘦水的画卷，尽管不如那阳春烟景明艳，但更加清丽动人。萧后说："皇上命我来探望夫人。夫人近几天是不是感觉好些了？"

宣华夫人说："谢皇上、皇后隆恩。我这身体总是这样，不是什么重病，却一直也没什么起色。"

萧后问："服了什么药没有？"

"御医来看过，说是邪气入内，伏而未起所至的沉滞、抑郁。这种病单凭药汤不能祛除，还得宽心调养才行。"

萧后说："治病疗疾，半在药石，半在人事。心是五脏之君，君道正，国无危难；心气平和，四体自然安康无恙。"

宣华夫人赞同地点头："皇后说得极有道理，我就是欠缺养性之道。也知道光靠药物治不好自己的病，然而往往又不能自持，做不到心气平和。"

两个人说着话，进到了金凤院的馆舍坐下。萧后命随行太监抬上两个大瓮来，瓮盖还没打开，就从缝隙中溢出一缕缕清香，在屋内悠悠飘散、弥漫开来。

萧后说："这是我日常服用的茶蜜鹿茸膏，用茶花蜜和鲜嫩带血浆的雄鹿茸熬制成的，对身体虚弱、神智倦怠有滋补强壮的功效。虽然不是什么偏方灵药，但长期服用可以养生，有益无害。"

宣华夫人说："皇后将自己服用的珍贵药物送给我，真让我感激不尽！"

"咱们之间不必客气，"萧后真诚地说，"你治病要紧。我身体还好，服用这些东西不过为了养生。再说，用完了还可以叫宫里再熬制就是了。"

金凤院的侍女将两瓮茶蜜鹿茸膏抬下去。萧后又让随行宫女打开两个木匣，拿出里面的香囊、钗钿、金银等物品，分赏给金凤院的姑娘侍女们。萧后说："这些日子，你们服侍夫人还算周到勤快，也受了不少累，这些东西赏给你们。今天我和夫人随便叙谈叙谈，不用你们侍候，你们都到外面玩去吧。"

姑娘们高兴极了。得了赏赐，还能出去玩，真是难得的好事。一个个叩谢了皇后，连蹦带跳地出了院门。

说心里话，宣华夫人对萧后也存有戒心。因为她知道，皇后对妃子，特别是对皇上宠爱的妃子，历来没有不怀妒恨的。先帝的独孤皇后的妒恨之心就名震朝野，竟敢将文帝宠幸的宫娥活活打死，气得文帝独入深山。宣华夫人得到文帝的恩宠，也是在独孤皇后驾崩之后。当今的这位萧后，虽说不像独孤皇后那样心狠手辣，但是女人的忌妒心不能没有。谁都知道，皇上对皇后的宠幸，最容易被爱妃动摇。所以，只要皇后健在，爱妃就不得不常怀戒惕之心。

可是今天的萧后，实实地让宣华夫人大为感动。她的言语举止，没有那种女人与女人的，尤其是皇后与妃子之间的客套虚伪，也没有皇后盛气凌人的尊严，而是和蔼平易，真心地关心自己的身体和病情，两人的感情距离在一瞬间拉近了，甚至几乎没了障碍，至少在此刻是这样。

萧后看看室内只剩下她跟宣华夫人两个，便悄声问道："听说你上表皇上，请求暂免驾幸金凤院，这是何苦呢!"

"唉!"宣华夫人一声轻叹，"皇后，我这一副病恹恹的模样怎么能见皇上? 不见好些，见了，说不定皇上会失望的。再说……"

宣华夫人欲言又止，将后面的话咽了回去。萧后微微一笑，接过她的话头: "再说什么? 你是觉得体力虚弱，怕到了夜晚应付不了皇上，不光自己不能尽兴，还闹得皇上不痛快，是吗?"

宣华夫人两腮一红，点头应了声: "嗯。"

"嗨，这就是你不懂了，"萧后开导地说，"人人都知道男女之间的那事是一乐趣，可乐趣有什么用，就少有人探究。乐趣的最大用处，就是平和心气、调养精神呀! 你也知道自己的病不是药物能治好的，要靠平和心气，调养精神。可是，你不叫皇上到金凤院来，那要紧的乐趣没有了，心气怎样平和，又哪里来的精神?"

听了这番话，宣华夫人真要感激涕零了。两个女人之间谈这些话并不为奇，而共有一个男人的两个女人能有这样的谈话，就非常难得了。宣华夫人真不知该说什么才好，她看看萧后，又埋下了头。

看她这副表情，萧后误会了，说: "嗨，又不是小姑娘了，还害羞吗? 古人对房中术就很有研究。所谓男女间事可强身健体，说的就是男女可以通过房事相互滋补。以前，你大概光知道男人能采阴补阳。其实，只要适度得当，那种事也能为女人采阳补阴哩!"

"皇后，没想到这里还有很深的学问呢! 多谢皇后指教，以前我还真没想过。"宣华夫人终于表达了自己的谢意。

萧后笑了，从怀里掏出一卷书，递给宣华夫人。

那是一卷专藏于后宫的"春宫图"。宣华夫人随手翻开，瞥了一眼，就觉得心跳骤然加剧。书页上画着一个个赤身裸体的女人，与一个个一丝不挂的男人搅缠在一起，变化着各种不同的姿势。男女身体上的那几个隐秘之处，在眼前展露无余。男人和女人脸上那种疯狂畅快的表情，也勾画得淋漓尽致。每幅图画都配有用蝇头小楷写的教授文字，当着萧后的面，宣华夫人实在不好意思去仔细阅读。她自小生长在帝王之家，早就听说宫廷里藏有此类书籍，今天她终于看到了。而送给她看的，竟是皇后! 她把书合好，尽量平抑自己的心跳。

萧后说: "这一卷是专给女人看的。把它收好，千万不能让那帮小女子看到，可不得了!"

宣华夫人郑重地点点头。

萧后又说: "等我回去启奏皇上，请他来金凤院多住几天，你的病就会好得快一些。"

"皇后！"宣华夫人感动地叫了一声，随即起身，朝萧后跪了下来。

萧后赶忙躬身将她扶起，说："你看，这又何必呢！我是说，等你养好了身体，运河也开通了，咱两个一起随驾去江南看看。你我可都是江南人啊！"

一提运河，宣华夫人又哀叹起来："唉，我还能等到那一天吗？"

萧后急忙用手捂她的嘴："怎么说这些不吉利的话！"

宣华夫人凄然一笑，说："运河开通了，我也背上了不清不白的骂名。"

"嗨，你怎么还惦记着那些野人唱的野歌。要是都拿疯话当真，还活不活了！"她见宣华夫人没作回答，又叹息说，"也难怪呀，动用府库积蓄，征发几百万人去挖一条河，能不引得怨声载道吗？"

"可是，皇后，皇上说过，今天的人们出点力，吃些苦头，运河开通了，利在千秋，将来人们会受益的！"

"将来？"萧后冷冷一笑，"将来是什么样，谁能知道！如果咱们被今天的人骂死了，即使将来的人受益了，他们能为咱说句公道话吗？就是说了，又有什么用？咱能听得见吗？"

宣华夫人沉默了。她不知道皇后说的有没有道理；不知道如果皇上听了这些话会怎么样。人生在世，不分昼夜地忙忙碌碌，绞尽脑汁，争名逐利，甚至大动干戈，到底是为了今天，还是为了将来？究竟是为了自己，还是为了他人？如果两面都有答案，哪一个是对的？她想不透。她问：

"皇后，这些话你跟皇上讲过吗？"

萧后摇摇头："没有，讲了也没用。你看皇上会轻易受后妃的摆布吗？"

这倒是真的。

宣华夫人说："皇后说得对。《尚书》里有句话：'牝鸡司晨，惟家之索。'母鸡打鸣，向来被以为不吉利。咱们这些做后妃的，最好不插嘴朝政，免得让人说咱们是打鸣的母鸡。"

对这样的牢骚，萧后并没觉得有什么不敬，只是说："你看，我奉旨前来，本是要宽慰你，让你高兴的。怎么说着说着就扯到国家政事上去了，又添了许多烦恼。不说了，不说了。咱们找点高兴的事做做。哎，刚才我来的时候，你不是正在池边散心吗？咱两个再一起去湖边走走，你觉得怎样？"

宣华夫人高兴地点头答应。随即先去寝室藏好了那卷"春宫图"，然后与皇后相互搀扶着，出门朝湖边走去。

离金凤院最近的是洁水湖。远远的，就见金凤院的一帮姑娘们聚在湖边唱歌跳舞，嘻嘻哈哈地笑闹，惊的湖边柳林里的鸟雀叽喳乱叫。宣华夫人说："这帮丫头得了皇后的赏赐，高兴得不知怎么好了！"

萧后说："小鸟出了笼，不给它食吃也高兴得展翅飞舞。咱们在这个年纪的时候不也是天天这样？如今……唉！"

姑娘们见皇后来到湖边，立刻跪地迎驾。皇后说："都起来吧，有唱有跳的多好，不必拘礼。"

姑娘们纷纷站起身，腼腆地垂手侍立一旁。

宣华夫人嗔怪地说："皇后没来的时候，你们连唱带跳地那么欢。皇后驾到，一个个的都蔫了。都给我站过来，演一段拿手的歌舞，让皇后高兴高兴！"

有一个胆大的姑娘上前跪下，说："启禀皇后，刚才在池塘边，夫人正要唱一支拿手的歌，是唱夜舒荷的。奴婢奏请皇后，恩准夫人在这里唱一唱，也好让奴婢们学会了编作舞蹈。"

宣华夫人没想到姑娘们反过来将自己一军，急忙说："好你个小奴才，想要我在皇后面前丢丑，看明天怎么收拾你！"

萧后呵呵地笑了，说："夫人，不就是唱支歌吗，看把你急的！哎，说真的，我还没听夫人唱过歌哩。"

宣华夫人更急了，"皇后，你可不能由着她们起哄！"

姑娘们见皇后站在了她们一边，更不顾深浅了，呼啦一下围上来，拽衣袖的，拉衣襟的，七嘴八舌地嚷着："夫人，这回一定要唱，皇后想听呢！"

正闹着，就听"轰"地一声巨响，姑娘们立时没了声音。抬头看去，湖对面一大段堤岸崩塌了，土石泻到湖里，冲起一阵巨大的波澜。

险象过去，姑娘们惊魂未定，一个个张口结舌地，被刚才的巨响吓傻了。忽然，只听一个姑娘尖叫一声："夫人！"众人这才发现，宣华夫人面色苍白，手捂着胸口，缓缓伏倒在地上。

萧后大吃一惊，问："夫人，你怎么啦？"

宣华夫人双目紧闭，颤抖着发紫的双唇，微弱地说："我……心跳得厉害……"

萧后回身向侍立在远处的太监招手大喊："快！辇车过来，送夫人回金凤院！"

宣华夫人读书有识，涉猎很广，懂得阴阳五行之类的学说。她暗暗为湖岸崩塌之象占卜一卦。按五行的说法，土为中央，主内事。湖岸之土无故突然崩塌，预兆宫闱嫔妃有灾。不祥的阴云压抑了宣华夫人的心胸，如果说，那天湖岸崩塌的轰然巨响将她吓得昏了过去，现在，她完全被一种无法排解的恐惧震慑。自从醒过来之后，她的病势就一天比一天沉重了。

一连几天，宣华夫人都处在时醒时昏的状态中。昏迷的时候，脸上常常浮现出甜蜜幸福的微笑，面颊也红润好看一些。一旦清醒，立即便露出现实的恐惧，脸色苍白，有时蜡黄。好在一天之中，她昏迷的时候多，清醒的时候少。

杨广来了，这位日理万机的皇上听说爱妃病重，草草安排了一下朝廷事务，急急忙忙驾临金凤院。

杨广坐在宣华夫人床边，握着她一只纤纤玉手，轻声呼唤："夫人，夫人！朕来看你了。"

宣华夫人双目微合，呼吸急促而细弱，皇上的呼唤没引起她丝毫反应。

杨广环视身边的一班御医，此时一个个都低头束手，不敢正视皇上。这一阵子，什么药都用过了，却不见一点起效。对这位宣华夫人，御医们已感到无力回天。

站在床前的一个姑娘轻声叫着："夫人，醒醒，皇上看你来了！"

宣华夫人动了一下，慢慢睁开那双被长长的睫毛遮掩着的大眼，黑黑的眸子艰难地转了转，看清身边坐着的真是皇上，眼眶里陡然充满两汪泪水，双唇微翕，说："陛下……"

杨广急忙向内侍招手："快拿鸟来！"

内侍立即提来两个装满小鸟的笼子，一只只小鸟浑身翠绿，叫不出什么名字。杨广命一个姑娘打开窗户，然后从笼子里取出一只小鸟放在手上，端到宣华夫人脸前。小鸟眨眼看了看宣华夫人，张嘴叫道："夫人无恙！"随即双翅一抖，纵身飞起，在屋子里转了一圈，从窗户穿跃而出，朝长渠旁的树林中飞去。

杨广将笼中的小鸟逐一取出，一只只放飞。每只小鸟在飞走之前，都清脆地叫一声："夫人无恙！"

笼子里剩下最后一只鸟了，杨广小心翼翼地将它捧出来，放到宣华夫人手上，又把她的手轻轻抬起到胸前，朝宣华夫人微笑着点点头。

宣华夫人满眶的泪水一下涌了出来，她仔细地看着那只俊俏伶俐的小鸟，依依不舍地晃动一下手掌。

"夫人无恙！"小鸟飞走了，屋子里回荡着清脆的鸣叫。

一位姑娘上前用丝绢为宣华夫人擦了擦眼角的泪水，自己竟忍不住抽泣起来。

杨广说："夫人，小鸟们都在为你祈福，你很快就会好的。等夫人康复

了，朕跟你一起沿着大运河回江南去。朕的龙舟都快造好了！"

宣华夫人的脸上绽开了一片灿烂的微笑，用尽力气说：

"陛下，刚才，我哥哥派车来到门口，说要……接我回江南去，我……对他说，跟陛下道别之后，就跟他，去……"

杨广惊得周身一颤，抓紧了宣华夫人的手说："不行！你要遵从朕的旨意，陈叔宝也不敢抗旨！你一定得陪朕一起……"

宣华夫人轻轻地闭上了眼，灿烂的笑容依旧绽开在脸上。这是最后的绽开，旋即而来的就是凋零。

一丛长而茂密的睫毛，给看到过它的人留下了永远的记忆；那下面，是一双明亮而深邃的大眼。

第二十六章

运河开通上下欢腾　御医受旨探视杨素

黎明时分，晨光微曦。

东京宫城的大殿和庑廊下面灯火通明，这灯火已经亮了整整一夜的。

大业皇帝冕旒衮服，庄严地坐在大殿之上。大殿之下，满朝文武分列两边，一个个，神情严肃。以往的早朝，文臣武将有事均出班启奏，没有事情的时候就听候皇上一声"退朝"。但是今天，文武百官却都垂手肃立，皇上也正襟危坐默不作声。大隋王朝的君臣在静静地等待着什么。

殿外，宫门上报晨的洪钟喤喤响起。

随着钟声，一匹快马向着皇宫飞驰而来。马到宫门，骑马的人飞身跃下，一溜小跑奔向大殿。稍顷，殿内响起一个急促而又激动的声音：

"启奏陛下，正寅时，洛水引入通济渠，大运河全线开通！"

大殿里扬起一阵沸腾的欢呼声。

杨广神采飞扬地宣谕："文武百官大乐大酺一日，庆贺运河凿成通水！"

皇城的积翠池边，摆设下盛大的庆贺酒宴，在这个大喜大庆的时刻，皇上与群臣欢聚一起，共举金杯，共品佳肴，共同观赏着已经准备了多日的散乐百戏。

一个头戴面具，身披彩绘兽衣的人跳出场来，他扮的是佛教中的一种神兽——舍利兽。只见这头舍利兽在鼓乐的伴奏下摇首摆尾，手舞足蹈。

忽然，积翠池里涌上水来，顷刻间，汩汩清泉溢出池边，平地上水深盈尺。杨广和群臣们从坐台上望去，只见随着涌流的泉水，从池中浮上一群龟鳖虾蚌之类的水族来。这些水族也都是由人装扮的，龟鳖虾蚌的外壳用竹木扎成，外面罩上彩绘的绸衣，人身藏在这些外壳之中，操纵着龟鳖虾蚌翩翩起舞。接着，一只神鳌背负一座仙山，蹒跚而上。神鳌后边是一条金翅锦鳞的大鲤鱼，鼓乐骤急，金鲤鱼平地打了个挺，跃上神鳌背上的仙山，化成一条黄龙盘在山头。

随后，喷涌四溢的池水开始消退，那些水族和黄龙随着消退的池水又往池中聚集，没入水中就不见了。大臣们的目光都投向水池，四下搜寻着刚才还在欢蹦乱跳的水族怪兽，惊异光天化日之下它们能隐匿到哪里去。

忽然，就听"呼"地一声，场中央凭空射出一条火龙，烈焰升腾，冲天而去。这条火龙刚刚熄灭，接着又射出一条。文武百官的目光又被这无根无源的火龙吸引过来。火龙又熄了，场中一阵声响，一个穿着夜行衣的壮士像是从天而降，站在场中。这个壮士虽然虎背熊腰，却身轻如燕，赤手空拳做了一串闪转腾挪动作，再站稳时，手里又多出了几把明晃晃的尖刀。随即，双目圆睁，大嘴一张，一条火龙从他嘴里奔射而出，同时，双手交叉丢刀，先是三把，接着是五把、七把……火光刀影，令人眼花缭乱。

看台上一阵惊异赞叹的欢呼。原来，这个壮士用了隐身术，先前的两条火龙同样出自他的口中，只是他隐去了身形，让人觉得是凭空而出。群臣赞叹之余，又有点惊惧。夜行衣、隐身术原本是盗贼侠客用的手段，民间艺人借用到杂耍百戏中来，皇上还允准他们到皇城里表演，这多多少少是有些冒险。如果艺人中有包藏祸心的，趁乱隐没宫中潜伏，待月黑风高时出来作乱，那麻烦可就大了。有几个大臣低声私语着，将目光转向皇上。

皇上看上去丝毫没有这种担心。他红光满面，全神贯注地在看着表演，不时地拍手叫好。一杯酒摆在面前，已有好长时间没去动动了。

这些精彩的散乐百戏，都是皇上的得意之作。海外诸国朝贺新都时，为了显示大国威仪，皇上传诏大征天下散乐艺人，编制为乐户。六品官以下至百姓庶民，有擅长音乐歌舞、杂耍百戏的，都要轮流到太常寺当差。一时间，国内歌艺高手云集东京，竟达三四万人，其中还有许多前朝周、齐、梁、陈宫廷乐舞子弟或嫡系传人。为了给这些乐舞百戏艺人做舞衣道具，东京府库中的各色彩绸几乎告罄。

凡是皇上重视喜爱的，必然是一国之中繁荣发展最快的。积翠池旁的这场散乐百戏表演，比起各国使者朝贺时，天津街上的歌乐杂耍来，又有了许多令人叫绝的花样。

皇上高兴了，喜上眉梢。皇上高兴，文武百官们当然也得开心。喜怒哀乐，君臣不能有异，否则，必然有人要有麻烦。忽然，有位大臣两眼向皇上身边搜寻了一圈，小声地问身旁的同僚：

"尚书左仆射杨素怎么没来？"

杨素病了，这时候正躺在床上。

自从被皇上封为楚国公之后，杨素的身体就一天比一天差了。皇上赐封，杨素设盛宴庆贺，却被薛道衡前来一语道破了天机。杨素内心受到了重重的刺伤。他感激老友薛道衡的真诚，对自己毫无隐瞒地说出了心里话。听到真心话是痛苦的，即便薛道衡不说，杨素心里也明白。痛苦之后还有恐惧：前来赴宴的王公大臣绝非每个都是酒囊饭袋，他们当中知晓皇上意图的应不乏其人，却都一脸真挚地前来祝贺，没有人说出来。知道的说出来令人痛苦，知道了不说让人害怕。

杨素压抑着忧愤，强颜欢笑，只觉得手脚不那么灵便了，时常头晕目眩。但是，没过多久，更大的打击接踵而至，使他的身体一下子垮下来。

薛道衡被皇上赐死了！

致薛道衡一死的直接原因，还是他自己那张把门不严的嘴。

杨广亲拟的选贤举能的诏书颁布以后，又觉得现行的开科举仕的制度有些地方与诏令不符，就命一班大臣重新修订。不知是皇上没有交代清楚，还是这些朝臣确实无能，议来议去好长时间，也没将这项法令修订成功，反而使大臣们愁眉不展。

薛道衡身为司隶大夫，经常到尚书省及下辖的六部和国子监等府衙去走走，就听说了这件事，顺口说了一句："如果高颎在，这事早就办完了！"

说者或许无意，听者的确有心。不知哪位忠臣把薛道衡的话禀奏给了皇上，就这一句话足以要了这位老臣的性命。因为，如果说薛道衡的那篇《高祖文皇帝颂》，仅仅是有点"鱼藻"之意的话，那么他现在对高颎的怀念便是直接地发泄对皇上的怨恨与不满。

高颎是什么人？高颎是因"谤讪朝政"而被皇上诛杀的罪臣！

当年，高颎因为对文帝有意废黜杨勇心怀异义，直言上谏，被文帝免职回了老家。大业年初，杨广又将他召回长安，拜为太常卿，专司皇家礼仪祭祀事务。高颎感激不尽，决心以有生之年竭力辅佐新帝，以使天下太平。

可是过了不久，他与皇上之间就出现了隔膜。迁都东京，诸国朝贺，皇上诏令广征天下散乐百戏，高颎认为此举劳民伤财，实在大可不必。他向皇上禀奏："民间散乐百戏大都废弃已久；若陛下诏令广为征集，将极费工时。另外，六品官员以下直至百姓，凡有乐舞之长者都去太常寺当差也属不妥。如果这样，百姓见朝廷如此重视歌舞之事，放弃农商去学习此道的人定趋之若鹜。弃本逐末，国将不国！"

大业皇帝正沉浸在新都落成、运河开工的兴奋之中，根本没把高颎的话当回事。后来，东京城丝竹歌舞通宵达旦，街道两旁的树木全用绢帛缠裹，城中百姓上街必须锦衣盛饰，否则即为抗旨。把个洛阳城闹得鸡飞狗跳，就连兰陵公主素衣旧车出行也被禁入冷宫。高颎实在看不下去，便联合光禄大夫贺若弼、礼部尚书宇文弼一起商议，说："皇上越来越不像话了！"就上书力谏，请求皇上即刻停止所有铺张奢侈，浮夸虚荣的做法，放

出兰陵公主，以免后患无穷。

杨广看了奏书，龙颜大怒："这几个老臣自恃功高，竟敢用谗言秽语谤讪朝政，此例一开，那才是国将不国呢！"遂下令将高颍、贺若弼、宇文弼三人即刻斩首。据说皇上杀高颍还有一层不便明说的原因，就是当年渡江平陈时，先入建康的高颍没有听从晋王杨广的命令，把陈叔宝的爱妃张丽华杀了。

不论什么原因，皇上对高颍恨得咬牙切齿已是事实，而薛道衡却说"如果高颍在……"是何居心？

杨广将薛道衡召到殿内，问："听说你非常怀念高颍，是不是？"

薛道衡觉得皇上有些小题大作，不以为然地说："陛下，老臣不过就事论事，并无他意。"

"哦？"杨广冷冷一笑，随即沉下脸，"无他意便是有本意了？你先去将心里的本意反省一下，再说给朕听听。"

接着，皇上下令将薛道衡交御史台禁闭反省。

薛道衡坐了两天禁闭，觉得自己确实无错可认，就对御史台说："你快去禀奏陛下，老臣不过随便说了句话，怎么就当起真来了。让陛下开恩，放老臣回家。"还写了封便信让人送回家里，说自己这两天坐禁闭没捞得好酒好菜吃，让家人准备下丰盛的酒菜，回到家后犒劳他一顿。

没想到，他等来的是皇上"赐薛道衡自缢而死"的圣旨。

高颍被杀，薛道衡赐死，下一个该轮到杨素了。杨素想，皇上杀我，封一个楚国公足矣。也许楚国公还真能被除彗星扫天轸之灾，为皇上清解凶祸。不然，自己怎么会在封楚国公之后不久，便病倒在床了呢？

杨素躺在床上，心烦意乱。他又拿起枕边的那首五言诗读起来。诗是皇上写的，他知道杨素好诗，颇有造诣，就差人将新作的这首五言诗给杨素送来，说是请老臣指教。杨素笑了，皇上写的诗还需别人指教吗？

　　　　天下承平久，士马称全盏。广征天下乐，礼教化万民。秦皇汉武事，慨然慕于心。流光过春夏，通济将开成。南北一水连，舟楫万代行。长城千古立，大河比肩并。欲借搏天翼，飞跃泰岱顶。一啸消百忧，欣慰平生情……

杨素将皇上的诗章放在枕边，自言自语说："这哪里是让老臣指教，明明是在展示你皇上的雄才大略，让臣子知道，皇上的宏伟志向是任何人都不可阻挡的！"

"父亲！"

听到一声呼唤，杨素转过脸，见是儿子杨玄感走进寝室。他坐起身，倚在床头。

当年因杨素平陈有功，儿子杨玄感也受荫被文帝拜为仪同三司，后擢升礼部少卿。礼部尚书宇文弼与高颎一起被处斩后，礼部尚书的职位至今空缺，据说杨玄感有望补缺。杨素明白，这还得看自己被封楚国公后的表现。

杨素见儿子穿着一身华丽的公服，就问："今天是什么日子？怎么穿着这身衣裳来了？"

杨玄感说："父亲，今天大运河凿成通水，皇上诏令满朝文武大乐大酺一日，正在皇城里观赏歌舞百戏，晚上还有更大的酒宴热闹。我这是惦记着来看你，向皇上告了假才出来的。"

他见杨素满脸疑惑，又问："怎么，宫里有这么大的事，你不知道？"

杨素摇摇头："唉，这么大的事，宫里竟没有人来告诉我，皇上是不是以为我杨素已经死了！"

"父亲，你别说这些气话自寻烦恼，"杨玄感宽慰着说，"不告诉你，倒也落个清静。你身子不舒服，就是告诉你，你还能去参加吗？到了这个岁数，凡事还是想开点好。"

杨素苦笑说"你以为我想不开？其实，像我这样不久于人世的老朽，想开想不开都已经无所谓了。我只是担心你，往后的日子还长着哩，在朝中侍奉这样的君王，真应该时时小心、处处提防啊！"

杨玄感感激地点点头，说："父亲不必多虑，我心中有数就是。"

他在父亲床前坐下，一眼看见枕边的诗章，拿起来看看是皇上的新作，便默读下去。杨素说："是皇上叫人送来请我指教的。"杨玄感一愣，问："父亲都指教了些什么？"杨素凄然地一笑，意味深长地说"你以为你老爹还像从前那么傻么？"杨玄感放心地舒了口气："父亲，你终于明白不该比皇上钓鱼钓得多了！"儿子说的钓鱼，是东京新皇城刚刚建成时候的事，杨素记忆犹新。新皇城使皇上非常满意，一时高兴，便召杨素一起去积翠池边垂钓。杨素监造新皇城有功，陪皇上钓鱼也是一种特殊的荣誉和奖赏。

时值正午，骄阳当空。积翠池边只撑了一把阳伞，皇上坐在伞荫下，杨素却坐在阳光的曝晒中。幸亏是春末夏初，阳光还不太毒辣，但坐得时间长了也觉得燥热难捱。君臣二人相距数尺，用的同样的钓竿，同样的鱼饵，杨素这里不停地有鱼咬钩，皇上的鱼漂立在水中半天不见动一动。

不到一个时辰，杨素面前的铁桶里装满了鲤鱼、鲫鱼，虽说没有超过

一斤重的大鱼，但也算收获颇丰。因为鱼太多，桶里的水都被鱼搅得快要溢出来了。再看皇上那边，桶里依旧半尺清水，空空如也。

这时，杨素的鱼漂又被向下牵动，他轻轻拉起，钓上来一条鲤鱼，在阳光下金辉闪烁。只是太小了，顶多有三四两重。杨素把鱼摘下钩，一扬手扔回了池水里，说："太小了，不值得要它！"

皇上将鱼竿支在岸边，站了起来，淡淡地说："天气太热，朕去殿里休息一会儿。"

杨素也没在意，见皇上走了，他就坐到了阳伞下边。过了一会儿，没见皇上返回，却来了一个御前内侍，收起阳伞就走了，杨素又暴露在阳光下。他知道皇上不再回来，便吩咐侍从提着桶，收了竿回家。刚进家门，杨玄感就赶来了，问他："父亲，你以为自己钓鱼的技巧比皇上高明吗？"

杨素哈哈大笑，说："我哪里懂什么钓鱼的技巧，是碰巧，那些鱼都来咬我的钓钩罢了。"

"那你尽管让它咬就是了，不该把鱼钓上来，还钓了这么多！"

"为什么？"杨素执拗地问。

"为什么？"杨玄感反问道，"你钓了满桶鱼，皇上一条也没有，父亲，你觉得这样……好吗？"

当时，杨素对儿子说的话，只报了不以为然的一笑。

今天他当然明白了，在任何时候你都不要显得比皇上还能，不论是钓鱼，还是作诗。

杨素正跟儿子说着话，府里侍从来报说，皇上派御医看望仆射大人来了。

杨玄感立即起身站立，代父亲迎接御医。

来的御医是位四十多岁的中年人，精瘦矮小，手里提着两个摞在一起的用丝带捆扎的纸包。在御医院，四十几岁是年轻的御医，平常只能给一般宦官臣僚诊病，所以杨素是第一次见到这个人。

御医向杨素行了礼，又对杨玄感说："杨少卿告假之后，皇上挂念仆射大人病情，便旨令小人前来看望。皇上还赐了医药，望仆射大人早日康复。"说着，就把那两个纸包搁在桌上。

杨素说："请回奏皇上，老臣感激圣恩关怀。只怕是老臣不能重返御前，侍奉陛下了。"

御医笑笑，说："仆射大人净说些不吉的话，看大人的气色还跟青壮年似的，绝不会有事。"

杨素说："不要宽慰老夫了，若真那样，也不过是金玉其外，回光返照罢了。"

御医站了片刻，就告辞回宫复命。

等御医出了门，杨素让杨玄感扶自己下床，拎起桌上那两包御赐之药，颤颤巍巍地走向门外。庭院中央有个小水池，杨素一扬手，将两个纸包抛进了池子。

杨玄感大吃一惊，急忙说："父亲，那是皇上赐与你治病的，怎么扔了？"

杨素回到床边坐下，一字一句地说："自古以来，医生诊病最重把脉，脉把准了，才能下药，才能祛病。这位御医一不把脉，二不问诊，只看我气色，这是给我治病吗？这分明是皇上让他来看看我究竟还能活多久。皇上不懂医术，却赐药给我治病，你想那药是治病的吗？皇上一心要我给他被除灾祸，我顺其自然等死就是，何必再用什么药物！"

随后杨素传令侍从，即日起绝不准再为他煎熬任何药物，煎了他也不用！

晚上，皇城大酺，群臣与宴，情景比白天歌舞百戏又热闹了七分。

皇城内各殿诸院，都在空场上燃起了熊熊篝火。一堆堆篝火烧的不是平常木柴，而是沉香树根，每堆篝火都用了五六车这种树根，堆积成一座小山。篝火点燃后，一边烧，还有专人不时地往上浇泼膏油，不至稍有暗灭。一座座火的小山烈焰腾腾，青烟滚滚，整个洛阳城的夜空里，氤氲弥漫着沉香和膏油的香气。各座宫殿内，不燃灯火，分别悬挂大珠照明。这些珠子有称明月宝的，也有叫月光珠的，大的有六七寸，小的也有三四寸，一颗颗晶莹璀璨，照得殿内房中如同白昼。

杨广与朝中一班重臣的酒宴，摆设在宫城内的曲水池畔。此刻，君臣正一边饮酒，一边观看池水中演示的水上器玩。

这些器玩全由何稠设计、能工巧匠木刻而成。每一套器玩是一个传说故事，共有七十二套，各自安装了机关，都能活动自如，栩栩如生。

首先冒出水来的，是一只身背八卦图的神龟，神龟面前有一座漂浮着的仙山，山上站着长袍长髯的伏羲氏。神龟背着八卦图，快速划水，靠近仙山爬了上去，将八卦献给伏羲。于是，世间便有了占卜之法。

神龟献八卦之后，紧跟着是一只丹甲灵龟，嘴里含着一卷书籍，游到一个木人面前，木人背上写着两个字：仓颉。丹甲灵龟将书卷交给仓颉，仓颉得了天书，开始创造了文字。

灵龟游走，又来了一条人鱼，它白面长身却拖着一条鱼的尾巴，手上捧一卷河图，送给了面前的大禹。然后曳尾而舞，没入水中。这就是大禹

依河图所示，凿龙门疏河道，引水入海，获得治水成功的故事。

逐次还有姜太公渭水垂钓、屈原自投汨罗江，汉高祖芒砀斩白蛇，刘备跃马渡檀溪……人物、山石、舟车、宫殿，以至禽兽鱼鸟，无不惟妙惟肖。

传说故事之后，是雕饰着歌舞艺人的木船，一共十二只，每只船长一丈，宽六尺。船上的木刻艺人穿着绫罗彩衣，或击磬撞钟，或弹筝鼓瑟，奏出美妙动听的乐曲。

最后上来的是一溜七只酒船，船长八尺，船上的木人二尺多高。一个手擎酒杯站在船头，另一个捧着酒坛比肩而立。还有一个在船尾摇橹，其余两个在船中荡桨。酒船在曲水池中沿岸边而行，向岸上的群臣敬酒。每到一处，酒船停下，擎着酒杯的小木人便双手举杯，向大臣宦官敬酒。对面的人须赶紧接过杯子一饮而尽，将杯子还给木人。小木人接过酒杯，转向身边站着的那个木人，那个抱坛子的小木人即把空杯斟满，小船继续前行，依次往下敬酒。

群臣无不感到新奇，个个争先恐后抢着喝酒，七只酒船在池中转了五六圈，大臣们意犹未尽，一片欢声笑语。

杨广大声地问："群臣以为今天的宫宴怎么样啊？"

一石激起千层浪，文武百官纷纷喊道："陛下，今天的宫宴不光有美酒佳肴，还有机制之妙，亘古未有啊！"

"陛下，王母娘娘的瑶池之宴也没有今天的宫宴热闹。"

"皇上雄才大略，通济渠丰功伟业可比秦皇的万里长城啊！"

杨广听着群臣的呼喊，高兴得站了起来，以一种居高临下的姿势喝干酒杯，转脸吩咐何稠，让十二船歌舞艺人重新上场演示一遍；叫七只酒船行速加快一倍，轮番敬酒，使群臣尽兴。

何稠领旨之后，亲自到池边布置。一会儿功夫，十二船歌舞艺人一一循序而出。酒船进行得更快了，群臣们酒酣正盛，欢声笑语也越发响亮了。

杨广兴奋地看着这些场面，心里想到，朝中若是多几个像何稠这样的大臣该有多好啊！

他忽然之间又想到了杨素。听那个御医说，看到杨素的气色，他已经活不了多久了。皇上听了，心里感到非常欣慰。

第二十七章

萧后柳娣无事闲聊　皇上南巡大肆铺张

大业二年八月，秋高气爽，暑气早已经逐渐消退，现在正是出游的季节。

洛阳城的大街上，到处都张贴着朝廷下达的告示：大业皇帝将于近日沿大运河南下，巡幸扬州。

只要是看到告示的人，都窃窃地说：皇上终于要巡游江南了，看来之前的传闻并不假；那是当然的了，无风不起浪，有风就有雨；只可惜宣华夫人没有看到今天这样的情景……

在此之前，黄门侍郎王弘奉旨在扬州建造的龙舟及各种船只数万艘，已沿运河北上到达东京，停靠在洛口的河道上。

后宫里，柳娣翻箱倒柜地忙碌着，她在帮着萧后收拾随驾出游的行装。萧后坐在一旁看着，她插不上手，只能跟柳娣闲聊，减轻一下她的劳累枯燥。

萧后说："阿娣，看样子你对这次随驾出游江南不是太高兴，是吗？"

柳娣看了萧后一眼，微笑着说："皇后，看你说到哪里去了。十几年没回江南，好不容易有这次机会，我怎么能不高兴？"柳娣停顿了一下，又说："其实，我们做下人的，只是奉旨随行，把皇上、皇后服侍好就尽职了，高兴不高兴的没什么关系。皇后，这次出游，只要你玩得开心，我也就高兴了。"

萧后不满地撇撇嘴："你这个阿娣，越来越虚头虚脑了！你说，怎么才算开心？我也是觉得十多年没到江南，就想回去看看。机会难得，说不定这辈子不会有第二回了！"

柳娣停下手里的活儿，点头说："是啊，你是皇后，皇上不去，你也不能去。我不一样，即使这回不去，将来一定还有机会去的。"

"哦，你怎么会有机会？"萧后疑惑地问。

"皇后，你想，总有一天我老了，不能再留在里服侍你和皇上。到时候，我只求皇上、皇后允准我出回老家，那样，我后半辈子就一直住在

江南。"

一阵惆怅袭来，萧后的脸上有了几丝愁云，说："是啊，你还有个盼头，能出宫回老家去。可是，我呢？只能盼着死后葬在青山秀水之间。哎，阿娣，你是不是早就打算着出宫，不想留在我身边了？"

"不是不是，皇后，你千万可别这么想。"柳娣见萧后不愉快，急忙走到她跟前，辩解说，"我刚才不过顺嘴一说罢了，皇后，只要你不嫌弃，我就在里伺候你一辈子！"

萧后凄惶地说："一辈子？唉，等不到你老，我这把骨头早就不知道埋在哪里了！"说着，眼圈竟红起来。

柳娣慌了，一下跪在萧后膝前，带着哭腔说："皇后，都是柳娣该死，惹得你难过。皇后大福大贵，寿比南山，该早早死了的是我！"

萧后被她这番话逗得扑哧一声笑了。她拉着柳娣的手，扶她起来，说："好了好了，看看咱两个是怎么了，眼看就要出门远行，净说些不吉利的！快忙去吧。"

柳娣抹了抹眼角，也笑了，又走回衣柜前收拾起来。

屋里出现了一阵短暂的沉默。萧后发出了无声的叹息。

一会儿，柳娣收拾好一只衣柜，轻轻合上盖子，转身看看萧后，见她右肘支在桌上，手托着腮，怔怔地出神。

柳娣慢慢走过去，在桌子对面坐下说："皇后，你不要怪我多嘴，我知道你在想什么。"

"想什么？说说看。"萧后连眼都没眨一下，平静地说。

"我听说，皇上的龙舟上，装，装了……"柳娣忽然结巴开了，她看萧后依然动也没动，就继续说，"龙舟上装了一架任意车……"柳娣如释重负。萧后放下托着腮的手臂，淡淡地说："我也听说了，是何稠设计的。看来，宫里知道的这事的人不少。用不了多长时间，就会传遍天下。"

柳娣问："任意车，真的是专干那事用的？"

萧后点点头，又说："车子里面不很宽敞，四角升起的时候就像一座小楼阁。女人脱光衣裳躺在里边，车上的机关就会把她的手脚缚牢，女人能随车子摇晃摆动，还能将女人的身子自动变化成多种姿势，有时像蹲着，有时像坐着，有时仰卧高抬双腿，有时还会脊背朝天，头低臀高地趴着，反正都跟春宫图上画的差不多，供男人随意交欢。所以叫任意车。"

柳娣脱口而出："那样皇上可省好多劲了！"

萧后白了她一眼，没作声。

柳娣自知失言，轻轻在自己嘴上拍了一掌，说："皇后，你别想得太多。自古以来，宫中的女人都是为皇上准备的，天经地义，想开点就是了，不要自寻烦恼。"

萧后冷笑一声："阿娣，我从皇上做晋王时就在他身边，这么些年了，你说我还有什么想不开的？还能像先朝独孤皇后那样妒恨吗？又有什么用？"

柳娣脸红了：是啊，自己跟皇上的那些事，皇后都没追究。这些年来，应该是见怪不怪，习以为常了。

"唉，"萧后叹了口气，说："我不是为皇上宠幸别的女人而忌妒难过，我是为他一门心思用在这些事上而担心啊！如果一位君王的才干都用在奢侈靡费、寻欢作乐上，可就荒废了国家！"

"皇后！"柳娣心惊地轻声叫道："在皇上面前，你可不能说这样的话！"

"我知道。皇上变了，敢说这种话的大臣都没有了。如今可好，大臣们投其所好，竟然连任意车这种东西都造出来献给皇上，皇上还心安理得地接受了。"

"这么说，皇上这回巡幸江南，随驾的嫔妃婢妾一定不少。"

"后宫的嫔妃婢妾、宫娥侍女，加上西苑十六院的夫人、姑娘，差不多有三千人哩！哼，你没听说，除了皇上的龙舟，其余各类大小船只造了好几万艘呢！给我的那艘叫翔螭舟。"

"我的天，"柳娣失声叫道，"那得花费多少金银啊！"

八月十八日，大业皇帝率文武百巡游江南。

皇上命左武卫大将军郭衍为前军统领，右武卫大将军李景为后军统领，率卫队护驾南巡。大队人马从显仁宫出发。

皇上、皇后身穿崭新的龙袍凤服，乘坐一辆金围玉盖的逍遥辇，率领显仁宫和西苑的三千佳丽，宝马香车，迤逦西去，那里是一段通向洛口的漕渠。漕渠狭窄水浅，龙舟大船驶不进来，只有先乘小船到洛口。

皇上和萧后登上一只叫作朱航的小船，沿漕渠行进，不久便到了洛口。远远就看见那艘巨大的龙舟停泊在洛水中，随着粼粼清波微微摇荡。

皇上的龙舟就是一座浮在水上的宫殿。共分四层。上层是正殿、内殿和东西朝堂；中间两层有一百二十个房间，都用金玉装饰，是皇上休息娱乐的地方；最下层是内侍居住。整个龙舟的外观造型名副其实，就是一条巨龙，前面是昂然的龙头，后面是高翘的龙尾。从龙舟正面看，只见龙嘴半开，龙目圆睁，龙角丫杈，直向苍穹，一派真龙天子的无限威严。龙舟上兵甲列阵，旌旗猎猎，非常壮观。

萧后的翔螭舟比龙舟略小一些，但装饰几乎无异，只是翔螭舟前首的

龙头是一条雌龙，没有角。

在龙舟和翔螭舟后面，是九艘叫作浮景的大船，船分三层。九艘浮影满载日常起居饮食所需，专供皇上和皇后之用。

此后便是称作漾彩、朱鸟、苍螭、白虎、玄武、飞羽、青凫、凌波、五楼、道场、玄坛、黄篾等各式船只，分别数百艘和千余艘不等，有楼船，也有平船，分载后宫、诸王、百官、公主、僧尼、道士、蕃客及供奉物品。光是拉纤挽船的就有八万多人。皇上旨令，诸王、公主及五品以上员赐坐漾彩、朱鸟、苍螭一类的楼船。这样，拉纤的船夫也分出了等级。拉漾彩以上船只的共有九千多人，他们有一个雅号，叫"殿脚"，凡是殿脚，一律都穿特制的锦衣彩袍。

随行护驾的卫兵分乘青龙、平乘、舻艟、八棹、艇舸数千艘，因这些船上载有兵器帐幕，全由兵士牵引，不用船夫。

整个南巡船队，舳舻相接二百多里，两岸有二十万骑兵和十多万步兵夹岸护卫，真可以说水陆并进。若从稍远处望去，根本分不出哪是河中，哪是岸上，只见旌旗蔽野，浩浩荡荡，自古以来，不论哪朝哪代的皇上出巡，都未曾有过这样的气派和声势！

杨广坐在龙舟前首的顶层船楼的廊檐下，看着河中岸上声势浩大的行进队伍，心里激动不已。新开的运河水满河宽，足有二百三四十尺，像龙舟这样大的船，也可以并行四艘。河堤上筑有宽阔的御道，可行走车马。夹道垂柳依依，殿脚们背负彩绳，拉船走在柳荫下，免去了阳光曝晒之苦。而且，两岸密密的垂柳还可以护岸固堤，又是沿河的一道风景。

心中多年的愿望实现了，一个奇迹在自己手中完成了。一代帝王一生中能成就几件惊天动地的大事？大运河就是这样的大事，大运河必将彪炳千秋！

杨广心潮起伏，被兴奋和激动涨红的脸，在阳光和水波的映照下烁烁发光。

一阵清风迎面吹来。徐徐而过的清风里，夹送着一阵阵隐约的歌声。渐渐地，歌声近了，也更加嘹亮、高亢、粗犷。杨广在扬州十年，常听到这样的歌声，那是撑船人几乎都会唱的船工号子。

杨广站起身，凭栏眺望。远处水面上，一队长长的木船正迎着南巡的船队沿河北上。他问身边的内侍：

"那是不是运粮的漕船？"

"陛下，正是漕船。"内侍回答。

嗬！运河开航，漕帮船队也启运了！

常言道："苏杭熟，天下足。"江南鱼米之乡，物产丰饶。天下租调赋税，十之八九出自江南。以往苦于漕运不便，江南粮米不易北调，一有荒年，京师及各地方州府为调粮应急忙得焦头烂额。如今运河开通，万千漕船可以轻快顺畅地运送皇粮了。

这时，一艘开道的前卫船只上前拦住漕运船队，要他们靠岸停驶，为皇上的龙舟让道。杨广见此情景，把手一挥，说："传朕旨意，这样宽的河面，无需漕船停驶让道。"

接着，就听一名内侍站在船楼上放声大喊："皇上有旨：运河水面宽阔，漕运船队可傍岸行进，无需停驶避让。"

有了皇上的圣旨，开道船上的禁卫也不再阻拦。漕船首尾相接，一艘跟着一艘，傍着河岸鱼贯北行。船夫们感激皇上恩典，同时也被眼前这只浩浩荡荡、威仪无比的皇家船队震慑了，惊呆了，纷纷跪在船头，朝着皇上的龙舟叩首礼拜。

龙舟缓缓驶过，杨广站在船楼上，居高临下看着北上的漕船，喜在心头。他想，运河自洛阳至扬州才是第一步，还要继续向南开挖，直达余杭，那里才是真正的江南腹地呢！

翔螭舟跟在龙舟的后面缓缓行驶。

萧后平生第一次乘坐这样大的船，第一次在船上行驶如此漫长的旅程。她对一切都觉得新奇。

船队开航之后，萧后在柳娣的陪伴下，把翔螭舟上上下下看了个遍。比起洛阳或者长安的皇宫来，这座漂浮在水上的宫殿少了许多刻板和森严，多了浓浓的人情味，多了自然。宫殿漂行，两边的田园景色，头上的高天流云，都在不停地变幻，一会儿一样，一时一个景，不像在陆地宫殿里那么单一枯燥。人在船上，船在画中，人的心境也就随同这幅自然长卷一样清丽明朗起来。这种心境，在高墙深宫是不会有的。萧后觉得，自己已好久没像此刻这样舒展开朗了。

这时，船队又到了一座行，慢慢停下来。为方便皇上巡游，运河沿岸每隔四五十里，就修造一座行宫。船队行到行前都要停一停，看皇上是否下船休息。如果不下船，就会很快继续前行。此时已近黄昏，皇上可能要在此处过夜了。

一名侍从进来问道："皇后是否下船休息？"

萧后透过窗户向岸上看了看，河堤下、御道上、田野里早已是人山人海。远处，在夕阳的辉煌里，还有一队队、一群群的男女老幼，推车挑担往这边走来。

萧后说："岸上闹嚷嚷的，不下去了，在船上图个清静。"

出行之前，皇上在洛阳颁布诏令：巡游船队经过的地方，百姓庶民前往观瞻，任何官吏、军卫不得干涉阻拦，以示天子威仪，宣教风化。

另下旨：船队所经州县，五百里以内地方，须贡献酒食，有贡献不足者，按差额多少，将地方员处以谴责、降职、免、流放的处罚，甚至斩首。

有了皇上的旨令，运河沿岸百姓潮水一般涌来，观望这百年不遇的盛况，比元宵节看灯会还要热闹百倍。纷纷涌来的人群里，还有许多人肩负着地方的差，为皇上的船队送酒送饭送贡品。

不一会儿，便有十几担酒食物品送上了翔螭舟。除了山珍海味、水陆佳肴，还有一种无花素丝绢。这种丝绢薄如蝉翼，隐隐透亮，一匹数丈长，重量却不足半斤。还有一个怪怪的名字，封装上写的是："鸡鸣绢"。

随船的宫女看到这些丝绢不住地称奇，七嘴八舌地问："怎么叫鸡鸣绢？"

柳婤朝萧后努努嘴："还得请教皇后。"

萧后小时候在舅舅家学过几天丝织，她掂起一匹丝绢说："这是南方的一种轻纱。在江南，桑蚕一年四五熟，蚕丝极多。姑娘们都很勤快，精于纺织。往往在夜里缫丝，清晨丝绢就织成了，所以俗称鸡鸣绢。"

说着，她将手中的轻纱披在肩上，轻轻一抖，素纱曳地，萧后身上好似披了一层乳白的淡雾，宛如云中的仙女。宫女们齐声叫起来：

"哎呀，真好看！"

"皇后娘娘就是下凡的天女啊！"

萧后笑了，说："一个个嘴比蜜甜，我还不知道你们肚子里的鬼主意？好了，都赏给你们，拿去做几件舞衣。"

这正是宫女们求之不得的，一群人嬉笑着拜谢皇后。

第二天一早，船队继续南行。

萧后早就起来，在船头的甲板上踱步。她望望东岸上正在冉冉爬升的太阳，那么大，仿佛是站在船楼顶上，拿根旗杆就能把它挑下来；还那么红，把河水都染得变了颜色。

忽然，萧后听到前后连连传来"扑通扑通"的水声，她循声望去，见前边和后边船上都有人在往河里扔着一筐一篓的东西。萧后正在纳闷，又见自己船上的几名侍从也抬着些筐篓从舱里出来，要往河里扔。她连忙问：

"你们都在扔什么东西？"

一名侍从回答："都是些沿途地方送来的饭菜食物。"

萧后惊讶地问："百姓送来的全都是珍馐佳肴，怎么连尝都没尝就往河里扔?""皇后，沿河州县五百里以内都来贡献吃食，怎么会吃得完？如其放在舱里发霉变馊，气味难闻，还不如早早扔在河里喂了鱼虾好！"侍从说着，又指了指岸上，"皇后你看，护驾的骑兵禁卫，正在岸上挖坑掩埋呢！"

萧后头也没回，径直走回自己的船殿。她知道，连看也不用看，侍从绝不说谎。挖坑掩埋比散落一路要好，要明智。然而，这么多食物都是百姓血汗，面朝黄土背朝天，来之不易啊！怎么会这样！何必要五百里以内都来献食？二百里行不行？一百里呢？这样靡费，长此下去，就算天下遍是金山银山，也不愁很快掏空！

萧后忧虑着，坐下来面对铜镜梳妆。她要到龙舟上去面见皇上，向他说明如此暴殄天物会遭天下责骂的。她要劝说皇上传谕前方州县，船队经过时所奉献食物按原旨减半。

梳理完毕，萧后站起身，照着铜镜又整了整凤冠。柳娣走进来，看了看萧后，说："这个时候，皇上怕是还没醒吧！"那语音里听不出丝毫情感的色彩。

萧后一愣，问："你怎么知道我要去见皇上？"

柳娣笑笑，叹了口气，没有回答。

萧后转脸看着窗外那慢慢向后退去的垂柳，像对柳娣，又像自语："昨天晚上，皇上不是在岸边的行宫过夜吗？"

"没有，"柳娣说，"刚交子时，皇上又回了龙舟。接着，后边上来一条青凫船，把十几个姑娘送上了龙舟。皇后，你的寝殿在船的中层中间，四面严实。我们睡在船头的听得真切。龙舟上姑娘们的尖声叫喊一夜没断，还有皇上的大笑声音，都传了过来。看起来，太府少卿何稠的任意车还真遂了皇上的心意。"

萧后重又坐下，面对着铜镜。

柳娣又说："皇后，这会儿太阳还没两竿子高，皇上能见你吗？再说……"

"别说了，我知道。"萧后轻声打断了柳娣的话。她当然知道，没有皇上的召唤，任何人是不可随意到龙舟上去的。

萧后呆望着铜镜。铜镜里的这位半老女人就是皇后吗？虽然凤冠霞帔，温顺端庄，有着皇后的仪表，可是，脸盘富态了，额头和眼角都有了一丝丝褶皱。最扎眼的是那一截白白粗粗的脖子，竟有了两圈车辙样的深沟。窈窕淑女，闭月羞花早已在不知不觉中远去……

鬼使神差似的，萧后耳边响起了皇上嗣位改元时，立她为皇后的那些诏语：

第二十七章　萧后柳娣无事闲聊　皇上南巡大肆铺张

"妃萧氏，夙禀成训，妇道克修，宜正位轩闱，式弘柔教，可立为皇后。"

皇上啊！萧后在心里叫着，萧氏依旧是萧氏，而皇上却已经不是晋王了！

萧后默默地想着心事，不觉得突然冒出了一句："阿娣，你说如果当年的晋王不做太子，不当皇上，到今天会是个什么样？"

柳娣吓了一跳，赶紧说："皇后，我没法回答，你也不该这么问。其实，我从来就没想那么多。我倒是常想，如果我不进皇宫，不来侍奉皇上皇后，不享受这么多富贵荣华，柳娣我一个乡野女子，这辈子会是个什么样？你说呢，皇后？"

好你个聪明鬼精的柳娣啊！萧后在心里想，你这分明是变着花样问我、问皇后啊！如果自己一直平平淡淡地生活在舅舅家的那个小村庄里，不被选作王妃，也成不了今天的皇后，那将会是个什么样子？是不是还天天去地里摘菜，去河边洗衣？如果遇见张阿四，还会不会遭他的纠缠？那个张阿四还活着吗？自己真的做了皇后，却忘了让人去杀他的头。如果他活着，还能记得当年的那个玩笑吗？还有舅舅、舅妈，他们还好吗？……

然而，她是皇后，这是不可改变的现实。皇后却上不了龙舟，不能面对皇上说不该靡费百姓的粮食。在百姓家里，靡费粮食是要遭骂挨打的呀！罢了，不说也罢。比起挖海造山大建宫苑的靡费，这点粮食算得了什么！

对着铜镜，萧后轻轻除下凤冠，放在桌上。她彻底打消了去见皇上的念头。

柳娣看着她，笑了，笑得那么凄楚。

太阳从东方升起了，两岸的景色也变得更加明亮。河水显得那样的清亮透彻，偶尔可以见到几条鱼在浅浅地游动。

龙舟上，传来鼓乐丝竹的奏鸣。那是一首为巡游江南而作的新曲，音韵悠扬，气势恢宏。听得出千帆竞发，万骑夹岸；感觉得到仲秋远游的清爽，心旷神怡的乐趣。

前面，扬州已经越来越近了……

第二十八章

杨广下旨制造车仗　德言乐昌幸得山鸡

时间过得飞快，转眼又到了新年元旦。一年的开始，大业皇帝在扬州升殿，接受百官朝贺。对于这些随驾巡游扬州的宦官侍卫，皇上也分别按照等级给予了不同的赏赐。

算一算，杨广来扬州已经有三个月的时间了。去年八月十八日，皇上的船队出洛阳，沿运河扬帆直下，十月初抵达扬州。

扬州风景依旧，但杨广的心境却大不同了。今天他身为大隋天子，已非昔日晋王、扬州总管，重游江南胜地，更加踌躇满志，感慨万千。遂天天在皇后及众嫔妃的陪伴下宴饮游乐，领略江南迷人的景色。这时候，杨广是非常快乐高兴的。皇上心情好坏，高兴与否，对于百姓来说，就是幸福或灾难。此刻，沿着举世无双的大运河扬帆直下、巡游江南的大业皇帝，被江南美景再度陶醉了，高兴之下，传令赦免江淮以南罪人；免除扬州百姓五年税赋，同时还免除原扬州总管辖区内百姓三年税赋。

所谓"原扬州总管"，是因为州总管这一个职已经没有了。杨广即位不久，便大刀阔斧改革制。尽管"总管"一职是先帝所设置的，杨广却看出了其中的弊端。平陈之役，光是行军总管就有九十多位，不利于集权指挥。平日的州总管握有相当的军权，所驻之地多为要冲，一旦形成割据，将对朝廷极为不利。三十多个州总管被大业皇帝一举撤废。

扬州总管撤废了，而做过扬州总管的皇上仍然对原先的属民恩宠有加。再说，当年汉高祖刘邦就免除过丰沛百姓的税赋，汉光武帝刘秀曾经免除了南阳黎民的赋税。大业皇帝岂能不如他们？

元旦朝贺完毕，接着就是赐宴群臣，这也是老规矩了。筵席刚开，就有内侍来报："太府少卿何稠从东京赶到了！"

杨广一听，高兴地吩咐道："快请何卿进殿与宴！"

何稠进殿拜见皇上。尽管能明显地看出他已经认真地梳洗更衣，但脸上还挂着几缕风尘仆仆的倦意。对此，杨广也看到了，就说："何卿，舟车劳顿，一路辛苦了！"

何稠伏首回答："谢皇上体恤。臣为皇上尽心效力，只有荣幸，不觉辛苦！"

几句话说得皇上龙颜大悦。杨广哈哈地笑着，赐何稠与自己同坐。这不仅是对他的奖赏，更因为皇上盼着何稠到来，有许多事情急于听他禀奏。君臣同会一席，边喝酒，边交谈，既方便又融洽。

在巡幸江南之前，杨广就给何稠布置了一项重要任务。他在显仁宫召见何稠，说："朕继承大业，天下承平。然而朝中服饰规章等物，失缺太多。此次巡游，何卿不必随驾同行。朕命你在观文殿找寻研究各种图书典籍，制定车服仪仗等级，绘出图样之后，再送到扬州。"

何稠受命，便一头扎进了观文殿的藏书室里，博览图书典籍，并参会古今制度，精心设计了车舆辇辂、皇后卤簿、百官服饰及宫廷仪仗。仅皇上出巡仪仗中的黄麾就有三万六千人。所有设计等级有别又华贵气派，何稠分门别类一一绘制了图样，赶在元旦送到扬州，也算是为皇上献上了一份新年贺礼。

何稠入座，即命随来的侍从抬上一口木箱，箱子里装满一卷卷彩绘图样。何稠将图样逐一展开在皇上面前。杨广被一幅幅五彩缤纷、图画吸引了，看得眼花缭乱，同时赞不绝口。

何稠又展开一幅图样，上边画了一辆皇上专乘的玉辂。何稠说："陛下，按前朝旧制，玉辂在辕上设置厢座，天子与参乘同坐厢内。臣以为，君臣同所，有失尊卑之序。所以，臣即在原先的玉辂基础上做了一些改造。陛下请看，车盘加宽了，车厢中只设御座，天子独居。厢外制作栏楯，侍臣站立其中，君臣等级有别，更显天子威仪。"

"好！"杨广兴奋地叫道，"何卿胸有成竹，考虑得细致周到，真是奇才！"又对殿下百官说："众爱卿，何卿才思敏捷，不拘囿前制，敢于推陈出新，是百官掌理朝政国事的榜样。朕传诏举贤荐能，就是要天下人为国家举荐这样的贤能之才，朕希望众卿切切于心，不可疏忽！"

随后，皇上传旨："擢何稠为太府卿。"

等何稠谢过皇恩，重新入座之后，杨广说："朕到扬州已经快三个月了，朕打算在五月间驾返东京，而且不再沿运河北上，朕要从陆路返回。所以，这些辇辂仪仗、服饰还需抓紧制造。另外再造戎车万乘，钩陈八百连，完工后一并送来扬州，全都在返回东京时用上。"

何稠不解地问："陛下，陆路遥远，而且颠簸崎岖，陛下为什么要走陆路，受那许多辛苦煎熬？"

杨广说："朕此次巡幸江南，就是要天下百姓瞻仰朝廷的盛世威仪。来去同取一道，造成的声势毕竟有限。由陆路回京，虽然辛苦一些，但只要能宣教风化，朕也在所不辞。朕已传旨，要四方诸国的元宵朝贺改在五月末。因此，何卿督造仪仗服饰的担子还是非常之重啊！有何难处，还需尽早奏明。”

何稠沉吟片刻，说："皇上重托，臣当然不敢懈怠。制造事宜，须有三项俱备才能如期完成。第一，是用钱。臣估算了一下，所有费用需耗资亿万两白银。"

"何卿无须顾虑金钱，由朕来一手安排。"

"第二就是工匠，这也不难。陛下一纸诏令，调集各类工匠二十万就足够了。这第三项嘛，恐怕就有些困难了。"

杨广问："什么事？何卿尽管直说。"

"陛下，臣所设计的仪仗服饰，需用大量各色鸟禽羽毛。这些东西府库中向来积蓄极少，只有采集于民间。可是时间紧迫，恐怕一时很难采集这么多。"

杨广一听，呵呵地笑开了，对何稠说："何卿啊何卿，朕以为此事不但不难，比前两件事还更好办一些呢！"

他一招手唤过内侍，说声"拟旨"：

诏令各州县进贡各色鸟禽羽毛，供制造仪仗之用。州县吏务必于下辖户口人均分派数额，令百姓庶民广为采集，克日完成，上缴京师。如有缺额或延误者，均以抗旨论罪处罚！

何稠果然没有辜负皇上重托，如期完成了车辂仪仗和百官服饰的制造，并悉数解送扬州，比皇上规定的时间还提前了几天。

杨广见仪仗服饰提前送到，心里非常高兴。

大业三年四月末，大业皇帝率后妃、亲王及文武百官由扬州启程，从陆路返回东京。上至帝王后妃，下到禁卫士卒，所有都分别不同等级，不同身份，穿着不同的服饰，乘着不同的车辇，还有不同的护卫和仪仗。有一处相同，那就是全部的车辇仪仗服饰都是崭新的。

这又是一支几十万人的队伍，虽然没有来时龙舟、翔螭，舳舻相连二百里的那种排场阵势，但皇家威仪丝毫不减，光是高举黄麾的卫士就有三万六千之众！从扬州出发，浩浩荡荡，威风凛凛，直指东京。其声势，其威仪，其华丽多彩又是一个亘古未有，无与伦比。秦皇汉武九泉有知，当自叹弗如！

江南春色，一派秀美。原野阡陌之间，满是绿色的田园风光。

再往北走，景色渐渐改观。大片大片黑黄的土地上，覆盖了一望无际

的麦苗，绿油油的。村落内外没有了翠竹，家家低矮的土房裸露在一棵棵刚要发芽的槐树或杨树中间。路边的垂柳被春风剪裁成条条绿丝，黑脊白肚的燕子上下翻飞在飘荡摇曳的柳丝里。风是干燥的，吸入胸腹中似有一种辣辣的感觉，让人格外想念江南清新湿润的气息。

队伍中最辛苦的要算那些步行的士兵。他们或高举黄麾，或握枪执戈，步伐不乱，阵容整齐。因为不能随意停下来喝水，十有八九的嘴唇都干裂了，就用舌头去舔。岂不知在干燥的春风中越舔反倒越裂得厉害，许多人双唇渗出了血。为此，队伍里时常发出这样的议论："不去江南，还真觉不出咱北方这么干燥，真受不了！"

"怪不得陛下喜欢江南哩，这回去了才知道，江南就是好。"

杨广坐在玉辂车里，透过车窗看着路旁的景色。经过何稠的改造，玉辂车确实比以前宽敞舒适多了。而且独自坐在车中，不受他人搅扰。为了躲避燥热的春风，他把车厢关得严严的。但时间一久，又觉得憋闷，就再打开条缝隙，这时，干燥的风又乘虚而入，呛得他鼻口难受。

杨广想，北方的春天比哪一个季节都难熬难捱。天子麾下的人，吸一口热风就受不了，而百姓们此刻却担心着青黄不接和干旱。秋天积蓄的粮食，就为了度过一个漫长的冬春。北方的春天十年九旱，如果天公不作美，干旱成灾，那夏季的收成就会大减，甚至颗粒无收。百姓食不果腹，国家赋税减少，还得开仓赈济。所以北方的春天，往往又预示着官府开仓的季节，往往东调西凑，忙得不可开交。现在好了，有了大运河，粮漕运，南北调拨，比往年快捷便当多了，那些存粮不足的地方再也不用为无米开仓忧愁了。不过，杨广眼望着地里的麦苗，心里说，看眼前麦子的长势，今年的收成或许还不错。

杨广脸上浮出了点点笑意。

第二十九章

隋炀帝赐名孝敬村　太子去世惹出多端

突然，前面传来了一阵马嘶的声音，皇上的玉辂车戛然而停。

杨广被当前的情景惊吓到了，推开车门大声喝问："前面究竟发生了什么事情？"

武卫大将军麦铁杖策马急驰过来，奏道："陛下，是一只野兔惊驾！"

杨广一听不禁哈哈大笑起来，说："大胆野兔居然也敢惊驾，麦将军，去把它射了，做一餐美味！"

"遵旨！"麦铁杖应着，遂挽弓打马，朝奔逃的野兔追了上去。

那只野兔又大又肥，行动却不笨拙，一蹦一跳地跑得极快，麦铁杖在后边紧追不舍。前面是一个小村庄，村头有一座大土堆，土堆旁是一间低矮的草房。眼看着那只野兔急跳几下，竟跑进了那间草房里。

麦铁杖追上去，在草房前下马，弯腰进了房门。可是不一会儿便出来了，站在土堆前前后张望。正巧有两位老者挑着担子从村子里走出，只见麦铁杖上前拦住老者，比比划划地说着什么。然后麦铁杖朝老者一揖，骑马往回走来。麦铁杖翻身上马的同时，两位老者双膝跪地，朝道上皇上的仪仗深深叩首。

麦铁杖在五辂车前下马，跪地禀奏："陛下，恕臣将无能，美味吃不成了。"

"哦？那野兔不是逃进草房里去了吗？"

"正是。不过，陛下，草房里的人不让打。"

"什么！"杨广大为惊异，"草房里还有人？那野兔不怕他？莫非他还是个神仙不成？"

"陛下，臣将问过那二位老人才知道，那野兔还真是不能打。不过草房里的人不是什么神仙，却是这地方远近闻名的大孝子，名叫华秋。"

"麦将军，这里边到底有什么故事，快讲给朕听听！"皇上有点急不可耐了。

三十多岁的华秋在方圆几十里内孝名鼎鼎。他自幼丧父，为一心孝奉

老母，至今没有娶妻。他对母亲言听计从，百依百顺。虽然家境贫寒，华秋总是想方设法让母亲吃饱穿暖。他不但能洗衣做饭，连母亲身上的夏单冬棉都是他裁剪缝补。前年春天起，母亲得了重病，华秋四处奔波求医寻药，除此之外寸步不离母亲床前。几天工夫，两鬓花白，形容憔悴，像一下子老去了二十年似的。母亲是在那年冬天去世的，咽气之前已是昏迷不醒，嘴里断断续续地念叨着："鱼，鱼……"

华秋一听，知道母亲想吃鱼，二话没说就跑出了家门。数九天气，村外的小河里结了厚厚的冰，他脱下衣裳趴在了河面上。村里人见了无不流泪，都说，以前光听说书的讲古时候有这样的孝子，今天咱可是亲眼看到了。

终于，河冰化开了一个洞，华秋捞到了七八条一寸多长的小鱼，给母亲煮了一小碗浓浓的鱼汤，又一口一口地喂给母亲喝。母亲喝下那碗热乎乎的鱼汤之后，竟然清醒过来，含着眼泪说："秋儿，你娘没白来世上走一遭，我知足了！要是皇上知道天下有你这样的孝子，他也会高兴啊！"说完，带着满脸的笑容咽了气。

那一夜，华秋的哭嚎惊动了全村，乡亲们都来宽慰他，可是看到他悲痛欲绝的样子也都陪着他落泪。一夜之间，华秋满头的白发秃落得精光。

第二天，他在村头自己家的地里安葬了母亲，那座小山一样的坟头就是他背着土筐一点一点堆起来的。然后，他又拆了房子，在母亲的坟边盖了一间草房。从此，除去耕种收割，华秋就一直坐在草房里，夜晚也不脱衣，更不躺下睡觉，就和衣而坐，守护着母亲，已有一年多了。

华秋的孝行得到了远近百姓的崇敬。有一回，一伙强盗要去村里抢劫，当得知华秋的事情之后，贼首大惊，说："这样的孝子在此，谁也不敢冒犯。我险些闯下大祸！"遂掉头而去。就连一些动物生灵遇到灾难时，都跑来华秋的草房里躲避，刚才那只野兔就是。

麦铁杖追进草房，一眼就看见野兔正卧在华秋膝下，呼吁地喘着粗气。没等麦铁杖开口，就听华秋说："请将军放过它吧。人少吃一口野味没有大碍，可是你在这春天里射杀一只野兔，就等于毁了它一窝！"

麦铁杖说："这兔子胆敢惊驾，本将军奉旨捕杀它。"

华秋说："兔子不懂人间事，我替它向皇上赔罪求情了。母亲说，皇上最喜欢有孝心和善心的人。皇上，请看在已故老母的分上，赦野兔惊驾之罪吧！"说着，跪在地上，朝门外重重叩头。

麦铁杖觉得这人不同一般，便出屋想找人问个究竟，正碰上两位老者出村，向麦铁杖讲述了华秋的身世孝行。

麦铁杖原原本本向皇上禀奏完毕，眼角上竟挂了泪珠。

杨广也被华秋的故事打动了，他沉吟良久，问："这个村子叫什么名字？"

麦铁杖回答："陛下，臣将疏忽，没有打听。臣将即刻就去……"

杨广一摆手："不要打听了，内史侍郎虞世基！"

"臣在。"虞世基急忙跪在车前。

"你即刻前去传朕旨意：从今日起，该村名为孝敬村，免除全村三年赋税徭役；赐孝子华秋白银二千两，使其重修母亲墓园，另建新屋。"杨广抬眼望望依旧跪在村头的二位老者，又说："二位老者各赏银百两，以示问候。快去快回！"

"领旨！"

"慢着，"杨广叫住虞世基，"回来后为朕拟一道诏书，今后朝廷要对孝行多加嘉彰。凡孝顺父母、敬爱老人、和睦兄长、邻里者，给予优待，免除徭役。大孝能惧退盗贼，若是人人都孝敬和顺，天下岂有不太平之理！"

虞世基走后，杨广又对麦铁杖说："传令队中各将校士卒，从此地至东京，一路上再遇到飞禽走兽之类，一律不准驱赶射杀，违者杖背四十！"

麦铁杖起身速去传旨。杨广喊了一声："起驾！"

道上，浩浩荡荡的队伍又开始向前行进了。

五月末，大业皇帝的御驾及其千乘万骑回到东京洛阳。队伍从洛阳南面的伊阙雄赳赳开入东京。洛阳城内万人空巷，百姓在端门外举行了盛大热烈的欢迎仪式，四方各国前来朝贺的使节也都出城迎驾。

杨广欣喜若狂，在一片惊天动地的欢呼声中登上端门，向翻滚着彩旗波浪和涌动着幸福涛声的人的海洋宣布，大赦罪人，并免除天下当年租税！这是皇上为运河开通和南巡胜利归来，而留下的一个普天同庆的纪念。

从端门下来，银青光禄大夫裴矩向皇上禀奏：四方诸国均有使者朝贺，唯有高句丽国没有人来，甚至书信也未见一封。

这个消息让杨广刚才兴奋激动的心头掠过一丝不悦，他沉阴着脸说：

"弹丸小国，刁蛮夷族，竟敢如此目无天朝。先给他记下一笔，待日后看朕怎样让他跪拜臣服！"

大业三年七月，雁门关北面的山川河谷中突然涌出一支五十万人的队伍，旌旗蔽日，人喧马嘶，惊动得四面山林狼奔豕突。然而，从塞外到雁门直至晋阳，却没有烽火狼烟来报警告急。

原来，这不是外族入侵，而是大业皇帝北巡大漠的队伍路经此地。

出游扬州的成功，使杨广巡幸天下的兴致大增。沿运河而下，由陆路

回京，往返几千里，展示了大业王朝的昌盛，让中原及江南百姓目睹了皇家的威仪风采。大业隆盛，远非秦皇汉武堪比。

然而，仅仅显赫于国内庶民还不足以示威，于是，杨广又想到了塞外北疆的小国夷族。他返回洛阳不到两个月，便驾临大兴，从西京出发，经晋阳，过雁门来到这里，继而北上至榆林，北渡黄河到定襄，巡视突厥可汗的部落牙帐。

开皇时候，突厥的东西两部族间多次内讧，大动干戈，文帝曾派时为晋王的杨广率兵北上，支持亲隋的西突厥达头可汗击败了东突厥。此后西突厥声势渐壮，至仁寿三年时，将东突厥全部降服，首领称启民可汗。杨广嗣位，启民可汗更表示归顺臣服。东京落成大典，启民可汗前往洛阳朝贺，亲眼目睹了中原的繁华富足，特别是被满街人那华丽服饰弄得眼花缭乱。当即上表请求大业皇帝恩准突厥人改穿中国服饰，皇上虽然非常高兴，却没有准奏。所以，在杨广看来，许多夷蛮部族完全没有必要用武力征服，只要用抚慰的形式炫耀一下自己的富强威武就可以让他们俯首帖耳。此次北巡，就是一次这样的抚慰。

雁门关地处恒山山脉西南，关外的馒头山下，峰峦之间有一片较平缓开阔的地带，叫连谷。这里树林茂密，河谷宽阔，水美草肥，引得无数飞禽走兽出没其间。御驾至此，杨广忽然狩猎的兴致大发，遂传令扎下大营，要在连谷这地方痛痛快快地打几天猎。

可是非常扫兴，接连两天骑马列阵、鸣金击鼓，却没见有几只走兽出现，只用弓弩射到了几只飞禽。杨广不由得兴味索然。正在这时，有侍卫来报：齐王杨暕派人送来猎获的麇鹿、野猪百只。

杨广疑惑地问："这就怪了，朕这边一只走兽未见，齐王那边怎么就会打了那么多？"

随驾北巡的御史大夫张衡奏道："齐王在陛下左右两侧二十里列阵，截断了走兽的道路，陛下这边当然就没有麇鹿和野猪可猎了。"

杨广一听，脸色立时变了，骑在马上原地兜了两圈儿，也没发作出来，最后只说了一句："回营！"大队人马就前呼后拥地跟皇上回了营帐。

看似一点小事，却勾起杨广心头几乎要忘记的不快。

从扬州回到洛阳不几天，杨广就遇到两件很不痛快的事，第一件是高句丽国竟没派人来朝贺；第二件是皇太子杨昭死了，而且与左仆射杨素死在同一天。

杨广巡幸扬州返回东京，杨昭早已奉旨提前几天由长安赶到洛阳迎驾，参加了端门外盛大的入城庆典。次日，皇上于宫城隆重设宴，接受文武百官及各国使者的朝贺。在酒宴上，杨昭自始至终并没有什么反常的形色，可是第二天他就病倒了，三天以后不治而亡。

巧得很，老臣杨素也是在参加了酒宴之后的第二天重病不起，又与杨昭同一天亡故。很快，宫中暗地里便有了传闻，说杨素久病已是无人不知，皇上却旨令文武百官赴宴，不得有缺，杨素不敢违旨，便拖着病躯入。皇上见杨素受封楚国公这么久竟然还活着，心中大为不快，命人暗中将一种效力较缓的毒药放在酒里，赐给杨素。却不知哪个环节出了差错，侍宴的仆从将毒酒也送给了杨昭，所以才使两人同宴饮酒，同日病亡。

这样的议论很快传到了杨广耳朵里，他暴跳如雷，当即就要传令将那晚侍宴的仆从宫娥全部问斩，被内史侍郎虞世基跪地死谏，好说歹说总算把皇上给劝住了。

虞世基说："陛下，臣冒死问一句，陛下可是真的让人在酒里下过什么药？"

"混账！朕堂堂天子，怎么会干那种卑鄙勾当！"

"当然不会。可是，陛下，若是把那晚侍宴的人都杀了，制造谣言的人就会说，陛下这是在惩治送错了毒酒的侍从。"

"这……"杨广一时语塞，想了想说，"那好，朕命你把那制造谣言的人追查出来，斩首示众！"

"陛下，"虞世基说，"臣以为此举也不甚妥当。诸如此类谣言只是在宫中暗地传播，掀不起什么风浪。陛下不去理会它，不久便会无声无息。若是一意追查，追得松了不管用，查得紧了，势必兴师动众。如果下面办事的人再用刑逼供，受刑者情急之下乱咬乱攀，又会株连无辜。这样闹起来，朝野不安，人人自危。如今的百姓对不利于朝廷府的事宁可信其有，不去信其无，大业初定之期人心浮动，对国家社稷多有不利，望陛下三思，万不可因小失大！"

杨广觉得虞也基的话不无道理，可是还有些于心不甘，又说："照你一说，这事只有听之任之了？"

"以静制动，看似听之任之，实则暗中观察，细细揣摩。不是不报，时机未到！"

杨广无语，其实是默许了。

自古以来的官场上，一个人的突然死亡，就意味着另一个人的意外高升。杨昭猝死，使齐王杨暕立时成了朝中群臣注视的焦点，都认定了他不久便会被立为太子。尽管杨昭有长子杨倓，但尚在年幼，没有立为太子的可能。

　　杨暕比杨昭小两岁，今年刚好二十。他是杨广次子，也是萧后亲生，从小极受父母喜爱。他聪明机灵，既好文又好武，杨广曾夸他"颇涉经史，尤工骑射"。杨昭死后两天，杨广即传旨将齐王杨暕自豫州牧调任河南尹，负责管理东京及近畿的一切政务，并参与朝廷机要，还将原在杨昭身边的二万多吏兵都悉归其属。这又是一个明显的征兆：看来皇上决心立齐王为太子了。更有甚者，东京城里纷纷传言，有人于某日黎明时在天津桥头捡到一张自天而降的字符，上写："太子逝，朝野瞩望，皆以齐王当立。"

　　所有这些，杨广都听在耳中，记在心里，他将自己从晋王到太子、再到皇帝的经历回顾一番，决心如虞世基所说，以静制动，细细揣摩了。

　　果然，杨暕到洛阳上任不久，前去齐王府拜谒致礼的文臣武将、名门望族和富商豪绅便络绎不绝，齐王府门前的道路常被车马堵塞。

　　不论是做人还是做官，最忌得意忘形。不过得意而忘形尚情有可原，而未得意先忘形，就是为为人之大忌了，如是，十之七八忘形者难再得意。

　　杨广仅在三个月的时间里，就听说了许多关于齐王杨暕未得意却已忘形的事情。例如：杨暕十分骄恣任性，亲近小人，他身边的亲信多是不守法纪的无耻之徒，如乔令则、刘虔安、沉智伟等既是。乔令则见杨暕沉迷声色，更加恣行妄为。他们暗访得知谁家有女美，就以齐王名义强行拉入齐王府，随意侮辱，尽兴后才放回家中。杨暕府中自养着歌舞乐班，还嫌不够，每每酒宴，都要去街市的青楼或茶馆请歌妓助兴，歌罢常留宿在齐王府。

　　朝廷制度，县令无故不得出境。伊阙令皇甫诩与杨暕关系甚密，杨暕多次违禁将他带出去到处游玩。

　　杨暕的发妻、齐王妃韦氏早亡，杨暕便与韦氏的表姐元氏私通，还生了一个女孩，外人极少知道。杨暕调任河南尹，将元氏一起带到洛阳，不久，杨暕命乔令则找来一术士相面。术士指着元氏说："此女当做皇后。"又对杨暕说："大王贵不可言。"杨暕听了非常得意，给了那个术士许多赏赐……

　　凡此种种，传到杨广耳朵里，使这位刚刚失去长子的父亲极不愉快。如果说，他原有意立杨暕为太子的话，现在他却要慎之又慎了。这次，他让齐王随驾北巡，临行前命内史侍郎虞世基在自己北巡期间仔细查访杨暕的言语行为，回来后一并奏报，酌情议处。

　　然而，但就今天打猎这件事情来看，杨暕太不把父皇放在心上了。自己的人马截断猎物的来路，使皇上一无所获。不仅如此，还将自己猎获的麋鹿、野猪送来百余只，你这是在孝敬父皇呢，还是在故意炫耀，惹他老人家生气呢？

　　杨广被这事搅得满心不快，早就没了打猎的兴致，即传令各部停止狩猎，休息半日，待明天一早开拔，北上榆林。

　　七月底，在塞北一片迷人的秋色里，大业皇帝的御驾抵达榆林郡，这里距启民可汗的牙帐已经不远了。

　　此次北巡为的就是出塞耀兵，皇上要亲巡突厥辖境，以示声威。不过杨广也担心启民可汗突见朝廷大兵压境，心中会生出些什么疑虑，造成误会，就派武卫将军长孙晟作为前锋先行，去面见启民可汗传达谕旨，说明来意。

　　杨广派长孙晟先行，可谓知人善任。长孙晟是朝中出了名的突厥通，跟突厥人打交道有些年头了，与在位可汗都或深或浅地有过交往。

　　长孙晟聪明机警，武艺过人，十八岁时就任北周司卫上士。当时北周王朝极是崇勇尚武，贵胄子弟都以武功相互夸耀，经常在一起驰射比赛，但在同龄人中，极少有人的武艺超过长孙晟。当时还是北周重臣的杨坚十分赞赏他，曾在宣帝面前推举说："长孙郎武艺超群，胸怀韬略。年少即如此，将来必是名将！"

　　宣帝驾崩，杨坚矫诏辅佐周室，沙钵略可汗向北周求婚，周将赵王宇文招的女儿千金公主嫁给沙钵略。当时北周与突厥之间使节往来频繁，且都想炫耀自己的武力，所以双方使者都是精选的骁勇武士。千金公主出嫁，杨坚就选派长孙晟为使节，护送千金公主前往突厥。

　　沙钵略是靠骁勇善战立为可汗的，因此非常喜爱勇武之才。以往北周派来的几十位使节，他都不放在眼里，唯有对长孙晟一见如故，格外看重，常邀他一同游猎。有一天，沙钵略出外打猎，看见空中有两雕飞来飞去地争夺一块兽肉，就给了长孙晟两支箭，说："请长孙君射取二雕。"长孙晟接过羽箭，挽弓骑马在草原上跑了几圈，只抬头望着那两只雕，并不放箭。一会儿，一只雕朝着另一只嘴里叼着肉的雕突然猛冲过去，在两只雕为抢肉食扭打在一起的一刹那，长孙晟弦响箭发，一箭射中二雕。当他把两只雕和剩下的一只羽箭交给沙钵略的时候，沙钵略对他的高超武艺惊叹不已。随即恳请长孙晟留下来，命突厥的贵族子弟与长孙晟交朋友，学习他的弹射绝技。那一次，长孙晟在突厥住了一年多。启民可汗听说长孙晟来到，即刻召集了几十名部落首领将这位名震突厥的大将军迎进自己的牙帐。

　　长孙晟来到帐前，见四周杂草丛生，不禁皱了皱眉头，说："可汗大人，帐前的这些草可真香啊！"

　　启民可汗拔了几根草凑到鼻下闻了闻，说："长孙将军，这都是大漠上

普通的草，哪有什么香味？"

长孙晟哈哈大笑："皇上自京师巡幸至塞外，一路上诸侯亲自洒扫，耘除御路，以表至敬之心。今天看到牙帐前杂草丛生，我还以为是专为皇上留下的香草呢！"

启民可汗一下子醒悟过来，惭愧地说："这是奴的罪过！奴的骨肉都是天子赐与的，理应竭尽犬马之力。只是边人愚昧，不明法度礼仪，绝不是有意懈怠。幸有将军恩泽指教，这也是奴的幸运！"

说着便拔出佩刀，亲自芟草。身边的落部首领和将士也不敢怠慢，争相效仿，很快即将牙帐内外的杂草清除干净。

随后，启民可汗下令，突厥各部落倾巢出动，从牙帐至榆林北境这片皇上即将经过的地方，芟草填坑，开出一条宽达百步的御道。

一时间，茫茫大漠上刀剑起落，草叶随着尘沙漫天飞舞。

大漠里的落日蔚为壮观。圆如金盘的夕阳将茫茫白沙、滔滔的黄河以及在河水中捕鱼的渔夫身上，都镀上了一层浓艳的橘红颜色。不见风啸，不闻滔声，一切都那么自然、静谧，一切似乎都在神秘的掌握之中，让人感觉到自身是那么渺小，听凭主宰。今天可以静静地欣赏落日的壮观，也许明日又将无奈地享受风暴骤起，沙石狂舞的景象，也未可知。

此刻，大业皇帝杨广在太府卿何稠及定襄太守周法尚等一班人的陪伴下，登上榆林北面的城楼，观赏着在中原、关西都难得一见的黄昏景色，沐浴在一片夕阳的辉煌之中。

杨广指着远处黄河里的渔夫，说："边陲百姓能如此惬意地泛舟捕鱼，他们可曾知道这安然无虞的日子是怎样来的？"

何稠答道："陛下，塞北虽然地处边远，但臣想，这里的百姓一定知道他们是靠了皇恩泽润、陛下佑护才得以安生的，对皇上当然感激不尽。陛下，他们恐怕从未见过朝廷的威仪，所以，臣以为，陛下此去突厥牙帐，一定要尽显天子的威风阵容，长一长边民志气！"

杨广满意地点点头，说："朕意也是如此，依何卿之见，怎样才能尽显威风阵容呢？"

"陛下，当年汉武帝出关，将御营之外的将士分为二十四军，每日遣一军出发，旌旗相望，钲鼓相闻，首尾相接，步骑千里不绝，方显出师盛况。今天我大隋更盛于汉武，即使编发三十六军也绰绰有余。"

杨广高兴地说："好！"

好字还未落地，就听身边有人说："陛下，臣认为此法不妥！"

"嗯？"杨广转脸一看，是定襄太守周法尚在躬身禀奏。

定襄郡在榆林东北，是去突厥可汗牙帐的必经之地。太守周法尚听说皇上到了榆林，就依律赶来朝见、迎驾。

杨广问："卿以为有何不妥？"

周法尚回答："陛下，兵亘千里，山川相隔，一旦发生意外，必然是各军忙于应付，四分五裂。再者，长蛇军阵绵延千里，万一心腹有事，首尾不知，且道路艰险，难以相救。所以，虽有汉武帝巡行之先例，臣以为其实是取败之道。"

这话，杨广有点不爱听了："那依你说，应该怎样？"

"陛下，臣以为全军应结为方阵一同行进。方阵四面拒外，圣驾及后宫、百官行在方阵中间。如果发生变乱，即令所当之面抗拒，再从方阵内突发奇兵，出外奋击。用车辆组成壁垒，层层设钩阵，这与据城守御的道理完全一样！如果战而能胜，可派骑兵出阵追击；万一不胜，屯营足以防守，这才是万全之策。"

杨广顿时眉飞色舞，说："这个办法极好！朕命你为左武卫将军，策划布阵领兵。"又问何稠："何卿，大帐如何了？"

"陛下，已经完成，可容四千人！"

"六合城呢？"

"请陛下放心，六合城可随时随地组合使用！"

"好！明日调度军阵，后日起驾，直奔突厥牙帐！"

皇帝御驾从榆林出发，北渡黄河，经云中，又溯金河东行，于八月中抵达启民可汗大帐。巡行队伍有甲士五十余万，骏马五十万匹，旌旗猎猎，车辆辚辚，无不显示天下承平，万物丰实的盛景。

启民可汗接到大业皇帝诏旨，得知皇上已在二十里外扎下大营，随即率各部首领和突厥贵胄子弟家眷及护卫将士三千多人前往朝见。远远地就见在一片旌旗的丛林中，掩映着一座硕大无比的营帐。进帐之后，只见正面御座威严，禁卫肃立，皇上已在御座上就坐，帐下宴席也早已摆好。启民可汗率部依次行过拜见大礼，然后入席而坐。突厥三千多人，加上朝廷坐陪的文臣武将足有四千，帐中却一点也不显得拥挤。突厥人第一次见到这么大的营帐，第一次目睹大业皇帝的威风，第一次品尝如此丰盛的宴席，一个个又惊又喜，争相贡献自己的牛羊驼马，数以万计。

酒宴进行当中，列于帐侧的乐班不时地演奏着一曲曲音乐，为酒宴助兴。听了这些乐曲，又使突厥人惊讶不已。因为这些乐曲中有许多古老的突厥音乐和塞外其他部族的曲子，而且大都是散失已久的乐曲，连他们自己都几乎忘记了，没想到大隋皇帝的乐班竟能弹奏得惟妙惟肖，悦耳动心！

真是太了不起了！这样的国家，这样的皇上，谁敢与他为敌？

酒宴从日落进行到拂晓。半夜时分，皇上驾返寝殿，走时留下旨令，命文武群臣一定将启民可汗及众部下奉陪到底，通宵达旦，一醉方休。当然，这正是突厥人所希望的。

黎明，酒宴终于结束了。朝中文武出帐为启民可汗送行。还没等启民可汗说一句感恩答谢的话，就听忽啦啦一阵的声响，所有的突厥人纷纷跪拜在地上，俯首叩头。他们看见，在离大帐不远的地方有一座巍峨的城池。而昨天他们来的时候，这里还是荒漠一片，一夜之间竟冒出一座城池，若不是神灵相助，人是不可能办到的。这不能不使他们大惊失色，纷纷跪拜。

朝廷官员们乐不可支。何稠就向启民可汗的部下讲解，这是一座用木板组合而成的六合城，与真正的城池无二，城内供皇上起居的宫殿一应俱全。还没等何稠讲完，就有些突厥士卒爬起来向城下跑去，要看个仔细。被何稠喝住，又说城外遍设弩床，若莽撞触动了机关，必被乱箭射杀。突厥士卒吓得个个面如灰土，才随启民可汗告辞而去。

第二天，启民可汗搭设庐帐，恭迎大业皇帝。杨广御驾帐中，启民奉筋祝福，毕恭毕敬。突厥人自王侯以下都裸露脊背跪伏帐前，头都不敢抬一下，他们完全被中国帝皇威慑征服了。

杨广见到眼前突厥归附的场景，又回想起先帝开皇、仁寿年间多次挥兵整顿突厥的情景，志得意满，不禁感慨万千，随即赋诗一首："鹿塞鸿旗驻，龙庭翠辇回。毡帷望风举，穹庐向日开。呼韩顿颡至，屠耆接踵来。索辫擎膻肉，韦韝献酒杯。何如汉天子，空上单于台。"他想，朕的这次北巡已经大获成功了！

第三十章

隋朝之势达到顶峰　皇上屈尊迷楼奇观

　　三月的扬州，已是桃红柳绿，万木复苏，一派春意盎然。正是这温暖和煦的意境，使得大业皇帝杨广心花怒放。

　　相隔五年之后又旧地重游，杨广的心情精神与前次游幸扬州大有不同。五年前皇上的那次南巡，为的是巡视刚刚开挖的运河，显示皇帝威仪，安抚百姓。而今天，国事无虞，天下太平，再次南下扬州，为的就是好好地快活快活，轻松轻松，因为很快就要御驾亲征，讨伐高句丽了。杨广对金戈铁马、驰骋沙场的那份劳累辛苦深有体会。

　　前年，也就是大业五年三月，杨广亲率大军西巡河右，出临津关，渡黄河，于四月末到达西平郡，在那里举行了盛大阅兵典礼，誓师扫荡吐谷浑部族。北疆的突厥早已俯首帖耳，骚扰，这是决不能容忍的。

　　五月初九，杨广在拔延山狩猎，长围达三十里。此后进入长宁谷，越西边的吐谷浑却不识好歹，时常东犯过星岭，继续西进。

　　此时，吐谷浑可汗伏允率部众据守覆袁川，杨广命内史元寿向南进驻金山，兵部尚书段文振向北进驻雪山；太仆卿杨义臣向东进驻琵琶峡；将军张寿向西进驻泥岭，对吐谷浑形成四面包围之势，随即发起猛攻。吐谷浑于顷刻之间土崩瓦解，可汗伏允率残兵败逃，可汗国仙头王走投无路，与手下男女部众十万余人投降了大业皇帝。杨广又命卫尉卿刘权率兵追击伏允，一直追到青海，俘获吐谷浑败兵一千多人，得胜而归。

　　吐谷浑的惨败大大震慑了西域诸多小国。六月十七日，杨广率部经张掖到达燕支山，高昌国王麴伯雅，伊吾王吐屯设等二十七国的国王和使者纷纷跪在路旁，拜见大业皇帝。他们佩戴金玉，焚香奏乐，歌舞欢腾，场面十分隆重而虔诚。吐屯设还进献了西域几千里的土地，让杨广喜出望外，立即诏令设置了西海、河源、鄯善、且末诸郡，命刘权镇守河源郡积石镇，开发屯田，保持西域道路通畅，也防犯吐谷浑卷土重来。

　　至此，大隋王朝共设郡一百九十个，县一千二百五十五个，共八百九十多万户，国土东西宽九千三百里，南北长一万四千八百一十五里。强盛之势达到了顶峰。

杨广怎能不心花怒放，怎能不兴奋激动。大业功绩早已不是秦皇汉武可以比拟的了。眼下，一个小小的高句丽又何足挂齿？征讨高句丽旗开得胜的盛大图景已经在他心中描绘完成。在让高句丽王献出城池，跪倒在脚下俯首称臣之前，他要来扬州痛痛快快地欢乐轻松一番。这回，萧后因为身体不适，没有随驾同行。

这次来扬州，最使杨广满意的就是刚刚建成的江都宫。江都并非是一座宫殿，而是一个宫殿群落的总称。建在城西的是江都宫，之中有规模宏大的成象殿，可作为举行大典之地。城北五里有长阜苑，苑内建有归雁、回流、松林、枫林、大雷等十余座行宫每座都是富丽堂皇。在城南扬子津筑有临江，其中的凝晖殿可眺望滔滔长江，是把酒临风，大宴百官的好地方。

SUIYANGDIZHUAN

隋炀帝传

杨广到了扬州之后，首先在江都郡丞兼江都总监王世充的引导下，将几处宫殿细细巡视游览了一遍。所到之处，只见亭台楼阁、假山水榭无不新颖别致，优雅秀丽，极尽江南风格。所有宫殿又都占据扬州形胜之处，登高眺望，湖光山色尽收眼底，令人心旷神怡。杨广看后赞叹不绝，也连声夸奖王世充头脑精明，办事干练。

王世充本来姓支，祖上是西域胡人，祖父支颓褥徙居新丰。支颓褥病逝，年轻守寡的妻子与仪同王粲偷情，生了一个儿子，王粲就纳支氏为小妾。支颓褥死后留有一个儿子叫支收，当时年幼，也随母亲到了王粲家，支收从此改姓王，长大后做过怀州和汴州长史，他就是王世充的父亲。

因为是西域胡人后代，王世充长得体形魁伟，头发卷曲，声音粗犷洪亮。他性情诡诈，也读了不少的书，略通龟策推步盈虚，但他绝不对人谈及自己的身世与喜好特长，一副大智若愚的样子。

文帝开皇年间，王世充被选充左翊卫，后以军功拜仪同，授兵部员外。大业元年，又迁至江都郡丞。杨广巡幸扬州，善于察言观色，阿谀顺旨的王世充博得了皇上的十分好感。那个被杨广弄死在任意车上的宫女月虹，就是王世充亲自挑选的。所以，杨广又任命他兼做江都总监。

看到皇上对新建的宫殿非常满意，王世充心中更是得意。听皇上称赞他办事干练，他越加受宠若惊，喜不胜喜，但脸面上却是一副谦卑的表情。他说："陛下，世充今生最大的愿望，就是为陛下效尽犬马之力。只要陛下高兴，微臣赴汤蹈火也是应该的。"

杨广听了，欣喜地点点头。此时，他站在临江宫的凝晖殿前，凭栏远跳，滔滔长江滚滚东去，烟波浩渺，气势壮阔，不禁心生感慨，问道：

"江南宋、齐、梁、陈历朝诸代都像这江水淘沙一样匆匆而去，不能长久，王世充，你说这是为什么？"

王世充想了想，说："陛下，全因为那些国君久坐深宫，不游天下，不见百姓，也就不能久立于世界。"

杨广惊讶地看了王世充一眼，高兴地说："王世充，没想到你的见解如此精辟，与朕不谋而合。自古天子就有巡视四方之礼仪，可是江南诸朝的帝王都是些擦脂抹粉之辈，足不出深宫，面不见百姓，只有坐等败亡。朕以为，要使国运昌盛，大业持久，就必须巡视四方，知天下之事，察百姓之情，才能相机施法，因时、因地、因人而制宜啊！"

王世充激动地拍手叫道："陛下所言让微臣心胸豁然敞亮！真是读万卷书也未必得此一句真谛！"

"那么，王世充，朕命你监造这些宫殿是不是属于靡费了呢？"

"陛下，绝无此说！"王世充坚定地回答，"微臣以为，天子巡视四方是天经地义。而天子出巡，所到之处必须要有合乎天子身份的居所，不然就有失天子威仪，也有辱国体。依臣之见，诸如汾阳宫、晋阳和江都宫这样的宫殿御苑不是多了，而是太少了；哪里是靡费，而是必须！所以……"说到这里，王世充忽然停住了。

杨广问："所以什么？"

王世充跪地叩头，说："请陛下恕微臣擅断之罪！"

"说吧，朕恕你无罪。"

"陛下，江都诸宫殿开工之后，微臣尽职尽责，精打细算，既使宫殿如期如愿完成，又节省下大批石材木料，于是微臣擅自决断，请浙江著名工匠项升，在扬州西北的蜀冈东峰为陛下建造了一座迷楼，绝没有另费府库一毫白银。"

"哦，还能有不花钱就盖起楼房的好事？"杨广不禁大喜，"你先跟朕说说，什么叫迷楼？"

王世充说："恭请陛下御驾迷楼，只有身临其境，才能体会其中奥妙！"

扬州西北的蜀冈是一片不很高的山丘，它没有峰峦的险峻，只有林木叠翠，洞流潺潺，幽静而且秀美。东峰是蜀冈之中较为平缓的一个山包，迷楼就建在这里：

东峰下有一条石径通向迷楼。王世充在前引导，与杨广拾级而上，远远地就看见楼阁参差，轩窗掩映，朱红色的栏杆曲折迂回，珠光玉色在阳光下相映生辉。整个楼阁在茂林翠竹的拥围中显得光怪陆离，透着异样的神秘。

王世充引路，杨广步入楼内。底层是一座正殿，大门两边蹲着面目狰狞、气势雄伟的玉兽。殿内雕梁画栋，金碧辉煌。王世充说："此殿可供陛下接见臣属，商议国事。"杨广点头称是，随即漫步上楼。

楼上是一间间幽房密室，都有通道相连，千回百转，令人应接不暇。每间密室的装饰布局各有特色，绝无一处雷同，这正是此楼的妙处所在。杨广刚才还在前轩，随王世充三转两转，定睛看时已来到后院；才觉得走在外廊，环绕穿行，却又回到了内室。

杨广东穿西走，左顾右盼，累得目眩神迷，大有不知身在何处的感觉。他一下就被这迷楼给迷住了，没想到王世充还会生出这样绝妙的主意！他神采飞扬地说："此楼扑朔迷离，巧夺天工。朕以为，神仙洞府、蓬莱仙境不过如此吧。"

王世充笑着说："还有一处幽秘绝妙的地方，请陛下慢慢游赏。"

王世充又领着杨广沿一条回廊左拐右折，向前走去。前面不远处是一堵粉墙，墙上有一幅壁画，仙女飞天，抛撒着无数朵鲜花。来到墙壁跟前，杨广以为走到了尽头，正要仔细欣赏这幅工笔精致的彩画，不知王世充从何处按动机关，壁画徐徐升起，慢慢显露出一条狭径。王世充前面带路，引杨广走了进去。眼前豁然开朗，又是几间琼室瑶台。虽然在高高拔起的楼上，小巧的庭院里却生长着茂密的修竹藤萝，几只画眉鸟穿越在翠绿之间，发出悦耳的歌唱。杨广仿佛置身在洞天福地，怔怔地环顾四周，不知道该说什么才好。

王世充说："陛下，此楼刚刚建造完毕，大门上还缺一匾额，微臣想请陛下为此楼命名。"

杨广说："哎，你不是称它为迷楼吗，怎么还要取名？"

王世充嘿嘿笑着说："陛下，那是微臣胡诌的。"

杨广说："此楼曲折迷离，世人到此，如坠五里雾中，辨不出东西南北，就是神人来游，恐怕也难得要领，你叫它迷楼，虽不是刻意而为，朕以为非常贴切，就叫迷楼吧。"

王世充深深一躬，说："谢皇上为此楼赐名。"

"不过，"杨广又说，"刚才朕见迷楼中有四阁，还都没有命名，朕就为四阁赐名吧。"

王世充连忙答道："微臣也正有此意，愿听陛下赐名。"

杨广略作思忖，说："第一阁叫散春愁，第二阁叫醉忘归，第三阁叫夜酣香，第四阁叫延秋月。王世充，你觉得怎么样？"

王世充连连点头说："好极，好极！陛下文思泉涌，信手拈来即如此文雅不俗，绮丽非常！"

听杨广为四阁取了这样美艳风流的名字，王世充早就明白了皇上的用意，又说："陛下，臣以为四阁宜作陛下的寝室，所以在每阁都铺设了睡寝大帐，有别于宫中的御榻。陛下又赐与四阁文雅绮丽的名字，更可谓名副其实，相得益彰。陛下，今天就在迷楼住下，不知圣意如何？"

这句话又说到杨广心里去了，他看看窗外渐已暗淡的天光，点点头说"留宿迷楼并无不可，只是，迷楼刚刚建成，室内空空如也，饮食起居方面会不会有很多不便呀！"

其实，迷楼从里到外不仅装饰得富丽奢华，每间幽房密室里饮食起居所需的器皿用具也一应俱全。杨广所谓的空空如也，意有所指，王世充心知肚明，他会意地笑笑说："请陛下稍候。"说完，他走向楼栏，探身向外大声喊道：

"恭迎皇上驾幸迷楼！"

粗犷洪亮的喊声在楼内引起一阵回响，随后向外面的山岭旷野远远地散开去。

蓦地，一阵丝竹鼓乐之声骤然响起，盛大而嘹亮，使杨广为之一振，他急忙走到杆栏前向外张望。

乐曲声发自环绕迷楼的那一大片树木翠竹的丛林中，八音之声惊起一群群五颜六色的小鸟，振翅从迷楼上空飞过，叽叽喳喳与林中的音乐唱和着。

音乐稍稍舒缓下来，树林中走出了一支五彩斑斓、绚丽缤纷的队伍，足有四五百人，清一色的妙龄佳丽，一个个艳装锦饰，黛眉粉腮，步态摇曳、婀娜多姿。每人手中持金、石、丝、竹、匏、土、革、木诸类乐器，边奏边行，蜿蜒走上石径，由迷楼大门鱼贯而入，在楼下正殿门口分列两侧。待队伍分开站好，乐曲也正好到了尾声。一切步骤整齐不紊，按部就班，显然不只演练过一次了。

迷楼的精巧绝妙已让杨广大开眼界，这美女成群由山林中列队奏乐而出，更使他惊喜不已。他哈哈大笑，拍拍王世充的肩头说："王世充啊王世充，想不到你还真有些新奇的招数。为了朕，你可谓用心良苦啊！朕赐你今夜留居迷楼，咱们君臣共同饮酒听歌，玩个尽兴！"

酒宴摆在楼下正殿里。杨广居正中正座，王世充在下手另桌。美酒佳肴当然也是王世充事先早就精心备好的。庞大的美女乐班在正殿两边排开，笙弦齐奏。一队队佳丽轮番登场，身着薄如蝉翼的纱衣彩裳，和着音律载歌载舞。大殿里弥漫着甘醇的美酒与少女的体香混合一起的一种特殊的气

味，熏陶得杨广如醉如痴。在灯光的映照下，他更显得红光满面，由于一直处在兴奋之中，他的嘴总在张开着，真的有些合不拢了。乐曲抑扬顿挫之处，他竟忘情地用手指在桌面上敲击着节拍。

又是一曲终了，杨广忽然用手指着众美女问："她们会不会唱《清夜游曲》？"

王世充回答："当然。陛下的大作，姑娘们早就习唱多日了。"又转向乐班喊道："为皇上演唱《清夜游曲》！"

西苑建成后，一次杨广夜游内海五湖十六院，兴致勃发，当即赋《清夜游》词一首，后被乐工谱上音乐，在宫中广为传唱。每遇盛宴，杨广也必点此曲。王世充当然领会皇上的心境，早就特意安排这些美女教习演练，务必做到人人会唱。

乐曲缓缓奏起，一队美女自殿外飘然而至，舒展长袖翩翩起舞。甜润的歌喉轻柔婉转，沁及心脾，娇艳靡丽的《清夜游曲》，摇曳回荡于迷楼内外：

> 洛阳城里清夜矣，见碧云散尽，凉天如水。须臾山川生色，河汉无声，一轮金镜飞起。照琼楼玉宇，银殿瑶台，清虚澄澈真无比。良夜情不已，数千万乘骑，纵游西苑，天街御道平如砥。马上乐竹媚丝姣，舆中宴金甘玉旨。试凭三吊五，能几人不愧圣德穷华靡，须记取隋家潇洒王妃，风流天子。

《清夜游曲》唱罢，杨广乐不可支，兴致更加高涨。他从歌声中听出，这些唱歌跳舞的美艳女子大都来自吴地。吴女燕语莺声，唱起歌来分外甜美悦耳。他问王世充："你是从哪里选的这些美女？"

王世充说："陛下，臣几乎走遍了吴国旧地和姑苏城的街巷里间，才挑选出几百佳丽，但愿陛下赏心悦目。"

杨广心说，果然如此。竟不由地长叹一声，说："早有王世充，岂有许廷辅？侯夫人也就不会枉死了！"

王世充一听，知道自己选送美女的行为勾起了皇上的一桩心事。

在选拔十六院夫人、姑娘的时候，杨广选派中使许廷辅去江淮以南诸郡物色了三千美女，集中到洛阳备选。

美女中有一个侯夫人，天姿国色，百媚千娇，而且天性聪慧，博览经典，诗文俱佳。她自认为凭自己的姿才定会得到圣宠，就没把许廷辅这样的势利宦臣放在眼里。日复一日，眼看着美女被一批批送去西苑，却没有丝毫能轮到自己的迹象。而且还听说，十六院所需的夫人、姑娘已选定的差不多了。也就是说，时间越拖下去，见到皇上的希望就越小。这天，许廷辅又到皇城中选美，同来的一位姐妹就劝侯夫人："你何苦与一个宦臣争持？拿几件珠玉送给他，凭你这样的容貌才华，只要见了皇上，就不愁一世富贵。这样坚持下去，反倒苦了自己。"

侯夫人说："汉时的王昭君，宁愿点痣，也不肯以千金买通画师画像去献媚元帝。虽远嫁单于，却使匈奴与大汉三世无犬吠之警，黎庶无干戈之役。后来琵琶青冢，得一个芳名不朽，竟成为千古美人。我纵然不及昭君，让我要拿珠玉去贿赂小人，邀来皇上宠幸，实羞为之。"

那个姐妹说："你这样执拗下去，也会枉费了自己的才貌。"

侯夫人含泪说："这我当然知道。但恨生来命薄，只好认了。到最后不如猛拼一死，做个千载伤心的美艳之鬼。皇上若真是怜玉惜才，我想那个许廷辅也不会有好下场！"

果然，许廷辅来到侯夫人住处转了一圈，见她依旧毫无表示，扭头走了。

第二天，宫女发现侯夫人在房间里悬梁自尽，手臂上还挂着一个锦囊，里面装着一迭近作诗稿，就取下来交给了萧后。

萧后深谙杨广脾性，知道此事不能隐瞒，便立即派人将锦囊送到西苑，交给了杨广。

锦囊里有侯夫人写的十几首诗词，其中《看梅》二首："砌雪无消日，卷帘时自馨。庭梅对我有怜意，先露枝头一点春；香清寒艳好，谁惜是天真。玉梅谢后阳和至，散与群芳自在春。"另有一首《妆成》："妆成多自惜，梦好却成悲。不及杨花意，春来到处飞。"还有一首诗，题为《遗意》："秘洞扃仙卉，雕窗锁玉人。毛君真可戮，不肯写昭君。"

杨广为一个女子有如此文采而大感惊讶和钦佩，他立刻赶回皇城，亲自查验侯夫人尸体。虽然死去几日，但这位二十岁的女子依旧腮红颊白，容颜比盛开的桃花还要美丽娇艳。杨广用手抚摸着侯夫人的脸颊，泣不成声。他下旨厚葬侯夫人，同时命人将许廷辅押入大牢，赐他以白绫悬梁自尽。侯夫人的预言应验了，许廷辅果然没落得好下场。

从此，侯夫人的容颜和诗文深深铭刻在杨广心里，久久不能忘怀。

第三十一章
皇上率领御驾亲征　连战失利偃旗息鼓

大业七年五月，杨广登临扬子津临江宫，在凝晖殿宴请百官，向扬州的父老乡亲告别，之后，他又一路乘坐龙舟溯运河而上，经过通济渠渡黄河入永济渠，直奔涿郡。

时值春季选，按照惯例皇上应该稳坐宫中，在众多候补人员中挑选合格的人员从而填补空缺的职位。但是现在他已经无暇顾及了，于是便敕命选部、门下、内史、御史四司员跟随在船上作为补缺人员。参加选补的人统统跟在岸边，随船北上，等候传唤选补。一些人要徒步随船三千多里，都没有被选补录用，反而因为饥饿和劳累而导致死亡。

途经东京洛阳，杨广颁布了《幸涿郡诏》：

> 武有七德，先之以安民；政有六本，兴之以教义。高句丽高元，亏失藩礼，欲将问罪辽左，恢复胜略。虽怀伐国，仍事省方；今往涿郡，巡抚民俗。其河北诸郡及山西、山东年九十以上者，版授太守；八十者，授县令。

六月，杨广抵达涿郡，住进了新建的临朔宫。随驾的九品以上员都给以宅居安置，士兵则住宿帐篷。这时，从四面八方征调的百万兵马正如百川归海，浩浩荡荡奔赴涿郡。各路兵马中，跋涉最远的就是来自岭南的三万名排镩手了。排镩是岭南一带的兵器，排是盾，镩是一种小矛，岭南排镩手擅长山地作战。

杨广抵达涿郡之后，又敕命河南、淮南、江南造戎车五万乘，送至涿郡附近的高阳，用来装载衣甲幔幕。大量的军队集结，原有征发运到的粮草军需已显得紧张。于是，皇上又敕令征发江淮以南民伕和船只，将黎阳、洛口诸仓的粮米源源运往涿郡。

紧锣密鼓的备战一直持续到大业八年一月。元旦过后，大业皇帝正式下达了《征高句丽诏》。

合水县令庾质奉召来到临朔谒见皇上。庾质曾是大业元年时候的太史令，因直言国事失去恩宠，被贬为合水令。庾质善观天文地理，预测灾异，杨广这次召他来涿郡，就是让他预测伐高句丽一事。

庾质行过跪拜之礼，杨广便开门见山地问道：

"朕继承先帝意旨，将御驾亲征高句丽。一个小小的高句丽国，其地域户口与大隋的一个郡相当。卿以为此战能否克敌？"

庾质回答说："以臣观察，出兵可以克敌。但是依臣愚见，陛下不可率部亲征。"

杨广一听，脸上就有了三分不悦，说："你这是什么道理？朕今日聚集天下兵马至此，怎么能躲在后面不见敌军呢！岂不让天下耻笑朕懦弱无勇？"

庾质说："谋略与懦弱无干。陛下乃堂堂大隋天子，高句丽是一个弹丸小国，御驾亲征，于国威军威不称。臣愿陛下安驾坐镇涿郡，命骁勇将帅，指授方略，领兵倍道兼行，出其不意。此事宜速用奇兵，若行动迟缓，必定无功。"

"好了！"杨广不想听庾质再说下去，脸上的三分不悦已变为七分愠怒，"你既然不想随驾前往，那你就留在涿郡吧。如果没什么事禀奏，你可以走了。"

庾质悻悻地退出宫来。他想不明白，皇上对自己所说的道理置若罔闻。只要皇上不御驾亲征，军队的行动就会迅速灵活得多，获胜的希望就会更大一些。兵贵神速呀！既然对庾质的话听不进去，又何苦把我千里迢迢从合水召来涿郡！我庾质父子自开皇文帝时侍奉朝廷至今，忠心耿耿，天地可鉴。一言一行全为国家社稷，还有什么值得怀疑的吗？

庾质的父亲叫庾季才，善观天象，预言天时人事大都应验，在梁、周朝廷大名鼎鼎。文帝杨坚为周室丞相时，曾于深夜密召庾季才，请教他代周称帝的前景，庾季才说："天道精微，难可意察，以人事预，符兆已定。季才即使说不行，杨公难道还会弃去做隐士吗？"

几句话很含蓄地暗示了杨坚称帝是大势所趋。而庾质观察天时人事，不在其父之下，却是怀才不遇，始终没有得到皇上的信任。

庾质说出兵可以克敌，说的是天象，这对杨广当然是吉兆。但要旗开得胜，大功告成，还要有神灵的护佑。于是，他先在临朔怀荒殿斋戒之后，又在桑干河南岸设坛祭祀战神，在临朔南祭祀先帝，在蓟城北祭祀了马神。

至此，征伐高句丽的一切准备全部就绪，杨广在临朔宫升殿亲授节度：征讨大军共编为二十四军，每军各设大将、副将一名；每军有骑兵四十团，每团十队，每队一百人；步兵八十队，分为四团，每团各设偏将一人。每团士兵的铠胄、缨拂、旗幡颜色统一，与其他团都有区别。

每军还设受降使者一人，承诏慰抚高句丽降者，不受大将节制。在杨广看来，区区高句丽，只要见到百万重兵云集城下，必定畏威而降，所以先设受降使者，专司高句丽君臣投降事宜。其余随军辎重散兵也编为四团，由步兵掩护前进。军队的前进、停止或设营，都规定了一定的号令。

杨广诏令，每天遣一军出发，前后相距四十里，连营渐进。涿郡通向辽东的大路上，大隋军队首尾相继，鼓角相闻，旌旗漫卷，绵延九百六十里。二十四军之后，是大业皇帝杨广率领的天子六军，前后八十里。这样，征伐高句丽的大隋军队共有三十军，前后相续达一千四十里。诸军都有长一尺五寸，宽二寸的帛带，上面题写着各军番号，作为标记。

皇上征营中的十二卫，以及三台、五省、九寺等部衙门，都分属内外前后左右六军，使用所属军队番号，不得用原台省名称。上至王公，下到兵丁夫役，均有帛带缝在衣领，上写番号、姓名，称为"军记带"。每军发给数百面幡旗，军士因公离营，必须手执幡旗。不执幡而离营者，若被他军验查军记带，发现不是本部兵士，无需禀报，立即斩首。

一百多万隋朝大军，浩浩荡荡，杀奔辽水。

杨广高坐在车驾之上，看着前后左右的御林军，清一色的白马，威风凛凛，势不可挡。大军行进，铁蹄哒哒，排山倒海，汹涌澎湃。这声音与其说是进军的号角，不如说是胜利的凯歌。他在想，百万雄师讨伐高句丽小国，此一去定是有征无战。隋军抵达辽东之日，便是高句丽国束手投降，俯首称臣之时。那时，一定要像安抚突厥诸蕃酋长一样，对高句丽施以隆恩，赦免其有失藩礼之罪，赏赐锦段，倍加优待，然后盛宴百将士，大酺三日，班师回朝。

在杨广看来，这一切都早已安排妥当，只不过等他亲临其境，走走过场完成下来就是了。然而，他万万没有想到，等在他前面的结果，与他心中的设想大相径庭。

杨广率天子六军到达辽水西岸时，已是三月中旬。

隋朝大军齐集辽水边，临水结成大阵。辽水是隋军进攻高句丽的第一道天然屏障，高句丽兵早已隔河防守，拆毁了桥梁，严阵以待。虽说是早春三月的枯水时节，河面上却也波涛滚滚，河水冰冷刺骨。望着河对岸隐约可见的辽东城池，杨广即命工部尚书宇文恺连夜赶造三座浮桥，决定次日黎明渡河。

此役的前锋是左屯卫大将军麦铁杖。这位曾是杨素麾下的猛将，其剽悍勇武备受皇上赏识。为报皇恩，麦铁杖将三个儿子也编入了征伐高句丽的队伍里。此刻，他准备身先士卒，抢渡辽水，已将生死置之度外。眼见东方既白，麦铁杖将三个儿子召到面前，郑重地告诫说："我受国恩，今天到了报效之日。如果我战死了，你们当感到荣耀，皇上也不会亏待你们。切记，今后做人，当以诚孝自勉！"

进攻的时刻到了，刚刚造好的三座浮桥迅速架在了河面上。麦铁杖一声号令，最先跳上浮桥，率领着先锋队伍向东岸冲去。战鼓惊天动地，麦铁杖疾步如飞，眨眼间冲到了桥头，却大吃一惊：浮桥都造得短了，桥头离岸还有一丈多远！军令既出，绝无后退的余地。麦铁杖已无暇多想，大吼一声跳入水中。身后士卒也不敢犹豫，一个个跟着他跳下来，手持刀枪奋力划水，冲向东岸。

这时候忽听一声锣响，在岸上守伏的高句丽兵蜂拥而至，围向河边，朝着水里的隋军箭弩齐发。立时，惨叫声响成一片，麦铁杖的部下中箭伤亡过半，鲜血与初升的朝霞一起，将河水染得通红。没有中箭的士兵，多数也因惊慌失措溺水而死。跳进水中即已乱不成阵的队伍，此时已是溃不成军了。

麦铁杖气急得两眼冒火，凭着一身力气奋力跃上东岸，哇哇大叫着杀入高句丽军中。一边冲杀，一边左顾右盼，见跟上岸来的只有虎贲郎将钱士雄和孟金又二人。三个人东冲西杀，也砍倒了近百名高句丽兵，无奈后卫不继，三人寡不敌众，不一会儿便先后中箭负伤，又被围上来的高句丽兵乱刀砍死。

征伐高句丽的第一次冲锋就这样结束了。

首战失利，让杨广恼怒至极，这太有损于天子尊严了！他立即将督造浮桥的宇文恺撤职关押，待战后再加处治。又斩杀了三名负责造桥的员。麦铁杖战死令杨广痛心不已，他派人渡河，出重金从高句丽人手里买回麦铁杖的尸体厚葬，又大大的赏赐了他的三个儿子。一切处置妥当，杨广召来了少府监何稠。

"何卿，"杨广非常严肃地问，"你知道抢渡辽水一战败在哪里？"

这是明知故问。何稠答了一句："知道。"看看皇上不再发问，只是两眼盯着自己，何稠又说：

"陛下，臣看过那三座浮桥，都是测量计算上有误。请陛下给臣两天时间，定会造一座顺利通达对岸的浮桥。"

"好。"杨广满意地点点头。

两天后浮桥造成，隋军二次强渡辽水，果然顺利过河，与高句丽军在

辽水东岸摆阵大战。高句丽军原本就不是对手，前次是因隋军浮桥有误侥幸取胜，这一回却败得落花流水，死者逾万。高句丽军见事不好，急忙向辽东城内龟缩，隋军乘胜东进，将辽东城团团包围。

随后，皇上的车驾也渡过辽水。杨广巡视了东岸战场，所到之处遍地都是被杀的高句丽兵尸体，欣喜万分，不禁诗兴大发，信口作杂言诗一首："秉旄仗节定辽东，俘馘变夷风。清歌凯捷九都水，归宴洛阳宫。策功行赏不淹留，全军藉智谋。讵以南宫复道上，先封雍齿侯。"

听了皇上的这些话，众将领只有唯唯称是，可是每个人心里都在打鼓。谁都知道兵家自古有"将在外，君命有所不受"之说。西汉名将周亚夫驻军细柳，曾对汉文帝说过这句话，文帝十分赞赏。而今日杨广所言，就等于给诸将领捆绑了手脚，失去了灵活作战的主动权。这样，谁也不敢保证不会贻误战机。看来，庾质劝皇上坐镇涿郡，让将帅领命东征，其中道理或许在此。

辽东城内的高句丽守军几次出城反扑，均告失利。高句丽人见在旷野交战实在不易取胜，就改变策略，固守城池。杨广下令隋军攻城，却又敕命诸将："高句丽军一旦请降，就宜抚纳，不得纵兵进攻。"辽东城池高坚，守易攻难。隋军一次次的进攻都被击退。不过也有几次，隋军攻上城头，打开了缺口，高句丽人立即投降，进攻就马上停了下来，隋将将军情飞奏杨广。待领了旨令回来纳降时，高句丽人却早已重整旗鼓，调整了防卫，继续守战。隋军将领只有暗暗哀叹白白失去的大好时机。这样反反复复，辽东城的攻守之战一直僵持到了六月。辽东城久攻不下，让杨广十分窝火，于是，他亲临城南，视察了高句丽军守城形势，又召集诸将训话说：

"大隋军队是怎么了？往昔的气势，那威风都到哪里去了？面对一个高句丽小城，竟数月攻克不下，你们还有什么脸面见天下百姓！你们一个个自以为是，又恃家世显赫，拿着朝廷俸禄，想把朕当暗懦君主欺瞒么？难怪在涿郡时你们都劝朕不要亲征，原来是怕朕看见你们打败仗！告诉你们，从今天起朕就住在城下，看你们攻城。哪个敢畏敌不前，朕就砍下他的头！有奋勇杀敌者，朕自然会重重赏赐！"

众将领吓得面面相觑，不敢吭声。

随后，杨广命何稠于城西数里组六合城，真的住下来观战。

第二天，隋军在各个将领的死命督战下，从四面向辽东城池发起又一次猛攻。战鼓震天，呐喊声遍野，隋军士兵抬着冲梯，扛着飞竿，一窝蜂似的拥向城墙底下。城上的高句丽兵奋力抵抗，刹那间，乱箭飞石急如骤雨。

杨广坐在六合城头，静静地观赏着这个壮观惨烈的场面：冲梯刚刚搭上城墙，即刻被守城兵士推倒，爬到半腰的士卒惨叫着摔下来；飞竿支在城头，一名兵士眼看就要攀到顶端，女墙里探出一个人，举刀将飞竿砍断；又一架冲梯搭上去了，攀在最上面的士兵的半个身子已经高出了城墙，突然，士兵的头颅不知飞向何处，身子却还紧紧地攀伏在冲梯上……渐渐地，冲锋的呐喊变成了伤残者悲惨的哀号。不过，进攻并没有停止，士兵们一批又一批地冲上去，退下来，再冲上去，前仆后继。忽然，杨广看见一个士兵将飞竿搭上城头，眨眼工夫便爬了上去，迅捷得像一只猴子。高句丽兵措手不及，见有人登城，蜂拥而上与他厮杀。那个人左冲右挡，竟接连砍倒了十几个高句丽兵。但毕竟势单力薄，被高句丽兵逼得又跃上女墙，未及站稳，高句丽兵一枪刺向咽喉，他往后一仰，跌落下来。还没落至半腰，他竟伸手抓住了飞竿上的垂绳，随即一个鹞子翻身，又攀住飞竿向城头爬去。不过这回高句丽兵显然有了防备，只见城上一个士卒用钢叉叉住飞竿顶部，使劲往城外一推。飞竿离开城头立了起来，就在要向外倒下去的瞬间，那个人展臂一跃，像一只大鸟在空中盘旋了几圈，然后稳稳地站在了地上。

　　"哎呀，真是好身手！"杨广惊异地叫出声来，立即命侍卫急去城下，召那个士兵来六合城见驾。

　　"你叫什么名字？"杨广和蔼地问。

　　那士兵双膝跪地，伏首答道："回陛下，小的姓沈名光。"

　　沈光是吴兴人，父亲沈君道曾做过陈国吏部侍郎。陈亡后移居大兴。沈光自小骁捷，尤善于骑马，与京师的游侠交往密切。大兴初建禅定寺时，寺中一根十几丈高的幡竿断了竿绳，无人可以上竿系绳，寺僧急得团团转。沈光知道后去寺里对僧人说："快拿绳来，看我把它系上去。"

　　众僧惊喜，急忙拿了绳来。沈光口衔绳索，攀竿而上，直至竿顶龙头，将绳子系好之后，放开手脚凌空而下，双掌撑地倒立行走了十几步，一跃立起。围观者惊叹不已，从此人送外号"肉飞仙"。

　　杨广听了侍从的介绍，高兴得连声说好。当即传旨，拜沈光为朝请大夫，也算为奋勇杀敌者树了一个重重赏赐的榜样。

　　榜样树立起来了，辽东城却依旧没有攻下。这时候，其他各路大军的战报也接连传来，却没有多少令人振奋的消息。

　　右翊卫大将军来护儿率江淮水军从东莱海口出发，渡海抵达高句丽半岛，入浿水而上，进到离高句丽都城平壤六十里处，与高句丽军遭遇，大败高句丽兵。来护儿喜出望外，不顾副将周法尚劝阻，遂率四万精兵乘胜

进攻平壤。

高句丽人在城内空寺埋下伏兵，派一支队伍出城迎战，佯装败退。来护儿率军追入城中，即纵兵抢掠，队伍乱作一团。这时候高句丽伏兵四起，杀得隋军丢盔卸甲，来护儿仅领几千人逃回了水军营地。精锐尽失，实力大耗，来护儿不敢停留水营接应陆军，只好率船队退屯海浦。

左翊卫大将军宇文述出扶余道，右翊卫大将军于仲文出乐浪道，左骁卫大将军荆元恒出辽东道，右骁卫将军薛世雄出沃沮道，左屯卫将军辛世雄出玄菟道，右御卫将军张瑾出襄平道，右武侯将军赵孝才出碣石道，涿郡太守检校左武卫将军崔弘升出遂城道，检校右御卫虎贲郎将卫文升出增地道。这九路大军三十万兵马此时都会师在鸭绿江西岸。

宇文述等九军从泸河、怀远等地出发时，兵马都配给百日粮草。每个士兵加上排甲、枪槊、衣资、戎具、火幕，负重都在三石以上。士兵们都不堪重负，军中又有严令：遗弃米粟者斩！然而对于严令，士兵们也想出了对策。一路上，士兵们趁夜间宿营时，偷偷在帐篷中挖坑埋粮。及至会师鸭绿江，路程刚刚过半，粮食却快用尽了。

宇文述、于仲文等军扎营鸭绿江西岸，喘息甫定，就听前卫军士来报："高句丽大臣乙支文德过江来了。"

乙支文德是高句丽王派驻鸭绿江东岸的守臣，宇文述听说他先过江来了，不禁一愣，问：

"他说没说来干什么？"

"说了。他想面见几位将军，商讨议和归降之事。"

"太好了！"于仲文击掌叫道，"皇上早有密旨，若见得乙支文德，定要生擒。这回他自己送上门来了！"他吩咐左右侍卫："乙支文德只要迈进营帐，立刻给我拿下！"

"大将军不可莽撞。"随着话音，尚书右丞刘士龙走进来，他现在是于仲文军的受降使者。刘士龙说："二位将军，乙支文德是来议和归降，不是下战书的。就是下战书，还有两国交兵不斩来使之理。况且乙支文德不是一般使者，而是高句丽王手下重臣。如果把前来投降的大臣抓起来，高句丽军还会投降吗？他们只有拼死抵抗这一条路可走，那对我们又有什么好处呢？"

"不行！"于仲文果断地说，"生擒乙支文德是皇上的密旨。"

"可是，大将军不要忘了，高句丽若降，即宜抚纳，不得纵兵，是皇上当着全军将领宣谕的圣旨。抓一个乙支文德，引起高句丽军全力抵抗，两相权衡，孰轻孰重？我已派人去江边，将乙支文德接到我帐中叙谈。"

"你，你怎么能……"

"我是受降使者，皇上有旨，受降使者不受大将军节度。"

刘士龙说完，呵呵一笑，转身走了出去。

宇文述看了于仲文一眼，叹口气说："受降使者不受将军节度，相互掣肘也就不足为奇了。"

于仲文问："宇文将军，你说这乙支文德真是来投降的吗？"

宇文述苦笑一声，反问道："你说呢？于将军，你我率三十万兵马，千里跋涉来到这鸭绿江边，若是兵不血刃就能得胜回朝，岂不是太便宜了吗？"

于仲文说"我也是这样想的。乙支文德既然不是真降，必然是来试探，是缓兵之计。他自己送上门来，如果我们不能把他擒住，这抗旨的罪名可是担待不起呀！"

"那你说怎么办？咱们做将军的，不能去受降使者的帐中抓人啊！"

"那就把他请到咱们帐中来。"说着，于仲文唤进一名侍卫，让他去刘士龙的营帐传话，请高句丽大臣乙支文德来大将军帐中，有要事商谈。不一会儿，侍卫跑回来禀报：乙支文德已被尚书右丞刘士龙放走了。

于仲文一听，大喊一声："不好！"急忙命几名侍卫骑马去追，一定要把乙支文德追回来。

可是已经晚了。侍卫们追到江边的时候，乙支文德刚刚登船。侍卫远远地就喊："乙支大人请留步，我们大将军还有要事跟大人商谈！"

乙支文德站在船头，笑而不答，只朝着追来的侍卫们挥了挥手。船慢慢离岸，向江心驶去。此次过江，乙支文德见隋军士兵一个个面有饥色，疲惫不堪，心中便有了应对之策。诈降的目的已经达到了。

宇文述、于仲文安营西岸静静地等了七八天，未见高句丽军有丝毫前来投降的迹象。知道果然是上当了。于仲文看实在不能再等下去，决意领兵渡江，追击乙支文德。

宇文述却说："军中粮草殆尽，恐难以征战，我看还是退兵为好。"

"什么？"于仲文一听大为恼火，"宇文将军，你我几十万兵马，破不了区区高句丽小贼，有什么脸面回皇上！别忘了，乙支文德是从咱们两个眼皮底下溜走的！"

宇文述不再反驳。他知道，虽然同为大将军，皇上更赏识于仲文的谋略，出征前，曾旨令诸军可听于仲文咨禀节制。既然他要渡江作战，宇文述也只好听命了。

经过两天的休整准备，宇文述、于仲文率九军渡过鸭绿江，向乙支文

德的高句丽军发动进攻。高句丽兵果然不堪一击，每次交锋，刚刚开战高句丽军便败退而逃，隋军即乘胜追击，七战七胜，长驱直入，渡过萨水，直至离平壤城三十里处，依山安营。岂不知，这又是乙支文德的诱敌深入之计。

见隋军兵临平壤，乙支文德又派来使者，对宇文述说："高句丽愿降。只要大将军退兵，乙支文德大人定随国王同去面见隋皇帝请罪！"

此时的隋军士卒疲惫，军粮无几。宇文述见平壤城池险固，恐怕一时也难攻下，遂答应退兵。

这是乙支文德的又一次诈降，它注定了隋军惨败的结局。

隋军结成方阵向西退去。行进当中突遭高句丽军四面袭击，宇文述率部且战且退，来到萨水，开始渡河。刚刚渡到一半，高句丽军从后方发起猛攻。右屯卫将军辛世雄展开阻击，英勇战死。高句丽兵乘胜追击，隋军顿时溃散，像决了堤的江水倾泻败退，不可遏止，一天一夜竟跑了四百五十多里，退到了鸭绿江西岸。来护儿闻知宇文述失败，也率水军撤回。

宇文述等九军出征时有三十万之众，待退回到辽东城下时，仅剩二千七百余人，排甲兵杖损失殆尽。

居然会惨败到今天这种程度，这种结局是杨广万万没有想到的。这时的隋军已经没有能力再出战，所以下令全线撤兵。

声势浩大的征讨高句丽之役，已经历时半年多的时间，就这样偃旗息鼓了，着实有些不甘心。

八月二十五日，杨广从涿郡启程南返。皇上的车驾到达东京洛阳，已经是大业八年九月十三日。

第三十二章

隋炀帝征伐高句丽　杨玄感反叛阻进程

　　首次和高句丽的战争失败，并没有让杨广冷静下来反思一下其中的根源，反而更激发了他不灭高句丽誓不罢休的决心。在由涿郡返回洛阳的途中，他便下令将黎阳、洛口、太原等仓的粮食继续调运至辽西望海镇屯集，以备再伐高句丽之用。

　　十二月，也就是杨广回到东京洛阳之后三个月，对兵败萨水的将领作了处罚：

　　尚书右丞刘士龙擅自放走乙支文德，贻误战机，罪不可赦，斩首以谢天下。

　　宇文述、于仲文用兵无方，除为民。二十四军中的一批将军、副将军也一并受到了免职的处罚。

　　不过，朝中群臣看得明白，于仲文未获死罪，全是沾了宇文述的光。宇文述是皇上的宠臣，儿子宇文士及又娶了皇上的南阳公主为妻，两人是儿女亲家，皇上罚罪当然要网开一面。只要宇文述罪不当死，其他人也就不会有杀身之祸了。

　　谁知几天之后，宇文述串通同被免的诸将，众口一词，将兵败萨水的罪责全都推到了于仲文身上。说于仲文为邀功取宠，不听众将劝告，坚持渡过鸭绿江追击高句丽军，终至惨败。杨广听后怒不可遏，不再追究别人，独将于仲文押入大牢。于仲文在牢中忧患发病，没过几天就死了。

　　于仲文是北周燕国公于实之子，自幼聪明好学，倜傥有志，当时号称名公子。后任安固太守。当时益州有任、杜两家农夫各丢失了一头牛，后来找到一头牛，两家都说是自己的，诉至州郡，州郡久不能断。于是，益州长史韩伯俊令于仲文判断。于仲文令两家赶来各自的牛群和两家争议的那头牛，牛即跑入任家的牛群中。于仲文又命人暗中将那头牛股部刺伤，任氏伤心得落泪，杜家却不在乎。于仲文依此将牛判给任家，杜家也心服口服。

　　杨坚任北周丞相时，于仲文在平定尉迟迥叛乱中立下战功，文帝开皇

年间被授为行军元帅，曾率十二总管大破突厥。当时的晋王杨广看中于仲文的才干，奏准文帝，要于仲文督晋王府军事。杨广继位后，升他为右翊卫大将军，一直圣眷隆盛。他万万没想到，自己戎马一生，为大隋王朝效尽犬马之力，到头来却落得一个冤死狱中的凄惨下场。

在经过了几个月的休养之后，大业九年正月，杨广又下诏征调天下兵马集结涿郡，准备二次征讨高句丽。

然而这时候国内时局已不似往年那么太平了，四方义军蜂起，各霸一方，大有将乱天下之势，使杨广颇感头痛。他想出了一个主意，大张旗鼓地招募散布在民间的武勇之士，充为皇宫禁卫，称作骁果。这样既可网罗武勇之士于自己手下，以防他们铤而走险，与义军盗贼为伍，又可扩充和增强自己的禁卫力量。剩下的那些占山为王的鸡鸣狗盗之徒就不会有什么作为，迟早会剿灭干净的。

为了整训招募的骁果，杨广特意设置了折冲、果毅、武勇、雄武等郎将职，选调了心腹武将出任，统领骁果。

如意算盘往往是一厢情愿的。大业八年的席卷全国的大旱和洪水灾害过后，疾疫流行，百姓死亡流离。太行以东受灾最重，义军声势更猛。新年伊始，杜彦冰、王润聚众攻陷平原郡，将府财物洗劫一空。平原李德逸趁火打劫，纠集游民数万，自称"阿舅贼"，劫掠四方。在西北的灵武，白榆妄一伙号称"奴贼"揭竿而起，抢夺朝廷牧马，还与突厥勾结，横行陇右。

三月，韩进洛在济北聚义，部众数万人。

四月，孟海公在济阴举旗，拥众数万，滥杀无辜。

还有齐郡的王薄、孟证；北海郭方预，高鸡泊的窦建章、孙安祖；河间格谦，渤海孙宣雅等，各部多者十余万，少者数万人，纷纷攻掠郡县，闹得各方吏惶惶不可终日，百姓鸡犬不宁。

天下承平日久，地方守吏不习武备，每与义军交战，大多望风败退。而齐郡丞张须陀却是众多地方吏中的一个例外。

张须陀是弘农阌乡人，性情刚烈，有勇有谋，文帝时曾以战功授仪同，后来跟随杨素讨伐并州汉王杨谅的叛军，加授开府。在齐郡丞任上，张须陀见义军四处攻击郡县，就积极操练部下，以防万一。

大业九年四月，别号知世郎的王薄率数万人攻打齐郡，张须陀领兵抵抗。王薄见齐郡防守严密，就转而向南攻掠鲁郡。张须陀率部悄悄尾随其后，在泰山脚下追上王薄的队伍。王薄义军自恃逢战必胜，毫无防范。张须陀挑选精锐，出其不意猛冲进义军阵中。义军立时溃不成军，纷纷四下奔逃，被张须陀的部下杀死数千人。

王薄遭此挫败，不敢再攻齐郡，收合亡散万余人向北攻掠。他联合渤海孙宣雅、平原郝孝德等义军共十万人进攻章丘。张须陀得知消息，派舟师截断黄河渡口，亲率二万精锐马步军奔袭，大破义军。义军败退至黄河渡口，被守候在这里的舟师扼守退路，遭前后夹击，损失惨重。

刚刚打垮了王薄，又闻郭方预围攻北海，声势浩大，兵锋锐利，北海郡丞性命难保。

张须陀决定驰援。他对部下说："围北海之贼自恃兵强，认为我无力相救。我要率兵突袭，定能获胜。"

于是他挑选精兵，星夜奔袭，义军果然没有设防。张须陀率兵冲入义军营中，势如破竹，杀死数万人，缴获辎重三千辆。义军落荒而逃，张须陀率部穷追不合。

义军逃至潍水边，被河水挡住去路。无奈之下又布开阵势与张须陀部交锋。张须陀刚要策马冲上去，就听后面有一个稚嫩的声音喊道："将军一路辛苦，请先在此稍作休息，让我罗士信做一回先锋吧！"

话音未落，就见一个少年挺枪策马冲向敌阵。

这个罗士信只有十四岁，是历城人，已跟随张须陀经历多次仗阵，勇敢得很。张须陀见罗士信冲了上去，便勒住马头，高兴地观望。

罗士信飞马奔到义军阵前，就有几个人迎上来拼杀。只见罗士信手中的枪稍舞动几下，就有三个义军被他刺倒。他又拔出佩刀，将其中一人的头颅砍下来，抛向空中，然后用枪尖接住，高举着纵马略阵。义军将士被罗士信的举动吓呆了，没人再敢上前交手。张须陀大呼一声，乘机率兵攻击，义军溃败，罗士信跃马追杀。每杀一人，就割下鼻子揣在怀里。等还营时一数，竟有二十多个。

此役后罗士信被擢为副将，跟随张须陀左右。司隶刺史将这一系列的战绩奏报朝廷，杨广立即派了使者前来抚慰，并命使者画了张须陀、罗士信战阵冲杀图，带回去供皇上和朝中文武观赏。

宇文述又被恢复职，加授开府仪同三司。皇上下诏说，去年征讨高句丽，宇文述因兵粮不继而陷王师，是供粮军吏失职，并非宇文述之罪，所以应复其爵。

在朝中百官心里，宇文述复职是早晚的事，谁让人家是皇上的亲家呢！与宇文述同时复职的，还有一批因去年征讨高句丽失利而被免职的将军。这不仅是皇上为避任人唯亲之嫌的举动，还透露出一个消息，二征高句丽的战争在即。

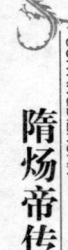
首战高句丽失败，不能不使杨广耿耿于怀，他感到平生以来最大的耻辱，太有损于大隋国威了。在战场上失掉的面子，一定要用铁马金戈来挽回！

回到洛阳的几个月里，杨广甚至只去过西苑一次，而且仅仅住了十天，其余的时间大都待在显仁宫里。高句丽成了他的一块心病，压得他无心在十六院里流连取乐，更无意计算府库里还有多少粮食布帛，能否应付再一次宏大的征战。他的心思只有一个，那就是：征服！

显仁宫里，杨广召集文武百于殿下，复议征伐高句丽之事。他说：

"一个小小的高句丽，竟敢侮慢上国，与我大隋对抗，如听之任之，天下人将耻笑朝廷懦弱无力，今后也难以威服四方。当今国势强盛，填海移山的事朕都可以办到，何况对付一个高句丽小虏！朕欲再伐高句丽，众卿以为如何？"

群臣缄口不语。谁都明白，既然皇上下了决心，这一仗就非打不可了。有异议，说出来也是白说，弄不好还会引火烧身。

杨广见无人回答，就决意开口点名了。他看了一眼已被授为太史令的庾质，问："庾质，你说说看，再伐高句丽，结果将会如何？"

庾质听皇上点到了自己，不敢再作沉默，想了想便躬身答道：

"陛下，臣实在愚昧，无先见之明。臣之所想还如前次所见，陛下亲率大军，实在过于辛苦，大可不必。"

见庾质开口说了话，左光禄大夫郭荣也斗胆站出来，俯首说道：

"臣之所见与太史令相同。陛下，高句丽蛮族缺失藩礼，实应兴兵讨伐，不过那是臣下应尽之职。千钧之弩，不会为射杀一只小老鼠而发机。所以，陛下也不必为高句丽这等小寇而屈驾亲征！"

杨广不耐烦了。这帮文武，要么缄口不语，要么开口就来劝阻御驾亲征，真是败兴！他愤然作色道："前次讨伐高句丽，朕御驾亲征都未能取胜，此次单凭你们这些人就会成功吗？"

明摆着，这话里还藏着一句：你们当中还有谁的谋略武艺高过朕不成？有了这话，谁再继续劝谏就是自找倒霉了。

杨广随即宣布，民部尚书樊子盖等一批文武员，辅佐越王杨侗留守洛阳，其余员随驾东征高句丽。

四月，杨广离开洛阳，乘船沿运河北上涿郡。

五月，皇上的车驾又一次渡过了辽河。

这一次，杨广派宇文述与上大将军杨义臣率军直取平壤，又派左光禄大夫王仁恭出扶余道，进军新城。他对王仁恭说："去年征讨，诸军多有不利。古人说，败军之将不可以言勇，所以诸将不能再担重任。今日朕委你统领前军，你不要辜负期望。"随后赐王仁恭十匹良马，一百两黄金。

王仁恭率军进至新城，数万高句丽兵北城摆阵。王仁恭领一千精锐骑兵直冲敌阵，高句丽兵竟不能招架，退入城中拒守。王仁恭将新城四面包围。

对于进攻高句丽重镇辽东城，杨广作了充分准备，也吸取了上次的教训，授予诸将随机决断的权力。在渡辽河之前，他命何稠监造了大批飞楼、云梯，渡河之后，隋军便开始对辽东昼夜猛攻，不给高句丽军喘息的机会。高句丽军防守得极其顽强，激战二十多天，双方伤亡惨重。

辽东城久攻不下，杨广心急如焚。常言说急中生智，他在这久攻不下当中突然悟出了一些门道。辽东城难攻，难就难在它有高大坚固的城墙作为屏障，一夫当关，万夫莫开。如能越上城头，击溃高句丽军就不在话下。

杨广立即诏命辽西至涿郡一带地方，火速制作征集一百万条麻布口袋运至辽东城下，将每条口袋装满沙土，直对辽东城池垒成一条三十步宽的鱼梁大道，大道与城墙等高，士兵沿大道可以直接冲入城内。又命何稠设计制造了十辆八轮楼车，在鱼梁大道两侧安放。楼车比城墙还高，车上排列弓弩手，可以俯射城内守军，掩护士兵沿鱼梁大道攻城。

这一切竟在半月之内完成了。杨广下令全军将士休息三天，第四天清晨总攻辽东。杨广之所以留出三天的空隙，不全为了让疲惫的军队得以休息，他还期待着辽东守军的投降。照理推论，经过几十天不分昼夜的攻守拼杀，高句丽军一定是元气大伤。眼下隋军垒起鱼梁大道，安好八轮楼车，光凭这阵势也看得出辽东城已岌岌可危，指日能下。高句丽守军已是死路一条，何不早早投降，省得再折损一批兵将？

或许辽东城内不识时务的高句丽人还没有感觉到绝命的危险，漫长的一个白天静悄悄地过去了，夜幕在大业皇帝稳操胜券的期待中渐渐降临。

下弦月升上穹顶的时候，一阵急促的马蹄声打破了夏夜的寂静。从辽西风驰而来的快马驿卒，把一份十万火急的军情奏书送进了杨广的御帐：礼部尚书杨玄感于六月三日在黎阳起兵反叛，现正引兵杀向东京洛阳！朝廷的后院起火了！

大军出征，最怕两件事：前线倒戈和后方反叛。而眼下在后方反叛的这位杨玄感是杨素的儿子，他善于骑射，粗通用兵方略。更好交友，朝中许多达子弟都与他过从甚密。这次杨广率军亲征，钦命杨玄感坐镇黎阳，督运前线所需的粮秣辎重。他一反叛，等于扼住了前线将士的脖子。

这消息犹如晴天霹雳，打得杨广手足无措，乱了方寸。他一边派内侍

传诏臣将速来御前议事，一边在帐中团团转圈，连声大骂："逆贼！畜牲！朕对你恩宠有加，你竟这样报答皇恩！早知今日，当初就该灭你杨素九族！"

说心里话，杨广确曾有过将杨素满门抄斩的想法，但见杨素受封楚国公后并无谋逆迹象，而且又老迈体衰，疾患日重而死，也就打消了抄灭全家的念头。现在想起来真是后悔莫及呀！

随驾东征的几位文臣武将应召赶到了皇上御帐中，他们见杨广满面怒容，气急败坏的样子，一个个束手而立，大气也不敢喘一声。

杨广见臣将到来，也停止了踱步，回御座上坐下。他环视众人，一眼看见太史令庾质，猛然想起渡过辽河在向辽东城进发的路上，庾质曾跟他说过的一句话："黎阳有兵气！"

当时杨广听了淡淡一笑，根本没放在心上，庾质也就不再吱声。此刻，杨广想起这句话，浑身一颤，带着懊悔和叹服的口吻说："庾卿神机妙算，黎阳果然有兵气啊！"

庾质慌忙回答"陛下，此事不幸被愚臣言中，而愚臣却未能洞察深邃，甚是惭愧不安！"

杨广摆了摆手，说："不必自疚了。事端已发，朕想听听诸位臣将的高见，下一步该如何打算。逆贼杨玄感聪明机警，此次举兵会不会酿成祸患？"

纳言苏威上前一步说："陛下，一个人若能明辨是非，判断成败才算得聪明。杨玄感生性粗心大意，思考疏略，有勇无谋，并非聪明之辈。对此陛下无需多虑。只是怕因此而演成天下大乱哪！"

这正是杨广担心的。眼下盗贼蜂起，尚未平息，杨玄感一闹，四方盗贼闻风而动，遥相呼应，那就不堪设想了。

庾质又说："陛下，还得确保眼前无虞。臣听说，杨玄感的两个弟弟就在辽东军中。"

哎呀！杨广一惊，险些叫出声来。刚才只顾上火着急，怎么把这事给忘了。辽东城下的武贲郎将杨玄纵和鹰扬郎将杨万硕就是杨玄感的弟弟呀！他们都手握兵权，一旦听到消息，再来个率部为乱，那可是前线倒戈和后方反叛都让朕给占全了！

杨广立即唤进两名禁军校尉，命他们各带一队人马，前去辽东城下营寨，将杨玄纵、杨万硕抓来。

半个时辰不到，两名禁军校尉回来禀奏说"没有抓到杨玄纵、杨万硕。听营中士卒说，二位郎将早在十几天前就不见了。"

"什么?"杨广气得浑身发抖,大吼道:"不见了!军中将领擅离阵前,怎么没人向朕奏报?"

苏威禀奏:"陛下,他们二人属兵部侍郎斛斯政节度。"

杨广朝两名校尉一挥手:"去把斛斯政抓来,就在这御帐中斩首!"

两名校卫走了。却带回来更坏的消息:斛斯政听说皇上派人去抓杨玄纵和杨万硕,骑了一匹快马冲出营寨直奔辽东城,投降了高句丽军,刚刚被接进城去。

杨广简直气疯了,他捶胸顿足地大喊:

"传朕旨令,即刻攻城。就是拼个鱼死网破,也要把斛斯政从高句丽人的窝里掏出来!"

庾质上前劝道:"陛下息怒,应冷静三思,万不可意气用事。斛斯政放走杨玄纵二人,又投降高句丽,无疑是杨玄感同党。这样看来,杨玄感绝非贸然起事,而是有过周密计划的,因此就更不能掉以轻心!"

苏威也说:"太史令所言极是。况且叛贼已进兵洛阳,镇守东京的越王和樊子盖的军力是否守得住,能守多久?这些都是眼下急需细细思谋的事。若不早做决断,恐怕会贻误战机。"

听了这些话,杨广终于平静下来,他咬牙切齿地说:"斛斯政,早晚有一天,朕要万箭穿死你,千刀剐了你!"然后稳定一下气息,问:

"你们有何良策?撤兵回援?"

没有人回答。好像都在思考,其实谁都明白,只有撤兵回援,才是解洛阳之危、剿灭叛贼的最好办法。

"可是,这辽东城指日可下,宇文述也挺进到了鸭绿江边,难道此次讨伐高句丽就这样功亏一篑了吗?"杨广不甘心地自言自语。

半途而废确是可惜,但比起叛逆后方起兵危及东京来,征服高句丽蛮族已经不是当务之急了。又经过了一天的反复斟酌,杨广决定退兵。他派出信使,火速传令宇文述立即撤退,又吩咐身边攻城将领暗中做好全体班师的准备。

六月二十八日晚二更时分,皇上的御驾和几十万大军悄悄撤离辽东城下。旷野里,到处都是隋军丢弃的兵甲排杖和军需辎重,营垒帐篷都保持着原有的样子,扔在了营地上。守城的高句丽军听到隋军移动,却不敢出城,只在城头上击鼓鸣锣,给自己壮胆。直到第二天中午才派小队人马出城查看,只见隋军营地人去帐空,一片狼藉,怀疑其中有诈,又缩回城内。两天之后,见隋军确实没了踪影,就发出五千军马追赶。等追到辽河东岸,杨广的车驾御营和大队人马早已渡河走远。高句丽军只杀虏了千余名病弱掉队的隋军士卒，凯旋而归。

移山填海都不在话下的大业皇帝，对这次亲征高句丽抱定了必胜的信心，万没想到因为一个杨玄感的起兵反叛，一场苦心经营、声势浩大的征战，就这样草草收兵了。

渡过辽河，走在通往涿郡的路上，杨广感慨地对庾质说："庾卿，此前你曾极力劝谏朕不要亲征，是不是也想到了以防后方生变的这层因由？"

庾质不置可否，只是谦卑地笑笑。

杨广又问："朕读奏报，说逆贼杨玄感举兵起事，竟一呼百应，几天工夫手下便聚起十万之众。庾卿，你说杨玄感难道还能成了大事吗？"

庾质回答道："陛下，杨玄感虽然说位高权重，但功德威望不可与其父杨素同日而语。杨玄感没有号召力量，虽然身边有几个贵胄弟子，也都是空有武力而没有头脑的庸碌之辈。杨玄感只是利用百姓的一时之苦，企图侥幸而成现如今天下得到统一，国基稳固，并不是他轻易可以动摇的。"

听了庾质的一番话，杨广那焦虑不安的心，总算是得到了一丝安慰。

第三十三章

振臂高呼旗开得胜　中了圈套一命呜呼

杨玄感居然会反叛，这是杨广万万没有想到的。但是追根寻源，变生肘腋，还是要怨杨广自己埋下了祸根。他为此后悔也就不足为奇了。

俗话说，一人得道，鸡犬升天。杨玄感凭借着父亲杨素立下的赫赫战功，在文帝开皇年间就已经权倾一时了。父子二人曾经一度同为二品官员，朝会时也列班而立。只是后来文帝感觉这样有失杨素为父的尊严，才将杨玄感降为从二品。

杨玄感小时头脑愚钝，虽然体魄强健，面貌英俊，却不灵敏，一副傻乎乎的样子。好多人都说他弄不好要长成个痴子。杨素却不以为然，似乎对儿子的前途胸有成竹，常跟朋友说："我儿子一点儿都不傻，必是大器晚成。"

果然，杨玄感少年时候开始读书，练习骑射，长进极快。凭父亲的权势至柱国，后来又做了宋州刺史。杨素死后，他去职守丧，刚一年多，便被皇上任命为鸿胪卿，袭爵楚国公，后迁礼部尚书。

杨素因受炀帝猜忌，逐渐疏远冷落。后来炀帝为消弭天象之灾，改封杨素楚国公，致使他忧愤成疾，病重后绝医而死。作为儿子，杨玄感将这一切看在眼里，记在心上。杨素死后，皇上竟对近侍说："如果杨素不死，朕必诛灭其九族。"这些话也传到了杨玄感耳朵里。对所有这些，他都深埋心中，声色上丝毫不露，反而更尽心竭力报效朝廷，暗暗觊觎有朝一日手中能握有兵权。

他曾对兵部尚书段文振说："玄感世受国恩，得皇上宠任，如不立功疆场，实在问心有愧！如四方有风尘之警，玄感愿执鞭行阵，为国效微薄之力！"

段文振把这些话传给皇上，杨广高兴地在群臣面前夸赞说："将门必有将，相门必有相，此话的确不虚。"从此更加看重杨玄感，许多朝政大事也让他参与。

在朝中诸多臣将看来，皇上对杨素的猜疑忌恨已到了非置其死地而后

快的地步，对杨玄感却如此恩宠有加，实在不可思议，根本不像皇上一惯为人处事的秉性。杨广之所以懊悔不迭，或许概因于此。他对杨玄感不但毫无戒心，还在这次出征高句丽之前，委以他坐镇黎阳督运粮秣的重任，对杨玄感来说，可真是一个天赐的良机！

自古以来，征战前线因断粮而导致士卒哗变的事例已不鲜见，杨玄感原来就打算利用这一招。他扣住黎阳的粮草迟迟不发，想使辽东隋军乏粮致变，然后趁乱起兵。

杨广见粮食运送不及时，三天两头派使者前来催逼。开始，杨玄感还对来使说："近来盗贼蜂起，永济渠水路不太平，不可大批运送粮食。"可是这种托词只能遮掩一时，后来见皇上催得火急，他知道不能再等下去了，就决定立刻起兵。他先写了两封信，一封派人密送到辽东阵前，让兵部侍郎斛斯政偷偷将杨玄纵和杨万硕放回；另一封派人送去大兴，叫另一个弟弟杨玄挺和自己的莫逆之交李密速来黎阳。

六月三日，杨玄感率兵进入黎阳，关闭四方城门。他挑选运粮民伕五千多人，船工三千多人，加上自己的所领士卒，共有万余之众，集合在城中，杀三牲誓师。

杨玄感登高大呼，说："当今皇上昏庸无道，不顾百姓死活，连年征战，天下骚乱，怨声载道。为了讨伐高句丽，光是死在辽东的民伕数以万计，作了异乡之鬼的士卒更不计其数。今天，玄感决定舍生取义，起兵讨伐昏君，救兆民于水火，弟兄们赞成不赞成啊？"

话音未落，万人举臂欢呼，群情激昂。

这时候，李密和杨玄挺从大兴赶到了黎阳。

李密的父亲李宽是周隋两朝名将，骁勇善战，谋略过人，至柱国，封蒲山郡公。虎门无犬子，李密也是个才兼文武，足智多谋的人，而且胸有大志，远见卓识，常以天下为己任。只是容貌有些逊色，皮肤黝黑，面如恶煞。大业初年，他曾被宇文述选为左翊卫府的卫士。杨广见到他之后，对宇文述说：

"刚才见到的那个黑脸小儿，神色非同一般，不要让他担任宿卫！"

宇文述暗中指点李密，让他称病自免。李密满怀抱负竟遭冷遇，就有些心灰意懒。从此屏绝世事，一心读书。

他尤其爱读兵书、史书，一部《孙子兵法》能倒背如流。有一回，他骑着黄牛出去游玩，一边走，一边在牛背上读《汉书》。恰巧被杨素看见，觉得这黑小子有些奇异，就想逗他一下。杨素从一旁悄悄靠上，牵着牛笼头，引它调转过来往回走，走出二里多路，李密竟浑然不觉。杨素看出他非等闲之辈，高兴地哈哈大笑，遂将李密请到家里，与他长谈一番。之后，杨素对杨玄感说：

"李密学识非凡，远在你们兄弟之上，你要跟他交往。"

从此，杨玄感与李密结为至交。

李密到来，使杨玄感欣喜异常。当晚就在府邸摆下几样精致的菜肴，与李密"小酌"。一是为他洗尘，二是向他讨教进兵谋略。

杨玄感说："法主兄常以天下为己任，今天到了你大展宏图的时候了。千里迢迢从大兴把你请来，是要你做谋主，从此咱们兄弟二人同舟共济，共举大业！"

法主是李密的字，以字再加兄弟相称，就看得出两人之间的友情，而且又是在起兵的时候，就更显出非同一般。

李密因喝了几杯酒，脸色越发黑得发亮，他谦恭地笑笑说："多谢尚书大人抬爱，能与大人共谋天下是我的荣幸，也责无旁贷。"

李密对杨玄感却不用兄弟称谓，这是因为杨玄感原本就是礼部尚书，朝廷重臣，如今又起兵反叛，成了首领，一旦事成，他就是皇上。所以从现在起就得分出个上下来，不要乱了礼数。尽管称呼上有点客套，但是李密说的真是心里话。

杨玄感听李密答应得痛快，高兴地连声说："太好了，太好了！"又敬了李密一杯酒，随后问道：

"法主兄，咱们这讨伐无道昏君的大旗就算举起来了，天下必然惊动。你觉得咱们下一步应该怎么走好？"

李密微微一笑，显得胸有成竹，说："从来大兴的路上我已想好了三条计策，请大人选择。如今皇上出征高句丽，远在辽东，眼下所处的形势对他极为不利。因为南有大海，北有强胡，东面是高句丽，西边与涿郡悬隔千里。尚书大人应出其不意，率兵长驱幽州，袭据临渝关，扼其咽喉，断绝他的退路。高句丽人闻讯，定会从皇上背后出击，这就让他腹背受敌，前后夹击。如此相持不过一月，等他粮草罄尽，大军不降则溃，大人可不战而擒。这是上计。"杨玄感听着，不置可否地"嗯"了一声，说："再说中计。"李密说："关中一带号称天府之国，又四面险阻，是易守难攻之地。虽然有卫文升据守，也不足为虑。大人可率兵向西挺进，不攻沿途州县，直取大兴。一路收纳豪杰勇武，安抚士民，再扼守潼关天险。这样，即使皇上从辽东赶回，也失去了盘踞的根本，大人可徐图进取。这就是中计。"杨玄感点着头笑笑，说："不错，愿听下计。""这下计么，"李密沉吟一下，看看杨玄感，"下计只有不得已时才用之。那就是挑选精锐，昼夜兼程，袭取东京洛阳。但是恐怕留守洛阳的越王杨侗和民部尚书樊子盖早有了防备,会闭城固守。如果久攻不克,朝廷的几十万兵马就会从四面围上来。那样,后果就不堪设想了!"

"哈哈……"李密说完,杨玄感纵情大笑起来,他向李密端起酒杯,"法主兄真是雄才大略,满腹经纶呀,实在令人钦佩!来,再敬你一杯。"

一饮而尽之后,杨玄感又说:"不过,我倒有个想法,将法主兄的上下两计颠倒一下。我以为,你说的下计才是真正的上计!"

"哦!"李密一怔,问:"不知大人有什么道理?"

"你看,当今朝中百的家眷大都在东京,如果先取洛阳,俘虏百家眷作为要挟,朝中必定大乱,就会乖乖地降服于我。"

"那,若是洛阳久攻不下呢?"李密又问。

杨玄感摇摇头:"不会的。越王杨侗和樊子盖都不是领兵打仗的将才,听到咱们去攻城,他们能据守三五天而不弃城逃命就算不错了。再说,起兵伊始,最要紧的是壮大声威。攻取洛阳,定能使咱们声威大震。如果像你上计所说,直取大兴,途中遇城不攻,怎么能显示声威呢!"

李密听杨玄感原来是这样打算的,心中暗暗叫苦:这事要坏!

李密的担心并非没有缘由,他所出的上中下三计,是经过了一番深思熟虑的。他想,如采用上计而挥兵北上,临渝关的守将赵元淑与杨玄感旧有私交,声气相通。扼守住临渝关,就能让皇上进退失据,处于狼狈境况。若用中计向西推进,关中的防卫并不强大,杨玄感的老家就在华阴,杨家又是当地大族,会获得众多族人拥戴,他所说的声威正在关中,取胜的可能甚至比北上还要大些。可是现在……杨玄感是个性情骄倨,固执己见的显贵子弟,李密的担心,就在于太了解他们了。

杨玄感决计进攻东京洛阳。他派杨玄挺率骁勇千人作为前锋,先取河内。

河内是洛阳的北方门户,两城隔黄河相望。杨玄感先攻河内,不光是为了清除进取东京的障碍,他要除掉河内郡守唐祎,以解心头之恨。起兵之前,杨玄感将唐祎召到黎阳,拉他共同举事,还封了唐祎一个怀州刺史。唐祎表面上唯喏,还跟杨玄感一起出谋划策。可是就在起兵的前一天夜里,唐祎偷偷逃回了河内。

唐祎跑回河内之后,立刻加固城防,严阵以待,并派人飞驰东京禀报,将杨玄感反叛的消息告知越王杨侗和樊子盖,让他们作好守城准备。

杨玄挺率兵进到河内,猛攻猛冲了一昼夜,城池岿然不动。杨玄挺无奈,只好改道从汲郡南渡黄河,奔向洛阳。这时候,杨玄感又派弟弟杨积善率三千兵从偃师沿洛水西进，围攻东京。他自己领三千多兵马紧随其后。

别看杨玄感人马不多，却士气正旺，沿途又有众多苦于力役的农夫纷纷投奔，队伍日益扩充。虽然都手执单刀柳盾，没有弓矢甲胄，但也浩浩荡荡，气势汹汹，竟把越王派来阻击的兵马打得落花流水。

越王派河南令达奚善意率五千精兵东阻杨积善。达奚善意渡过洛水，在汉王寺扎营。这些留守东京的士兵已多年不习武备，虽然号称精兵，却是金玉其外，败絮其中。第二天，杨积善领兵杀到，达奚善意的部下竟望风而逃，不战自溃。丢盔弃甲全被杨积善唾手得来，装备了自己。

受越王之命，河南赞治裴弘策北御杨玄挺的八千精锐，其下场与达奚善意如出一辙。裴弘策率军在白司马坂遭遇杨玄挺，一触即溃，丢弃了许多铠仗。杨玄挺并不追赶，命部下轻松地捡获了战利品，徐徐前行。裴弘策败退四五里，又收集散兵结集以待。远远地见杨玄挺的人马慢慢过来，却在不远处坐下休息，半晌不见动静。裴弘策以为杨玄挺人困马乏，动弹不得了，也想借机松弛一下。杨玄挺突然带兵杀了过来，裴弘策又落荒而逃。就这样五战五败，一直退到洛阳太阳门，裴弘策仅率十余骑逃进宫城，其余士兵都被杨玄挺俘获。

旗开得胜，一路顺风，让杨玄感大喜过望。他率兵屯驻东京东面的上春门，准备稍事休整即开始攻城。

四乡百姓听说叛军打败了朝廷的军队，纷纷牵着牛羊，抬了大坛的酒来上春门犒劳这些勇武的将士。这种从未见过的热烈场面，使杨玄感大为感动。他正想对百姓们说几句感谢的话，就见一位白胡子的长者，手捧一碗酒，颤颤巍巍地走到跟前，说："大将军，老汉我听说，大将军改朝换代之后，俺百姓就用不着没白没黑地运送军粮，也不用出壮丁、服劳役了？"

老汉的问话让杨玄感浑身一震：百姓所求仅此而已！皇上，你竟忘了失民心者失天下呀！他手臂一挥，大声说道："诸位乡亲父老，我杨玄感身为朝廷重臣，家有财产万金，已经算得上荣华富贵了。我之所以不顾灭族之祸而起兵，就是为天下百姓解倒悬之急，救乡亲父老出水火之中啊！"

听了这些话，老汉顿时涕泪横流。他扑通一声跪在地上，双手将酒碗高举过顶，颤抖着声音喊道："大将军，俺老少爷们儿给你敬酒啦！"

杨玄感急忙上前两步，一手接过酒碗，一手把老汉扶起，说："多谢乡亲们的拥戴，杨玄感绝不辜负百姓苍生！"

说完，扬起脖子，咕咕地将一碗酒喝了个干净。

一时间群情激奋，四周围爆发出山呼海啸般的欢呼呐喊。当下就有上百名青壮汉子报名投军效力。杨玄感看着这激动人心的场面，高兴地对李密说："法主兄，有此声威，咱们何愁大事不成啊！"

李密没有作答，只深沉地笑了笑。

洛阳城里，民部尚书樊子盖收到了一封书信，是内史合人韦福嗣写给他的劝降书。韦福嗣随裴弘策出城迎战，被杨玄感俘虏。杨玄感对韦福嗣优礼善待，还让他做了文书。在信中，韦福嗣劝樊子盖认清时势，弃暗投明，共讨昏君。

读完书信，樊子盖冷笑了几声，将信扔在脚下，厉声对禁卫武士命令说：

"把败将裴弘策拉到城头上斩首，让杨玄感看清楚我樊子盖与东京共存亡的决心！"

樊子盖绝非像杨玄感所说，不是领兵打仗的将才，那是杨玄感对他的藐视和贬低。樊子盖曾任枞阳太守，江南平陈，他以战功加上开府，后升行循州总管。杨广即位后，他又任过凉州刺史和武威太守，是位文武兼备，既有军功又有政绩的员，很得皇帝赏识，直至民部尚书。所以，皇上才委以他辅佐越王留守东京的重任。

看到裴弘策的人头从洛阳城上滚落下来，杨玄感自知劝降无望了。于是下令攻城。

天命似乎专好与人运作对。当年营造东京时，杨素是总监。谁曾想没过十年，他的儿子领着兵马来攻打老子督造的城池了。早知道有今天，当初杨素或许不会把洛阳城墙修得这样高大坚固了，使得杨玄感硬攻了十几天竟没有丝毫破绽。

这时，军情飞至：镇守大兴的代王杨侑派刑部尚书卫文升率兵四万赶来援救东京。最可恨的是，卫文升路过华阴，先去掘了杨素的坟墓，焚烧了骸骨，以示与杨玄感不共戴天，要作殊死一战！然后率军出崤关，过渑池，直趋洛阳城北，现已屯驻金谷。

听了这消息，杨玄感怒发冲冠，五内如焚，急忙安排继续攻城，又分出兵马，由他与杨玄挺亲领西去，阻击卫文升。

行至瀍水，迎头跟卫文升相遇。这回，杨玄感听取了李密的计策，交战不久便佯败后退，卫文升挥师追击。很快到了洛涧，杨玄感早在这里埋下伏兵，见卫文升越追越近，杨玄感大吼一声，突然调转马头，朝卫文升冲过来，此时伏兵四起。

杨玄感手握长矛，一马当先，叱咤陷阵，颇有当年楚霸王项羽的气概。卫文升的队伍顿时大乱，士卒四散逃命，连招架之力都没有了。不多时就被杨玄感的部众杀得尸横遍地，卫文升追来的两万人马几乎全军覆没，只剩了不足五千跟卫文升逃了出去。杨玄感乘胜猛追。

卫文升折兵损将，死伤大半；仓皇逃到邙山南侧。这时粮草已快用尽，杨玄感又穷追不合，卫文升决意孤注一掷，与杨玄感在邙山决战。一天之中大战十次，卫文升且战且退。杨玄感越战越勇，大喊着："不取卫文升人头决不收兵！"

正在这时，杨玄挺被流矢射中，气绝身亡，杨玄感不得不下令停止追杀。

自黎阳出兵至今，杨玄感战无不捷，士气更加旺盛。前来投军的百姓和被俘归顺的士兵日益增加，待他击溃卫文升，率军回到洛阳城的时候麾下部众已有了实足的十万人。这时又有喜讯传来：右武侯大将军李子雄从东莱海口投奔杨玄感来了！

李子雄在仁寿四年平定汉王杨谅反叛时立了战功，被杨广看中，拜为民部尚书。可是他身为朝廷重臣，却不重国家威仪，说话口无遮拦。有一回，新罗国王派使者到洛阳朝贡，李子雄在朝堂与使者面晤。谈话当中由新罗的穿戴打扮问起了冠制的由来，新罗使者感到惊异，说："这是皮弁的发展，大人不知道吗？哪有大国君子不知道皮弁的？"

李子雄不悦，辩解说："中国没什么礼仪，都是求教四方蛮夷而来的。"

新罗使者反驳道："自到东京以来，除了大人刚才所言，我还没见到贵国有不讲礼仪的事情！"

李子雄说出这样的话来，太有损大国声誉了，他因此被宪司参奏免职。这次东征高句丽，杨广令他从军将功折罪，分到东莱海口来护儿军中，快要出发时，杨玄感兵变黎阳。杨广怀疑李子雄将在东莱举兵与黎阳叛军相应，急速派人携诏书来抓李子雄。这一下却把李子雄逼上了绝路，他杀死宣诏使者，带着一队人马来洛阳找杨玄感入伙。

杨玄感的队伍和声势更加壮大，但是洛阳城依旧攻不下来。听说皇上已经到了涿郡，并派左翊卫大将军宇文述和右侯卫将军屈突通率大军日夜兼程南下，直逼洛阳。来护儿也早已从东莱出发西进，赶来解东京之围。如果两路大军汇于洛阳城下，可就凶多吉少了。

形势越来越显得危机，这时李子雄出了个主意，他对杨玄感说："杨大人应当即刻称帝，号令天下，那样，国内人心更加动乱，东京城内的臣将士也会六神无主，自然土崩瓦解，攻破城池也就轻而易举了。"

杨玄感拿不定主意，又向李密讨教，李密说："从前陈胜想称王，张耳劝谏遭到疏远，魏武帝将求九锡，荀彧阻止而被杀。大人今天问我是否应该称帝，要我怎么回答才好呢？我想说实话，又怕重蹈二人覆辙；虚情假意、阿谀逢迎，我又做不到。大人，我在想，起兵以来，虽然连连取胜，但各郡县吏却无人响应。东京守军势力强盛，久攻不克，皇上派来的救兵说话就要到了。在这关键时刻应当挺身力战，早定关中才是。如果忙着称帝，也只是向世人炫耀了一个空名而已。"

杨玄感摇头一笑，说："法主兄说的在理。号令天下之事不提了，先攻下洛阳再说。"

但是来不及了，宇文述的兵马已经渡过了黄河，形势危在旦夕。今日所处的困窘，完全如李密当初所料，事已至此，不得不西取关中了。但是，在延误了一个半月之后再用李密的中计，与当时即用其中计，当然不可同日而语。

杨玄感从洛阳城下撤出兵马，率军西趋潼关。撤离洛阳的第三天，宇文述的几路大军接踵而至，见叛军已经撤走，宇文述也没进城，立即向西追赶。

节令已近仲秋，几场秋雨过后，天气有了几分寒意，道路泥泞。杨玄感的部众奔走在泥水中，那声威，那士气，与围歼卫文升时候相比，就显得大不一样了。好在杨玄感善于摇唇鼓舌，一路上不断给将士打气，描绘着打开潼关、据守关中之后的美好前景：

"拿下潼关，我们便有险可据。进而攻取长安，打开永丰仓赈济穷苦百姓，关中民心所向，各路豪杰也会纷纷前来聚义，三辅就可一举而定。据有府库，再向东争夺天下，这也是霸王之业！"

杨玄感说的三辅，是汉武帝时所置京兆尹、左冯翊、右扶风三个与郡相当的政区，治所同在长安城中。因所辖皆京畿之地，故合称"三辅"。

队伍在杨玄感的鼓动下急速西进。一路上按照李密所说的计策行事，遇城池不取。可是队伍行至弘农，事情突然起了变化。

弘农太守杨智积是杨广的叔伯兄弟，封为蔡王。他听到杨玄感西窜的消息，马上召集属下员说："杨玄感见朝廷大军快到了，就打算向西谋取关中。如果让他得逞，以后就难以铲除。我们必须想办法阻止他进军。只要能拖住他，不出十天，定会将这叛贼擒住！"

杨玄感的队伍进到弘农城前，被一群守候在路边的老弱农夫挡住去路，他们嚷嚷着要见杨玄感大人。杨玄感闻讯策马赶到，问："什么事？"

农夫中走出一位老者，朝杨玄感一揖，说："杨大人，我们弘农百姓连年遭累劳役重赋，苦不堪言。如今都到了家无隔夜粮，要卖儿鬻女的地步。听说大人起兵举义，我们衷心拥戴，盼望着大人领兵打过来，攻下弘农城，开仓赈济四乡百姓啊！"

"噢?"杨玄感看着这群衣衫褴褛的农夫,心中一动。

这时,又一个壮年汉子喊道:"杨大人,弘农城防空虚,是很容易攻下来的。城里的存粮少说也有万石呀!"

杨玄感刚才还有的一点犹豫顿时全无,他笑了笑说:"正好我也需补充一些军粮了。"遂大喊道:"弟兄们,先跟我拿下弘农,再取潼关!"

他不会想到,这些劝他攻城的百姓都是杨智积的部下。

李密见杨玄感真要攻城,立刻赶过来劝说:"大人,你现在是诈众西,一定要用兵神速,何况后面的追兵眼看就要到了,怎么还顾得上攻一个小小的弘农城!如果不赶在前面占据潼关,无险可守,就难以保全自己了!"

正在这时,弘农城头传来一声呐喊:"叛贼杨玄感!"

杨玄感抬头一看,是杨智积站在了城楼上,他也喊道:"杨智积小儿,你杨爷爷来了,还不赶快出城投降!"

杨智积哈哈大笑说:"杨玄感,你杨家世受国恩,你来世做牛做马也不足以报答,你却恩将仇报,聚贼反叛朝廷,真是猪狗不如。我正想去砍下你的脑袋,没想到你自己送上门来了!"

杨玄感气得脸色铁青,浑身发抖,他高举长枪大喊:"弟兄们,跟我攻城!"就打马冲向城门,众士卒也呼啦啦蜂拥而上,李密想拦也拦不住了。

杨玄感果然钻进了杨智积设下的圈套,挥师攻打弘农,接连三天毫无收获,再也不敢纠缠下去,又率军继续西去。正是这三天,使他失去了攻取关中的最后战机。

宇文述兵分几路,在叛军身后和两翼形成合围之势,死死咬住,一天数次发动猛攻。杨玄感且战且走,连连败退。

阌乡的董杜原。此处西去潼关仅有一百多里,但是杨玄感再也无法赶到那里了。从潼关杀出来的军与宇文述的兵马从四面紧紧围住叛军,杨玄感只好在董杜原摆下了决战的阵势。

大战三天,叛军一败涂地,全线崩溃。杨玄感好歹从南面杀开一条血路冲出重围,逃往山林,回头看看,连弟弟杨积善在内,身边只剩下了十几个人。

军穷追不合,杨玄感仓皇奔命,跑了一天一夜,来到葭芦戍时,只有他和杨积善两个人,马也都累死了,兄弟俩只好步行。

走了一段路程,身后隐隐听到追兵的马蹄声和士卒搜寻的喧嚷。杨玄感停住脚步,抬头仰望苍天,沉重地长叹一声,对杨积善说:"谋事在人,成事在天。可不知苍天为什么容不得我!兄弟,如今大势已去,再逃下去也无意义。但我决不能让朝廷抓住,受无道之君的戮辱。你帮我一把,让哥哥我就此了断吧！"

　　说完，杨玄感转过身去，面向西北跪下，那里是他的家乡，也有壮志未酬的大兴。

　　杨积善泣不成声，悲哀地叫道："哥！"

　　杨玄感头也没回，说："哭什么！快动手吧，再迟就来不及了！"

　　杨积善点点头，挥泪抽刀，向哥哥的脖颈上砍去。一注热血呼地窜了出来，洒在满是碎石乱草的荒野。

　　随后，杨积善跪在哥哥的尸身边，横刀自刎。

　　宇文述平叛大获全胜，班师回京。

　　按照皇上的旨意，贼首杨玄感的尸首在洛阳天津街上示众三天，之后被禁卫士卒剁成肉酱，焚烧殆尽，最后的骨灰挥洒在城外的荒郊野冢之间。

　　一场虚惊就这样过去了，杨广的心里有终于得到了一丝欣然安慰。

　　真是可惜啊！杨玄感惊动天下的举兵反叛，从黎阳到葭芦戍，在短短的三个月之内，就在焚烧尸肉的烈焰的渐渐止熄中灰飞烟灭了。

第三十四章

萧后忠言惹怒杨广　荒淫残暴本色毕露

杨广回到东京之后，杨广第一件需要解决的事情就是除去杨玄感的党羽。

他立刻召集了留守在洛阳的樊子盖与御史大夫裴蕴、刑部侍郎骨仪等人，对他们说到："杨玄感振臂一呼，响应者竟然达到十几万人，这样的情景怎么不让朕寒心呢。由此看来，天下的人不可以太多，太多就会相聚为盗。因此，这一次铲除杨玄感的余党，一定要斩草除根，一个不留，做到杀一儆百的作用。朕命你们几个人专门处理这件事情，一定要深挖细究，宁可错杀一百，也不能放过一个。朕要让天下家喻户晓，让那些图谋不轨的知道，聚众反叛是绝对没有好下场的！"

几位大臣唯喏领旨。

樊子盖、裴蕴这几个人是出了名的严酷少恩、果于杀戮的酷吏，皇上让他们专办诛除叛贼余党，真可谓知人善任。这几位大臣，则是如鱼得水，又可以大大施展一番了。

晚上，萧后在后宫摆下一桌十分精致的菜肴，这是她与柳娣经过大半天的精心谋划，安排御厨做的。这一桌几乎全是江南风味的名菜。其中的蟹黄鱼肚和西湖醋鱼都是皇上百吃不厌的佳肴。

皇上二下扬州，萧后和柳娣都没随驾同行，从那里皇上直接北上去了辽东，后来回到洛阳住了几个月，但因征讨高句丽失利，使得皇上郁闷不乐，几乎一直待在显仁宫里。接着再伐高句丽，却又遇上杨玄感反叛，不得不放弃攻打辽东，回师灭贼。前后算来，差不多有两年时间，萧后没有跟皇上同坐一桌安安稳稳地吃上一顿饭了。现在杨玄感叛军被剿灭，虽然高句丽依旧未下，但毕竟心腹之患已除，萧后和柳娣决意陪皇上高兴高兴。

杨广一进门就看到了满桌的佳肴美酒，又见萧后、柳娣满面笑容恭候两侧，感觉到气氛不同，脸上的疲惫之色立时退去了三分。他故意造作地叫了一声："嗬！今天遇到什么喜庆事了，快说出来朕听听！"

柳娣扑哧一笑，说："陛下远征回朝，杨玄感叛军已除，皇后要为陛下

洗尘庆贺哩!"

杨广笑着看看萧后,说:"朕当感谢皇后一片热心呀!"

萧后一笑:"说起来,这还是柳娣的主意哩!"

"哦,那么,朕连柳娣一块儿谢了!"

柳娣忙说:"陛下不要听皇后拿我开心,快请入座吧!"

杨广与萧后坐下,柳娣在他们面前的杯里斟满酒。杨广端杯一饮而尽,然后夹了一块蟹黄鱼肚放在口中,细细咀嚼。蟹香肚嫩鲜美可口,咽下肚里,杨广不禁长叹一声:"唉,好久没有吃到江南菜肴,这味道朕都快忘记了!"说着,心中又生出一丝怅惘和遗憾:吃的是江南口味,身处的环境却是中原。

萧后又夹了一块西湖醋鱼放到杨广碗里,说:"这也是柳娣的主意。陛下接连征战,身心劳累,吃一顿江南风味,也好轻松一些。"

杨广感激地看看面前这两个女人,慨然举杯,又喝了个干净,说:"杨玄感贼兵围攻洛阳,你们两个都害怕了吧?"

萧后答道:"说一点儿也不怕是假的,但妾确信几个叛贼成不了气候,果然,最终只是有惊无险。其实,让我们最担心的还是……"

萧后停顿不语,杨广追问道:"最担心什么?"

"陛下,"柳娣插进话来,"陛下率百万大军远征辽东,听到杨玄感聚众反叛,一定是怒不可遏,心急如焚。皇后日夜牵挂的皇上的龙体康健,对叛军能不能攻破洛阳,根本顾不得考虑。"

"噢?皇后盼朕无灾无恙,置自身安危而不顾,令朕感动不已。那么,柳娣你呢?"

听皇上追问,柳娣红着脸侧过身去。萧后微笑着说:"陛下,这还用问吗!"

杨广哈哈大笑,又连干了两杯,说:"难得皇后、柳娣一片苦心真情啊!朕好久没有住在后宫了,今晚二位就陪朕同宿寝殿,怎么样?"

柳娣听了这话不由得一愣,她看到皇后那兴致勃勃的微笑也还不及收敛,僵在了脸上。皇上在扬州的迷楼里,用王世充贡献的三十六面乌铜镜把御榻围住,常常与十几个姑娘一起赤身裸体、同欢作乐的事,柳娣和皇后早就听说了。可那都是些宫娥婢女,混乱一起也就罢了。现在皇上又要两个女人陪他共枕,而其中一个是皇后,这就太出格了。皇后再宽宏,也容不得皇上同在龙榻御幸别的女人呀!可是,皇上金口玉言,话已经说出来了,柳娣还真不知道该如何应答才好,只有怔怔地盯着皇后,看她会怎么应付。

萧后端起酒杯，浅浅地呷了一口，然后放下酒杯，拿起筷子，却不去夹菜，抬眼看看杨广，说："杨玄感叛贼已灭，陛下也该放下心来好好休养休养了。"

柳婵心里一喜，到底还是皇后，不愠不恼，不羞不涩，一下就把话题岔开了。

杨广一听萧后谈到了国事，似乎也来了精神："皇后说得在理，朕也想好好地休养一阵。不过，高句丽还没有降服，对天下社稷终究是个隐患。再说，不降服高句丽，也有损国威。还有，杨玄感虽已焚尸扬灰，但贼党余孽还大有人在，朕要将他们诛灭得一干二净，以做效尤！"

萧后点点头，表示赞同，又说："陛下，贼党余孽罪愆当诛。可是，还得防备有人借此机会排除异己，滥杀无辜啊！"

"噢！莫非皇后听到了什么传闻？"杨广惊疑地问道。

"妾听说，杨玄感围攻东京时，曾开仓分粮。现在，樊子盖在洛阳四周挨家逐户排查，凡领过杨玄感米的百姓，统统被绑到城南活埋了！"

"哦，有这事儿啊，"杨广笑笑说，"这事儿樊子盖禀奏过。叛贼狗胆包天，开的是朝廷的粮仓，谁领受了叛贼的米粟，就是与叛贼相通。与贼相通就是贼，就是该杀。"

萧后见杨广那副不以为然的神态和轻描淡写的语气，不觉吃了一惊。百姓无辜，就因领了几升粮食便遭杀身之祸，而且这些事并没有人瞒着皇上，简直令人难以置信！萧后出了一身冷汗。

柳婵也觉得诧异，皇后跟自己商量，要弄些好菜陪皇上好好乐一乐，怎么就谈到朝政国事上来了？难道皇后原本就有此用心？

这时，萧后又说："陛下，领过贼粮的人即为贼党，也算说得过去。可是河间郡王文同为捕叛贼党羽，搜遍了佛庙寺院，让尼姑全都裸体查验，查出不是处女的尼姑近千人，即将处死。尼姑不是处女身也算贼党，这怕是有些说不过去了吧。"

"哎，这事儿朕还不曾听说，明天朕查问一下，果真如此，就派人去斩了那个王文同，滥用威权还了得！不过，这样的事内史侍郎该有奏报呀。"杨广喝了口酒，又自言自语说，"这个虞世基，整天马马虎虎。"

萧后本想就是把话题往虞世基身上引的，因为她近来听到许多对这位皇上宠臣的非议。虞世基长了一副谨慎稳重相，貌似内向，沉默寡言，但是说出话来几乎句句都能迎合皇上的心思，因此特受皇上宠信，朝中大臣没人能与他相比。虞世基的亲朋好友也凭借他的权势贪赃枉法，公开勒索受贿，趋炎附势地进出于他的家门，热闹非凡。因而朝野上下对虞世基多

有怨愤，甚至是痛恨。最令朝臣不能容忍的是，虞世基为了媚取皇上的欢心，报喜不报忧，对下面送来的奏折，只拣那些歌功颂德的呈给皇上看。萧后本想给皇上提个醒，让他心中有数，不要被佞臣迷惑。可是，听到皇上提到虞世基的过失的时候，是那种毫不在乎、无所谓的口气，萧后失望了。

萧后又不无忧虑地问："陛下，听说近来四方盗寇蜂起，闹得还挺厉害，可是真的？"

杨广轻蔑地摇摇头："没那么玄！几个小小的蟊贼，铲除他们不过举手之劳。朕早就看透了，天下人不能多了，一多就聚众为盗。好事者大有人在哩！"

萧后犹疑了一下，但还是说了："陛下，接连征战，百姓的徭役赋税过重，再加年景不好，日子过得苦，恐怕也是祸乱的缘由吧。"

"嗯？"杨广陡然色变，把筷子啪地拍在桌上，"这是谁说的？谁在散布妖言，蛊惑人心？这种诋毁朝廷的屁话你皇后也能相信！朕早有耳闻，说什么天下已不堪重负，需要长久休养生息。说到底是被高句丽吓怕了，不想出征。朕偏偏不信这一套，你们等着瞧，过不了几天朕就会把高句丽拿下，让天下四方折服大隋国威！"

一番怒气冲冲的话，逼得萧后不再作声。柳娣吓得一颗心怦怦乱跳，慌忙解围说："陛下，千万别当真动怒，皇后不过是闲聊而已。陛下，奴婢敬你一杯。"

杨广抬手一挡："不喝了！都回去睡觉去！"说着站起身，又说，"从今天起，不许你们再议论朝政国事！"

说完，转身走向寝殿。也就是说，皇上已不再想跟两个女人同床共枕了。

第二天，皇上去了西苑之后，还宠幸了一名叫淑云的婢女。完事后杨广回到积珍院，宋夫人和一帮姑娘们还在守着狼藉的杯盘喝酒说笑，她们没想到皇上回来了，纷纷起身收拾残汤剩羹，宋夫人赶紧吩咐厨下再备酒菜。

姑娘们一边忙活着，叽叽喳喳地说："陛下独自到哪里去了，叫奴婢们空等了这么久，一点兴致都没有。"

杨广慵懒地往椅子上一仰："朕去做了一回清夜游！"

宋夫人笑笑说："陛下出去了这么一会儿，就遇到喜事了？"

杨广一愣，问："你又瞎猜疑，朕有什么喜事？"

宋夫人含笑指了指杨广的衣裾，上面血迹一片，"说出来听听，明天贱妾约各院夫人为陛下贺喜。"

杨广见自己的事都被宋夫人看透说中了，就笑着一把将她拉过来。宋夫人顺势倒向皇上怀里。

这一夜，杨广喝得酩酊大醉。

大业十年的阳春三月。杨广又一次驾临涿郡，他要在临渝祭祀黄帝。昔日黄帝战于阪泉以定天下，今天的大隋天子祭黄帝以求福瑞，祈祷黄帝之灵佑护第三次征讨高句丽大获全胜。

一个月前，杨广在东京宫中召集满朝文武再议征高句丽事。三天下来，百僚中无一人发言。

连续两年二征高句丽，都是无功而返，谁敢说这次再讨就准能得胜？如果又败了，妖惑皇上视听的罪责着实不轻。但要是说如今府库虚空，盗贼群起，民怨鼎沸，再征高句丽等同铤而走险，倒是实话。然而皇上执意要战，即使说了实话也是与皇上唱对台戏。轻则罢，重则杀头，何必自讨苦吃？惩治杨玄感案中的种种酷刑惨状，足以使文臣武将们人人自危、不寒而栗了。

不说话就是默许，就是一致同意再征高句丽。其实，皇上原本就没打算听臣下们说什么，共议朝政不过摆摆样子罢了。

朝中百官太熟悉君主的脾性了。

从洛阳来涿郡的路上，竟有士兵结伙逃跑。皇上闻奏，大为震怒，命禁卫追捕，几十名没逃远的逃兵被抓了回来。皇上用他们的人头作了祭祀黄帝的牺牲，又命将士把逃兵的血涂在战鼓上，以作儆戒。

不过，天下到底是乱了，盗贼群起，闹得四方不宁，道路上也不太平。从全国征调的军队屡屡受阻，没有一支队伍能如期到达。杨广三月抵达涿郡，等各路大军陆续集结，皇上的车驾到达怀远镇前沿时，已经七月初七了。

水军大将来护儿仍然率战船从东莱出发，东渡渤海抵达高句丽卑奢城。高句丽国王高元调集精锐前来迎敌。刚一交手，就被隋军击溃，损失了近两千将士。来护儿挥师乘胜追击，眼看着攻到平壤城下。经过了隋军两次打击，高句丽虽未败亡，却已是疲弊至极。眼下来护儿的水军将至都城，大业皇帝又率陆军从西边压了过来，高元自知大势不妙，含恨忍痛派使者面见杨广请降。这回不是诈降，是真降。为了表示诚意，高元特意把隋军叛将斛斯政塞进囚车，献于杨广御帐前。

高句丽不战而降，真是一个意外的惊喜！由此完全可以理直气壮地诏告天下，高句丽自降，无疑是慑于大隋上国威势！高句丽既然投降，就没

有再打下去的道理。杨广命高句丽使者回去转达旨意，要高元近期来朝；又派人持节诏来护儿班师，然后起驾返回洛阳。

十月三日，皇上的车驾返回东京，稍作休息之后，又起驾西行，于二十五日到达了西京大兴。

出师凯旋，都要在京师的祖庙前举行隆重的告庙典礼，向列祖列宗禀报征战经过和辉煌战果，这是惯例。

告庙典礼上，要向祖宗献上战俘。这回高句丽国不战而降，没有俘虏可献，不过却有一个斛斯政。斛斯政身受皇恩，却在阵前投降了敌人，做了叛徒。叛徒要比敌人还可恨可恶，当然，也更是该杀！

祭告祖庙典礼结束，皇上御驾刚刚回到宫中，内侍来报："右翊卫大将军宇文述求见。"杨广传召。

宇文述拜见了皇上，还没等问话，便直截了当地奏道："陛下，斛斯政十恶不赦，国人皆曰可杀！"

杨广一听他是为此事而来，就说："宇文卿尽可放心，朕绝不会饶过这种败类！"

宇文述说："斛斯政的罪恶，天地不容，人神共怒，如果用平常刑法，恐怕难以收到惩儆贼臣逆子的功效。为此，臣奏请陛下改变常法。"

杨广对斛斯政恨之入骨，但也只是想杀掉他了事，至于让他怎么个死法却没有多想，现在听宇文述一说，觉得很有道理，于是问道："依卿之见，常法应如何改变？"

"陛下，去年二征高句丽，在辽东御帐之中，听到斛斯政投敌的消息后，陛下曾说过一番话。臣以为，那正是改变常法之法。"

经宇文述提醒，杨广一下想起来了。当时他曾说，总有一天要将斛斯政万箭穿、千刀剐。不过那是说的气话，今天真要用此办法处死贼臣，的确是个好主意，定会大快人心。

杨广高兴地说："好，就给斛斯政来个万箭穿、千刀剐！这事由宇文卿全权安排。传朕旨意：十一月初二午时，金光门外处决斛斯政。京师之内九品以上文武员必须到场。不仅是观刑，还要一起参与行刑！"

宇文述回答："臣遵旨。"

金光门是长安西城三门中的中门。这天到了行刑的时候，斛斯政被禁军士卒推到金光门外，捆绑在一根木桩上，并用一个大车轮套住了脖子，使他扭动不得。这也是宇文述想出的改变常法的新招。

伴随着午时钟鼓，第一支行刑队伍阔步上场。这是一支由五十名朝中武将组成的队伍，每人手持弓箭，走到距斛斯政三十步远的地方排成一个半圆，然后搭箭拉弓，听宇文述一声号令，"嗖嗖嗖"，对准斛斯政一阵猛射，每个各发三箭。这些武将久经沙场，个个练就了百步穿杨的功夫，在如此近的距离内射斛斯政这么一个大活靶子，更是箭无虚发。每人三箭射完，斛斯政从头到脚插满了箭矢，远远看去活像一只站着的刺猬。但是还没死，全身蠕动着，嘴里发出绝命的嘶叫。

随着弓箭手退下，第二支行刑队走上来，是五十名文官，一个个手提长刀。文官不会射箭，就只有练一练砍杀。他们一个接一个轮番上阵，来到斛斯政跟前举刀便砍，有的砍三五下，有的砍七八刀，并不定数，但都砍得十分卖力，等最后一个砍完，斛斯政已成了一堆凌乱不堪的骨肉。

杨广坐在高台上，将行刑场面从头到尾看得认真仔细，他哈哈大笑，手指着那堆"斛斯政"吩咐内侍："来呀，将斛斯政煮熟，赐予众卿每人一块尝尝！"

满朝文武顿时哑然。听说，人肉是天底下最好吃的肉，可是谁也没有吃过。平白无故，谁敢吃人肉？而此时此刻，皇上圣旨，公卿百僚又有谁敢不吃？

一锅香喷喷、热腾腾的"斛斯政"抬了上来，众臣卿鱼贯上前，依次领到了属于自己的那一块，吃起来都作出津津有味、似嫌太少的样子。不一会儿，"斛斯政"只剩得一堆白骨。

皇上起驾回宫，临走时又扔下一句圣旨："收其余骨，焚而扬之！"

这口气总算是出了。

回到宫中，御帐微开，一只雪白粉嫩的小手伸出帐外，手中捏了只玉杯，杯子里有一颗圆圆的红色药丸，这是杨广从一个和尚那里得到的，听说是大补之药，大小似杏仁，在杯里轻轻滚动。帐中有人娇声娇气地说："姐妹们，快拿去加药，皇上等着用哩！"

帐外御榻前，还有四个宫女席地坐在一床锦绣棉垫上，听到吩咐，有两个灵巧的先站了起来，一个吐吐舌头，扮了个怪相，双手接过玉杯；另一个走到灯架旁提了一盏灯笼，两个姑娘一前一后走出了寝殿。

此刻已是三更时分。二月的夜晚，春寒料峭，刮着嗖嗖的小北风，吹得灯笼里的烛火一明一灭。

两个宫女沿殿前的檐廊走向一间侧房，还没到门口，就有一股热乎乎的药味儿扑鼻而来。一个宫女说："咦，皇上用的药还真香呢！"

另一个说："怎么，你想喝一口尝尝？"

那一个反驳道："你敢我就敢！"

两人咯咯地笑着进了那间房屋。

屋里当地上摆放着一只小火炉，炉中炭火正旺。炉子上架着一只瓦壶，火苗长短跳跃舔着壶底，壶盖和壶嘴处噗噗喷着热气。

一位年轻的内侍守在那里，他见两个宫女进来，就埋怨地说："怎么才来，再晚一刻就熬干了，端下来怕凉了！"

一个宫女嘻嘻笑着说："知道快熬干了，还不快点送过去！"

"你……"内侍被噎得两眼圆睁，恨恨地说，"你个死丫头，是想要了大爷的命啊！"

两个宫女见他这副认真的模样，开心地大笑起来。谁都知道，在这种时候，如果没有皇上召唤，任谁也不敢擅闯寝殿。因为这是在列祖列宗牌位下的京城大兴，不是在洛阳的西苑或扬州。

内侍从炉火上取下瓦壶，倾斜着将里面黄澄澄的汤汁倒进玉杯，一时间，药香味儿更浓了。宫女一边看内侍倒药，一边问："皇上得了什么病，听轮流前来侍寝的姐妹说，接连好多天，皇上每晚都要喝这种药汤。你知道吗？"

内侍将药汁倒净，把瓦壶放在一边，鬼脸兮兮地笑笑，说："皇上的事我怎么会知道！一会儿等皇上喝下这杯药汤，你们就知道了！"

"哎，看你说的，药汤喝到皇上肚里，我们怎么会知道？"

"怎么不会？皇上快活了，你们自然也就快活。说不定快活不够，还要求皇上再喝一碗呢！"

两个宫女听了这话，对这药汤的功效明白了个大概，脸上立时浮上了红云。一个伶牙俐齿的说："那是当然，谁不想快活一点儿！哎，大姑我还得嘱咐你两句，天天晚上在这里守着炉子熬药，千万不要偷喝。要不然，你也想快活了，一定会憋出病来！"

后宫内侍是阉人，说这话自然等于骂他。好在后宫里内侍跟宫女私下开这种玩笑屡见不鲜，相互习以为常，所以这位内侍并不气恼，只是笑骂说："好你个死丫头，敢拿大爷开心。但愿今夜让皇上把你豁了，叫你四条腿爬着出门。快滚吧！"

又是一阵放浪的大笑，两个宫女又捧着玉杯，提着灯笼走回寝殿。

皇上真的病了，却不知道得的什么病。那是从去年冬天冬至以后开始的。冬至是大节，按制皇上要行南郊大礼。皇帝祭祀南北二郊，是朝廷中的大事，尤其是南郊大礼，皇上须亲自祭献上帝。礼在长安南郊设下祭坛，祭坛是圆的，高二丈七尺，分上下两层。上坛直径十一丈，下坛直径十八丈。坛上设上帝、五帝、五神、太一、天一、日、月、五星、二十八宿、太微、轩辕、文昌、北斗、三台、老人、风伯、司空、雷电、雨神等诸神位。

杨广在冬至前一天沐浴斋戒。第二天早晨，坐十二乘法驾，率朝中百官前往南郊祭祀。杨广独献上帝，其余诸神由朝中文武按阶不同分别祭祀施礼。

法驾车马来到祭坛下的时候，还是天晴日丽，碧空无云。杨广刚刚为上帝献上炷香，突然间狂风大作，飞沙走石，天地间一片混沌不清，摆放香烛的长几被掀翻，一堆一堆的牺牲供品也不知道被刮到哪里去了。百禁卫赶紧护驾，好不容易把杨广拥上了车——南郊大礼就这样草草收场。

从那天回宫之后，杨广就觉得浑身不适，先是以为受风着凉了，就命太医下了几剂驱寒发汗的药，但并不见效。白天里一直昏昏沉沉，萎靡得很。来到夜间，精神依然不振，却久久难以入睡。虽说头不热，脑不闷，肚子也不疼，但日复一日总这个样子，让杨广受了不少煎熬。太医们几番望闻问切，可是脉象、面色、气息皆无异样，找不对病症也不敢下药，真的是束手无策了。

长安城诸寺庙中有个天宝寺，主持叫安伽陀。这位老和尚不光诵经念佛，还精通医药和占卜，平素与宫中往来也很密切，常跟太医们坐在一起谈病论药。

元宵节后有一天，安伽陀又来里闲聊，听太医们谈及皇上的病症，又见他们一个个郁郁不乐，忧心忡忡的样子，就问："皇上以往可曾有过这种病症？"

太医们纷纷摇头，连说没有，从来没过。皇上的精神一直好着哩。在洛阳西苑，一夜之间宠幸十几个夫人姑娘，第二天依然神清气爽，夜来时照旧。

安伽陀微微点头，又问了皇上近期来的起居情况。太医们告诉他说，皇上从去年春上开始御驾亲征，三伐高句丽，八月从辽东驾返，十月到了东京，二十天后回到长安，接着就是告庙典礼，斩杀斛斯政，及至南郊祭祀等等。

听完这些，安伽陀胸有成竹地说："贫僧有数了，皇上这是阴火淤积，需要泄。"

太医们吃了一惊，都说，我们以为皇上接连征战，路途劳顿，以至身体虚弱，弄得这种萎靡恹恹的样子。进补也非十天半月就行，如果再泄岂不是雪上加霜了！

安伽陀依然摇头微笑说："贫僧跟各位太医大人开个玩笑，别看诸位天天陪伴皇上左右，其实还不如贫僧摸得透皇上的脾性。贫僧有一种丹药，

明日拿来献给皇上，再请大人们配以宫中的长生汤，将丹丸化开，请皇上每夜服用。接下来的事无需大人们费心，皇上就知道该怎么办了。"说着，安伽陀禁不住呵呵地笑起来。看着他的笑意，太医们似乎明白了三分。

第二天，安伽陀果然拿来一个锦盒，里面盛着几十粒红色药丸，说此药叫万象春。太医们配了长生汤请皇上服用，当夜就功效显著，真是立竿见影。从那一夜起，侍寝的姬妾宫女便开始三五成群。

两个宫女打着灯笼，捧着汤药回到寝殿，在御榻前跪下，将玉杯送进帐中。御帐中，杨广和一位俊俏的宫女都一丝不挂，拥被而坐。宫女接过玉杯递给杨广，说："请陛下用长生汤。"

杨广一仰脖子，把玉杯里的药汤咕咕两口喝完，将杯子扔到帐外，杨广叫道："你们几个统统上来，跟朕一块儿快活快活！"

御榻前的四位姑娘听到旨令，手忙脚乱地将衣裙脱在绣垫上，像一条条白亮的银鱼，接连着钻进帐子里。不到一个时辰，五个宫女全都肢臂伸展，瘫软在御榻下的绣垫上。

对安伽陀所献丹丸的神功灵效，杨广已是深得体验，也知道他对谶纬颇有造诣。再者，杨广曾非常信赖的章仇太翼已死去几年了，庾质也只是个会看星象的太史令，现在也只有依宇文述所说，把安伽陀老和尚召来了。

宇文述把安伽陀请到御前，因事先由宇文述已向安伽陀说明了什么事，所以见安伽陀来到，杨广只与他简单地相互问候几句，就静下来转入正题。

安伽陀目光如电，刺射着皇上，极其神秘谨慎地说："皇上梦中所见，恐怕正应了一条谶语。这句谶语在世间流传很盛，只是皇上还不曾听说。"

杨广急切地问："什么谶语？请住持尽快明示！"

安伽陀看看一旁的宇文述，又把声音压低一些："谶语说，将有李氏当做天子。"

"哦！"杨广不觉身子一颤，大为吃惊："李氏！是姓李的？"

安伽陀点点头，表示不错。

"那么，有什么对应之策将它破解吗？"杨广又问。

"当然有。"安伽陀肯定地回答，先让皇上放心。他说："应对之策的根本就是除掉李氏对皇上的威胁。最好的办法当然是将天下李姓之人全部杀掉，不过，这恐怕不好办……"

"不行不行，绝对不行！"没等安伽陀说完，杨广就急忙打断他，"李氏是天下大姓，不会杀绝的。再说，那样做一定会惹起民怨兵变，这天下……"他差一点儿说出"这天下完得就更快了"，话到嘴边才悟道，身为天子绝不该说这种不吉的话，于是突然打住。

宇文述问道："除此之外，住持是否还有别的办法？"

安伽陀说："当然有，其实是一个办法。请皇上想想看，虽然夺尊的威胁来自李氏，却与万千姓李的草民百姓无涉。一个草民一辈子连县衙大门都不曾踏入几回，怎么会夺得天子之位？无论他姓张姓李。皇上只需想想身边，想想朝廷之中有没有姓李的臣将应此谶语。而且，这李姓朝臣的名字很可能叫洪，或者淼之类，因为皇上梦中出现的是洪水。"

安伽陀一番高论，终于使杨广和宇文述君臣二人静下心，细细地琢磨起来。

其实，杨广对谶纬之言也是将信将疑。他却知道有些谶语是确实灵验的。秦末时候，方士卢生向始皇帝嬴政上奏一条谶语，说"亡秦者胡也"。后来秦王朝果然亡在胡亥手里。东汉末年，民间最流行的一条谶语就是："苍天已死，黄天当立，岁在甲子，天下大吉。"不久，灵帝刘宏的天下，真就被"天公将军"张角的黄巾军搅得大乱而一败涂地，那一年正是甲子年。

谶语不可全信，但也不能不信。既然安伽陀说了只在朝廷属中排查李姓应谶者即可，杨广心里就踏实多了。这个范围很小，不会引起民怨，乱了天下。

可是，他跟宇文述琢磨了半天，终不得结果。姓李的臣将倒是有几个，但名字对不上，没有洪、淼。杨广真的犯了难，找不出这样的人（不管他是一个还是几个）就无法排除隐患，就是块心病。

突然，宇文述双手一拍，激动地说："嗨，怎么就没想到是他呢！"

杨广问："你说谁？"

"将作少府李敏啊！"

"李敏？"杨广思忖着，"姓李不错，可这名字……"

"他小名洪儿呀！"

"噢，太对了！"杨广顿悟。

他们说的这个李敏，是宇文述妹夫李浑的侄儿，在朝中任掌管宫室、宗庙、路寝、陵园的土木营造事务的将作少府。

李浑是申国公李穆的第十个儿子。李穆死时，长子李惇早亡，按惯制由长孙李筠袭爵。而李浑早对爵位垂涎已久，就暗中派侄儿李善衡将李筠毒死，文帝曾一怒之下将李氏亲族全部拘押，但最终也未查出个究竟，便不了了之。

风声一过，李浑就加紧活动。当时宇文述是太子杨广的左卫率，很得宠信。李浑就找到宇文述，劝他游说太子，再由太子在文帝面前美言，让自己袭承爵位，并许诺："如果成功了，我每年将国赋的一半送给你。"

宇文述见妹夫找上门来，不便推辞，更是想得到那丰厚的馈赠，就尽全力去按李浑的主意做了。其结果，当然是李浑如愿以偿地袭封申国公。

功成名就之后，李浑却食言了。一半的国赋只奉送了两年，便再也不提此事。宇文述觉得受了妹夫的戏弄，心中愤恨无比，经常酒后对外人大骂李浑，又传到李浑耳朵里，由此二人反目成仇。宇文述曾暗暗发誓，一定要寻机报复，出出这口恶气。

今天，机会终于来了！

宇文述故作恍悟地说："陛下，说到李敏，臣突然想起来了，臣早就不止一次听人说，李浑和李敏、李善衡他们叔侄三个，经常聚在一起，鬼鬼祟祟的不知谈些什么。一谈就是半夜，有时候还谈到天明。"

"哦？"杨广警惕起来，"如果他们有什么阴谋，那就真的应谶了。事不宜迟，你快去仔细查明，决不可姑息养奸！""遵旨。"

"还有，"宇文述刚要退下，又被杨广叫住，"说到李敏的小名叫洪儿，朕受之启发又想到了一个人。"

宇文述试探地问："陛下说的是……"

"李渊。你想想，渊就是深水呀！"

宇文述不住地点头，可在心里想：深水归深水，皇上与李渊可是姨表兄弟啊！独孤皇后是李渊母亲的亲姐姐。再说，两人之间往日无怨，近日无仇。皇上派他镇守弘化，不久前告病养息。

杨广说："听说李渊病了，你也顺便打听打听，是真病假病，还是借病搞鬼。如今天下，人心不古，谁也不敢相信了，朕不得不防。"

"遵旨。"宇文述应着，他弄不清楚，皇上说的不敢相信的人里面是不是也有自己。

宇文述凑出了李浑叔侄几人秘密聚会，试图谋反的"证据"，李浑、李敏等宗亲三十二口被皇上下诏令斩杀，其余的一些老老少少全部流徙岭外。

李渊却幸免一劫，这跟宇文述有关。宇文述只想在李浑身上出口恶气，心思根本没往李渊那里使。他得知李渊的一个外甥女王氏在后宫为姬侍，就奏与皇上。杨广将王氏召来，问："听说你舅舅病了？"

王氏跪地伏首应道："嗯。"

"病得重吗？是不是快死了？"

王氏听到皇上这样问，吓得浑身发抖，不知道应该回答是还是不是，只不置可否地轻轻地点了点头。

杨广放心了，命令王氏先行退下。一个病重之人，想他也不会掀起什么大风浪。

　　李渊听到这个消息之后，惊得目瞪口呆，将自己关在屋子里，足不出户，也断绝了和外人的往来，整天喝酒，但是常常是自斟自饮。

　　杨广一定没有想到，几年之后，应了安伽陀谶语的，正是这为无所为的李渊！

第三十四章　萧后忠言惹怒杨广　荒淫残暴本色毕露

第三十五章

杨广雁门险些丧命　李世民献策救皇上

杨广来到汾阳宫已经有一个多月的时间了。这段时间里，四处的员络绎而至，该见的见了，该献的献了，唯独没有听到始毕可汗的消息，他远在塞外，还需要多一些耐心等待着，给他多留一些时间。

一阵阵朝见贡献，迎来送往的热闹过后，汾阳沉寂下来。杨广从早到晚闲着没事，只有读读书，赋赋诗。管涔山景色冷峻别致，能时常引发皇上的诗兴。读书写诗乏了，就让一班宫女奏乐歌舞，与她们狎昵调笑，再不然就带一队禁卫出，到树林里射杀几只飞禽，让御厨做一顿野味美餐。日子过得倒也清心快活，只是平淡了些。

驿卒送来急奏，河东一带又新起了几拨盗贼。王须拔在上郡聚众为寇，自称漫天王，立国号为燕；李子通在淮南郡举起楚王大旗，自立国号为吴……这些贼人也跟其他草寇一样，占山为王，劫掠烧杀，抗粮抗租，无恶不为。地方员纷纷奏请皇上，火速派兵剿杀。

真是屋漏偏遭连阴雨，船破又遇顶头风。自二征高句丽以后，盗寇蜂起，祸患不断。东西南北四方无处不有匪乱。朝廷频频出兵，勇武将帅也都纷纷领旨奔赴匪乱各处，率兵围剿，却没有一处彻底平息。旧病未除，又生新患，朝中将帅匮乏，眼下的难题就是，派谁去河东领兵灭匪？

杨广召几位近臣议了半晌，最终还是纳言苏威提了一个人选："陛下，弘化太守李渊可以担当此任。"

杨广沉吟片刻，转向宇文述问道："宇文卿，你说呢？"

宇文述眨眨眼，回味着皇上的语气，不那么严厉，不像断然反驳，便大着胆子回答："臣以为，李渊可以。"

杨广问宇文述，自然有一番用意。安伽陀说的谶语，只有他和宇文述知道。诛杀李敏一族，也是宇文述的主意。尽管杨广知道李敏等人罪不该死，但是谶语既出，就总得找到应谶之人。既然姓李，小名又是洪儿，遭杀便是天意了。应谶者已除，又帮着宇文述剪灭了仇家，这事就当过去。至于李渊，杨广原也将他划归应谶之列，但只是怀疑而已。经过一段时间的监视，并未发觉异常。李渊告病在家，一天到晚除了喝酒无所事事，也就放心了。再说，总归是姨表兄弟，不至于无中生有要他的命。不过这事总得借个梯子下楼，现在苏威推荐了李渊，宇文述也表示同意，也正合了杨广的心思。还有一层，宇文述既然不反对起用李渊，那他就不会、也不敢把谶语牵涉李渊的事抖搂出去。

于是，杨广说道："既然众卿都以为李渊可以，朕也没有什么说的了。"他指指虞世基，接着说，"虞卿即刻拟诏，命李渊为河东抚慰使，率兵马五万出河东扫荡贼寇，不得延误！"

不知不觉到了八月，杨广在汾阳宫已经住了三个月。越住下去，他的心绪越是烦乱。本想着始毕可汗定会来跪拜朝见，可是三个月了，不但没见到始毕可汗的影子，连一封表示忠心的信也没有送来。对上国天子的莫大藐视，让杨广龙颜大怒，更坚定了他即刻出塞北巡的决心，一定要杀一杀突厥这个刁蛮小族的锐气。

偏巧在这时候，边城楼烦太守派人送来急报，说始毕可汗纠集部众为寇，大有奔袭汾阳宫之势，请皇上速速驾返并州，以防不测。

杨广听虞世基读完奏报，虽然气得脸色铁青，却还是哈哈大笑，说："朕为大隋天子，驰骋沙场，身经百战，岂能被一个小小的突厥吓倒。若没见此报，朕倒可以起驾返回。如今有了这份奏报，朕非出塞外不可了！传朕旨意，各部将士迅速备好粮草，两天后由此起程，随驾北上！"

虞世基翻了翻历书，两天后正是八月初五。

八月初八，也就是杨广车驾浩浩荡荡从汾阳宫出发的三天之后，队伍正在行进当中，忽有一名突厥士卒骑着快马迎面直闯过来，说有紧急军情面奏大隋皇帝。

前卫军士将他带到杨广驾前，他从怀中掏出一封信双手过顶送给皇上。杨广接过来看，是义成公主写来的密信。当他把信读完，脸面已成了灰黄的土色。原来义成公主在信中说，始毕可汗招募调集了三十多万骑兵，拉开一个弧形大阵，正迎面朝大隋皇上的队伍袭来！

到底是义成公主啊？虽然已做了突厥人妻，但毕竟是隋室宗女，血脉同缘。这封密书送得太及时了！这消息非同小可。杨广这才恍悟，自己太小看始毕可汗了。他没料到小小突厥竟能纠集几十万兵马，而此时自己身边的将士不足十万。他深知突厥人的骁勇剽悍，力量悬殊，一旦交锋，必然败多胜少。

举目四望，现时立足的地方已属塞外，大漠茫茫，无险可据，杨广心中陡地一阵颤栗。

这时，宇文述凑上前来，低声说："陛下，突厥人自幼在马背上长大，个个善骑，何况敌众我寡，不能跟他在这荒漠上交手。臣以为，应当即刻调头回撤，据守雁门关，然后再作打算。"

"嗯，"杨广很不情愿地答应着，"即便是权宜之计，也只能这样了。"

雁门城是雁门郡的郡治所在，雁门郡辖四十一城。因雁门城是并州向北出塞的最后一座关防，又是郡治，地理位置举足轻重，故称雁门关。

杨广及随驾出巡的十万人马刚刚涌入雁门，关锁城防，突厥骑兵便铺天盖地席卷而来，将雁门围得水泄不通。

雁门城池不大，虽然是边塞关城，却因承平日久，疏于修筑，城防也不很牢固。城中储粮有限，隋军进驻之后，连城中宫民共有十五万人，存粮只够食用二十天左右。如今突厥大兵压境，形势已经非常险恶。突厥人来势凶猛，雁门郡四十一城，已被突厥攻陷三十九座城池，仅剩雁门、崞县两座。崞县在雁门以南不足百里，守军极弱，自守尚且不保，更没有力量北援雁门。而且，如果雁门一开，崞县将不攻自破。

始毕可汗虽是突厥首领，但也通晓兵贵神速、速战速决的用兵韬略。围城第二天，便率众从四面急攻雁门。雁门城墙原本还算得上高峻，但因年久失修，在突厥人的猛烈攻势面前就显得有点脆弱了。一天当中，城垣曾有多处频频告急，幸亏守城将士奋力抵御才转危为安。

杨广下令士卒拆除城中民宅，将大批砖瓦木料运上城头加固防御。随后，他在众多禁卫军士的护卫下登上城墙，巡查战况。

遥望城外，杨广大吃一惊。满山遍野全是突厥军队的营帐，一眼望不到尽头。城池近处，突厥人攻城的声势撼天动地，一浪高过一浪。无数骑兵像黑压压的蚂蚁，张弓搭箭嗷嗷地嚎叫着扑向城下，箭矢如骤雨似的射向城头，不时有躲避不及的隋军士兵中箭倒下，发出声声惨叫。士兵们有的忙着搬运砖石加固城头，有的则或背或抬，将伤亡的弟兄弄到城下，乱糟糟的一团，说只有招架之功绝不为过。身处此情此境，杨广的心顿时凉了半截。

突然，只听"嗖"的一声，杨广觉得额前掠过一缕阴风，他不自觉地抬手去挡，手臂在头顶上方触到一根硬邦邦的东西，仰头一看，不由自主地"啊呀"一声，惊得身边禁卫手脚发抖。原来是城下射来的一支箭，穿透皇上的御盖，钉在上面颤悠悠地晃动着。真是不幸中的万幸，如果这支箭低下二寸来，就会正中杨广咽喉。

杨广面如黄蜡，再也顾不得看突厥人攻城，被禁卫搀扶着，哆哆嗦嗦走下了城墙，乘銮驾飞也似的窜回御营。跟跟跄跄地进门，一下跌坐在椅子上，就抱头失声大哭起来。

此时此刻，大业皇帝真的大惊大惧了，从晋王到天子，这是他有生以来从未经受过的惊惧。当年塞外出巡，亲驾启民可汗牙帐的傲气霸气荡然无存，甚至连真龙天子的庄严仪容也全然不见了。

由号啕而呜咽，由呜咽而抽泣，皇上的哀痛惊动得随驾近臣纷纷赶来，宇文述、苏威、虞世基、樊子盖，一个个束手侍立，面面相觑，默默无语，不知道该劝、该哄，还是该由皇上哭天抹泪地伤心下去好。

这样持续了差不多半个时辰，皇上渐渐止住了哭泣。大臣们借机行事，见缝插针地异口同声叫道："陛下！"

杨广抬起头，擦干泪水，红红的眼看着几位属臣，哀哀地问："怎么办？"

大臣们呆呆地站着，屋里一片沉寂。城外突厥人攻城的呼啸声隐约传来。

"说呀，到底该怎么办？难道就在此坐以待毙不成！"杨广怒吼起来。

见龙颜大怒，几位大臣扑通、扑通跪在了地上。

宇文述说："陛下，臣愿率五千铁骑，杀开一条血路，护驾冲出重围！"

杨广双眸一亮，问："这办法，能行？"

"臣以为不可！"纳言苏威接过来说，"陛下，就眼下情势看，只有固城防守，我们尚有优势可言。而跃马纵骑原本就是突厥人的长处。陛下即使冲出雁门，必然会被突厥骑兵围追于旷野之上，凶吉难料。上国天子，绝不可冒险轻动！"

民部尚书樊子盖也说："陛下绝不可侥幸突围，一旦发生不测将后悔莫及。眼下只有坚守雁门，尽力挫败突厥人攻城锐气。再者，突厥用的是突袭之策，想必他粮秣不会太多，之所以攻势凶猛，就是想速战速决。鉴于此，我们更不应主动出击，要以静制动，与他相持，等待援兵。"

"援兵？援兵从哪里来？"杨广反问。

苏威说："陛下，援兵有两路，一路即谓内援。陛下应选派一名干练机敏之人，带陛下诏书潜出雁门，敕令各地方守招募兵勇，驰援雁门。另一路或可称外援。陛下，按突厥习俗，可贺敦可以参与军机大事。义成公主是始毕可汗的可贺敦，虽远嫁外夷，但毕竟是我大隋宗女，从她派使者急送突厥偷袭密报来看，她还是心系朝廷的。现在那位送信的使者还在城中，陛下可书信一封，让他星夜奔驰，赶回去送给义成公主，陈说利害，让义成公主设法叫始毕可汗撤兵。"

杨广静静地听着，时而颔首，时而支颐若有所思，面容上渐渐地有了

一些自信。

这时，虞世基也插言奏道："陛下，战之能胜，全靠军中士气。常言说，重赏之下，必有勇夫。陛下当再登城慰抚，立下勋格重赏有功将士，以此鼓舞士气，振奋军心，必然人人奋力杀敌，雁门之险何愁不可以解脱？"

要在往日，如有大臣这样喋喋不休地劝谏，杨广早就会大光其火了。他不止一次宣称"朕从来就不喜欢听人劝谏"，而文武百无一不知皇上的脾气。但是今天绝非以往了，危难之际，皇上慌乱得没有了主意和威风，只有求计于臣卿，几位属臣也趁机大胆进言了。

杨广决意固守城池，不去冒险突围。他在几位近臣的陪伴下又一次登临城头，慰抚将士。他又站到了突厥箭镞射穿御盖的地方，这就为皇上的慰抚之举平添了几分无所畏惧，视死如归的味道，守城将士群情激奋，杨广振臂高呼："诸位将士，突厥小贼貌似强悍，不过是外强中干，只能逞凶于一时。你们要坚守城池，全力抗贼。朕决意同大家一道誓与雁门共存亡！如果得以保全，朕绝不埋没诸位将士之勋劳。守城有功者，无官位者直接授以六品，赐帛百段，有官位者都将依次升迁！"

守城将士山呼万岁，士气陡涨，纷纷表示奋力杀敌，决一死战！

这天深夜，两个人影沿绳索悄悄溜下城墙，然后一南一北，分头钻进了深深的夜幕之中。往北的，是去给义成公主送御书的突厥使者；向南的，是一名禁军校尉，怀揣皇上的诏令，召集援兵去了。

汾阳门外，坡势平缓处有一座绿树浓荫遮掩着的院落，虽然不很大，建造得却极为别致精巧，与汾阳宫相辅，成为这座离宫的装饰和点缀。这就是守护汾阳的屯卫将军云定兴的馆舍。

云定兴的出身并不十分显耀，他平生的黜陟荣辱，几乎都与他的女儿有关。开皇二十年，被文帝废黜的皇太子杨勇的宠妾云昭训，就是云定兴的女儿。不过并非嫡出，而是野合私生。杨勇为太子时，云定兴春风得意，进出东宫如自己家院，还时常拿一些奇巧精致的器玩送给杨勇，以博取赏识欢心。不料风云突变，杨勇失宠而被文帝废黜，云定兴与东宫的频繁交往亦成为太子"学坏"的主要根由之一，因此被文帝下令羁押。所幸他未参与太子"叛逆"阴谋，经过一番严密查审之后，不久便被释放了。

云定兴跟宇文述私交甚密，杨广立为太子后，宇文述成为东左卫率，是杨广的膀臂心腹。云定兴与宇文述之间走动得更加亲密，当然也花费了不少金银钱财，换取了宇文述在杨广面前对他的美言。及至文帝驾崩仁寿宫，杨广继位大业，虽说将杨勇赐死，也使云昭训相随着气绝而去，但并非杨广本意，他不想追究云氏父女什么。宇文述又乘机向皇上进言，说云定兴心灵手巧，尤善营造，为国忠心耿耿。于是云定兴又得起用。大业六年，杨广二游扬州之前，为准备征讨高句丽，进行了一次甲仗兵械巡查。看到一件件精美的器械铠甲，龙颜大悦，宇文述趁机说："全是云定兴之功。"杨广高兴，任云定兴为少府丞，二征高句丽时又擢为屯卫将军。

这次皇上避暑汾阳，云定兴奉旨同行。皇上北出塞外，临行时命他领两千兵卒留守，分别驻扎汾阳内外和管涔山下护卫离，等御驾归来。

突然，院外大门处传来一声急促的叫喊："将军，不好了！"接着是一阵慌乱的脚步急奔上房而来。

跑进来的是一位驻扎山下的校尉，见了云定兴，他躬身抱拳，气喘吁吁地禀报："皇上被突厥贼兵围困在雁门关，诏令四方守令招募兵马，火速驰援救驾！"

云定兴惊疑地问："这是哪里传来的消息？"

校尉掏出一张纸递过来，说："将军请看，驿卒将皇上诏旨分发沿途郡县，刚刚送到山下。"

那是一份抄印的皇上诏旨，云定兴逐句读完，知道不是虚传，而且雁门的情势已十分紧急，皇上有险了！

他立即吩咐说："传本将军令，留守汾阳宫的所有士卒迅速集结，随本将军赶赴雁门救驾！"

"遵命！"校尉答应着，但没有动身，迟疑地问，"将军，突厥兵有几十万之众，我们只有两千人马。还有，咱们走了，这汾阳……"

云定兴说："皇上诏令写得明白，要四方守令招募兵勇。我们一路上边走边招就是。再说，前往救援的绝不是我们这一军。至于汾阳么，"他顿了顿，果断地说，"顾不得那么多了。天下宫殿万千，皇上却只有一位，还是救驾要紧！"

云定兴率部赶到雁门的时候，他的兵马已从两千扩充到了两万。但是，当他从山林中遥望雁门城池的那一刻，才真切地感到，靠这点兵力救援解围确实差得太远。突厥兵营遍布荒野，其他援军还未见踪影，若孤军硬拼，无疑是拿鸡蛋碰石头。看来，要想救驾，只有计取。

两万多人悄悄在山林中安营扎寨，静静地等了三天，只听突厥人攻城的杀声远远传来，却不见有一兵一卒援军赶到，云定兴更是无计可施，一筹莫展。无奈之中，云定兴独坐营帐，喝开了闷酒。

正喝着，忽有侍卫来报："帐外有一位少年求见将军，说有解围之计献上。"

云定兴一愣，急忙说："快请他进来！"

这是一位眉清目秀的小伙子，精神抖擞，透着一股英俊勇武之气。进帐后即向云定兴施礼："军丁李世民拜见将军！"

单看他的举止，云定兴就觉得气质不凡，就问："你是本将军的士卒吗？"

李世民回答："刚刚应招到将军麾下。"

"哦，你多大了？"

"十六岁。"

云定兴疑惑地问："这么小的年纪就应召入伍，是觉得打仗新奇，瞒着父母偷跑出来的吧？"

李世民平静地答道："将军猜错了。家父李渊，被皇上命为抚慰大使，正率部在河东剿匪。李世民也有大志，学父亲为国效力！"

云定兴猛地从桌后站起来，奔到李世民面前，拉着他的手，又惊又喜地说："原来是李渊的儿子！真是将门出虎子啊。来，跟你世伯同坐！"

一老一少在桌边坐下，云定兴要给李世民拿酒，被他谢绝了。云定兴又将李世民打量一番，说："世兄为国应招作战，忠心可嘉。不过你年纪尚轻，恐怕心有余而力不足啊！"

李世民说："将军，甘罗十二岁拜相，世民已十六岁，应当为国效力。用兵打仗，临阵杀贼，不尽在气力强弱，还要有智有谋。有了好谋略，即使气力不强，兵卒也能以一当十！"

这番话出自一个十六岁孩子之口，云定兴不得不对眼前这个娃娃刮目相看，他连连点头说："好，说得好！不愧是李渊将军的儿子！世民，眼下要解雁门之围，却正是一个敌强我弱的形势。你是不是有什么好计策？"

"好计策不敢当。世民只是有个主意，想说给将军听听。"

云定兴急切地说："快讲！"

"将军可曾想过，始毕可汗为什么敢率兵追击皇上，围攻雁门？那就是他以为，雁门地处边塞荒漠，距关西、关中以至中原极为遥远，朝廷的援兵不会很快赶到，因而突厥才如此猖狂。如果始毕可汗一旦发现大隋援军从背后包抄而来，他一定阵脚大乱，仓皇撤兵。"

云定兴哈哈大笑，说："那是当然了。可眼下的局面是，咱们的救援大军迟迟未到呀！"

"可是，我们不是已经到了吗？"李世民微笑着说，语气十分轻松。

"我们？我们只有两万人啊。"

"将军说得对，我们的人马的确是少了些，而且多是现在招募的士兵，没有经过战阵。不过，如果能让突厥兵将以为我们的两万兵马其实有二十万呢？那可就大不一样了！"

"嗯？这却有些道理。你说，怎样才能让始毕可汗相信我们大军已到？"

李世民侃侃而谈："将军，若把两万人马分为数十队，拉开二十里，白天各队摇动旌旗，看似绵延不绝。到夜晚钲鼓齐鸣，喧声四达。突厥兵不知虚实，就会望风遁逃。"

云定兴击掌称赞说："真是英雄出少年。世民，比起你来，我愧为将军了！"遂命李世民留在将军营中，协助自己调度兵马。

始毕可汗久攻雁门不破，让他大伤脑筋。忽见身后旌旗漫卷，夜间又是钲鼓之声不绝于耳，不免心悸。派小队分头去探，那些士兵恐遭不测，根本未到近前，便返回来报：隋朝大队援兵到了！恰在这时候，义成公主又派人送来急报：北方的几个部族乘虚而入，侵袭突厥，可汗大营告急！当然，这也是义成公主接到杨广的密信后，想出的一个解围之策。

始毕可汗果然慌了手脚。雁门久攻不克，身后又来了大队援军，已有了夹击之势，若再让那几个刁蛮部族从北面断了退路，那就不堪设想了。权衡再三，最后当机立断：撤！

这天深夜，突厥兵静悄悄从雁门城下撤走，急急忙忙夺路北上，赶回自己的塞外老巢去了。

雁门关险些成了鬼门关，如今危急已经解除，城门洞开，云定兴率部将进城拜见皇上。

经历了生死危难的杨广，见到云定兴入城晋见，有恍如隔世之感，悲喜交集，不禁又潸然泪下。

云定兴率部下跪地叩头，说："臣救驾来迟，请陛下恕罪！"

杨广一边擦拭着泪水，一边说："来了就好，来了就好！朕日盼夜想，今天与众卿相见，真的如在梦中啊！"

忽然，有一个稚嫩的声音响起："陛下，有李世民在，保陛下不再流泪！"

这话显然有些莽撞了，而杨广盯着这位口出狂言的少年，却是一脸的欣喜与得意。他问云定兴："这个孩子是谁呀？"

"回奏陛下，他叫李世民，是慰抚大使李渊的儿子。此次解雁门之围，臣就是用了李世民的计策！"

"了不起，了不起呀！"杨广赞不绝口，"真不愧是李渊的儿子，智勇双全，真是一个文武全才。李世民，这样看来，朕还是你的表叔呢！"

皇上的这一句话，引得众人哈哈大笑。到这时，雁门危急的紧张气氛，

才算是真正得到了缓解。

　　皇上的车驾，浩浩荡荡踏上归程。杨广回过头看了看，雁门关城已经远远地落在后面，模糊在自己的视线中。他长长地呼了一口气。今天是九月十五日，被该杀的突厥小贼围困在边塞小城，已经整整三十六天⋯⋯

第三十六章
皇上已非当年晋王　《五子之歌》惹祸上身

深秋夜半，东京洛阳的宫城中一片肃杀沉寂，杳然无声。西风瑟瑟吹过，宫墙外几株古槐上残留的几片枯叶，发出轻微的唰啦声响，就零乱地飘落进禁宫院内，随风翻卷着不知了去向。

偌大一片宫殿群落，只有后宫皇上的寝殿里隔窗透出灯火——不，皇后的寝殿里也有烛光闪烁，只是比皇上殿里的光亮暗了些。

蓦地，从皇上寝殿中传出一阵凄厉惊恐的嘶叫："啊——有贼！来人啊，有贼杀进来啦！"

这叫声穿透大殿窗牖，从阴森的廊檐下飞出，划破浓重的夜幕，传播得十分辽远，让人毛骨悚然。然而，直到这叫声回荡着消逝远去，整个禁宫中却没有一点儿惊恐慌乱，一切又复归深夜的静谧。

柳娣轻轻推开萧后寝的木门，低低地叫了声："皇后。"

萧后和衣斜倚在凤榻上，下身遮盖着锦衾，见柳娣进来，浅浅地笑笑，说："我就知道你也没睡。"她笑得有些勉强，但是语气中却流露出正盼着柳娣来陪伴自己的心思。

柳娣移步走来，在床沿上坐下，说："皇上又做噩梦了。"

萧后微微叹了口气，显得无奈，又似习以为常，不足为怪了。

皇上自九月十五离了雁门，经并州南返，回到东京洛阳的时候已经是十月初五了。听说在并州多滞留了两天，要不然回来的还要早些。

滞留并州的缘由是，群臣对自此返回西京大兴还是东京洛阳发生了歧见。

苏威早就认为，三征高句丽返回大兴之后，皇上就该安于京师，不应再东巡西游。他先后在洛阳及汾阳，都曾劝谏皇上不可贸然出塞。这次雁门脱险，南返并州，他依然坚持己见，认为皇上应即返大兴，坐镇西京。苏威说：

"陛下，如今四方盗贼不息，又刚刚解脱了雁门突厥之围，军中士马疲弊，社稷也多受惊扰。陛下应直往西京，深固根本，养息天下，才是为国

家大计着想。"

关中是形胜之地，周室隋代，朝廷根基全在关中，这一点杨广不是不明白，平心而论，苏威的话很有道理。但是，他从心底里就不愿意回到大兴那个山河阻隔、四面闭塞的地方，因此，尽管苏威说得有理，他听了却很不顺耳。什么士马疲弊，天下惊扰，即便如此，回到哪里不照样休养生息？所以，杨广对苏威的建议只是默默地听着，不置可否。

宇文述却说："陛下，随驾北巡的臣将，眷属大多在东京，臣以为，陛下应顺路先向洛阳，使群臣安慰家眷，然后由潼关入关中，再去大兴也不迟。"

这话说到杨广心里去了，而且这个理由也非常合乎情理。文臣武将随驾出巡已有半年之久，谁没有离思别愁？应该先让他们与妻儿团聚，是人之常情，更是皇上隆恩。什么坐守西京，深根固本，等以后再说吧。

于是，杨广决定由并州起驾，直向东京。

回到洛阳的那天，浩荡的车驾行进在通向皇城的大街上，杨广环顾四司，看着拥挤在街道两侧观瞻皇上仪容的人群，说了一句："咦，这人还是不少嘛！"

苏威在旁边听了，心中一悸。诛杀杨玄感余党时，皇上曾说过人不可多，多了便聚众为盗的话。今天又嫌人还是太多，是何用意？又有了什么新的打算？还是依旧没从突厥兵围攻雁门的惊吓中清醒过来？苏威着实猜不透了。

让后宫嫔妃内侍大感惊异的是，皇上自雁门归来就有了一种"怪病"，每到夜晚久久不能入眠，好歹睡过去，又几乎夜夜都被噩梦惊醒，声嘶力竭地高呼"有贼"，而且大汗淋漓。及至醒过来，问他梦到了什么，却又支吾着说不清楚，好似根本没有做梦。术士太医都轮番看了，无从解疑。万象春和长生汤还一直服着，也只是支撑着睡前的精气。只要睡去，不久还是惊厥而起。

柳娣与萧后对视着，好一会儿不说话，或许两个人心里都在想着该说点什么才好。半晌，还是柳娣先开了口："皇后，皇上到底是怎么了？"

"谁知道呢，"萧后叹息着说，"太医们都没了办法，只说是受了惊吓。可那镇惊驱邪的药用了一筐了，根本不管用。依我看，还就是吓的。听大臣们说，在雁门这一个多月，皇上哭过好几回，一哭就浑身哆嗦。哼，皇上这半辈子，还没经过这种折腾呢！"

"可也是，"柳娣又说，"不过，这样下去也不是个办法。刚才皇上喊得多吓人啊。要我说，皇后，你是不是该过去看看？"

"我？柳娣，这个时候过去能看到什么，你还没数吗？"

听着萧后反问，柳娣的脸唰地红了。

几天前，也是在半夜里听到皇上的惊叫，萧后吩咐柳娣去皇上那边问候一声。因为柳娣是萧后的贴身，跟皇上的那种关系内侍们心知肚明，内侍们没有阻拦，放柳娣径直进了寝宫。

柳娣推门进去，一下子就愣住了。就见那张宽阔的龙榻上，有七八个女人簇拥着皇上，并且都跟皇上一样，全身赤裸一丝不挂，或攀或迭地搅缠着，看上去就是一座白花花的肉堆，分不出其中还有男有女。细瞅，才看清楚，几个女人，有的把脸贴在皇上胸前，有的将手放在皇上胸部，有的用手在皇上腰间到小腹往来轻揉。这几个女人，不管是静着的，还是动着的，嘴里都在轻声念叨：睡吧，陛下。睡吧，没事儿了……

早就听说因为皇上夜里不能安睡，每晚都需十几个嫔妃宫娥侍寝，却不曾想竟是这番景象。柳娣目睹了这一切，呆怔了一会儿，掉头跑回到萧后那里。

萧后听了柳娣的描述，只淡淡地说："有什么值得大惊小怪的，皇上嘛……"

对于皇后说的，柳娣不是不懂。皇上嘛，整个天下都是他的，不论他说什么、干什么都不足为怪，谁都得服从。理虽如此，但是柳娣每当想起龙榻上的那种景象，总觉得脸上发烧，心里别扭。所以，这会儿她对皇后不愿去寝宫探候皇上的举动，从心底里感到同情和理解。

夜更深了，宫院里更静了。两个人都还没有睡意，就索性又扯开了别的话题。

柳娣说："皇后，听说皇上又发敕命建造龙舟了。"

"嗯，"萧后点头回答，"皇上是要再次游幸扬州啊！"

宫中上下都知道，专供皇上游幸江南的龙舟早已被杨玄感的叛军一把火烧了。再下江南，必造新船。换句话说，既然皇上已敕命新造龙舟，那就是圣意已决，欲再游扬州了。

柳娣又问："皇上这回再下江南，皇后定要随驾同游了吧？"

"那是。"萧后答应着，又补上了一句："也少不了你。"

杨广第二次巡幸扬州时，萧后因身体有病未能同行，从大业二年陪皇上游江南那回至今，算来又快十年了。

萧后说："十年了，也真想着再回江南看看。你呢？"

"嗯，我也是。皇后，我想……"柳娣欲言又止。"想什么？说呀！"萧后盯着柳娣问。"皇上到了江南，不会三天五日就回来，少则三个月，多则

一年。所以我想，借这个机会回趟老家。"

"哦！你……"萧后心中一震。

柳娣在禁宫多年，宫里的规矩她不会不懂。不管是内侍宫娥，还是仆役使女，只要入了禁宫，那几乎就是一辈子了。除非老迈病残，极少有半途出宫的。如有，也是情况极为特殊，而且只要出去就不能再回来了。

一种说不出的滋味袭上萧后心头，她感到鼻子酸酸的，又问："柳娣，说实话，你是不是想离开皇宫，离开我？"

"皇后。我，我不想……"

萧后摆了摆手，阻止她再说下去。她不想待在里，还是不想与皇后分别？为什么非要她说出来不可？就是说出来了，又有什么意思？萧后在心中暗暗反问自己：掏心窝地说，你想在深宫里待一辈子直至老死吗？不想，又有什么办法？这可是天下千千万万人羡慕的、垂涎的、梦寐以求的，而且感到神秘、神圣、至高无上的皇宫啊！

"唉！"萧后长叹一声，说："柳娣呀，有时候我想，假如十四岁那年我没有被选为晋王妃，还在舅舅家的那个小村子里一直过到今天，会是个什么样？"

"嗨，皇后，这还用想嘛！那种穷日子、苦日子你也不是没经过，哪里比得上王妃、皇后的荣华富贵舒服！"

"真的吗？"萧后笑着问。

"真……我，我……"柳娣一时语塞，她不知道皇后这是怎么了，脑子里在乱想些什么。

"是啊，"萧后自语着，"荣华有了，富贵也享了，到头来又得了些什么？绫罗绸缎，金银珠玉，还是个荣华富贵！除此之外，空无一物……"

柳娣哧地一声笑了："哎，皇后，有金银珠玉就行了呗，怎么是空无一物呢！你看那乡间百姓，吃了一辈子苦，受了一辈子累，到老还是穷得叮当响，那才是空无一物哩！"

"至少，人是自由自在的！"萧后说。

听了这话，柳娣吓了一跳，赶紧压低声音劝道："皇后，这可不是你该说的话呀！"萧后笑着问："那该谁说？除了我，谁说出来都得杀头！"

柳娣嘟囔着："那是呀，朝廷规制就是这样嘛！"

"就是这样？"萧后收敛了微笑，"既然就是这样，又何必设那三省六部，弄那么多文武员？那些大臣们也活该，明知不该说，说了也无用，却偏要说，自讨苦吃！"

越说越离谱了，柳娣吓得不敢再接话茬儿。她忽然想到，皇后的愤懑，可能与萧㻫大人最近的遭贬有关。

萧㻫是萧后的弟弟，杨广身为太子的时候他就在东都谋事，大业后迁至内史侍郎。萧㻫性情刚正，敢于直陈谏言，因而常惹得杨广反感，但碍于萧后的面子，也就再三容忍了。

杨广从雁门回到洛阳不久，萧㻫就同几位朝臣一起，奏请皇上兑现奖赏力守雁门有功士兵的诺言。这就跟皇上的意愿相悖了。杨广自从雁门脱险，就不再提及此事。可是几位朝臣奏议，他又不便直接反悔，于是采用变法，重新改定戎秩：建节尉为正六品，以下依次是奋武、宣惠、绥德、怀仁、秉义、奉诚、立信等尉，每尉依次递降一阶。也就是说，即便得了这个职，也比过去同等职的阶位低得多了。即使这样，在一万五千名有功兵中又层层筛选，最后只有一千五百人得以授衔，而且只是进阶，并无赏赐。

萧㻫认为皇上此举大为不妥，身为天子岂能出尔反尔，背弃前言。于是再谏皇上，应按最初的承诺论功行赏。这回皇上真是忍无可忍了，怒斥萧㻫哗众取宠、蛊惑人心、意在利己。将他贬为河池郡守，命即刻启程赴任！

河池是边地小郡，遭贬去那里为，跟发配流徙差不了许多。既然如此，临行前跟萧后见面告别的事就连想也别想了。

柳婵想到这些，就说："皇后，也不知道萧㻫大人现在怎样了？"

萧后心里也正想着此事，听柳婵提及，就愤愤地说："他呀，更是活该！天底下甜言蜜语堆积如山，遍地都是，随便从哪里捡一点就够用一辈子的，可他偏偏……自作自受，自讨苦吃！"

柳婵抬眼看着萧后，品味着她的怨恨，怯怯地说："皇后，我也说句不该说的话吧，我觉得，这几年不光皇上变了，皇后你好像也变了……"

萧后会心地笑了，伸伸双臂打了个哈欠，说："柳婵啊，你这句话算是说对了！"秋风萧瑟，东方既白，一夜又过去了……

桃红柳绿，万物复苏，转眼又是阳春时节，山川原野间的风光一派欣欣向荣。

纳言苏威的心里，丝毫没感到春天的到来，一直被严峻灰冷的寒冬裹挟着。他眼中看到的不是草木葱茏，景色明媚，而是天下社稷正在向深不可测的冰窟里沉陷着。三月三是上巳节，按古有的风俗，上巳日要出外踏青、游乐，文人雅士则多戏水赋诗。今年的三月三，皇上将戏水之乐定在西苑的内海举行。

这一天，朝中群臣会聚西苑水边，与皇上一起饮酒赋诗，君臣同乐。

皇上的兴致极为高涨，连饮三大杯之后，便即席赋诗一首，名曰《凤艒歌》："三月三日向江头，正见鲤鱼波上游。恋欲垂钓往撩取，恐是蛟龙还复休。"

皇上新诗甫出，百官一片欢呼雀跃，频频举杯，称颂陛下文采空前绝后，无与伦比，堪为当世一绝，云云。皇上不胜欣喜，受贺之后命百都须作诗助兴，群臣遵旨纷纷唱和。

苏威也随臣僚们举杯喝彩，并将皇上的佳句一遍遍在心里默诵着，忽然就涌出一种莫名的不祥之感。

"……正见鲤鱼波上游……恐是蛟龙还复休……"自古以来，只有圣上天子才可称龙，皇上今日竟把鲤鱼比作了蛟龙，当然是无意，即兴之作而已。不过，鲤李谐音，李为蛟龙，即得天下，无意中的诗作却应了谶语，此兆不吉！

苏威正自思自忖，又听得一阵欢呼，海上的水戏开始了。

当年为庆贺通济渠开河，皇上在宫城积翠池边设宴大酺，何稠献上了他设计制造的七十二水戏，博得皇上的喝彩。木偶水戏尽管精巧新奇，毕竟还不是真人演艺，总觉得有些不过瘾。为了筹备今天上巳节的游幸，皇上早早就命一班学士撰绘了《水饰图经》，将古代七十二件水事收入书中，又使朝散大夫亲督艺伎照《水饰图经》中的故事排练成真人表演的傀儡戏。这时，七十二艘木船荡波水上，每船各演一出水事之戏，诸如：神龟负八卦出河，奉于伏羲；玄龟衔符出洛水；赤龙载图出河，奉于尧；丹甲灵龟衔书出洛，授于仓颉；尧舜游河遇五老人；禹遇神女于泉上；秦皇入海求仙……七十二戏各有绝妙之处，人物栩栩如生，加上钟磬筝瑟伴奏，令人耳目一新。直看得百官张口结舌、心花怒放。

除七十二艘水戏船外，还有十几只女乐酒船在水上穿梭往来，不时地为皇上和众臣添酒助兴。君臣边饮边乐，直到夕阳西下、灯火齐明的时候，皇上突然宣布了一个重大决定，也是一项崭新的宏伟计划，使苏威深感震惊！

皇上宣布：扬州至余杭之间八百里运河已经开通。也就是说，从此由东京沿水路可直达江南腹地杭州了。先帝开皇至今，皇上的离宫多在北方兴建，江南一带只有扬州江都宫一处，远远不足圣驾巡省之需。为弥补此缺憾，皇上已诏令毗陵郡守集兵役十万，在毗陵东南营造一座新宫苑。

随后，皇上命内侍将毗陵新苑的图纸给百官传看。

毗陵郡位于扬州以南偏东三百里处，新开的运河经此南下至余杭。设计中的苑周围二十里，内有十六宫。在流觞曲水、山湖水池之间从芳夏池之左开始，依次是骊光宫、流英宫、紫芝宫、凝脂宫、瑶景宫、浮彩宫、舒芳宫、懿乐宫、采璧宫、椒房宫、朝霞宫、珠明宫、翼仙宫、翠微宫、层成宫和千金宫。此外还有四座凉殿，在清流环绕之中，四殿取名圆基、结绮、飞宇、漏景。毗陵宫苑仿照东京西苑设计，方圆比西苑小了许多，而奢华绮丽超过西苑。

正是在看到毗陵宫苑图样的那一刻，苏威的内心陡然感到了那种严冬的冰冷。在朝为三十余载，仕途职阶三起三落，猛然有这种心境，是苏威平生第一遭，不由地心中自省：莫非我真的老了？

苏威是京兆武功人。其父苏绰，曾是西魏度支尚书，以革故鼎新而享誉朝野。文帝杨坚任北周丞相时，闻苏威大名，又经高颎引荐，两人有过一席长谈，之后杨坚曾叹：相见恨晚！杨坚禅位称帝，拜苏威太子少保，追赠其父苏绰为邳国公，让苏威袭爵。不久又让苏威兼纳言、民部尚书两职。苏威上表推让，而文帝下诏说："舟大者任重，马骏者远驰。卿有兼人之才，应无辞多务。"就是说，我量材使用，你也须能者多劳。苏威这才受命不辞。

苏威的为之道，常以父训为准则。父亲苏绰在西魏时，因国用不足，奉旨定制征税之法，当时税赋很重，苏绰感叹说："今日征税正如张弓，绝不是承平之世的税法。但愿后来之君王能将其松弛。"苏威将父亲的话牢记在心，引为己任。在做了隋室民部尚书之后，即奏请减免赋役，从轻征税，文帝言听计从。在文帝眼里，苏威的作用和才干与高颎不相上下。

有一回，文帝无故发怒，要斩杀一名朝臣。苏威听说后闯进谏。文帝不但不理睬他，反而怒气更甚，要亲自出宫斩那朝臣。苏威张开双臂挡住文帝。文帝调头避开苏威，从侧门出。苏威又疾步绕行，迎面拦住了皇上。文帝无奈，恨恨地拂袖而去。过了一会儿，文帝怒气平息，冷静下来想想，觉得苏威的劝谏很有道理，若不是他，自己就铸成滥杀无辜之错。遂召苏威至御前，说："朝臣百若都如你这样忠心，朕便可以无虑无忧了！"

文帝又当着文武百的面说：

"苏威如果不遇朕，其才干就得不到充分施展；朕若是不得苏威，也无法推行治政之道。杨素文武双全，但论斟酌古今，助我宣化，他就比不上苏威！"

苏威与高颎同心辅佐文帝，治理国家，使大隋立国不几年便天下大治。文帝令朝臣修改旧法，成为一代通典，其中多数律令格式，都出自苏威笔下，被公认为朝臣中的能人。

苏威的儿子苏夔，也很有才学，加上父亲地位显赫，许多王公大臣都

与他有很深的交情。文帝曾诏令议礼乐之事，苏夔跟国子博士何妥各出一个方案，而且互不相让。于是文帝将两个方案交百僚复议，同意苏夔方案的朝臣占了十之八九。何妥很没有面子，恚恨地说："我苦读四十多年，反败在毛头小儿手下。"

何妥咽不下这口气，就四处搜罗证据，奏告苏威与礼部尚书卢恺等人结党营私，安插亲信，以旁门左道任用自己的叔伯兄弟苏彻、苏肃等枉冒为。

文帝即令蜀王杨秀调查，竟查明奏告属实。文帝召见苏威，拿出《宋书》，翻到《宋书·谢梅传》篇中有关朋党的段落，命苏威诵读。苏威惶恐不已，立即顿首谢罪。文帝却说："现在认罪已经晚了。"

于是革去苏威的爵，以开府身份回家，朝中许多名士也因此受了处罚。

过了没多久，太子杨广便向文帝进言："苏威是个德行端正的人，只是被人所误罢了。"文帝下诏复爵邳公，任为纳言，苏威重又得以信用。文帝病重仁寿宫的时候，诏杨广前往侍疾，命苏威留守京师。

杨广即位后，加苏威上大将军。高颎直言犯上被诛，苏威又受到牵连免。一年之后，又复起用，任为鲁郡太守，随后召还京师，拜为太常卿，继而加左光禄大夫、纳言。

苏威虽然仕途多有坎坷，但对朝廷尽忠尽力之心始终如一、不曾改变。然而，大业十二年的这个上巳日，在看了隆重的七十二水戏和宏伟的毗陵宫苑图纸的这一刻，苏威对皇上和国家的希望与信心之光开始熄灭。自知之明告诉他，年逾八十的苏威，在朝中的高位就要坐到头了。

五月初五端午节，百群臣向皇帝献奇器珍玩，作节日的祝贺。满朝文武中，唯有苏威一个人给皇上敬献了一部《尚书》。

杨广熟读史书，他一眼就看透了苏威献《尚书》暗含的讽喻之意。《尚书》中有《五子之歌》。

夏朝太康暴虐，出外打猎游玩，一百多天了还不返回京师，部落首领后羿起兵造反。太康的母亲和他的五个兄弟徘徊洛水岸边，怨愤交集，慷慨作歌五首：

皇祖大禹有训，民可近不可下。民惟邦本，本固邦宁。予视天下，愚夫愚妇，一能胜予。一人三失，怨岂在明。不见是图，予临兆民。懔乎若朽索之驭六马，为人上者，奈何不敬。

皇祖训示：对庶民百姓应该亲近，而不应该疏远。百姓是国家的根本，只有根本坚固，国家才会安宁。普天之下，即使愚夫愚妇也会给我们有益的教导。君王如果不断地犯错失误，所引起的民怨，开始时往往潜伏在暗处，不易觉察。我们治理天下，就像用朽烂的绳索，去拉住六匹奔跑的骏马，身居百姓之上的人，能不害怕吗？

训有之，内作色，荒。外作禽，荒。甘酒嗜音，峻宇雕墙，有一于此，未或不亡。

皇祖训示：在内迷恋美女，会荒废国事；在外沉湎于游猎，也会荒废国事。嗜好美酒佳肴，沉醉声色歌舞，兴建绮丽的楼宇，天下不能不亡。

惟彼陶唐，有此冀方。今失厥道，乱其纪纲，乃底灭亡。

从前唐尧在冀州平阳建都，统治八方。而今政治混乱，法不成法，令不为令，终于还是灭亡了。

明明我祖，万邦之君。有典有则，贻厥子孙。关石和钧，王府则有，荒坠厥绪，覆宗绝祀。

英明的皇祖是万邦之王，将经典制度传给子孙，使其安享。货物交通，商旅兴旺，皇家自然会富有。一旦荒废坠落，皇家祭祀将永远断绝。

呜呼曷归，予怀之悲。万姓仇予，予将畴依。郁陶乎予心，颜厚有忸怩。弗慎厥德，虽悔可追。

叹息唏嘘，你为何还不回头，使我们无限悲伤。百姓都在仇恨我们，而我们将依靠谁？满心哀痛，面色羞愧。如能谨慎迅速地改过，一时后悔还来得及！

所谓《五子之歌》，盖对祖先而言：一个子孙失国，五个子孙哀伤。苏威献《尚书》之心昭然若揭，使杨广十分恼火。摆设在大殿里的各种珍玩虽然也琳琅满目，但比起往年却少得多了，因而苏威所献《尚书》陈列其中，显得格外扎眼。进献的礼品少，是因为许多州郡员没有派人来。杨广悻悻地问："为什么各州郡守令使者所来无几？"还是苏威出奏："陛下，臣已问过了。近来四方盗贼日渐增多，水路陆路都很不太平。许多州郡员的遣使在途中遭遇盗贼阻拦抢劫，侥幸活下来的都逃了回去。还有的州郡因畏惧凶险，就不敢派人进京贡献了。""哦？"杨广阴沉下脸来。在朝堂群臣面前，他每遇心情不快，脸色就会这样阴沉下来。他的目光转向左翊卫大将军宇文述："宇文卿，天下盗贼如此猖狂，这还了得吗？还成何体统！"宇文述心里一阵慌乱，而脸面上却表现得十分平静，说："陛下，盗贼日多之说不过是传言而已，极不确实。依臣所查，由于朝廷力剿，盗贼渐少，已不足为患。""不足为患？""陛下，的确如此，那些鸡鸣狗盗之徒比以前少得多了。"杨广摇摇头，对宇文述这种含糊其辞的回答显然不是十分满意，又问："那你说说，现在盗贼比以前少了多少？""这……"宇文述支吾片刻，他实在也答不出一个具体数目，眨眨眼说："陛下，现在盗贼还不到

以前的十分之一。"

杨广调头又问苏威："既然如此，怎么还会有州郡使者被劫于道路的事呢？"

苏威对宇文述这些人一味讨好献媚皇上的言词厌恶至极，恨得牙根发痒，他斜视一下宇文述，答道："陛下，臣没有执理剿匪之事，不知道贼寇究竟多少，但是臣隐隐地觉得，祸患越来越近了，臣之担心也日益加重。"

杨广问："此话怎讲？"

苏威说："几年前只听说贼据长白一带，而今却近在汜水了。还有，从前征收的租赋和调发的丁役，如今还能征发多少？天下人口逐年增多，征发的租赋丁役却越来越少，租赋丁役都到哪里去了？是不是逃亡为盗了！陛下，臣无意耸人听闻，而是许多州县奏报贼情，总是化多为少，化少为无，只报喜而不报忧。若长此下去，终会积成大患，不堪设想！"

杨广一边听，一边就皱眉头。苏威的话太令他心烦了，让这老头一说，天下已成了盗贼的天下了。地方上奏报世事承平有什么不好？租调减少是州县吏督促不利，只要严刑厉法即可解决，并没有什么了不得的。苏威的一通言论没有触及到真正的忧患，没有说到点子上。不过，杨广还是给了这老臣一点面子，说：

"苏卿说的极有道理，防微杜渐是治理天下的根本之一。许多事情就因始于疏忽，致使小灾积成了大患。就说这个高句丽吧！"

皇上突然话锋转向高句丽，朝臣们都不由一愣，竖起耳朵静静地听着。

"三次征伐辽东回来之后，至今已两年了，高句丽王高元却一直不来朝见。在辽东城下，他派人送给朕的降书上写得清楚，只要大隋撤兵，高元定当每逢佳节亲自来朝。现在可好，不但不亲自来朝，连个使者书信也不见了。众臣卿都说说，小小的高元为什么敢这样贼胆包天，猖狂无忌？"

殿下一片沉寂，没有人出班回答，因为他们知道，皇上正在激昂之处，并非真要臣卿作答。果然，杨广继续说下去："还不是没有对他严厉制裁惩罚，才使高句丽小王将上国的一再宽容，误作软弱可欺！对这样的刁蛮无礼的贼邦朕定要再次动兵兴讨，打他个落花流水，给他些颜色看看！"

原来如此，皇上又动了征伐高句丽的念头。大臣们都耷拉着眼皮不敢吱声，谁心里都明白，高句丽虽小，但对其连番三征，几乎没有什么胜利可言。若再兴兵，非同小可，今日之国力已非昨天，百姓社稷恐难当再动兵戈的重负。

"苏卿，你说是不是这个道理？"

杨广见无人发话，就又点到苏威头上。

其实，苏威一直在思考着如何应对，听皇上点到了自己，就说："陛下，去年秋圣驾被突厥夷贼围于雁门时，陛下曾许诺不再征辽，鼓舞了兵卒士气，奋勇拒敌，才使雁门固守不破。如今陛下又欲征发，臣恐在军中民间引起非议。"

"谁敢妄言谤政！"杨广正色厉声说，"还有，今后朝中不准再谈雁门。突厥一伙蟊贼，也是学了高句丽藐视上国的榜样，才敢如此肆无忌惮！等到征服了高句丽，朕腾出手来，一定把他杀个鸡犬不留！"

苏威见皇上火了，再出逆耳之语恐怕要倒霉，就说："陛下所言极是，高句丽非讨不可。但就眼下情势，再征高句丽无需用朝廷精锐即可取胜，而且一举两得！"

杨广听苏威终于附和了自己的意思，脸上也就有了一丝笑容，问道："苏卿，怎样能一举两得？"

"陛下，"苏威振振有词，"当今四方所谓盗贼，多因衣食所迫而为寇，并不是死心塌地与朝廷为敌，故而都怀有企盼朝廷招安的心思。臣以为，陛下只需颁布一道特赦四方群盗的诏令，就可变贼为军，得兵卒数十万人。陛下将其编为团队，委将帅带领，出辽西道，浮沧海道，夹击高句丽。这些人喜于免罪，必然奋勇作战，争相立功报答圣恩。这样一年之内便可征降高句丽！这就是臣所谓的一举两得之计。"

杨广听了苏威的这个主意，不怒不笑，只淡淡地说："此事等朕想想之后再议。都退下吧。"

群臣逐一退下，只有御史大夫裴蕴不声不响地留在了殿中。看看臣僚都走了，他凑到杨广跟前说：

"陛下，臣以为老臣苏威出言不逊。他说赦免群盗即可得兵数十万，这就等于说当今天下盗贼竟有数十万之众！哪里会有那么多？"

杨广一脸愠色，说："老奸巨猾，想用贼寇来威吓朕！哼，朕先隐忍几天，早晚会有办法堵住他那张嘴！"

裴蕴立时明白了皇上的心思，含笑点了点头。

裴蕴的祖籍是河东闻喜，祖辈父辈却都曾在南朝为。祖父裴之平是梁朝卫将军。父亲裴忌是陈朝都尚书，后被周军俘虏，就降了周室，赐爵江夏郡公。裴蕴聪明善辩，很有吏治之才，在陈朝至直阁将军。当时其父已效力大隋，裴蕴看透了陈后主荒淫昏庸，迟早要被隋亡，就暗地里致信杨坚，请求做内应，来了个身在曹营心在汉。平陈之后，文帝逐一审阅南陈衣冠之士，量才录用。阅到裴蕴的时候，文帝因他素有向化之心，就越级擢拔，授予仪同。左仆射高颎不解文帝心意，便进谏说："裴蕴于国无功，

位却高于南陈其他降人，臣以为不太合适。"

文帝听了反而加授裴蕴上仪同，高颎不服，遂又劝谏。文帝干脆说了句："再加开府。"

高颎如坠五里雾中，不敢再行劝谏。再劝谏下去，裴蕴不愁升至仆射了。当天就拜裴蕴开府仪同三司，在所有陈朝降人中，他受到的礼遇最为优厚。之后他还任过洋州、直州、棣州刺史，颇有政声。

大业初年，裴蕴在朝考核中成绩优异，杨广见他善于理政，就调任他为太常少卿。裴蕴揣知皇上喜好声乐歌舞，就上书奏请召周、齐、梁、陈诸朝乐家子弟编为乐户。善音乐及倡优百戏者，都听候太常调遣。从此以后，各路声乐歌舞百戏人才，都荟萃东京乐府，又设置了博士弟子，教授技艺。一时间，宫廷乐人增至三万多人。杨广十分高兴，更加赏识裴蕴的智慧才干，迁任裴蕴为民部侍郎。

大业是继承的开皇、仁寿承平治世，当时禁网疏阔，户口人丁隐漏较多。有的人本已年满十八岁成为丁男，却将年龄说小，逃避赋役；有的人还不到六十，却诈称年迈，就免交租税。裴蕴做过地方吏，深知其中的弊端。任职民部后，为革除户口隐漏之弊，他奏请皇上，提出实施大索貌阅之法。

所谓大索，就是搜括隐匿人口，貌阅就是责令地方吏亲自当面检查百姓的年龄、相貌、形状，查出那些属成丁年龄，却用诈老诈小的办法逃避赋役的人。

这真是前所未有的创举，杨广当即准奏，并严责逐级员执行。如果有一人检查不实，司要被解职，里正、里长要被流徙边地。还采用了奖赏告密的办法，如果百姓告发一人貌阅不实，就令被纠告之家代输赋役。

到了年底，大索貌阅取得显著成果，各郡核实计账进丁二十余万，新附户口六十五万。不仅如此，自晋以来，历朝历代君王都颇感头疼的，地方豪强大族荫占人户，与国家争抢劳力的事，也因此得到了根本遏制。杨广临朝御览奏状，高兴地对百官说：

"前代没有贤才，以致产生户口罔冒。今天户口确实，全都是裴蕴的功劳。天下得贤人而治呀！"

不久，便擢授裴蕴为御史大夫，与苏威、虞世基等共为朝中重臣，参掌机要。

裴蕴虽有政治之才，但他最大的特长，还在善于窥伺揣摩皇上的微妙旨意。他身为御史大夫，凡皇上欲加之罪之人，必想方设法罗织出罪名，加以惩治；皇上想宽宥的人，即便罪责再重，他也会千方百计为其开脱，直到无罪获释。正因为他的这种才干，大小之狱，皇上都交由裴蕴办理，连刑部和大理寺都不敢跟他相辩相争。凡有案情，裴蕴必然先参透皇上旨意然后再做决断。裴蕴又巧言善辩，判罪或轻或重，全凭他信口雌黄，别人也很难驳斥他。

这回，他又悟出了皇上的心机：苏威这张嘴，太让皇上闹心了！裴蕴抚摸着苏威进献的《尚书》，心里说：《五子之歌》应成为苏威老臣的仕途"绝唱"！

于是，他又向杨广进言："陛下，臣早就听说，苏威在高阳主持选拔时，收受贿赂，滥授职，惹得怨声鼎沸。再就是雁门之役后，他畏惧突厥，危言惑众，以镇抚关中为名，劝陛下回西京。臣总是觉得，这其中还有别的目的不可告人。《五子之歌》，难道也是他可以唱的么！"

这些话正与杨广的心思吻合，就吩咐说："苏威的事，还得由你查办。"

裴蕴欣然领旨。

由裴蕴亲自督查审理，当然没有成不了罪的案子，而且只要查，必有大罪。没过多长时间，苏威的罪状就查实清楚："朋比为党，好为异端，怀挟诡道，徼幸名利，诋謷律命，谤讪台省……"哪一条也不轻。

说来也巧，恰在此时，不知是谁上了一道密报，说苏威暗中与突厥交往，阴谋不轨。加上这一条，裴蕴将苏威定成了谋反死罪！

苏威万没料到一部《尚书》会招来杀身之祸，与活命相比，刚正不阿已是无稽之谈。在刑部大狱里，他连夜给皇上写了一纸奏表，陈述自己奉事大隋两代三十多年，精忠至诚不能感动皇上，反而屡有过失，望皇上恕万死之罪！

杨广读过奏表，还真的动了恻隐之心，长叹一声说："唉，八十岁的人了，让他活也活不了几天，就免他一死，免回家吧！"

苏威老头总算捡回了一条命。从刑部出来，匆匆收拾了一下，没几天便启程上路，回了河东老家。

从此，皇上耳根底下的确清静多了，朝中群臣也不再乱传谣言，说什么盗呀贼的，这样天下也就"太平无事"了。只有征发丁役租赋进展迟缓，再征高句丽的事议了又议，都因此而搁置下来。

第三十七章

李密化为教书先生　旧识相约上瓦岗寨

淮阳村头的三间低檐茅舍里，读书声不绝于耳，透过窗棂，随着微风，向着田野四处散去，有一种别样的感觉。

三间草房，其中有两间是通开的，另外一间则是作为内室，隔墙的门上悬着一幅粗布门帘。外面相通的两间屋子里，坐着十几个读书的孩子，时而诗云子曰，时而词章歌赋，咿咿呀呀，读得并不整齐，更显出家塾的情趣热闹。北窗下坐着的就是教书先生，给孩子们布置了课业之后，他就一直坐在那里翻阅着一卷《汉书》。看到高兴之处，便猛拍一下桌子，呵呵大笑，有时候也连连哀叹，黯然神伤。孩子们叽叽喳喳地读书，似乎并不妨碍他的专心致志。但如果哪一个孩子读错了字句，他就会立刻抬起头来，拿起桌面上的戒尺一指，喝道："你，又错了！再错，非让你尝几下戒尺不可！"

那孩子就涨红着脸，耸鼻挤眼地出个怪相，低下头去再读，并不真的害怕。

就是说，这位先生很有些能耐，一心可以二用。他姓刘，叫刘志远。村里男女老少当然不会直呼名讳的，都称他刘先生。

村上的人对刘先生的身世来历知之甚少，刘先生在这里住下一年多了，无论对谁也没有谈起过，人们只知道刘先生大约四十岁，有一个漂亮贤惠的妻子，这个女人看上去要比刘先生年轻许多，明眸皓齿，见人就笑，但从不多话。

刘先生夫妇是一年多前来淮阳村的。那是个晚上，晚饭吃过好一会儿了，刘先生敲开村中一位长者的家门，先与妻子一起施了大礼，然后说自己嗜赌输光了田产地宅，家道破落，讨赌债的天天上门催命，实在没有办法了，就携妻出逃，流落至此，想找间草棚暂避一时。

长者召来几个族人商议。人们见刘先生的举止谨慎文雅，根本不像那类不务正业的狂浪弟子，他妻子那双深潭似的眼睛，不时闪烁着矜持警觉的光亮，就猜想到这夫妻二人或许有什么难言之隐。不过，既然人家不说，谁也不能多问。况且淮阳村民风淳朴，以助人扶困为美德，当时就应允了刘先生夫妻的要求。正好村头有两间草房，原是一对绝嗣老人的房产，老人相继病逝，草房久无人住，已破败不堪。村人就请刘先生夫妇暂且委屈一时。

开始几天，刘先生二人的饮食全都村里人接济。每当有送去菜蔬粮米的，刘先生必然深施大礼，连声道谢，一副难以言说的羞窘之态。

过了几天，人们在一天早晨忽见刘先生门上贴了张字条。村中老少几乎没有识字的，只有那位长者读过几行书，便请了他来看看明白。长者走向门首，念道："村居寂寞，如有子弟，愿作执经问字者，当尽力教诲，束脩免收。"

长者念完，捋着白须又惊又喜地大声说："哎呀！刘先生要给咱村上办学屋呀！"

众人一下沸腾起来。有的还将信将疑，问："这可是真的？"

老者手指字条正色说："我七老八十的人了，能哄你吗？这上面写的明白，谁家的孩子愿意读书识字的，刘先生将作教诲。束脩免收，还不收钱哩！"说着就推开房门，领众人走了进来。

刘先生坐在屋里，早就听见门外闹闹嚷嚷，这时见乡亲们进来，赶忙起身相迎。

长者又指指门上的字条问："刘先生，你这可是当真？"

刘先生难为情地笑笑："老前辈，敝人深受村上父老恩惠，实在无以为报，所能力及的也只有此事了。高邻不弃，就是我的荣幸！"

"刘先生！"长者动情地叫道，"淮阳村祖辈穷困，请不起先生，办不起家塾，没想到今天……你，你这是天泽善举啊！"

长者说着，就要向刘先生深躬施礼，他身后的人们一个个也要下跪。刘先生慌忙上前拦住，说："老前辈，你们这样更让我无地自容！教书先生我是当定了，从明天起，大家把孩子送来就是。"

"不行！"长者果断地说，"这两草房早就破败飘摇，刘先生夫妇屈身于此已嫌狭窄，怎么好再作学屋！咱们各家有力出力，有物献物，把这草棚修缮拓展一下，再送孩子来念书不迟！"

村人们听了，无不拍手赞成。

长者又对刘先生说："刘先生，感激的话就不多说了，在此我替淮阳村的老少爷们儿立个规矩，虽说我们无钱出学资，但是，从今往后，你们夫妻二人一日三餐粗茶淡饭，一年四时的棉单布衣，由村上各户分摊供给！"

村人们呼喊起来："好！好！就这么说定了！"

第三十七章　李密化为教书先生　旧识相约上瓦岗寨

刘先生感动得热泪盈眶，连连作揖致谢。

没过几天，两间草房变作三间，淮阳村的学屋就这样办起来了。

刘先生夫妇的生活所需，有村里按时送来，二人衣食无忧，日子过得恬淡平静。村里的人也觉得这对恩爱夫妻的确是好人，但也有点怪异。男的教书读书，女的洗衣做饭，除此之外无欲无求。闲下来时，两人也只是闷在屋里。女的从不到谁家串门，刘先生也只偶尔在傍晚时候，去村头的小柳树林里走走，很快就回来。而且独去独来，从不结伴。时间长了，就有人暗中猜测：刘先生莫非还有别的来头？

夕阳西下，孩子们散学了。刘志远走出房门，看看妻子正在灶间里烧火做饭，天色尚早，他便踱步走向门外，到那片柳树林里散散心。

刚走不远，迎面碰上了刘二。刘二打着哈哈说："刘大哥，出来走走啊！"

刘志远"嗯，嗯"地应着，脸上虽有微笑，心里却全是厌恶地敷衍。

刘二自幼失怙，靠村里乡亲们一口汤一口饭地把他拉扯成人，没料到反而养成他游手好闲、不务正业的脾性。三十岁出头了，仍然不想自食其力，住着两间父母留下的草房，整天东家一口、西家一顿地混日月，时不时地还干点偷鸡摸狗的把戏。因为有了这样的名声，远近村邻谁也不愿把自家的女儿嫁给这样的二流子，所以到今天刘二依然是光棍一条。没有什么负担，他也乐得自在，一天到晚见了谁都嬉皮笑脸，没个正形。把村里老少爷们恨得牙痛，都说没成想淮阳村出了这么个孽种，丢人现眼。村人又碍于家丑不便外扬，好在刘二就是个混吃混喝，没闯下什么大祸，也就懒得理他，由他去吧。

刘二是淮阳村里惟一一个称刘志远为大哥的人。他说一笔写不出两个刘字，你长我几岁，兄弟相称显得亲切。这样他就顺理成章地称刘志远的妻子为大嫂。

称先生还是叫大嫂，刘志远都不在乎，不过一个称谓而已。但令他不可容忍的是，这个所谓的兄弟竟对大嫂动了邪念。那也是一个黄昏，刘志远去柳林里散步了，刘二前来串门，看见刘志远的妻子正在烧火蒸饼子，就嬉笑着叫声"大嫂"，凑到跟前。刘妻双手沾满面糊正忙活着，随意地应了声，说："刘二兄弟，来啦！"

刘二嘿嘿笑着说："大嫂，看把你忙得一头汗，兄弟看了心疼得慌。来，我帮你解开衣裳凉快凉快。"说着就从后面揽住刘妻。

刘妻被这突如其来的举动吓傻了，"嗷"地哭嚎了一声，用力挣脱跑出灶间。

刘妻跑到院里，刘志远恰巧散步回来。看到妻子惊魂未定的模样，又见刘二狎笑着从灶间走出，立刻就明白发生了什么事。他气得浑身颤抖，攥紧拳头，铁青着脸往刘二跟前窜了两步，竟又止住了。憋了好一会儿，才压低着声音质问："刘二，你，你怎么可以这样？"

　　刘二早就料定一个教书先生奈何不了自己，这时见果然如此，就嘻嘻笑着说："刘大哥，生什么气呀。叔嫂两个闹玩儿也是常事。"

　　刘二嘻笑着走了。妻子扑向刘志远怀里放声大哭，刘志远赶紧将她扶进屋里，关严了门窗，说："别哭了，暂且忍一忍吧。"

　　出了这件事后，刘志远从心底里痛恨和厌恶刘二，所以见他迎面过来搭腔，只是爱理不理地应着。

　　可是刘二一个泼皮，根本不识好歹，越发凑上前来说："刘大哥，来村里一年多了，怎么没见你去城里玩玩，城里的街市可热闹哩！"

　　刘志远不耐烦地说："我天生喜好清静，受不了城里的吵闹。"

　　"噢！"刘二若有所思地点点头，又说："你教了那么多孩子念书，一天到晚叽叽喳喳的，就不怕吵闹？"

　　嗯？刘志远听出了话中有话，不觉停住脚步，转过身来。刘二却嘿嘿地笑笑，调头向村里走了。

　　刘志远愣了一会儿，琢磨着刘二不怀好意的笑中隐含了什么。忽又想起妻子被刘二调戏的事，再也无心去柳林散步，便径直走回家来。

　　快走到门口的时候，忽听到一阵马蹄声从身后传来，刘志远无意地抬头看了看，目光正跟骑马人相对。刘志远一怔，还没想明白眼前出了什么事，那人已经翻身下马，大喊了一声："李密兄，你怎么在这里！"

　　刘志远被这喊声吓了一跳，同时也一阵惊喜，上前拉住那个人的手，激动地说："仲伯兄，没想到是你呀！"

　　"是啊，真是奇遇呀！李……"

　　刘志远一下捂住了他的嘴，四下里看看，又示意那人将马拴好，拉着他走进屋里，把门闩死。

　　原来这位在淮阳村做了教书先生的刘志远，就是叛将杨玄感的谋士、朝廷四处缉拿的钦犯李密。那个被李密称作仲伯的人姓王，也是杨玄感麾下的一员干将。

　　杨玄感举事兵败，李密和王仲伯一起被俘。当时杨广已从辽东回撤，经涿郡到了高阳，就诏命樊子盖将李密等几名重犯押解到高阳行宫处治。樊子盖命手下将李密、王仲伯用铁链锁住，塞进囚车，派一队兵马押着去见皇上。走在路上，李密对王仲伯说："到了高阳，咱们必死无疑。从东京

至高阳有七八天路程，你我得想个主意逃出去，不能被昏君做了肉醢。"王仲伯和其他几个囚犯都非常赞同，并悄悄商定了一条计策。

当晚宿在店中，李密对几个押解兵说："我们几个必死无疑，在死之前有件事求诸公。我们各自行囊里都带了一些金银，现在都奉送给各位，等我们死后，劳烦各位买口薄棺收殓我们，剩余的金银就归诸位了。"

几位兵听说有这样的好事，当然高兴，马上将囚犯行囊中的金银全数拿去，当时就买了酒肉吃喝到半夜。

从第二天起，几个兵对李密他们就有了笑脸，说话也客气得多了。到晚上宿在客栈，他们又用囚犯们的银子买了酒菜，还给囚犯开了铁链，请他们一块吃喝。接连三天夜夜如此，第五天晚上又是这样。此处离高阳已经不远，李密觉得是时候了，就给囚犯们使了眼色。几个人用尽浑身解数，把押解兵灌得酩酊大醉，昏睡过去。李密说声："快走！"几个人便搜罗了金银兵械逃了出来。为了躲避官兵追捕，他们出了客栈便四散开去，各奔东西了。

李密逃脱之后就直奔了齐郡，他要去长白山投靠王薄的义军。杨广第一次征讨高句丽那年，王薄起兵聚义，一首《毋向辽东浪死歌》赢得万众响应。李密认为王薄或可以成大事。谁知王薄目光短浅，没把李密放在眼里，还讥笑说杨玄感事败，全因用了一帮无用无能之才，言外之意李密也是一个。李密一气之下扭头离开了王薄，逃到时任雍丘县令的妹夫丘君明家躲避。丘君明身为朝廷命官，不敢收留李密，就将他转到一个王姓老秀才家里藏匿。王秀才侠肝义胆，愤世嫉俗，又见李密很有文才，就把女儿雪梅许配给他，李密才有了这位陪他在淮阳村教书的贤妻。

在雍丘县好景不长。丘君明有个堂侄叫丘怀义，探知了堂叔与李密交往，为了得到赏银，就向府告发了。很快就奏到杨广殿下，杨广命丘怀义亲自携带诏书，领兵搜捕李密。丘怀义指挥兵包围了王秀才的家，恰巧李密与雪梅外出未归，幸免一难，而丘君明、王秀才却被抓去，几天后便被斩首。

就这样，李密改名换姓，偕雪梅再度逃亡，流落到了淮阳村。

王仲伯听完李密讲述了逃亡的经历，满脸歉疚地说："李密兄，刚才是我太莽撞了，不该在门外大呼小叫直喊你的名字。"

李密说："是啊，一旦被别人听见传出去，恐怕又有麻烦。"他叹了口气又说，"不过，整天这样提心吊胆地苟活，也不是长久之计。这地方待一年两年可以，时间久了，难保不漏风声。"

王仲伯说："李密兄的疑虑不无道理。像你我这样的钦犯，逃到哪里也不可久留。我觉得，既然反了，就索性一反到底！兄嫂二人倒不如跟我一块儿去瓦岗寨，投奔翟让算了。”

李密一愣，问："这么说，仲伯兄已经是瓦岗寨的人了？”

王仲伯点点头："自从那一夜咱们逃脱分手以后，我就去了瓦岗寨，直到今天。今晚我是奉了寨主翟让之命，去潞州二贤庄请单雄信的，他也是个义士首领。”

李密又问："翟让待人如何？”

王仲伯说："我与你不同。你靠谋略，我靠勇武，能闯能杀就行了。在寨主手下混得还算可以。”

"唉，仲伯兄，"李密叹道，"当今的义士，多是草莽英雄，不识用人之策。我怕那瓦岗寨的翟让，又是一个长白山上的王薄。”

"不会的，我可以为你引荐，"王仲伯手拍胸脯说，"眼下寨主正需要谋士，依你的才干一定会得以重用！”

李密说："仲伯兄，说句心里话，我实在有些进退两难。被朝廷缉捕，整天提心吊胆这滋味的确不好受。可是，做了这么久刘志远，有时连我自己都觉得李密似乎是他人了。再说，淮阳村老老少少待我不薄，将十几个孩子交给我启蒙，我也不能说不管就不管了。最要紧的还不是这些，"李密停顿一下，深情而又用内疚的眼光看着坐在一旁的雪梅，良久，继续说，"雪梅嫁给我这几年，除了担惊受怕，便是东躲西藏，没过一天安生日子，如今好歹也算有了间栖身的草棚。因此，只要相安无事，动不如静。去瓦岗寨的事，仲伯兄让我想想再说。”

王仲伯听李密说的也是实情，看看从自己进门起就陪坐在一边，并不时悄悄抹泪的雪梅，十分同情地说："这样也好，应该从长计议。如果眼下的日子能维持下去，做个教书的刘先生当然不错。可是，李密兄，一旦有风吹草动定来瓦岗寨找我，绝不能再落到官府手里了。”

"这你放心，我一直都是非常警惕的。"李密点着头说。

王仲伯又转对雪梅说："嫂子，这几年李密兄幸亏有你关照，才能熬到今天，你也跟着吃尽了苦头。嫂子能有如此大义之举，令王仲伯自愧不如！我与李密兄分别太久，刚才见了面又惊又喜，只顾诉说别后的遭遇，却冷落了嫂子，还请嫂子宽恕不恭之罪！”

雪梅开颜一笑，说："都是自家兄弟，何必客气。见你们兄弟久别重逢，我心里也十分高兴呢！不过，唉，一边高兴，一边还是担心！”

李密说："好了，高兴担心的事不管它，咱不能饿肚子说话。你去灶间做几样小菜来，我先跟仲伯兄喝上两杯！”

王仲伯也不客气，说："正好我也饿了。不过，嫂子不要太张罗，简单弄点饭菜，吃过之后我就上路，今夜一定得赶到二贤庄去。"

雪梅爽快地答应："知道了，请仲伯兄弟稍等。"就开门出屋。

然而雪梅旋即又转了回来，说："刚才有个人影在房前一闪跑掉了，我跟了几步，也没看清是谁。"

王仲伯一惊："莫不是有人一直在门外偷听？"

"不会吧！"李密自语着走到院里。夜幕四合，周围黑沉沉一片，看不出有什么异样。他在心里说，淮阳村人老实厚道，不至于干这些低三下四的事，蓦地，他眼前浮现出刘二那个嬉皮笑脸的模样！又想到，还是谨慎些好。

雪梅看到的那个人影就是刘二。

别看刘二是个泼皮无赖，头脑却很有些小聪明，他对李密身世的猜疑不是一天两天了。不知怎么的，他越看这位"刘志远"，越觉得不像教书先生，刘先生整天一副温良谦卑的样子，显然是装出来的。而这样伪装的原因，好像不是由于他寄人檐下、为报答淮阳村人不弃之恩所致，他在遮掩着什么。

刘二的这种猜疑，在他调戏雪梅被李密撞见之后就越发加重了。当李密怒目圆睁，紧握铁拳朝他走来的时候，他一下看清了那个温良谦卑的外表下包含的刚毅凶悍，这架势绝非一个教书先生所有，更不是村人百姓打架殴斗时的样子，到底是什么，刘二从未见过。可是，这位刘先生走了两步就停住了，只说了一句"你怎么可以这样"，尽管语气非常愤怒严厉，但不过就是一句话嘛，说完了竟然就放刘二走了。

刘二逃脱了一顿想像中的暴打，疑心反倒更重起来。他暗自揣测，看刘先生那副凶悍样子，若真打起来，自己肯定不是他的对手。可他为什么没打？真的是因他是一个落魄流浪到此的外乡人，遇事得忍且忍吗？

过了几天，刘二越觉得自己的猜疑有道理。因为他轻亵了"刘先生"的老婆以后，这些天来一直相安无事，即使他不亲自动手，依他在村里的为人和威望，只要稍微有透露，村里的长者及父兄辈的人绝不会饶过刘二。捆绑跪地挨木板子，三天之内任何人都不给他饭吃，然后再向刘先生赔礼道歉是一定少不了的。所有这些都没发生，就说明刘先生的嘴极为严实，没有告诉别人。他为什么这样忍气吞声？

刘二越想越觉得蹊跷，越觉得其中有些意思。这位刘先生一定不是常人，一定有什么隐密。说不定他是掠了人家钱财，拐了人家闺女私奔出来，到淮阳村暂避风头的。若真是那样，就可以不轻不重地敲他一笔，也好过几天吃喝玩乐的自在日子。

从那以后，刘二对教书先生更加留意起来，李密当然浑然不觉。没想到就在这天夜晚，刘二的猜疑果然被他证实了。

这天黄昏，刘二与李密在村口相遇，刘二说的要他去城里去玩的话也是试探。一年多来，刘二从未见教书先生夫妇二人迈出村子一步，这是一般常人所没有的耐性。他说了以后，见刘先生支吾应敷，当时并没在意，便转身回家。

走出一段路，来到一户人家的门前，是刘二一个出了五服的叔辈家，与李密的茅屋斜对着不远。正巧，年轻的婶子出门小解，因是暮色昏沉，那女人没发觉街上走着刘二，还边走边解裤带。刘二见此情景，又生了邪念。就绕过篱笆院墙来到茅厕后面。乡下农夫家所谓的茅厕，不过是三面大半个人高的土墙围起的角落，经年累月，土墙上已千疮百孔。刘二来到墙后蹲下，找了一个稍大些的墙洞往里面窥探，暮色朦胧当中，只看见了一片雪白的屁股，还听到哗哗的声响，得意得他差点笑出声来。

正在意犹未尽，声响戛然而止，他那位婶子提上裤子走了。刘二见无光景可看，就站起身子打算回家，恰在这时，他听到了那声叫喊：

"李密兄，你怎么会在这里！"

刘二越过茅厕土墙循声看去，见对面路上有一个骑马的人在跟刘先生说话。刘先生显得十分慌乱，随即便拉着那个人进屋去了，还把门关了个严严实实。

刘二打了个哆嗦，一种本能催使他急步绕到路上，轻手轻脚地猫到教书先生的窗下，但是门窗封闭得极严，只听到屋里有人声，说的什么，他却一句也没听明白。不过有一点刘二已经坚信不移：刘先生不姓刘，那个骑马人叫他李密兄。更何况那个人骑着马！在乡下，除了偶尔见到穿公服的人骑马之外，普通百姓绝少有骑马的。不管怎样，首先可以证实的便是刘先生已经不是刘先生了，至于他到底是谁，钱财藏在哪里，怎样才能敲他一笔，刘二自知绝非自己出面所能办到的，但是他心里有了主意。

第二天天还没亮，刘二就起身去了县城。

刘二有一个远房表舅家的表哥，姓孙，在县衙里混了个班头，外号人称孙大杠子，意思是凡事无论大小，只要经孙班头之手，他非得敲一杠子才行。孙大杠子跟刘二很投得来，刘二身上有几个零碎钱时，还常来县城约孙大杠子喝两盅。

这天孙大杠子见刘二又来县衙找他，就问："怎么，又弄了两只鸡换成钱了？"

刘二嘿嘿一笑，说："孙哥，这回你猜错了。今天，你得请我喝酒。"

"哟嗬！几天不见长了本事，倒要来敲我……"想起自己的外号，后面的话就咽了回去，又问："到底有什么事？"

刘二越发卖起关子："摆下四样菜，烫上一斤酒再说。反正我是给孙哥送钱来的。"

孙大杠子看到刘二这副得意的模样，猜想他可能寻到了一条生财之路，想来找个合伙，就拉他进了酒馆。

三杯酒刚刚下肚，刘二就把自己对刘先生的猜疑，以及昨晚已经证实他不姓刘等等的事情全说完了。孙大杠子听说有人叫刘先生"李密兄"，手中的酒杯一抖，问：

"刘二，你说那个骑马的人叫刘先生李密兄？"

"是啊，是啊。"刘二鸡啄米似的点头。

"这不是玩笑，你可听清楚了？"

"当然听清楚了。"

"刘二，你知道李密是谁吗？"

"咱管他是谁哩！反正他是个有钱的主儿，他不想让别人知道自己住在淮阳村，这就行了。孙哥，明天你穿着公服去我们村，找那个李密晓以利害，只要他肯拿出钱来，咱就保证不把这事声张出去。哼，这回得狠狠地敲他一大杠子，让他知道知道……"

"闭上你那张嘴吧，就知道钱。"

刘二以为自己顺嘴说出了孙哥的外号，惹得他恼火，就嘿嘿笑笑，不再说话。其实，孙大杠子心里想的却是，如果刘二说的那个人真是朝廷通缉抓捕的那个李密，就不是敲他一杠子的事了。领人抓了李密，当然会得重赏，而且自己也绝不会只干个小小的班头，至少也得是个县令、县尉之类的。得了赏银之后，当然得拿出个三两二两的给刘二，但眼下要紧的是得让他稳住，不要再四处张扬。

他对刘二说："你刚才说的这些，绝不能再让第三个人知道，免得别人先下手，把咱们的钱财抢了去。来，喝个一醉方休，明天我就去找那个教书先生叙谈叙谈！"

合当李密有九死一生之运。

刘二回到村里时已是傍晚。因是孙大杠子掏钱请客，刘二就一顿猛吃猛喝，到此刻还在云里雾里，醉醺醺地一步三晃。

在村口柳林边，刘二看见邻居的翠花姑娘在割羊草，就腆着脸走过去，说："翠花，给我做媳妇吧。"

翠花闻到刘二满身酒气，板着脸说："去！再敢满嘴喷粪我就砍你！"说着举了举手里的镰刀。

　　刘二毫不在乎："嘿，还挺厉害哩。我知道，你瞧不起我刘二。你等着，我刘二马上就是有钱人了。明天衙门里就来找那位刘先生。他不姓刘，他叫李密，到时候他会乖乖地给我拿出钱来。等我有了钱，盖起三间大瓦房，就去跟你爹提亲。怎么样啊，翠花？"

　　翠花吓了一跳，顾不得跟刘二斗嘴，提起草筐匆匆走了。

　　天黑时候，李密跟雪梅正吃着饭，一个十二三岁的男孩慌慌张张地跑进屋来。他叫柱子，是翠花的弟弟，也在跟李密读书。柱子进门喘着粗气说：

　　"刘先生，我爹叫我来告诉你，衙门的人说你叫李密，明天就来跟你要钱，爹说，叫刘先生想个办法对付对付。"

　　李密忙问："柱子，你爹怎么知道的？"

　　"是刘二，刘二喝醉了酒跟我姐姐说的！"柱子说完，转身跑了。

　　雪梅大惊失色，说道："淮阳村如今已经住不得了！"

　　李密点点头："赶快收拾一下，现在立刻就走。"

　　"去哪儿啊？"雪梅赶忙问道。

　　李密低着头沉思了片刻，无可奈何长叹一声，说："现如今我们还能去哪？只剩下一条生路了，那就是上瓦岗寨！"

　　突然，他挥拳猛地砸在桌子上，咬牙说道："老天啊，我李密一定要让你亲眼见到，我一定会干出一番大事业的！"

第三十八章

好汉聚首烽火燎原　豪杰商讨正式宣战

瓦岗寨聚义大厅里灯火通明，各路豪杰与义军首领围着一张长长的案桌坐下，案桌上摆满了各色山珍野味，每一个人面前的碗里都斟满了酒。

长桌尽头的首席位上，并排坐着翟让与李密。李密来到瓦岗寨的时间不长，就与寨主并肩首坐，足以看来，他在瓦岗寨的地位绝非一般以及各路豪杰对他的看重。

而此刻的翟让红光满面，神采飞扬，兴奋之情溢于言表。这才几天工夫，各路首领就甘心聚在瓦岗旗下，义军势力扩充了十几倍。这都是李密的功劳。

翟让曾做过洛阳法司，因坐罪判斩，行刑前夜被狱卒私放，侥幸逃脱，才亡命东郡，在瓦岗寨举了义旗造反，聚众不过一万。当李密从淮阳村连夜逃奔，来到瓦岗寨时，翟让并没把他放在眼里。他知道李密也是犯了死罪，被朝廷四处追缉，在外面混不下去了，投奔到自己门下不过是找个吃饭活命的地方。就说："你就留在这里吧，有我一天，就有你的三顿。"

李密却说："翟将军错了。李密是慕名而来，与将军共举大事的。如果仅仅为了糊口，我可以另谋别处！"

翟让说："李公胸怀大志，翟让佩服。可是说说容易，瓦岗寨万余人马，眼下温饱都难以为继，还能图何大事！"

李密说："衣食不保，是因瓦岗寨地处东郡，而东郡又正是翟将军家乡。父老乡亲不宜侵掠。荥阳、梁郡两地距瓦岗不远，近邻运河，商旅货船往返不断。将军为何不去那里拦截商船漕运，一定足以供给军需。"

翟让觉得这的确是个好主意，当即派了一队人马去荥阳运河上干了一把，果然劫获了大量军资钱粮，军中士气为之大振。翟让对李密也有些另眼相看了，就问他："李公还有什么妙计良策？"

李密说："我觉得将军当有更大的志向。刘邦、项羽原本都是布衣，后来成为帝王。当今皇上昏庸无道，荒淫糜烂，致使天下民怨鼎沸，这正是刘项奋起之机。以将军的雄才大略，应为首领，诛灭暴虐，取而代之！"

翟让不以为然，说："我们虽说是举旗造反，其实都是些流民草寇，不过苟且偷生罢了。你说的那个大事业，不是我们能干的。再说，就凭我手下这万把口子人……"

"人少并不足为虑。如今四方各地有许多举旗义士，但也多为小股，散兵游勇，孤掌难鸣。李密愿奔走于各部义军之间，游说夺取天下的大计，将四方义军联合起来，这力量定是所向披靡！"

翟让这时才看出李密肚子里还真有货色，却也将信将疑：人家各自占山为王，谁能听你的？不过既然李密毛遂自荐，不妨让他去试一试。于是就派李密出寨游说各部义军。

李密刚走不几天，就有一个叫李玄英的人投到瓦岗寨门上来，指名道姓要见李密。翟让将李玄英召到厅里，问："你与李公是何交情？"

李玄英摇头说："我俩从未谋面。"

翟让就奇怪了，又问："既然不认识，你找他有何事？"

李玄英说："小人愿为李公效鞍马之力！"

"那又是为什么？"

"翟寨主，小人是从东京洛阳逃出来的。在东京，李密声名远扬，都知道他是公卿子弟，曾为蒲山公，有才学而志高气远。近来洛阳城内外有一首民谣广为流传，民谣唱的是：'桃李子，皇后绕扬州，宛转花园里。勿浪语，谁道许。'寨主，民谣实为谶言，桃李子，就是逃亡的李氏之子；皇与后是指国君；宛转花园里，是说天子此去扬州杳无还日，将倾于沟壑；勿浪语，谁道许，即指密，李氏之子就是李密！"

翟让被李玄英说得心动："难道说，李密真是一位能得天下的大才？"

"寨主，"李玄英又说，"俗语说王者不死。李密再三遇险，却能屡屡获救，岂不是王者之运么？"

这一番颇有方家术士意味的语言，使翟让也觉得有些神神道道了。他让李玄英退下，派人叫来了军师贾雄。

贾雄略通阴阳之术，深得翟让信任，拜他为军师。但翟让还不清楚，此时贾雄与李密已结为好友了。李密来到瓦岗寨以后，一眼就看出贾雄是个可用的人才，便主动与他结交，随后又鼓动他用术数去说服翟让夺取天下。贾雄答应了，但一直没找到最恰当的时机。这回，机会来了。

翟让召来贾雄，跟他讲了李玄英所说的民谣谶言，又说了李密欲夺天下之计，让贾雄占测一下成败凶吉。

贾雄闭目沉思半天，说："吉不可言，大计必成！"

翟让说："看来是天意如此了。"

贾雄点头说："当然。不过，若是独立寨主，恐大事难成。如并立李密，定大有希望！"

翟让还有疑惑，问："既然如此，李密应当自立门户，何必来投奔我呢？"

贾雄解释说："寨主，凡事都是相辅相成。李密为蒲山公，他之所以来，是因为寨主姓翟，翟即泽，蒲无泽而不能生，所以必须依托寨主才行！"

翟让放心了。

一个月后，李密归来，才有了今天各路首领聚义瓦岗寨的热闹场面。李密也有了与翟让并坐首位的殊荣。

酒宴的气氛十分热烈友好，除了瓦岗寨的首领、军师和众将，在座的还有王当仁、王伯当、周文举、李公逸、房玄藻、徐世勣和单雄信。他们都对李密的辩才谋略佩服得五体投地，甘愿聚集瓦岗寨与之共图大事。

酒过三巡，翟让招手示意请诸位首领安静，说："诸位将军，今天大家共聚一堂，同谋大计，是翟让三生之幸。想来各位与翟让一样，舞枪弄棒还能抵挡过去，要论谋略计策，还得听蒲山公的。"

在座的纷纷点头称是，拍手叫好。

李密也当仁不让，站起来说："各位将军，只因国君无道，连年征讨，使得百姓疲困，田园荒芜。今天我们虽然兵多士众，但食无仓廪，仅靠劫掠来供应军食，常苦于不能为继，而且，长此下去也难得民心。朝廷的洛口仓在荥阳境内，以李密之见，我们以翟将军为主帅，领各部直取荥阳，攻下那座粮食丰盛的洛口仓，一来可供长期军需，二来可以赈济百姓，赢得民心。占据荥阳，养精蓄锐，待兵强马壮之后，再夺天下！"

又是一阵拍手叫好，都说这是上策。

十几万瓦岗军直扑荥阳，一天之间就攻破了荥阳门户金堤关，又分兵几路，攻取荥阳各县。几座县城相继陷落，瓦岗军已对荥阳形成合围之势。荥阳太守郇王杨庆望风而逃。

消息传到扬州，杨广感到势态严重了。荥阳历来是兵家必争的战略要地，荥阳的得失，将影响中原安危，况且那里还有个洛口大仓。于是，他急命张须陀为荥阳太守，率部讨伐翟让，保住荥阳。

张须陀率两万精锐，星夜驰赴荥阳。

翟让曾与张须陀交过几次手，每战必败，心里就有了七分惧怕。听说张须陀领兵来救荥阳之急，就想率众撤退。

李密劝慰说："张须陀有勇无谋，凭着他在齐郡、北海一带剿杀义军，打了几个胜仗，便骄气十足，自古以来骄兵必败，这一次管叫他有来无回！"

李密让翟让率大部列阵迎战，自己领了三千兵士埋伏在荥阳大海寺北面的树林里。张须陀视翟让为手下败将，不堪一击，就将军队排开方阵，趾高气扬地向翟让杀过来。张须陀的前锋也的确骁勇凶悍，交战不久，翟让便抵挡不住了，且战且退。张须陀乘胜追击，直追到了大海寺。李密领伏兵急速出击，截断了张须陀的后路。这时候，翟让、徐世勣、王伯当也率部占据了有利地势，将张须陀部众团团包围。张须陀指挥着作了几次凶猛的突围，毫无效果，只有士卒死伤惨重，所剩无几了。

张须陀见大势已去，败局无可挽回，就仰天长叹道："张须陀戎马一生，没想败在一伙草寇手里，我还有什么脸面见皇上啊！"说完，拔剑自刎。

大海寺一战大获全胜，瓦岗军的声名轰动了四方，百姓豪杰纷纷投奔。

翟让对李密更加佩服敬重了，他分兵给李密，让他建立牙帐，统领一支人马，号称蒲山公营。

瓦岗军得了荥阳粮仓，又迅速扩充了兵马，李密见时机已到，就与翟让商议攻打东京洛阳。

提及此事，翟让有些犹豫了，说："蒲山公，攻洛阳恐怕不那么容易吧？"

李密说："当然不会唾手而得。不过，自皇上去了扬州，洛阳城内空虚，兵不习战。况且，守城的越王杨侗年幼无知，也无主见。留守的几个员政见不一，士民人心向背。我觉得此时进攻，正是时机。"

翟让还是不放心，说："这些大多是道听途说，你我并不知城中实情。我看还是先派些人去探探虚实，然后再定计策。"

不料，派去探听虚实的人马被洛阳守军发觉，打了一仗，败退而归，还被俘虏去了几个士兵。洛阳守军从俘虏口供中知道瓦岗军要攻取东京，立刻开始加强城防守备，并派人疾驰扬州报奏皇上。

翟让越发觉得，不仅不能攻打洛阳，荥阳这里也不能再呆下去了。

李密认为恰恰相反，说："事已至此，洛阳更是非攻不可。兵法讲，先发制人，后则制于人，咱们正在先发之势。东京周围的百姓困苦饥馑，兴洛仓储存了大批谷米，离东京近二百里。咱们率领精兵，轻装奔袭。兴洛仓守备薄弱，拿下它轻而易举。等东京得到消息，兴洛仓已落入我手。我们发粮赈救穷乏，远近百姓定会归附，招募几十万兵勇并不是难事。到那时，朝廷大军即使来攻，我们也没有什么可怕的了！"

翟让听了，无奈地摇摇头说："的确是英雄谋略。不过我无能为力，难当此任，蒲山公尽管做主布置吧。你率军先发，我为你殿后。"

李密想，这不是等于交出了主帅大权吗？当然求之不得！

李密挑选了七千精兵，疾趋阳城北，翻越方山，从罗口方向突袭兴洛仓，以迅雷不及掩耳之势，一举攻下了这座全国最大的粮仓，竟如囊中取物。

兴洛仓修建于大业二年。此前一年，也就是在营建东京的同时，已经在宫城东面修了一座含嘉仓。当时年丰粮足，杨广觉得还不够用，就诏令又在巩县东南原上修了这座兴洛仓。兴洛仓城周围二十多里，有三千座粮窖，每座窖可储粮八千石，这样算来，共储粮两千多万石。但是李密攻进兴洛仓一看，有半数的粮窖空空如也。

然而对瓦岗军来说，兴洛仓现存的这些粮食已是战果辉煌了。李密下令立即开仓放粮。霎时间，四乡百姓扶老携幼，背筐挑担，纷纷涌进兴洛仓。

果然不出李密所料，攻下兴洛仓使得瓦岗军声势大震，归顺降附者从四面八方纷至沓来。也让留守东京的越王杨侗吓破了胆，慌忙命虎贲郎将刘长恭率两万五千兵马夺回兴洛仓。

杨侗计划以两路夹击瓦岗军，刘长恭率部从正面进击，又派讨捕大使裴仁基领兵从汜水而入，掩袭瓦岗军背后。

刘长恭的一路先行抵达兴洛仓，昼夜行军，士卒们还没来得及吃早饭，刘长恭就命令先抢渡洛水，在石子河西摆下阵势，南北十几里。

李密挑选骁勇兵将分成十队，令四队埋伏在横岭下，对付从后路来袭的裴仁基。其余六队在石子河东摆阵，迎击刘长恭。刘长恭见瓦岗军没有多少人，更不放在眼里，挥师进攻。翟让先率队迎战，正厮杀得难分难解的时候，李密又率部横冲敌阵。饥困疲劳的隋军，哪能抵挡得了李密部众的勇猛冲杀，一瞬间便大败溃散。刘长恭趁着混乱脱下将军战袍，换上士卒衣装，抱头鼠窜，逃回东京。手下士卒大半丧身于瓦岗军刀枪之下。

瓦岗军击败刘长恭，缴获隋军全部辎重器甲，更是威声远扬。

杀张须陀，破兴洛仓，败刘长恭，接连几次大胜，使瓦岗军的各位首领和豪杰将士更加信服李密的智勇才干。他们都看明白了，瓦岗军能有今日之声势，多亏有了李密；而瓦岗军要想成就明天的大事业，没有李密是不行的。于是便动议推李密为瓦岗军主，上号魏公。

翟让原本胸无大志，文韬武略自认远远不如李密，驾驭一支如今已有数十万人马的队伍已是勉为其难，早就有意让位，所以对各位首领豪杰的动议举双手赞成。

瓦岗军在巩南设坛场，李密即主帅位，刑牲歃血，改元永平。李密文书行下，称行军元帅府，魏公府设三司、六卫，元帅府设置长史以下属，都归李密节度指挥。

李密拜翟让为上柱国、司徒、东郡公，也设长史以下，但人数比元帅府减半；又命单雄信为左武侯大将军，徐世勣为右武侯大将军，各领所部兵马；房玄藻为元帅左长史，李公逸为右长史，等等。诸位首领将都有封拜。

这样一来，赵魏以南，江淮以北各支起义军纷纷响应，拥戴李密为盟主。孟让、郝孝德、王德仁及济阴房献伯、上谷王君廓、长平李士才、淮阳魏六儿、谯郡张迁、魏郡李文相、济北张青特、上洛胡驴贼等都率所部义军归顺李密。李密分别授予爵，各领部众。李密设置百营簿，登记归附各营，以便号令指挥。投奔瓦岗军的人如百川归海，不绝如流，瓦岗军的实力很快扩充至近百万人。

李密命部众修筑洛口城，方圆四十里，作为瓦岗军的大本营。又派房玄藻率兵东进，攻城略地，安陆、汝南、淮安、济阳等郡县多被瓦岗军夺取。巩县处于瓦岗军的威胁之下，县令柴孝和与监察御史郑颋献出城池，向瓦岗军投降。这样，洛口城周围，瓦岗军的根据地中，就剩一个巩县东南百花谷的裴仁基了。讨捕大使裴仁基受越王杨侗之命，与刘长恭奔袭洛兴仓前后夹击瓦岗军，但他未能如期会合。待他到达时，听说刘长恭已被打败溃散，不敢再进，就在百花谷筑垒自守，又恐朝廷治罪，心中一直惴惴不安。李密探知裴仁基处境不妙，便派人与裴仁基暗中接触，劝他投降。不知怎么走漏了风声，此事被监军御史萧怀静知道，写信密报东京。裴仁基看到已无路可退，一不作二不休，杀了萧怀静，率部众投降李密，被李密授为上柱国、河东公。

裴仁基投降，使李密又得了一员勇将秦琼。

秦琼，字叔宝，齐州历城人，曾是来护儿帐下一员干将，后跟随张须陀，因勇猛善战颇受器重。

有一回，秦琼随张须陀攻打卢明月义军。当时卢明月拥众十万，驻军下邳。张须陀的人马才有一万五千多，众寡悬殊，不敢贸然进攻，就在距下邳六七里处安营扎寨，相持了十几天。眼看粮草将尽，张须陀说："我军因粮绝撤退，贼寇定会倾巢出击追赶，营内必然空虚。此时如用千余人袭击敌营，可以获胜。但是这样会有很大危险，不知诸将谁能去？"

众将都默不作声，只有秦琼和罗士信愿率兵前往。于是，张须陀命他

们二人领两千兵马藏匿在芦苇丛中，自己带余部放弃营栅撤退。卢明月果然率全部兵马追赶。

秦琼和罗士信等卢明月追兵过去，立即率兵直袭敌营。栅门紧闭，二人就飞身攀上寨楼，杀死十数名守门士卒，拔掉了卢明月军的旗帜，营栅中立时大乱。秦琼、罗士信打开栅门，使部下直冲营栅之中，一阵拼杀，守营的卢明月士卒所剩无几。接着，他们又纵火焚烧了三十多座营栅，刹那间，烈焰腾腾，浓烟滚滚，直上云天。

正在紧追张须陀的卢明月，忽闻营中起火，急忙率军还救大营。张须陀回军反击，大败卢明月义军。此战之后，秦琼、罗士信的勇猛闻名远近。

大海寺一战，张须陀战败自刎，秦琼领部分余众归附了裴仁基，现在又随裴仁基降附李密。

几乎与此同时，另一名豪杰勇士程咬金也投到李密帐下。程咬金是济州东阿人，少年骁勇，善用马稍。为防强贼，聚徒数百人共保乡里。兴洛仓之役后，程咬金慕李密大名，千里迢迢率众南下，投奔瓦岗义军。

李密选拔军中骁勇将士八千人，组成内军，也就是李密的卫队，任命秦琼、程咬金、单雄信、徐世勣为四骠骑，统领内军。李密常说："这八千人足可以当百万兵马使用！"

到这时，李密觉得，攻打东京洛阳的时机成熟了。

李密先遣总管、齐郡公孟让率两千兵马夜袭东京，攻入东京外郭，烧掠丰都市，到次日凌晨撤回。惊扰得东京居民纷纷逃入宫城，台省府寺都住满了难民。

随后李密又派裴仁基与孟让领两万人袭击洛东仓，攻破这座东京的大粮仓，放火烧毁横跨洛水的天津桥，纵兵大掠，旋即撤回。

经过几番这样稍攻即撤的侵袭，洛阳守军已惶惶不可终日。这时城中有兵卒二十万，轮番登城防守，铠甲昼夜不解。李密又率军攻打东京外围的偃师、金墉。这两城一座在洛阳以东六十里，一座在洛阳西北十八里，因防守坚固，都没有攻下，瓦岗军只得退还洛口。

洛阳城中的粮食日见短缺，但最缺少的还是柴草。不过城中府库内有堆积如山的布帛，兵百姓只好用这些丝绢布帛当作柴草烧火做饭。许多百姓平生从未穿过绫罗绸缎，此时却将它拿来烧火，看着灶膛里跳跃的火苗，欲哭无泪。

李密退兵后，越王杨侗派人把粮米运进宫城，又调五千人屯守丰都市，五千人屯守上春门，五千人屯守北邙山，布成九营，首尾相接，以解瓦岗军来进攻时，隋军只能困守东京宫城的被动局面。

大业十三年四月，李密率领三万大军，再一次攻克洛仓，并大修营垒，气势威逼东京。越王杨侗派遣段达、刘长恭率领七万部众出城迎敌，两军在洛阳故城展开激战。隋军大败，退回宫城。

　　瓦岗军威响震中原，东京守军闻风丧胆，瓦岗军攻破城池指日可待。

　　李密命记室君彦书写了一篇征讨杨广的檄文，将其散布到天下郡县。虽然这篇檄文仅有千字，却历数了杨广的十大罪恶，公开向大业皇帝宣战！

　　檄文有这样的字句，"罄南山之竹，书罪无穷；决东海之波，流恶难尽"，成为千古流传的名言。

第三十八章　好汉聚首烽火燎原　豪杰商讨正式宣战

第三十九章

李渊发动晋阳兵变　开皇盛世已到尽头

就在瓦岗军在东京和隋兵鏖战的时候，河东又发生了一场惊天动地的大事：太原留守李渊在晋阳起兵！

大隋国基真的已经动摇了。

李渊的父亲名叫李昞，在北周时担任安州总管，袭封唐国公，她的母亲与文帝杨坚的独孤皇后是亲姐妹。李渊七岁的时候便袭封唐国公。

李渊年轻的时候风流倜傥，性情直率，宽仁容众，正所谓从小看到大，那时就已经知道李渊并非池中之物，将来必定会有一番作为。大隋立国后，因为皇戚，备受抬爱，先后任谯州、陇州和岐州刺史。当时有个叫史世良的术士为他相面，说："你骨法非常，必为人主，但应小心从事。"李渊谨记于心。

大业初年，李渊曾任荥阳、楼烦二郡太守，后征为殿内少监。大业九年，升卫尉少卿，二征高句丽时，受命在怀远镇督运粮草器械。

民间流行李氏当王的谶语，杨广曾猜疑李渊可能是应谶之人，想召他回朝意欲加害，恰巧李渊告病，幸运地逃过一劫。

大业十一年五月，杨广游幸汾阳、出巡突厥时，又任李渊为山西、河东抚慰大使，调发河东兵讨剿义军。李渊行至龙门，义军首领毋端儿率几千人进攻龙门县城，李渊仅领数十骑出城陷阵，李渊连射七十箭，七十名义军士卒应弦而倒，吓得毋端儿调头逃走。

大业十二年四月，有历山飞将之称的甄翟儿率十万义军进攻太原，守将潘长文战死。杨广诏李渊为右骁卫将军、太原留守，率兵进攻甄翟儿。李渊率部在西河郡永安县的雀鼠谷与甄翟儿遭遇。当时李渊仅率两千骑兵先行，陷入义军重重包围。危急时刻，次子李世民率轻骑破重围，箭无虚发，所向披靡，将李渊救了出来。

李渊的子女个个英武过人，次子李世民尤为聪明果敢，见识超凡。杨广被困雁门关，李世民应召入伍，向云定兴献计解了皇上被困之急，深受皇上嘉许。

晋阳宫监裴寂和晋阳令刘文静，都是李世民的朋友，对李世民十分敬佩。刘文静曾对裴寂说："李世民非一般人，豁达似汉高祖刘邦，神武像魏武帝曹操。虽然年轻，却是命世之才！"

时交亥正，夜色深沉，在这万籁俱寂的时候，李世民悄悄走进了太原牢狱的大门。他是来探视刘文静的。

刘文静跟李密是儿女亲家。杨玄感兵败，李密脱逃，刘文静也因此受到株连，被皇上下令押入太原大狱。

牢狱上早已被李世民打点过了，由一名狱卒在前引路，来到关押刘文静的监房，狱卒先进去通报了一声："刘大人，李公子来看你了。"

李世民迈入监房，狱卒随即退出来，严严地关好了门。

分别已久，又是在狱中相见，两人都非常高兴。李世民作了个揖，呵呵地笑着说："文静公，虽然屈居牢狱，晋阳令神采依旧啊！"

刘文静哈哈大笑着拱了拱手："托福，托福。随遇而安，得时而动，只恨生不逢时，未遇明君啊！哎，世民老弟，你不趁这英雄四起的时候，好好干一番大事，反而跑到大狱里来看我这个罪人，岂不是荒废了时光！"

李世民说："我来这里并非荒废时光，是来与你商议天下大计的！"

刘文静说："如今天下大乱，非有商汤、周武、汉高、光武之才不能安定。"

李世民微笑着点点头："不是没有，只是一般人没有看到罢了。"

刘文静心中明白，说："我早就看出你是胸存大志的人，非同一般。世民老弟，如今皇上南下扬州，李密聚众进逼东京，大贼连州郡，小盗阻山泽，多不胜数。但是这些人成不了大事，必须有真主驾驭才能取天下。如果能应天顺人，举旗大呼，四海则不难平定。眼下太原百姓为躲避盗贼，都迁入晋阳。我任晋阳令数年，与许多豪杰相识相知，一声呼唤，召集十万八万人并不难。唐国公为太原留守，手中也握有几万兵马，如果他肯为首，号令即出，无人不从。这样便可乘虚入关，不用半年，即成帝业。"

李世民听着，不住地点头，说："你说的，正是我所想的。只是怕家父不肯。"

刘文静说："此事不可操之过急，还需你慢慢劝动，还有一个办法，"刘文静说到这里停了一下，故作神秘地低声说，"请晋阳监裴寂去办。"

李世民会意地笑了。

第二天，李世民派人带了名帖，去请裴寂来家中饮宴。

裴寂与李渊有旧交，关系十分密切。因而也常与李世民交往，并且很佩服李世民的智谋才干。在与裴寂的交往中，李世民非常豪爽大方，他知

第三十九章　李渊发动晋阳兵变　开皇盛世已到尽头

道裴寂好赌，就经常输钱给他。裴寂当然十分得意，高兴之余，常常拿赢来的钱跟李世民、刘文静一起喝酒。这回接到李世民的名帖，裴寂以为不过又是喝酒赌钱，便欣然前往。

到了李世民家中，见餐桌上酒美肴丰，裴寂更加高兴，一时狂态大发，要跟李世民一醉方休。

没想到刚喝了三五杯，李世民便停杯长叹，神情非常沉重。裴寂吃惊地问："公子有什么愁事，何至于这样长吁短叹？"

李世民说："昨天我去狱中探望文静公，他盛赞寂公可以为人消愁免祸。寂公与家父深交多年，互为至友。眼下家父有大祸临头，不知寂公能不能为他免除？"

裴寂更是吃惊了，说："唐国公身为太原留守，地方权势集于一手，而且身体无恙，哪来的什么大祸！"

李世民叹道："寂公难道真的是只知其一，不详其二么？家父虽掌有重兵，也有权势，看似显贵。但是几年前皇上对他就有猜忌了。如今盗贼四起，天下大乱，谁能想到皇上会再生什么怪念头。一旦不测相加，家父便性命难保了。覆巢之下，岂有完卵？我受株连是当然的，恐怕依寂公与家父的关系，也难不被牵累。看看文静公，不就是与李密两家通婚么？到底还是下了大狱！"

一席话说的裴寂不吱声了，沉吟半晌才说："公子的话极有道理。皇上暴虐性忌，喜听佞言。又逢乱世，掌兵的臣下更容易招祸。若说到消弭之法，我觉得惟有趁此乱时而起，拥兵自卫，未尝不是件好事。但是唐国公事君不二，不愿作逆臣，恐怕公子心中也是明白的。"

"所以才相求于寂公呀！"李世民诡秘地笑笑。

"求我？"裴寂看看李世民，恍然大悟，说："公子的意思，是要我跟唐国公一起造反啊！"李世民笑而点头说："寂公说对了。如今大厦将倾，国将不国，寂公如能以良言劝动家父，共图大事，救社稷百姓于水火，难道不好吗？"

裴寂不说话，只是一杯接一杯地喝酒。李世民的目光一直紧盯着他。

终于，裴寂将酒杯"砰"地墩在桌上，说："好！就这么说定了！我去试试。"

李世民问："寂公打算用什么办法劝动家父？"

"我自有办法，不过此时不可泄露！"

裴寂也诡秘地一笑。

其实，裴寂的办法很简单。他差人将李渊邀至晋阳喝酒，席间找来两个宫女坐陪，轮番把盏相劝，不多会儿就把李渊灌醉了。裴寂便命两宫女搀扶着他进内室睡了。

晋阳宫是皇上的离宫，宫中美女全都是为皇上宠幸而准备的。裴寂身为晋阳监，竟将宫女私侍外客，李渊是朝廷重臣，敢与两个宫女同床共寝，只要透露出去，两人都是死罪。

李渊半夜醒来，见自己被脱得一丝不挂，左右两边各躺着一个赤条条的美女，一时还没明白这是怎么回事。两个宫女早就得了裴寂的指令，见李渊醒了，便使尽百般娇媚，抚摸戏弄李渊。一个魁伟壮实的男子怎抵得住这样的阵势，李渊按捺不住，一阵风骤雨急，跟两个美女都做了好事。等喘息平定，热汗消去，又惊起了一身鸡皮疙瘩！

天亮之后，李渊质问裴寂。裴寂一脸无奈地说。"世民暗中招募兵马，欲举大事，恐遭你斥责而败露，让我想法劝你。我觉得天下乱势你比我看得清楚，担当大义的道理你比我还明白，无法以言词劝动，不得已出此下策！"

李渊长叹一声："举事之心我何尝没有？如今你我都犯下大罪，干也得干，不干也得干了！"

李渊回到家，把李世民叫到跟前说："举事造反我不怕，不过你可记得，解雁门之围时，你在皇上面前立的誓言？我怕人说你言而无信！"

李世民说："父亲，当今天下混乱，百姓贫困，全因皇上荒淫所致。今天的皇上已非昨日皇上，难道我们还非得拥戴一个遭天下人唾弃的国君不成？"

李渊无言以对。

"再说，我是为父亲着想。父亲受诏讨贼，贼可以讨尽么？讨不尽，则最终难免获罪。当年世间传说李氏当应谶言，结果李浑一族无辜被杀。父亲即便能讨尽贼寇，皇上给你个功高不赏，处境就更危险了。所以，举事大计，父亲不可再犹疑。"

李渊叹息说："你说的极有道理。今日破家亡身由你，化家为国也由你了！"

李世民喜出望外，又马上提出请李渊设法将刘文静放出大狱，跟裴寂一起参与大事。

大业十三年七月，在经过几个月紧锣密鼓的谋划和招兵买马之后，李渊正式起事，自称大将军，建大将军府，任裴寂为长史，刘文静为司马。

刘文静说："欲夺天下，必须先取关中。除了西进关中，直取长安之外，我们没有别的路可走。也惟有此，才可成功。"

第三十九章 李渊发动晋阳兵变 开皇盛世已到尽头

· 377 ·

后来的事实证明，这真是英明之举！

裴寂又献计策：为了避免过早地显山露水，成为众矢之的，此时先不公开宣称反叛朝廷，而是尊杨广为太上皇，拥立留守长安的代王杨侑为帝。这样，进军长安也算出师有名。

李渊听后，自嘲地笑笑说："这是掩耳盗铃。然而迫于时事，也只好如此了。"

留守长安的代王杨侑听说李渊在晋阳起兵，就料知他想夺西京，而且来者不善，立刻派虎牙郎将宋老生率两万精兵屯守霍邑，骁卫大将军屈突通屯守河东，阻击李渊西进。

七月底，李渊命四子李元吉为太原太守，驻守晋阳宫，全权处置留守事务。自己亲率三万甲士，立军门誓众，启程西进，开始了创业的义举。

此前不久，李渊写信给正在威逼东京的李密，想联合共举大计。这时候，派往瓦岗军的使者，带回了李密的复信："我与兄派流虽异，根系本同，自己才疏学浅，被四海英雄共推为盟主。希望左提右挈，戮力同心，执子婴于咸阳，殪商辛于牧野，共襄此盛举……"信中还要李渊率几千人马亲至沁阳，与他面结盟约。

看了李密的复信，李渊笑着说："李密妄自尊大，不甘心居人之下，一群草寇推他为首领倒也罢了，还想要我也承认他的盟主地位。燕雀凌于鸿鹄，实在有些不自量力。不过，我们今天志在关中，如果与他断然绝交，等于又树一敌，于我不利。不如卑辞推奖，任他骄狂。利用他为我堵塞成皋之道，拖住东京之兵。等到关中平定，据险养威，再从容地观看鹬蚌之争，坐收渔人之利也不晚！"

随即，李渊命记室温大雅再回一书说："我虽庸劣，幸承祖先余绪，出为八使，入典六屯。国家倾覆而不扶，将为时贤责备，所以大会义兵，和亲北狄，共匡天下，志在尊隋。天生兆民，必有主宰，当今可做天下主宰者，舍密公还能有谁！老夫已过知命之年，无心力图天下主宰。衷心拥戴贤弟，攀鳞附翼，望弟早膺图箓，以安宁天下百姓！如能以我为李氏同姓，宽容接纳再封于唐，有此殊荣足矣。至于殪商辛于牧野，执子婴于咸阳，我无此能力气魄。汾晋左右，尚须安固，盟津之会，无暇顾之。"

李密收到这封书信后高兴万分，逐一示左右将领，说："唐公都推我做盟主了，不愁天下不定！"

此后双方信使往来不断。

李渊西进关中之前，还办了一件大事：派刘文静出使突厥，面见始毕可汗，请他出兵相助，攻取长安。李渊此举有他一定的道理：一是自己的力量毕竟还是薄弱，如遇大敌，难以抵挡，有了突厥帮助就会强大多了；二来如果突厥出兵，就与自己成为同路，算是入了伙。若不然，自己率军西进，突厥瞅准空子领兵南犯，必将把自己推入首尾难顾的尴尬境地。

刘文静临行前，李渊再三叮嘱，对始毕可汗一定要许以厚利，反复重申：如可汗相助攻下长安，民众土地归唐公，金玉缯帛归突厥。

李渊率军西进，一路上广发文告，向沿途郡县民说明，此去关中是为尊立代王为帝，并别无他图。

走到当年与甄翟儿大战的雀鼠谷，适遇大雨连绵，山道泥泞，不得前进，只好驻军贾胡堡，此地距宋老生屯守的霍邑只有五十多里。

雨幕时疏时密，却是终日不停。军中的粮食已不多了，刘文静至今杳无音信。李渊整天愁眉不展。这时又听风传，突厥要乘虚攻袭晋阳。李渊急了，连忙召集将佐，商议着要撤回太原。

裴寂表示赞同："宋老生、屈突通连兵据险，恐怕不易很快攻破。李密口说联合，但此人奸谋难算。突厥一向言而无信，唯利是图，居心叵测。太原是一方都会，我军将士的家眷都在那里，不如先救根本，再图后举。"

李世民却不以为然，说："现在已近秋季，稼禾遍野，不必为无粮忧愁。宋老生虽然据险霍邑，但他生性轻躁，无勇无谋。李密顾恋仓粟，不会远离东京西进。至于突厥欲袭晋阳一说，文静公还没回来，不知实情，所以不能偏信谣传。归到根本，我们既然举兴大义，奋不顾身以救苍生，就当先入大兴，号令天下。如果退还太原，据守一城之地，岂不与盗贼流寇一样了吗？"

李渊的长子李建成也附和说："二弟说的有理，不能撤回太原。"可是李渊已下定北还的决心，不再听两个儿子劝说，催促左右两军立即准备，相继出发，返回晋阳。

入夜，李世民与大哥李建成聚在一起，越觉得撤回太原定败无疑。情急之下，李世民决意进帐再谏。

李渊刚刚睡下，忽然听到帐外有人放声恸哭，再细听，竟是李世民。李渊赶紧召李世民进帐，问他："出了什么事，值得你深更半夜的号啕痛哭？"

李世民擦擦眼角的泪水，说"父亲，军中兵勇都是为义举大事而来，所以才有今日的士气。听说父亲下令北还，许多人都暗中计议要解甲而去。如今的情势是进战则胜，退还则散。此处距霍邑仅五十里，万一在回太原途中士卒四散，宋老生必乘机追讨，那我们只有死路一条了。想想我们兴师动众，将要落得这样的悲惨下场，我怎么能不悲恸呢！"

李渊一听，才猛然醒悟，后悔不迭地说："哎呀，我怎么就没想到这一层呢！可是，军队已经出发，这可怎么办？"

李世民说："右军严阵以待，还没有走。左军虽走，这种天气里也不会去得太远，请父亲下令让我去追他们回来。"

李渊笑笑说："还用下令么？我看明白了，此次大事成败都在于你。你看怎么办好就怎么办吧。"

李世民转身出帐，与李建成一起，连夜催马向北追去。

天蒙蒙亮时，军门前忽然来了一位白胡子老头，对守门的军士说："我是霍山神派来的使者，请转告唐公：三天后雨止，此出霍邑，不再有阻碍。"话音未落，老头便倏然不见了。

军士告诉了李渊，李渊说："岂不是山神也来助我？"

三天之后，雨果然停了，当空艳阳高照。李渊即命士兵曝晒铠仗行装，然后沿山间小道向霍邑进发。

霍邑守将宋老生听说李渊的兵马已到了城下，立即登城望去。只见仅有李世民、李建成兄弟二人领着几十名骑兵，手持马鞭对着城墙指指划划，像是在商议着如何围城。宋老生顿时光冒三丈，跺着脚骂道："黄口小儿，你也欺人太甚，竟不把宋将军放在眼里！"随即领三万兵马，从东门、南门分道而出。

宋老生果然被引出城来了。

李渊与李建成在城东布阵，李世民在城南布阵，迎击宋老生的兵马。李渊这边接战以后，渐渐支持不住，李世民从南原引兵驰下，从敌军背后猛攻，杀人宋老生军阵。李世民纵马挥刀，砍倒了数十名敌兵，两把刀都砍缺了，鲜血湿透了衣袖，依然身先士卒，冲锋陷阵。这时候李渊也缓过劲来，挥师从正面进攻。李渊令士兵一边冲杀，一边大喊："已提住宋老生了！"

"宋老生被我们捉住了！"

宋老生的部下听到喊声，顿时大乱，纷纷逃命，任凭宋老生怎样气急败坏地大叫，也无济于事，只好随士兵逃向城内，被李世民追上，一刀砍下马来。

到傍晚时分，李渊的将士已完全攻占了霍邑城。太原至关中的第一道大门被打开了！

李渊命军队在霍邑休整十天再向西进。这时候，刘文静回来了。他带来了五百名突厥士兵和两千匹战马。李渊高兴得嘴都合不拢了，对刘文静说："马多可壮声威，我们缺的正是这个。文静公立了大功了！"

刘文静说："霍邑门户已开，下一步我们就可以从龙门渡黄河，攻取永丰仓，关中即在我们掌握之中了！"

李渊点头说："我也正想依此计而行！"

据守河东的骁卫大将军屈突通，听说李渊要从龙门西渡黄河，知道大事不好。河东城是通向长安的咽喉，按原先的设想，李渊即便破了霍邑城，也必将直取河东，因为从这里西过黄河有蒲津桥可通，比从任何一地用船渡河都快捷得多。所以屈突通屯兵河东，而且没有把蒲津桥毁掉，想以此为诱饵，引李渊前来攻城。不料形势有变，如果李渊真的从龙门过了黄河，攻下永丰仓，再往长安就畅通无阻了，想去拦截也来不及。好在河东去龙门不足一百五十里，李渊的前锋刚到龙门，全部集结尚需时日，屈突通决定主动出击，拖住李渊。

屈突通派出两千骁果士卒夜袭龙门，把立足未稳的李渊几千先锋杀得落花流水，旋即撤回。这一手让李渊始料未及。这时麾下将士已近十万，从龙门用船渡河也不是一天两天可以完成，如果在渡河之时再遭袭击就惨了。盛怒之下，李渊率部直扑河东。

河东城墙高峻，易守难攻。屈突通关城不出，李渊猛攻几天都未得手。再转向西进，又恐屈突通从背后袭扰，真是进退两难，被粘在河东城下了。

见李渊犹豫不决的样子，裴寂就劝他："屈突通拥强兵固守坚城，此时我军不宜舍之而去。如果攻大兴不克，退兵时必遭河东兵力堵截，腹背受敌，是用兵之危道。只有先攻下河东，然后才可以西进。因为长安将屈突通视为援军，只要河东陷落，大兴或许可不攻自破。"

李世民却不以为然，说："我与寂公之见恰恰相反。常言说，兵贵神速。我军当以屡胜之威，抚归顺之众，长驱西行，大兴守军望风震骇，智不及谋，勇不及断，夺取大兴如秋风扫落叶。如滞留河东城下，长安之兵就可以从容准备抵抗，到时候我军再攻大兴必然耗费时日。若久攻不下，众心离散，大事将功亏一篑。"

李渊觉得他们二人说的都有道理，权衡再三，决定取中。留下一支部将继续包围河东，自己率大部西取长安。

李渊率部渡过黄河，进至朝邑，驻扎在长春宫。三辅豪杰与关中士民成群结队前来归附，一天竟有数千人。自秦汉以后，就称京兆、左冯翊、右抚风三个相当于郡的政区为三辅，因所辖皆京畿之地，在关中举足轻重。三辅豪杰纷纷归附，足见西取大兴是人所向往之了。再向西行，一路有征无战，京兆诸县都派使者向李渊请降。

京师大兴，已经在李渊军包围之中。

　　十月，李渊大军兵临城下，在大兴城东春明门外扎下大营。诸军汇集大兴，共有二十万之众，李渊命各军自筑营垒，不准入村庄侵扰百姓。又几次派使者至大兴城下，传书大兴内史卫文升，申明尊隋之意，请他放开城门。卫文升置之不理。

　　李渊无奈，遂下令攻城，并严明军纪："不得侵犯七庙宗室，违者诛灭三族！"

　　此时的大兴，实际早成了一座空城。守军本来就不多，又见李渊大兵压境，军心涣散，士卒无心抵抗。仅三天工夫，大兴城破，李渊大军浩浩荡荡，长驱直入。大兴内史卫文升听说李渊进了京师，一句话没说出来，竟活活气死了。

　　十三岁的代王杨侑住在东，左右侍卫听到李渊军进城的消息早已逃散，只有侍读姚思廉还忠心耿耿地陪伴着他。

　　代王虽然年幼，却也预感到了不祥，浑身颤抖着问姚思廉：

　　"李渊会不会杀我？"

　　姚思廉很自信地摇摇头，安慰他说："请代王放心，不会的。李渊要拥你为天子，他不是那种言而无信的小人。"

　　"我当天子，那父皇做什么？父皇在哪儿呢？他怎么还不回来呀？"

　　"这……"一连串的发问，让姚思廉不知如何作答。是啊，皇上为什么还不回来呢？他远在三千里外的扬州干什么！三千里山河阻隔，此时此刻长安城里的情形皇上当然不会知道的，即使知道了，又能如何？

　　姚思廉茫然地环顾四周，看着这座大殿。这里曾是专供太子住的地方，杨勇、杨广、杨昭……然而，杨勇被黜，杨广继位，杨昭病死，从那以后就再没有立太子，大隋后继无人。今天又杀来个李渊，要立代王为帝。这局面能维持下去吗？维持多久？当年文帝的开皇盛世怎么会这么快就飘然而逝了呢？

　　姚思廉正想着，忽听脚步嘈杂，人声喧嚣，一群士兵破门而入，冲上殿来就要擒拿杨侑。姚恩廉大吼一声：

　　"退下！唐公举义，旨在匡扶帝室，你们一班走卒怎么敢这样蛮横无理！"

　　士兵们愕然止步，一个个怔在庭下不敢动。

　　李渊闻讯赶到，斥退士兵，请代王移居大兴殿。姚思廉扶着杨侑走出东，挥泪与他告别而去。

　　几天之后，李渊备法驾迎代王杨侑至大兴殿即皇帝位，改元义宁。尊远在扬州的杨广为太上皇。

李渊任假黄钺、使持节、大都督内外诸军事、尚书令、大丞相，并被杨侑封为唐王。李渊又以武德殿为丞相府，改教称令，每天在虔化门处理日常政务。

杨侑下诏：军国机务，事无大小；文武设，位无贵贱；宪章赏罚等都归丞相府掌理。只有郊祀天地，四时禘祫才向皇帝奏闻。

大业朝廷的怪事百出，如今不但有了大兴与洛阳两座都城，就连皇帝都有了一南一北两位。这个时候大兴城中的阵势，让几位前朝元老不禁想到三十七年前，隋国公杨坚辅佐周室的情景……

第三十九章　李渊发动晋阳兵变　开皇盛世已到尽头

第四十章

迷楼日日风花雪月　隋朝基业烟消云散

　　弦乐笙歌缭绕，珍馐美酒飘香。蜀岗东峰下的迷楼中，天天这样，通宵达旦。

　　时光过得好快啊，杨广一觉春梦未醒，掐指算一下，来到扬州竟然已经有一年的时间了。从洛阳启程的时候已经是夏末，转眼已经到了秋初。

　　这一次南下扬州，虽然有五个不知死活的官吏直言进谏，杨广也只是一时气恼而已，并没有因此坏了他游幸的心情。而且，自杀了那个小县尉之后，果然没有人再次劝谏了。杨广沿着运河一路下来，心情极其舒畅。路上还出现了一个令他心情愉悦的小插曲。

　　那是过了梁郡之后，天气也越来越热了，仿佛又回到了盛夏。一天，杨广站立在船头观赏景观，见炎炎烈日下，两岸的纤夫挥汗如雨。杨广指着岸上，随口说："如果在河堤上面多栽一些柳树，不就可以给纤夫与行人遮荫吗？"

　　虞世基听了，立即高声宣道："皇上有旨，沿河百姓人在堤上栽一棵柳树！"

　　杨广哈哈大笑，说："虞卿，你这主意真的非常不错。对，每人栽一棵。哎，朕也要栽一棵，以示提倡。前边停船，朕要亲手栽树！"

　　船队靠岸停下，虞世基上岸安排，立刻就有几匹快马飞驰而去，在烈日下扬起一路尘土。

　　太阳偏西时候，就来了一支浩浩荡荡的队伍。有的挑着木桶，有的扛着锹镐，一辆辆大车上装着一棵棵不知从哪里刚刚刨出来的柳树。

　　队伍来到河岸边，就在河堤上拉开了阵势，刨的刨，挖的挖，不一会儿，河堤上面就有了一溜土坑。虞世基指挥着人们将一棵棵柳树插进坑里，这才回到龙舟上面请皇上起驾上岸。

　　杨广来到一个土坑前站稳，虞世基铲起一锹土递到他手里。杨广接过来掂了掂，随即将土扔向土坑。

　　一时间，河堤上面爆发出一阵冲天的掌声。人们纷纷在坑边扬锹铲土，将坑里的柳树埋住。夕阳的金辉下，呈现出一片皇帝与百姓共同栽树的动人情景！

当杨广铲起第三锨土的时候，坑里的树早就已经被身边的几名侍卫埋好了。他将铁锨往树下一戳，看着一行刚刚栽种好的柳树，高兴地说："好！这样很好啊！"

这时，不知道从谁的口中说出了一首歌谣，唱了出来："栽柳树，大家来，好遮阴又好当柴。天子先栽，然后百姓栽！"

唱了几遍，堤上的人都学会了，就异口同声地唱起来。

杨广听着，心里满是喜悦，说道："虞卿，传朕旨意，赐柳树姓杨。拿金牌来！"

一会儿功夫，内侍从船上取回了一块金牌，杨广亲笔御书"杨柳"二字，之后交给虞世基，挂在了皇上亲手栽下的那棵树上。

紧接着，人们唱出的歌谣就变成了"栽杨柳，大家来……"

歌谣顿时传到了翔螭舟的殿舱里，萧后笑着说道："还真是有一些聪明人，竟然编的这样快。"

在一片"天子先栽，然后百姓栽"的歌谣声中，皇上的船队又起锚了……

殿舱里，杨广正在和一群花枝招展的姑娘们玩乐，此时，虞世基走了进来，说道："陛下，太常丞元善刚刚从东京赶来。""哦，先让他在楼下的正殿等候。"元善达是受越王杨侗之命，感到扬州向皇上告急的。元善达见到杨广就扑通一下跪在了地上，流着泪说："陛下，李密聚众百万，围逼东京，占领了兴洛仓，洛阳城中眼看着就要断粮。臣奉越王之命，前来急奏。如陛下速回东京，乌合之众必闻风而散。不然，东京将会落入李密手中！"说完，竟然放生大哭起来。

杨广见他这副伤心的样子，眼角有些湿润了，说："李密小贼，真的能有这样厉害！"

虞世基凑到跟前说："什么真的厉害。陛下，这些人欺越王年少，胡言诳骗他。如果真有那么危机，他元善达怎么能来到这里！"

杨广勃然大怒，说："元善达，你这个小人，竟敢当面戏弄朕！"

元善达鸡啄米似的磕头："陛下，臣所告奏的全是实情！"

"那你是怎么来的？"

"陛下，中原地方盗贼遍野，臣是乔装打扮之后，在贼寇地盘的间隙里穿越辗转两个月才赶到这里的。陛下，九死一生啊！"

"哦，既然你有这样的本领，明天就去东阳催运粮食吧！"

东阳一带早已被江淮义军严密控制，元善达恐怕是有去无回了。

打发了元善达，杨广看看天快黑了，就问虞世基："新选的宫娥，还有朕没见过的吗？"

虞世基说："大都在江都宫那边，迷楼里已不多了，大概还有七八个吧。"

"那好，今夜全到醉忘归侍寝。"

从皇上进晚膳起，迷楼就变成了一座辉煌灿烂的"灯楼"。

夜色中，一骑快马出了迷楼，沿蜀岗东峰的山道急驰而下，直奔江都。一个时辰之后，延秋月里又传出阵阵欢快的呼叫和淫亵的笑声。整个迷楼里，飘溢弥漫着浓郁的鲜花的香气，这回，是茉莉花香。皇上又醉了。李渊攻入大兴，立杨侑为帝的消息，一个多月之后才传到扬州，这时已是大业十三年的十二月。年关又要到了，过了年，按眼下大兴的纪元年历，就是义宁二年了，而在扬州，似乎还要称大业十四年。江南虽然气候温湿，没有北方那样的干燥严寒，但是江都上上下下，几乎每个人都觉得，今年的冬天要比往年冬天冷得多。萧后由柳婕陪伴着，住在长阜苑内的归雁。长阜苑是江都苑群落的一部分，除了归雁宫，还有回流、松林、枫林、大雷等九。皇上就住大雷宫，与归雁比邻。

听到李渊起兵攻进长安的消息，皇上从迷楼回到了大雷。他经常到归雁来看看，有时还睡在这里，只是在这边过夜的时候不多。萧后每次见到杨广，总觉得他脸上挂着一种末日将临的颜色，那颜色是乌、灰、青、黄的混杂，暗淡阴沉，没有光泽，令人心寒。比起三十年前挥师平陈的晋王来，简直判若两人。是啊，皇上已经五十岁了。

萧后心里明白，他们再也回不了洛阳，更回不了大兴了。且不说李密的几十万兵马围逼洛阳；中原至扬州的山川水路被遍地盗贼阻断，单是李渊坐镇大兴，他也绝不会允许所谓的"太上皇"再返京师。不然，他立一个傀儡似的代王为帝有何用？当今的朝政大权已全在李渊掌握之中。

萧后也知道，她看到的这些，皇上心里比自己还要明白，或者说皇上比任何一个人都清楚。或许因为感到时日无多了，皇上才更加纵情声色，已经到了变本加厉，疯狂痴迷的地步。长阜苑虽不像迷楼那样曲屋自通，复道连延，但也有宫宇殿阁上百间，每间都有一位绝色的佳丽粉黛做主人，皇上每天轮流到一房做客，饮酒纵情，通宵达旦。萧后早就听说，皇上经常靠了万象春之类丹药的威力，一夜连幸十几位婕妤宫娥，非泄不以为足。毕竟五十岁的人了，怎能比得当年。所以，皇上脸面上的那种颜色，不仅是岁月流逝、国事衰微的描画，更有他纵欲无度而涂抹。但萧后也最知道皇上的秉性，对这些事是绝不可稍加劝谏的，来扬州后的这一年多里更甚。眼见失德，心知不可，却不能说，也不敢说，萧后郁闷至极，除了找柳娣说话，便读书属文，竟写就了一篇五六百言的《述志赋》，以寄托情怀，而且自己还颇为满意：

　　　　承积善之余庆，备箕帚于皇庭。恐修名之不立，将负累于先

　　灵，乃夙夜而匪懈，实凛惧于玄冥。虽自强而不息，亮愚朦之所

　　滞……

　　今天，萧后取出《述志赋》又读了一遍，然后抄写了一份，将抄好的文稿装进了一只木匣，吩咐侍女去把柳娣找来。

　　柳娣以为皇后又要跟自己闲聊，而她也正想去皇后那里说说话，便高高兴兴地来到皇后的寝宫。

　　柳娣进来，见桌上摆着笔砚，就问："皇后，又写什么呢？"

　　萧后笑笑说："哪能整天写呀！"

　　柳娣又问："皇上没有来么？"

　　萧后摇了摇头。

　　"唉，"柳娣轻叹一声，说："皇后，我刚刚听几个侍女说，昨天夜里皇上又玩出了新花样。那个秀凤给皇上一碗新制的花露，皇上说盛在碗里喝不香，就让秀凤脱光衣裳躺下，两腿分开，臀腰垫得高高的，然后将花露滴入秀凤阴中，再插进一根尺把长的竹管吮吸着喝，还连说香得很。就这样滴满了，再吸干，喝了三四回。眼看一碗花露要喝完了，最后一回，皇上大概吸得有点猛了，呛得咳嗽了一下，竹管直插到了秀凤深处，顿时那鲜血像泉眼一样汩汩地往外淌出来，堵都堵不住。御医救了半夜，血是止住了，还不知能不能保住小命呢！"

　　萧后凄然一笑，说："皇上有些过分了，女人那里边多么娇嫩，怎么好往里插竹管呢！咱们这位皇上啊，把那天大的才份都用在这上边了！前两天我听说，皇上给长阜苑殿阁里的宫娥下了道圣谕，从早到晚都不准她们穿胸衣内裤，以便随时御幸。起初我还不相信，就让人叫了一个宫娥来，掀起她的裙子一看，唉，不说这些了……"

　　皇上诸如此类的奇怪想法，一时半会是说不完的。萧后的耳朵里面已经听了太多，与其说是习以为常，还不如说现在已经变得麻木了。

　　直到这个时候，柳娣才发现皇后的脸色与表情和往日有些不同，于是便问道："皇后，你找我来，不只是想要说说话吧？是不是还有什么其他的

事情?"

萧后被柳娣一问，又是一声长长的一声叹息，转过脸去，两只眼睛望着窗外。窗棂上面粘着厚厚的雪白的丝绢，根本看不清楚窗外的景色，很显然，萧后在努力着平静自己的心情，极力将眼眶中的泪水忍回去。这样过了好大一会儿，她才回过头来，对柳娣说："阿娣!"

柳娣感觉浑身一震，皇后已经很久没有这样称呼自己了，那是年轻时候的称谓，随着时间的流逝，皇后早就不这样称呼她了，所以柳娣才会感到吃惊："皇后，你……"

萧后平静地说："阿娣，来扬州之前，你曾说过想回家乡去看看。唉，来这里一年多了，也没顾得上这件事。我想，现在你可以回去了。"

柳娣大吃一惊，说："皇后，你是说让我出去，不再回来了? 不，皇后，我那是跟你说着玩儿的，我不想走!"

"我托你办件事，"萧后说，"回到家乡安顿好了以后，抽点空到我舅舅村里看看。舅舅、舅妈大概都不在世了，你打听一下他们的坟墓在哪儿，去替我上几炷香，化些纸钱。"

柳娣几乎要哭出声来，她喊道："皇后，我走了谁陪伴你啊? 我不能走!"

"你想陪葬么! 我都不想陪葬，可是我不能走，也走不了。谁叫我是皇后呢!"萧后指指桌上的那只木匣，"回去以后，如果有乡亲们问起，皇后是个什么样的人啊? 你就把那篇《述志赋》给他们看看，读读。对他们说，皇后啊不是一个好皇后，她没做好皇后。她应该是在河边青石上洗衣裳的小丫头，她应该是坐在织机前的老太婆，不该是一个永远不会年轻，也永远老不了的皇后。"

"皇后!"柳娣流着眼泪。

"我在匣子里面放了一些金银细软，本想多给你一些，但是带多了又多有不便，再说可如今道路上也不太太平。"

"皇后，我走了，皇上要是问起来，你应该怎么交代?"

萧后呵呵地大笑起来，她一边将跪着的柳娣搀扶起来，一边说道："柳娣呀柳娣，你认为现在的皇上还会问起你吗? 他如今都在想做长城公了!"

长城公是陈朝后主陈叔宝死后，杨广赐给他的谥号。有一天深夜，已经醉醺醺的杨广突然回到归雁，屁股还没坐稳便又叫内侍上酒。萧后劝他："皇上还要喝到天亮么?"

杨广说："当然，通宵达旦，这才叫通宵达旦! 如今外面有许多人算计朕，没什么大不了的! 最终也还可以做个长城公，可以痛痛快快地喝酒嘛!"

萧后明白了,皇上已经想好了后路,即便不做皇帝了,还可以像陈后主那样,过着衣食无忧、花天酒地的王公生活。

萧后捧起那只木匣,递到柳娣手里,说:"回去收拾一下,走得越早越好。什么时候走,都不许再来告别。……"

"皇后,皇后啊!"

柳娣哭叫着,双臂紧抱那只木匣又要跪下,被萧后一把拉住,将她推搡着出了门。柳娣站在门口,深深地鞠了一躬,才转身走了。

确信柳娣已经走远,萧后伏在桌上放声恸哭……

中原大乱,北归无望了,杨广召集群臣,商议建都丹阳一事。

丹阳,即过去陈朝的国都建康。杨广的意思是,建都丹阳,有长江天堑能守,可保据江东。

虞世基以为这是一个绝好的主意,他上奏说:"江东百姓仰望圣驾已久,陛下过江,安抚黎民,这是大禹之举!"

来扬州的时候,宇文述突然得种不知名的急病,死在南下的船上。如今,杨广最可信赖的臣将,只有内史侍郎虞世基了。

右侯卫大将军李才站出来厉声喝道:"虞世基!你还想欺君误国到什么时候!"

这一声喊,把所有的人都吓了一跳。虞世基这么多年身居高位,备受圣宠,绝没想到有人敢在皇上面前指名道姓地骂他,一瞬间气得脸色煞白,结结巴巴地说:

"陛下,他,他……"

杨广正色喝道:"李才,有话好好说,不得无礼!"

李才向杨广跪下,说:"陛下,江东卑湿,地域险狭,若迁都丹阳,内要供奉皇上和百公卿,外要供给三军,百姓必不堪重负,恐怕终究还会散乱的。臣以为,迁徙丹阳不是上策!"

这时虞世基缓过劲儿来,大声吼道:"大胆李才,竟敢胡言乱语,诽谤朝政!江南是肥腴之地,物富粮丰,难道连公卿三军也供养不了吗?一派蛊惑人心的鬼话!"

李才说:"陛下,就算是内史侍郎的话有些道理,微臣还是请陛下三思。此次随驾扬州的有十五万之众,军中骁果卫士多是关中人,随驾久居扬州,无不思念家乡。如果陛下诏令北返,将士们一定个个奋勇,不怕什么盗贼草寇横行。但是,假若他们知道皇上意欲定都丹阳,回乡无望,万一骁果人人逃亡,其后果不堪设想!"

"人人逃亡？还万一？"杨广冷笑着说，"不是已经有人逃亡了么？虞卿，那个带领几个骁果西逃的郎将窦贤怎么样了？"

虞世基会意地答道："陛下，叛将窦贤已经追回，与随他逃跑的卫士一起全部斩首！"

"嗯，好极！"杨广得意地说，"李才，你是不是也要逃亡呀？"

"陛下，微臣绝无此意。李才如果想逃，今天就不会在陛下面前了。"言外之意，我要想逃走，也不会被追回来的。

杨广笑笑说："好，一片忠心难能可贵。你可以退下了。"

李才刚走出殿门，杨广对虞世基说："派人盯着他，只要他走出江都一步，就以叛逆谋反论处，就地斩首！"

杨广又看看侍立殿下的宇文化及、宇文智及和司马德戡几个人，问道："迁都丹阳之事，几位爱卿以为如何？"

几个人齐声回答："臣永远遵从皇上圣意！"

宇文化及和宇文智及是宇文述的两个儿子，宇文述死后，杨广见这兄弟两个有其父遗风，忠勇能干，况且自己身边缺人，便任命宇文化及为右屯卫将军，宇文智及为将作少监。还让宇文化及承袭父亲爵位，掌握侍卫大权。

司马德戡也是一名杨广宠信的侍卫将领。杨广见他们几个都表示了忠君之意，心里就踏实些了，挥挥手说："你们都可以走了。"

然而杨广有些疏忽，他没有看到宇文化及他们在表示忠心的时候，眼睛里隐含的那种阴森冰冷的神情。一场大的变乱正在酝酿之中。

看到臣僚们都走了，虞世基才又对杨广说："陛下，李才说的骁果思乡，并非都是妄言，还需早作安定之计。"

杨广说："这件事朕也想到了，不知虞卿有什么好办法。"

虞世基说："骁果卫士都是青壮，所谓思乡，不过是想女人了。陛下只需下诏，允许骁果在此地娶妻，他们就不会再惦记关中妻室，定能安心了。"

杨广一听笑了，说："你真是多智多谋，这是条奇计。只是哪里有那么多人为骁果们牵线说媒？"

虞世基摇头说："不用说媒。陛下敕令扬州城里及其四乡的寡妇和未嫁女全都集于宫监，再让骁果兵士前往，任意挑选一个为妻就行了！"

杨广觉得这个办法太妙了，高兴地说："好！这件事就交给你了，你觉得怎么好就怎么办！"

这一夜，杨广回到了归雁宫，他果然没有问及柳娣的事，只是吩咐内侍备了佳肴，让萧后陪他一起喝酒。

萧后陪坐在侧，却滴酒不沾，眼看皇上一杯接着一杯地喝。许久，萧后终于忍不住问："陛下，真的要定都丹阳么？"

杨广点点头说："天下已乱成这个样子，恐是无药可救。朕意已决，只有如此了。"

"可是，妾听说军中为此有些动荡。"

"不足为虑，"杨广喝了口酒说，"就是窦贤带了几个人想逃回关中，已经抓回来杀了。"

萧后忧虑地摇摇头，说："恐怕不仅如此，妾还听说骁果将士有许多人在谋反呢！"

杨广一惊，问："皇后听谁说的？"

"前些天有一个内侍告诉妾，他听到军中有几位将领私下议论，像在密谋什么大事。妾对他说，这事应当禀奏皇上。"

"噢，皇后说的是这回事呀，"杨广放心了，"那个人已被朕下令斩首了！"

萧后浑身一抖："陛下，怎么……"

"一个人竟敢乱言朝事，况且是谣言惑众！"杨广满不在乎地说。

萧后不作声了。杨广又喝了几杯，无意中看到了一旁案几上的铜镜，就走过去对着镜子照起来。他拈拈胡须，拢拢头发，将自己打量了好一会儿，转身对萧后说："皇后你看，这么好的一颗头颅，不知道会被谁砍下来！"

萧后正在若有所思，忽然听杨广说了句这样的话，惊惶地问："陛下怎么能说这么不吉的话？"

杨广一笑，十分豁达地说："皇后，人活一世，草木一秋。富贵贫贱，欢乐痛苦，还有那凶吉祸福，都要交替轮回，何必认真，更何须悲伤呢？还是今宵有酒今宵醉吧！"说着，又端起满满一杯酒，一饮而尽。

殿外传来一阵歌声，清晰而委婉，是一个女子在唱："河南杨花谢，河北李花荣；杨花飞去落何处，李花结果自然成。"

杨广听歌中所唱，就说："这是谁在唱反歌！杨花、李花，分明是在说朕与李渊么！"一边说着，就走出殿门。夜色沉沉，根本看不见一个人影。他立足细听，那歌声一会儿像在东，一会儿又像是在西，飘忽不定，有时候还像是发自星光稀疏的天空。

杨广踱回殿来，长叹一声说："这是天在唱，天在唱啊！"索性端起酒壶，张开嘴咕咕地灌了进去。

　　一壶酒喝干，杨广步履蹒跚地走向书桌，铺开一张方笺，提笔写道："求归不得去，真成遭个春。鸟声争劝酒，梅花笑杀人……"

　　杨柳吐绿，明媚的烟花三月又临扬州。这是大业十四年的三月，是一个看上去与往年没有什么不同的春天。然而就是在这个春天，大业皇帝与他的大隋王朝一起，走到了生命的尽头。

　　三月十一日凌晨，月落星稀，天还没亮。睡梦中的杨广被一阵突如其来的骚乱惊醒。他忽地坐起来，侧耳倾听，窗外满是人们东奔西逃的呼喊和杂乱的脚步声，间或还有一明一灭的火光。杨广立即翻身下床，正在穿衣，就听一个人在窗下大喊："陛下，骁果造反，就要冲进宫里来了！"

　　杨广跑出寝殿，宿卫内侍一个都不见了。他又急急忙忙来到大雷宫中，灯火通明的大殿里更是空无一人。他明白了，这不是突发的事变，是一次谋划已久的反叛，只不过将他一个孤家寡人蒙在鼓里罢了。

　　杨广茫然地在椅子上坐下，想理一理思绪，看看该怎样应对眼前的局面。

　　"皇上在这里！"

　　随着一声大喊，呼啦啦涌进一群持枪提刀的将士。走在前头的是宇文化及、宇文智及、司马德戡和一名校尉令狐行达。

　　杨广心头一喜，随口问道："虞卿虞世基在哪儿？"

　　司马德戡说："陛下，虞世基已被斩首！"

　　"什么！你们……"杨广恍然顿悟，造反的原来正是这一伙人！

　　宇文化及说："陛下，军中上下见西还无望，不得已而出此下策！"

　　杨广说："你们要回关中，朕答应了就是，何必这样兴师动众？好吧，传朕旨意，今天启程，即返大兴！"

　　宇文化及嘿嘿地笑了笑："陛下，现在说这话，你不觉得太晚了吗？"

　　"你，你们要杀朕？朕有什么罪？"

　　"陛下误国之罪，连李密的讨檄中都写得清清楚楚，还用得着我们几个再说吗！"司马德戡说着，又抖了抖手里的长刀。

　　杨广低下了头，轻声地说："朕实在有愧于天下，对不起百姓。可是，你们这些人哪个不是跟朕享受荣禄，为什么还要这样对朕？今天这事，是谁领头？"

　　宇文化及说："陛下，溥天同怨，并非哪一个人的事。"

　　这时候，大殿外传来了哭嚎声，杨广的小儿子赵王杨杲哭着跑了进来，扑到父皇的怀里。刚刚来到杨广的膝下，令狐行达手起刀落，将杨杲砍杀，鲜血溅到了杨广的脸上和身上。

杨杲是杨广最宠爱的儿子，突然被杀死在自己的膝下，这不禁让他悲恸万分。他脸上的肌肉在不停地抽搐着，双目紧闭，眼泪从眼角滑落下来。

毕竟是帝王胸襟，片刻之后，杨广的情绪逐渐平复，睁开眼睛擦擦眼泪，质问令狐行达："他是无辜的，你为什么要杀！"

令狐行达说："只是因为他是你的儿子！再说，这些年无辜死在陛下手中的，又何止一个小儿？"

"这样说来，你们是非让朕死不可了？"

宇文化及回答："陛下不死，天下难安！"

杨广顿时绝望了。平心而论，他并不是没有想到自己会有这样的下场，而且对于生死他早就已经看淡了，只是这一天未免来得太快了。他平静地说："既然如此，去给朕拿鸩酒来！"

周围的人都站立着，一动不动。

杨广气恼地说："天子自有天子的死法，又怎么可以锋刃相加！王公诸侯的血流到地上都会使得一方大旱，更何况是天子的血！"

宇文化及淡淡地说道："陛下可以不流血。"

杨广似乎明白了什么。他环顾四周，殿里没有合适的东西，只有自己腰上的一条练带。他双手微颤着解下练带，交到马司德戡的手上。然后往椅子的后背上轻轻一靠，缓缓地闭上了眼睛。

司马德戡接过练带，在杨广的脖子上绕了一圈，练带的一头握在自己手里，将另一头递给了令狐行达。两个人相互对视片刻，然后用力一拉……

大隋王朝，竟然就在这一瞬间结束了。

天亮之后，萧后和内侍、宫女们卸下漆床的木板，赶制了一口棺材，将杨广和杨杲一起，浮厝于西院流珠堂。五个月之后，江都太守、后御卫大将军陈棱终于找到了杨广的灵柩，将他葬于江都西郊吴公台，一个被称为雷塘的地方。

三月二十七日，宇文化及下令江都内外戒严，率部众登船，沿运河北上，再取道彭城返回长安。萧后及六宫都按老规矩作为御营。萧后明白，换个说法，这叫押解回京。

萧后坐在舱里，木然地望着滔滔河水流过。岸边堤上，一行被大业皇帝赐姓了杨的柳树发出了嫩绿的叶芽，柳枝还在微风里飘拂摇荡。她看着嫩柳，不由地想起了差不多两年前来扬州时，皇上和百姓一同栽树的情景，想起了那首民谣：天子先栽，然后百姓栽。

今天，天子真的"栽"了！

萧后再一次想起了柳娣，她现在到家了吗？这会儿究竟在干什么？她去过舅舅家了吗？她想起了那三间草房，庭院里的鹅鸭，村前小溪、竹林，甚至还想起了那一个嬉皮笑脸的张阿四……

萧后突然间觉得，虽然自己在舅舅家只长到了十四岁，但是在记忆中，那里的一草一木都是那样的清晰，而且在自己生活的三十多年的高墙深，反而模糊多了。

身为一朝国母，一个凤冠霞帔、荣华无比的帝王的妻子，与舅舅村里的那些村妇相比，自己究竟得到了什么，又留下了什么呢，将来自己还会拥有什么？她一路冥思苦想，终得不到答案。

五月十四日，义宁帝杨侑禅位。二十日，唐王李渊在长安登基称帝，国号为唐，改元武德。自此，中国历史上，一个历时二百八十年，可以与西汉、东汉两朝媲美的唐朝开始了。

九月，唐高祖李渊追赐杨广谥号为"炀帝"。也就是从那个时候起，大业皇帝或杨广逐渐被人们淡忘，而"隋炀帝"却是大名鼎鼎，以至于千百年里，中国百姓几乎家喻户晓。